Robert Lacey

MAJESTÄT

Elisabeth II. und das Haus Windsor

Mit 53 Fotos

Droemer Knaur

Aus dem Englischen übertragen von Karl Otto von Czernicki

Verbindlichen Dank an die David McKay Company, Inc., die uns freundlicherweise Zitate aus folgenden Werken ermöglichte: *The Heart Has Its Reasons,* Copyright © 1956 by the Duchess of Windsor, und aus *Double Exposure: A Twin Biography,* Copyright © 1958 by Gloria Morgan Vanderbilt and Thelma Lady Furness.

1. bis 30. Tausend

Titel der Originalausgabe »Majesty, Elizabeth II. and The House of Windsor«

Published by arrangement with Harcourt Brace Jovanovich, Inc.
Schutzumschlag: Atelier Blaumeiser, Foto von Pandis
Gesamtherstellung: Druck- und Buchbinderei-Werkstätten May & Co Nachf., Darmstadt
Printed in Germany
ISBN 3-426-05604-6

Für Tony Godwin

Inhalt

Teil 5: Majestät

Prolog

Wenn Elisabeth II. nicht Königin wäre, würde niemand ein Buch über sie schreiben. Wer sie persönlich kennt, würde dies bedauern – Klugheit und Menschlichkeit zeichnen ihr Wesen aus, das durch ihre Bescheidenheit nur um so sympathischer wirkt. Gewiß, der Thron, den sie innehat, hebt sie heraus – und die Tatsache, daß sie trotzdem eine Frau wie viele andere geblieben ist, gehört ebenso zu den Merkwürdigkeiten unserer Zeit wie der Umstand, daß sie bei Millionen von Menschen auf der ganzen Welt – ob diese nun britische Staatsbürger sind oder nicht – ein Echo hervorruft, das zu den eigenartigsten Phänomenen des 20. Jahrhunderts gehört: nämlich der Wunsch nach Weiterbestehen, ja Festigung der britischen konstitutionellen Monarchie.
Das vorliegende Buch handelt also von der Institution und von der Frau, die in dem Augenblick, da diese Zeilen geschrieben werden, diese Institution verkörpert. Elisabeth II. übt in den Ländern, die sie als ihre Königin anerkennen, die oberste Gewalt aus. Sie ist Oberbefehlshaber der Streitkräfte, Inbegriff der Gerechtigkeit, Urquelle aller Ehrungen, Oberhaupt der Kirche, und alle Regierungsgeschäfte geschehen in ihrem Namen – *»On Her Majesty's Service«*. Der Premierminister und sein Kabinett sind ihre Diener; sie gründen ihre Autorität auf das Einverständnis der Königin, aber sie können, wie groß ihre Mehrheit im Parlament auch sein mag, dem Souverän nur »Empfehlungen«, niemals »Befehle« zukommen lassen.
So sieht die Theorie aus. In der Praxis können die aus Wahlen hervorgegangenen Regierungen der Königin alles »empfehlen«, was die Wählerschaft von ihnen erwartet – beinahe so, wie es Dr. Johnson einmal spöttisch formuliert hat: »Ich werfe dich im dritten Stock aus dem Fenster und *empfehle* dir, auf den Boden zu fallen.« Zum letzten Mal hat ein britischer Monarch in der Regierungszeit von Königin Anna vor 250 Jahren gegen ein Gesetz sein Veto eingelegt, und nach der Verfassung müßte Elisabeth II. ihr eigenes Todesurteil unterzeichnen, wenn es ihr je zur Unterschrift vorgelegt werden sollte.
Aber es liegt Methode in dem Widersinn, durch den die höchste Gewalt einem Menschen zuerkannt wird, der praktisch völlig machtlos ist. Denn wenn erfahrene britische Politiker im dritten Viertel des 20. Jahrhunderts vor einer unscheinbaren Mutter von vier Kindern, die am liebsten zurückgezogen auf dem Lande leben würde, einen Kniefall machen, dann geschieht es deshalb,

weil es die Aufgabe dieser Frau ist, daß sich Macht und Leben in ausgewogenem Verhältnis befinden. Den Mächtigen ist ihre Macht nur vorübergehend verliehen worden. All die Glorie, der Pomp und das Zeremoniell, mit denen Elisabeth II. umgeben wird, sind im Grunde nichts weiter als die Achtung, auf die in einer Demokratie auch der Ärmste Anspruch hat. Die Majestät, wie die Königin sie versteht, ist die Majestät des einfachen Mannes – und sie verkörpert außerdem die Hoffnung, daß im Zentrum der riesigen, unpersönlichen Maschinerie des modernen Staatsapparats ein gewöhnliches, menschliches Wesen existiert, das lebt und atmet wie alle anderen.

Nicht, daß sie *so* gewöhnlich wäre. Wenn man ihr zum ersten Mal begegnet, fallen einem durchaus weltliche Dinge auf – daß ihre Augen so blau sind, daß sie eigentlich ziemlich klein gewachsen ist (162 cm) und daß sie wenig photogen wirkt, so daß man angenehm überrascht ist, wenn man sie in Fleisch und Blut vor sich sieht. Aber wenn man auch angesichts ihrer freundlichen und einfachen Art ein Gefühl der Erleichterung empfindet, so täuscht einen dies nicht darüber hinweg, was sie in Wirklichkeit ist – die sechste regierende Königin und der zweiundvierzigste Souverän von England seit Wilhelm dem Eroberer. Sie ist Königin des Vereinigten Königreiches von Großbritannien und Nordirland mit den noch verbliebenen Kolonialgebieten und Haupt des Commonwealth; außerdem ist sie, getrennt davon, Königin von elf anderen, selbständigen Staaten, von den alten Dominions wie Kanada und Australien bis zu jüngeren Nationen wie Papua-Neuguinea[1], die sie als Staatsoberhaupt beibehalten haben. Für jedes dieser Länder ist sie praktisch Königin Elisabeth I. Wenn sie also Kanada bereist, kommt sie nicht als Besucher, sondern als Staatsoberhaupt.

Was geschieht mit der Königin von Großbritannien, während sie gleichzeitig Königin von Kanada und Australien ist? Niemand weiß es. Theoretisch könnte sie als Königin von Australien Neuseeland den Krieg erklären, dessen Königin sie ebenfalls ist – oder sogar Großbritannien. Aber gerade in solchen unlogischen Widersprüchlichkeiten liegt ihre Macht.

Die Welt kennt sie als eine Persönlichkeit des öffentlichen Lebens, die aus fahrenden Autos der Menge zuwinkt und kleine Kinder anlächelt. Aber sie hält die Arbeit, die sie hinter verschlossenen Türen leistet, für ebenso wichtig, denn sie muß ihren persönlichen Stempel jener eigenartigen Form der Demokratie aufdrücken, die in ihren Ländern sorgfältig gepflegt wird – der konstitutionellen Monarchie. Die wichtigsten Staatsgeschäfte bedürfen ihrer Gegenzeichnung. Manchmal läßt sie dies durch Repräsentanten vollziehen, in

[1] Ihre zwölf Länder sind im einzelnen: Vereinigtes Königreich, Kanada, Australien, Neuseeland, Malta, die Bahamas, Mauritius, Fidschi, Barbados, Jamaika, Granada und Papua-Neuguinea. Sie ist, ipso jure, Königin jedes dieser Länder.

einer überraschend hohen Anzahl der Fälle tut sie es jedoch persönlich, und die hierzu notwendigen Dokumente werden ihr immer dort vorgelegt, wo sie sich gerade befindet – gewöhnlich in dem hohen Arbeitszimmer auf der Rückseite des Buckingham Palace.

Dort hält sie sich meist mehrere Stunden am Tag auf. Es ist eher ein Wohnzimmer als ein Büro – mit seiner dunklen Holztäfelung, den Blattgoldverzierungen und den zwei oder drei Vasen mit frisch geschnittenen Blumen. Irgendwo auf dem schon etwas abgetretenen, aber zweifellos sehr wertvollen Teppich liegen stets mehrere kleine, lebhafte, rundliche Hunde herum. An den Wänden hängen Ölgemälde, und wenn man durch die hohen Fenster hinausschaut, sieht man ausgedehnte Rasenflächen und Baumgruppen, so daß man sich auf dem Lande wähnt, denn die Gartenanlagen des Buckingham Palace haben mit ihrem kleinen See und den Ruderbooten etwa die Größe eines Londoner Parks.

Sie schlüpft aus den Schuhen, wenn sie am Schreibtisch arbeitet. Vor ihr steht eine ganze Reihe von Photographien in Leder- und Silberrahmen – Kinder, Hunde, Kanonen, Pferde, Landschaftsaufnahmen. Die Schreibtischplatte ist mit Papieren übersät; sie sind ihr in beinahe schon schäbig aussehenden ledernen Kuriertaschen überbracht worden, wie sie der Finanzminister am Budget Day ins Unterhaus mitnimmt – die wesentlichsten Telegramme, die das Außenministerium in den letzten vierundzwanzig Stunden erhalten hat, Anordnungen, die sie für den Innenminister unterzeichnen muß – und sie erledigt dies alles, sie liest, zeichnet ab, unterschreibt.

Dieser »Papierkram« an den meisten Vormittagen und zwei oder drei Nachmittagen jede Woche hat Eduard VIII. im Jahr 1936 zu der Überzeugung gebracht, daß die Pflichten eines konstitutionellen Monarchen mit einer »beträchtlichen Schinderei« verbunden seien. Seine Nichte hat ihre eigene Technik entwickelt, mit dieser Aufgabe fertig zu werden. Wenn man ihr zusieht, wie sie ein Dokument durchliest, glaubt man, ein mechanischer Zeilenabtaster sei am Werk. Ihr Blick huscht mit einer solchen Geschwindigkeit über den Text, daß sie die Seite in Sekundenschnelle überflogen hat. Aber dies geschieht keineswegs nur oberflächlich, denn oft stolpert sie über einen Satz, der ihr unlogisch vorkommt; dann fragt sie, wenn sich der Verfasser des Schreibens zufällig in der Nähe befindet, in strengem Ton: »Was soll denn *dies* bedeuten, um alles in der Welt?«

Die Menschen, die mit ihr dienstlich zu tun haben – Hofbeamte, Politiker, Diplomaten –, erklären übereinstimmend, daß sie nach einer Audienz ihrer Sache vollkommen sicher seien, denn der gesunde Menschenverstand der Königin wirke wie ein Tonikum. Ihre Gesprächspartner sind immer wieder überrascht, wie eigenwillig, ja schulmeisterlich die Königin oft sein kann, aber hinterher kann man sich nicht erinnern, daß sie jemals etwas Übertriebenes oder Indiskretes gesagt hätte. Und sie läßt eine Charaktereigenschaft erkennen, die auch in der Öffentlichkeit zum Tragen kommt – ihren Sinn für Humor. Einmal bemühte sich ein britischer Botschafter, der gerade aus einem Land des Nahen Ostens zurückgekehrt war, ihr den Charakter des Regierungschefs zu erläutern, mit dem er zu verhandeln hatte. Er versuchte es auf verschiedene Art und Weise und verwendete immer kompliziertere Ausdrücke aus dem Bereich der Psychologie, bis ihn die Königin aus dem Dilemma befreite.

»Wollen Sie mir klarmachen«, erkundigte sich Ihre Majestät, »daß der Mann einfach nicht alle Tassen im Schrank hat?«

Man redet sie mit »Madam« an. »Eure Majestät« wird nur auf offiziellen Schriftstücken und bei feierlichen Anlässen verwendet. Man verneigt sich leicht oder macht einen Knicks. Man gibt ihr nicht die Hand. *Sie* gibt *einem* die Hand. Die Etikette schreibt eine bestimmte Art vor, wie man die Finger locker ausstreckt, bis sie die Hand ergreift. Und es ist nicht schicklich, ihren Händedruck zu erwidern. Obwohl Königin Elisabeth II. festgestellt hat, daß die Menschen dies neuerdings immer häufiger tun. Sie wissen entweder nicht, was sich in einem solchen Falle gehört, oder es ist ihnen einerlei. Ihr selbst ist es auch ziemlich einerlei, soweit es um das Protokoll geht. Ihre einzige Sorge gilt einer gewissen Abnutzungsgefahr, denn ein Vierteljahrhundert auf dem Thron und ein halbes Jahrhundert als Angehörige eines Teams, das erfolgreicher gewesen ist als jedes Produkt des Showgeschäfts, haben dazu geführt, daß sie immer mehr Hände schütteln muß.

Wenn der Zeitpunkt gekommen ist, an dem man gehen muß, erhebt sie sich taktvoll – und zwar so taktvoll, daß viele Leute glauben, sie selbst hätten das Zeichen zum Aufbruch gegeben. Auch geleitet sie die Besucher nicht eiligst zur Tür. Nach der Verabschiedung kommt es häufig vor, daß die Königin ihren Besuch noch einen Augenblick zurückhält, um das Gespräch abzurunden, so daß man mit dem angenehmen Gefühl die Treppe hinuntergeht, es habe ihr direkt leid getan, daß man gegangen ist.

Diese Audienzen finden in einer zwanglosen und unerwartet anregenden Weise statt – ganz anders als damals bei der ersten Elisabeth im sechzehnten Jahrhundert. Aber dieser Vergleich, der immer wieder angestellt wird, seit Elisabeth II. im Jahr 1952 den Thron bestieg, beruht auf einem Mißverständnis. Die zweite Elisabeth mag zwar denselben Titel wie die erste führen, aber sie hat in Wirklichkeit völlig andere Pflichten. Die erste Elisabeth war der Regierungschef der Nation. Sie war persönlich für die Politik und deren Durchführung verantwortlich – und dafür, daß jeder, der sie daran hinderte, aus dem Weg geräumt wurde.

Aber die zweite Elisabeth kann niemanden aus dem Weg räumen. Die erste Elisabeth regierte, die zweite herrscht, und die Engländer haben seit der Magna Carta mehr als sechs Jahrhunderte darauf verwandt, sicherzustellen, daß dies auch so bleibt.
Sie besitzt also offiziell keine eigene Meinung. Und aus diesem Grund gibt sie auch keine Interviews. Ein einflußreicher Journalist kann bestenfalls auf ein inoffizielles Gespräch mit dem britischen Premierminister, dem Präsidenten der Vereinigten Staaten oder sogar dem Papst hoffen, aber er wird nie eine Audienz bei der Königin Elisabeth II. erhalten. Das gehört nicht zu ihren Aufgaben. Sie ist ein Symbol, und diese Tatsache hat zu gewissen Komplikationen bei der Abfassung dieses Buches geführt – Komplikationen, die im Dank des Autors und bei den Quellenangaben erläutert sind.
Aber Königin Elisabeth II. setzt sich sehr wohl mit der Außenwelt in Verbindung, wenn auch auf andere Art und Weise – zum Beispiel, wenn sie einem Maler Modell sitzt. Sie tut dies jeden Monat mehrere Male für Künstler, die von den Hochkommissionen, Bürgermeisterämtern und Regimentern damit beauftragt worden sind.
»Also denn«, hat sie einmal gesagt, als sie den Raum betrat, »mit oder ohne Zähne?«

Da dieses Buch die moderne Geschichte einer Institution darstellt, die ihre augenblickliche Wirkung in hohem Maße aus der Vergangenheit ableitet, haben die Kapitel über die Jahre vor der Thronbesteigung Königin Elisabeths II. fast das gleiche Gewicht erhalten wie die nachfolgenden – und dies spiegelt die besondere Persönlichkeit der jetzigen Königin wider. Jeder Souverän formt sich bis zu einem gewissen Grade nach seinen Vorgängern. Aber Elisabeth II. bemüht sich in besonders hohem Maße, dies gründlicher zu tun als alle anderen britischen Monarchen in der Geschichte – vielleicht mit Ausnahme ihres eigenen Vaters. Sie betrachtet es als ihre Pflicht, den Weg ihrer Eltern fortzusetzen, und ungewöhnliche Umstände haben sie dazu gebracht, die Kontinuität dem Wechsel vorzuziehen. Die Abdankung ihres Onkels Eduards VIII. im Jahr 1936 machte sie nicht nur zur Thronerbin, sondern erteilte ihr auch eine Lehre, die sie nicht vergessen hat – und deren Konsequenzen bis auf den heutigen Tag fortdauern –, nämlich eine Lehre, was ein konstitutioneller Monarch *nicht* sein soll. Dann kam der Zweite Weltkrieg und störte ihre persönliche Entwicklung, indem er sechs Jahre ihres Lebens überschattete, die für alle Menschen besonders wichtig sind, in Krieg oder Frieden. Ein weiteres unvorhersehbares Ereignis, das die Anforderungen des Amtes auf Kosten der individuellen Entwicklung in den Vordergrund rückte, war der frühe Tod ihres Vaters, der 1952 im Alter von sechsundfünfzig Jahren starb. Das kostete Elisabeth mindestens ein Jahrzehnt, in dem sie größere Freude am Wachsen ihrer jungen Familie hätte haben können; in dieser Zeit setzte ihr Gemahl die von ihm erwählte Marinelaufbahn fort. Es war eine Zeit, in der sie sich persönlich hätte fortbilden können, hätte sie nicht vorzeitig Souverän ihres Volkes sein müssen.

Denn als Monarch ist man, nach den Worten ihrer Großmutter Königin Mary, »nicht auf Rosen gebettet«. Die Aufgaben der Krone lassen sich unter fünf Überschriften kurz zusammenfassen. Erstens: Sie muß die Routinetätigkeit der Regierung bestätigen, Akten erledigen und den Entscheidungen des Premierministers ihr königliches Einverständnis erteilen. Zweitens: Sie empfängt persönlich hohe Beamte, Botschafter, Politiker und die zweitausend Empfänger von Titeln und Auszeichnungen, deren Verleihung sie persönlich in mindestens einem Dutzend Zeremonien jedes Jahr vornimmt. Drittens: Sie tritt als Repräsentantin der Krone in der Öffentlichkeit auf, eröffnet das Parlament, nimmt an den Feiern zum Waffenstillstandstag teil und besucht die arbeitende Bevölkerung – in Schulen, Krankenhäusern, Fabriken. Viertens: Sie muß ihre Länder gegenüber dem Ausland vertreten, entweder durch eigene Auslandsreisen oder dadurch, daß sie Vertreter des Auslands empfängt. Und fünftens: Sie muß ihren verschiedenen Pflichten als Oberbefehlshaber der Streitkräfte nachkommen.

Aber darauf kommt es letzten Endes gar nicht an. Dieselben Aufgaben könnten auch für den Präsidenten irgendeiner Republik gelten. Die Bedeutung der britischen Krone liegt auf einem anderen Gebiet, und es ist Elisabeth II. gelungen, dieser Krone das Flair zu bewahren – indem sie nicht nur Mitglied einer höheren, beinahe göttlichen Ordnung oder Schöpfung zu sein scheint, sondern daneben auch ein normales menschliches Wesen, wie jede andere Frau im Lande, geblieben ist. Meinungsumfragen haben ergeben, daß sie von allen Persönlichkeiten mit Weltgeltung diejenige ist, von deren Leben die meisten träumen. Und bei diesen Träumen wünscht sich die überwältigende Mehrheit nichts weiter, als einmal von ihr zum Tee eingeladen zu werden.

Sie muß permanent Kunststücke auf dem Seil vollführen. Sie muß selbstsicher erscheinen, ohne eigensüchtig zu sein – und sie darf ganz gewiß niemals übertrieben eigenwillig oder ausgesprochen egoistisch sein. Sie muß ganz natürlich wirken, denn »Aufrichtigkeit« ist die Eigenschaft, ohne die die herausragenden Persönlichkeiten bei ihren Völkern im öffentlichen Leben niemals auftreten dürfen, aber sie darf mit ihrem Selbstbewußtsein nicht so weit gehen, daß man ihr nachsagen könnte, sie stelle ihre eigenen Sorgen über die ihrer Untertanen. Und während sie das verschlungene Ritual des Hoflebens befolgen muß, darf sie nie die merkwürdige Kluft zwischen Pomp und Zeremoniell einerseits und dem täglichen Leben andererseits vergessen.

Diejenigen ihrer Vorgänger, die sie am meisten bewundert – ihre Großeltern König Georg V. und Königin Mary sowie ihr größtes Vorbild, ihre Urgroßmutter Königin Viktoria –, arbeiteten so hart daran, ihr Image in der Öffentlichkeit zu wahren, daß sie nach Meinung einiger Beobachter schließlich den Blick für die Wirklichkeit verloren. Königin Elisabeth II. hat sich bemüht, diesen Widerspruch zu lösen. Jederzeit für die neueste Entwicklung empfänglich, aber der jeweiligen Mode nicht sklavisch ergeben, Einfluß ausübend, ohne einflußreich zu erscheinen, in tausend Geheimnisse eingeweiht, ohne den Eindruck des Geheimnisträgers zu erwecken, muß sie allen gegenüber loyal sein, ohne diese Loyalität einem andern gegenüber besonders zu betonen. Sie hat Situationen erlebt, die starke Männer zu Tränen gerührt oder in höchsten Zorn versetzt haben, aber trotzdem mußte sie stets ungerührt erscheinen – obwohl man ihr daraus den Vorwurf der Gefühllosigkeit hätte machen können. Und in diesem Punkt liegt der innere Widerspruch zwischen der Institution des öffentlichen Lebens und der Privatperson Elisabeth II. – sie muß, nachdem sie alle Gegensätze ausgeglichen und die Quadratur des Kreises erreicht hat, dennoch ein menschliches Wesen bleiben.

Namensregister

Wenn man die Rolle der britischen Monarchie in der neueren Geschichte zurückverfolgt, gerät man häufig dadurch in Schwierigkeiten, daß die königliche Familie verschiedene Namen annahm, unterschiedliche Geburtstage für die Öffentlichkeit und den Privatgebrauch festlegte und ihren Angehörigen eine Vielzahl von Titeln verlieh. Dies war zu Anfang des Jahrhunderts besonders augenfällig. So wurde der Vater der Königin Elisabeth II. am 14. Dezember 1895 als Prinz Albert geboren und im Kreise der Familie Bertie genannt; er war allgemein als Herzog von York bekannt, nachdem ihm sein Vater diesen Titel im Jahre 1920 verliehen hatte; als er aber König wurde, nahm er den Namen Georg VI. (für seine Gemahlin blieb er weiterhin ›Bertie‹) an und verfügte, daß sein Geburtstag Anfang Juni offiziell gefeiert werden solle. Sein älterer Bruder, der in der Familie nur David genannt wurde, hieß ab 1910 offiziell Eduard, Prince of Wales, bis er 1936 König Eduard VIII. wurde; dann wurde er im selben Jahr nach seiner Abdankung der Herzog von Windsor.

Bei Königin Elisabeth II. treten solche Probleme nicht auf, denn sie hat denselben Vornamen ihr ganzes Leben hindurch behalten (anders als ihre Schwester, die in ihrer Kindheit offiziell immer nur als Prinzessin Margaret Rose bezeichnet wurde), aber auch sie hat zwei Geburtstage. Ihren richtigen Geburtstag am 21. April 1926 feiert sie offiziell Anfang Juni (wohl in der Hoffnung, daß den Feiern das bessere Wetter zugute kommt).

Es folgt deshalb eine Liste der wesentlichen Persönlichkeiten, die in diesem Buch vorkommen, mit Lebensdaten, Titeln und Familienbeziehungen. Diese Bezeichnungen werden im Text zwar durchgehend verwandt, gelegentlich aber im Interesse der Klarheit aufgegeben. Zum Beispiel Prinz Georg, Königin Elisabeths Onkel, der im Zweiten Weltkrieg fiel, gilt auch heute noch allgemein als Herzog von Kent, obwohl er diesen Titel erst 1934 im Alter von zweiunddreißig Jahren erhielt, und er wird auch hier so genannt werden. Bestimmte technische Ausdrücke werden ebenfalls kurz erläutert.

Adeane, Sir Michael (jetzt Lord) (geb. 1910). Privatsekretär der Königin Elisabeth II. (1953–72).

Airlie, Mabell, Gräfin von (1866–1956). Hofdame der Königin Mary.

Albert, Prinzgemahl (1819–61). Gemahl der Königin Viktoria und Urgroßvater der Königin Elisabeth II. und des Prinzen Philip.

Albert, Prinz, Herzog von York. Vater der Königin Elisabeth II. Siehe Georg VI.

Alexandra, Prinzessin (geb. 1936). Cousine der Königin Elisabeth II.; Tochter des Prinzen Georg, Herzog von Kent; verheiratet mit Angus Ogilvy seit 1963, zwei Kinder.

Alexandra, Königin (1844–1925). Gemahlin Eduards VII.; Urgroßmutter der Königin Elisabeth II.

Alice, Prinzessin (1885–1969), geborene Battenberg. Mutter des Prinzen Philip.

Alla, Kinderfrau der Königin Elisabeth II. Siehe Knight, Clara.

Andrew, Prinz von Griechenland (1882–1944). Vater des Prinzen Philip; verheiratet mit Prinzessin Alice, 1903.

Andrew, Prinz (geb. 1960). Sohn der Königin Elisabeth II.

Anne, Prinzessin (geb. 1950). Tochter der Königin Elisabeth II., seit 1973 mit Captain Mark Phillips verheiratet.

Armstrong-Jones. Siehe Snowdon, Earl of.

Ascot, Rennplatz in der Nähe von Windsor.

Balmoral, Aberdeenshire. Schottischer Landsitz der königlichen Familie, erworben durch Königin Viktoria.

Battenberg. Siehe Mountbatten.

Beaufort, Herzog von (geb. 1910). Oberstallmeister König Georgs VI. und der Königin Elisabeth II.; in seiner Familie »Master« genannt.

Bertie. Siehe Georg VI.

Birkhall, Aberdeenshire. Schottischer Besitz bei Balmoral, von verschiedenen Mitgliedern der königlichen Familie bewohnt.

Bobo. Kinderschwester der Königin Elisabeth II. Siehe Macdonald, Margaret.

Bowes-Lyon. Familienname der Königin Elisabeth, der Königinmutter. Siehe Strathmore und Kinghorn.

Cambridge. Englischer Familienname, der 1917 von Königin Marys Familie, den Tecks, angenommen wurde.

Charles, Prinz, Prince of Wales (geb. 1948). Ältester Sohn der Königin Elisabeth II.

Charlotte, Papagei König Georgs V.

Charteris, Sir Martin (geb. 1913). Privatsekretär der Prinzessin Elisabeth (1950–52); zweiter Privatsekretär der Königin Elisabeth II. (1952–72); Privatsekretär der Königin und der königlichen Archive seit 1972.

Civil List. Zivilliste. Die jedes Jahr durch das Parlament der Krone bewilligten Geldmittel für den Unterhalt des königlichen Haushalts; erstmals 1760 als Entgelt für die Übereignung der Kronländereien gezahlt; traditionell bei Regierungsantritt jedes neuen Monarchen festgesetzt, aber während der Regierungszeit von Königin Elisabeth II. in den Jahren 1972 und 1975 heraufgesetzt.

Clarence, Prince Albert Victor, Herzog von (1864–92). Ältester Sohn Eduards VII., in der Familie nur Eddy genannt; älterer Bruder König Georgs V.

Colville, Sir John (›Jock‹) (geb. 1915). Privatsekretär Neville Chamberlains, Winston Churchills, Clement Attlees und der Prinzessin Elisabeth in den Jahren 1947–49.

Colville, Commander Sir Richard (geb. 1907). Pressesekretär König Georgs VI. (1947–52) und der Königin Elisabeth II. (1952–68); Vetter des Sir John.

Cornwall, Duchy of. Besitz, dessen Einkünfte traditionell steuerfrei an die königliche Familie fallen, gewöhnlich zugunsten des Prince of Wales. Siehe Anhang A.

Crawfie. Miss Marion Crawford, Gouvernante der Prinzessinnen Elisabeth und Margaret von 1932 bis 1949; jetzt verheiratet mit Major George Buthlay, wohnhaft außerhalb von Aberdeen.

David. Siehe Eduard VIII.

Dickie. Siehe Mountbatten, Lord Louis.

Eddy. Siehe Clarence, Herzog von.

Edinburgh, Herzog von. Siehe Philip, Prinz.

Eduard VII., König (1841–1910, König 1901–1910). Sohn der Königin Viktoria; Urgroßvater der Königin Elisabeth II.

Eduard VIII., König (1894–1972, König vom 20. Januar bis 11. Dezember 1936). Ältester Sohn Georgs V.; Onkel der Königin Elisabeth II.; im Familienkreis David genannt; Prince of Wales (1911–1936); dankte im Dezember 1936 ab. Danach Seine Königliche Hoheit, der Herzog von Windsor.

Edward, Prinz (geb. 1964). Dritter Sohn, viertes Kind der Königin Elisabeth II.

Elisabeth, die Königinmutter, geb. Lady Elizabeth Bowes-Lyon (geb. 1900). Tochter des vierzehnten Earl of Strathmore; verheiratet mit Prinz Albert, Herzog von York, 1923; Mutter der Königin Elisabeth II.; Herzogin von York (1923–1936); Gemahlin Georgs VI.; Königinmutter seit 1952. Lebt jetzt im Clarence House, London; Royal Lodge, Windsor; Birkhall, Balmoral; Castle of Mey, Caithnessshire.

Elisabeth II., Königin (geb. 21. April 1926). Tochter König Georgs VI.; heiratete Leutnant Philip Mountbatten am 20. November 1947; trat die Thron-

Macdonald, Margaret. Zofe der Königin Elisabeth II. seit 1952; Kinderschwester der Prinzessin Elisabeth ab 1926; von der Königin Bobo genannt.

Macdonald, Ruby. Schwester Margarets. Kinderschwester der Prinzessin Margaret Rose ab 1930; Zofe der Prinzessin Margaret bis 1961.

Margaret, Prinzessin, Countess of Snowdon (geb. 21. August 1930). Schwester der Königin Elisabeth II.; heiratete am 6. Mai 1960 Antony Armstrong-Jones, von dem sie seit 1976 getrennt lebt. Kinder: David, Viscount Linley (geb. 1961); Lady Sarah Armstrong-Jones (geb. 1964).

Marina, Prinzessin, Herzogin von Kent (1906–68). Tochter des Prinzen Nikolaus von Griechenland; verheiratet mit Prinz Georg, Herzog von Kent, 1934.

Mary, Prinzessin (1897–1965). Tochter König Georgs V. und der Königin Mary und Tante der Königin Elisabeth II.; heiratete 1922 Henry Lascelles, den späteren Earl of Harewood.

Mary, Königin (1867–1953). Tochter des Herzogs Franz von Teck; in ihrer Jugend bekannt unter dem Namen Princess May of Teck; verlobt mit Eddy, Herzog von Clarence, und mit Georg, Herzog von York, dem späteren Georg V., den sie 1893 heiratete.

Monty. Spitzname von Mrs. Montaudon-Smith, die den Prinzessinnen Elisabeth und Margaret Rose Französisch-Unterricht erteilte.

Mountbatten. Der 1917 von den Battenbergs angenommene Name. Derselbe Name wurde 1947 von Prinz Philip von Griechenland angenommen.

Mountbatten, Lord Louis (geb. 1900). Onkel des Prinzen Philip; »Dickie« für die Familie; heute Flottenadmiral Earl Mountbatten of Burma; letzter Vizekönig (1947) und erster Generalgouverneur von Indien (1947–48); heiratete 1922 Edwina Ashley (gest. 1960).

Mountbatten-Windsor. Familienname, der 1960 für alle Nachkommen der Königin Elisabeth II. festgesetzt wurde.

Ogilvy, Angus (geb. 1928). Heiratete 1963 Prinzessin Alexandra von Kent. Kinder: James (geb. 1964), Marina (geb. 1966).

Philip, Prinz (geb. Korfu, 10. Juni 1921). Gemahl der Königin Elisabeth II.; erhielt 1947 als Leutnant Philip Mountbatten die britische Staatsbürgerschaft; Eheschließung am 20. November 1947; wurde Baron Greenwich of Greenwich, Earl of Merioneth und Herzog von Edinburgh; erhielt am 22. Februar 1957 die Titularwürde eines Prinzen des Vereinigten Königreichs.

Princess Royal. Ein Titel, der gewöhnlich der ältesten Tochter des Souveräns verliehen wird; zuletzt hatte ihn Prinzessin Mary, zur Zeit vakant.

Privy Purse. Privatschatulle des königlichen Haushalts.

Royal Lodge, Windsor. Haus im Großen Park von Windsor, das 1931 von König Georg V. dem Herzog und der Herzogin von Kent überlassen wurde; hieß ursprünglich Lower Lodge; hier wohnt heute Königin Mary, die Königinmutter.
Sandringham House, Norfolk. Schloß der königlichen Familie in East Anglia; von Königin Viktoria als Landsitz für den künftigen Eduard VII. erworben.
Simpson, Wallis. Siehe Windsor, Herzogin von.
Snowdon, Earl of, Antony Armstrong-Jones (geb. 1930). Heiratete Prinzessin Margaret Rose im Jahr 1960; beide leben seit 1976 getrennt.
Strathmore and Kinghorn. Titel eines Earl, der seit 1677 bei der Familie Bowes-Lyon erblich ist.
Townsend, Group Captain Peter, DSO, DFC (geb. 1914). Heiratete in erster Ehe Rosemary Pawle, geschieden 1951; heiratete 1959 in zweiter Ehe Marie-Luce Jamagne. Zwei Söhne aus erster Ehe, ein Sohn und zwei Töchter aus zweiter Ehe. 1944–1952 Hofstallmeister König Georgs VI.; 1950–52 Deputy Master of Royal Household; 1952–53 zum Comptroller of Household der Königin Elisabeth, der Königinmutter, ernannt; 1953–56 Luftwaffenattaché in Brüssel; außerplanmäßiger Hofstallmeister der Königin von 1953 bis heute.
Viktoria, Prinzessin (1868–1935). Schwester König Georgs V.
Viktoria, Königin (1819–1901; Regierungszeit 1837 bis 1901). Königin Viktoria regierte länger als alle anderen britischen Monarchen, sie war die Ururgroßmutter der Königin Elisabeth II. und des Prinzen Philip.
Wales, Prince of. Titel, der gewöhnlich dem ältesten Sohn des Monarchen verliehen wird; in England haben diesen Titel getragen: Georg V. (1901–1910), Eduard VIII. (1910–36) und gegenwärtig Prinz Charles, ältester Sohn der Königin Elisabeth II.
Windsor, Herzog von. Siehe Eduard VIII.
Windsor, Herzogin von, geb. Wallis Warfield (geb. 1896). Heiratete in erster Ehe 1916 Earl Winfield Spencer Junior (geschieden 1927); heiratete in zweiter Ehe 1928 Ernest Simpson (geschieden 1936); heiratete am 3. Juni 1937 in dritter Ehe Seine Königliche Hoheit, den Herzog von Windsor.
York, Herzogin von. Siehe Elisabeth, die Königinmutter.
York, Herzog von. Siehe Georg VI.

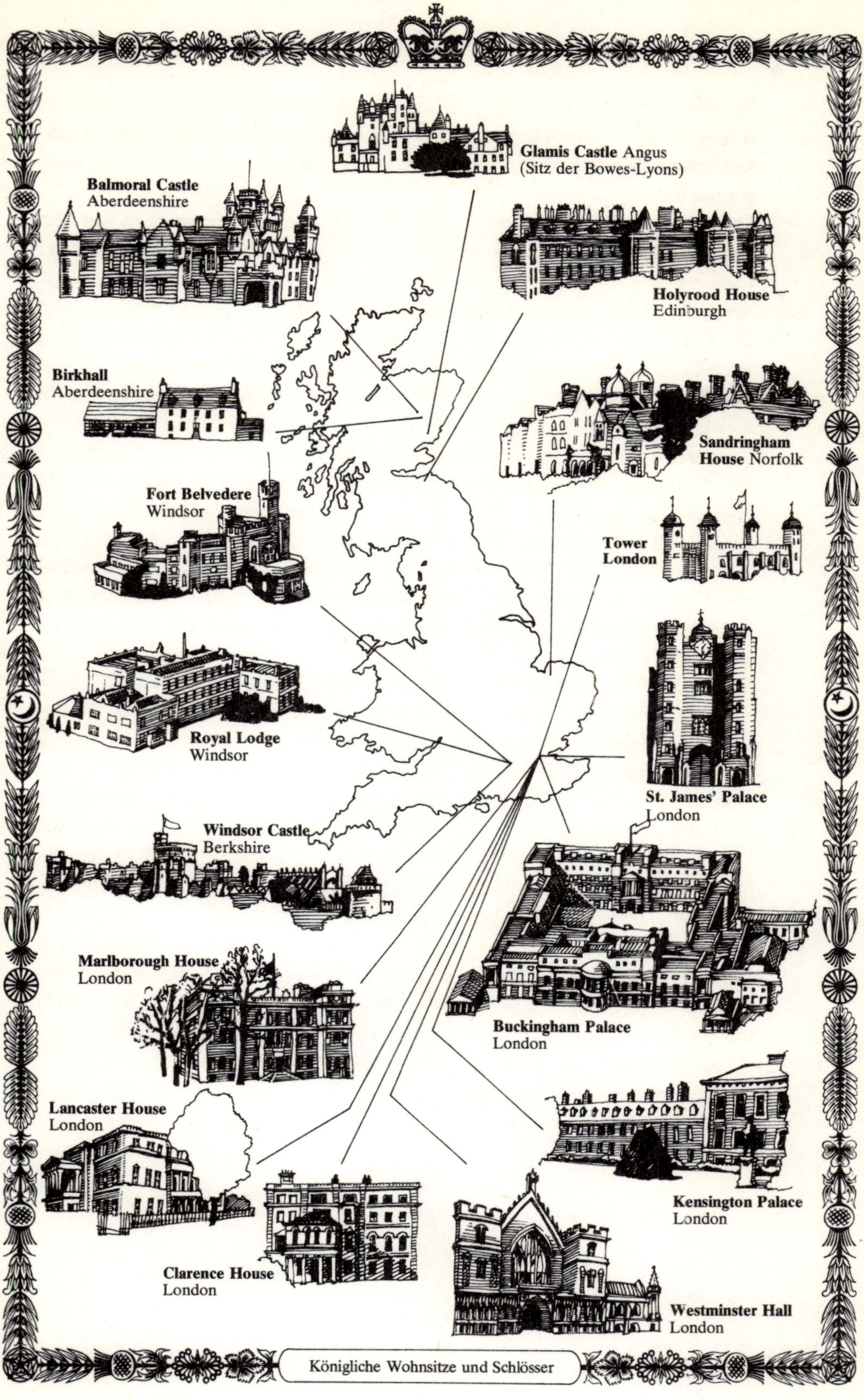

Königliche Wohnsitze und Schlösser

Teil 1

Kindheit

»Großpapa England«

Zu Anfang des Jahres 1926 erschienen in den britischen Illustrierten Photographien Seiner Königlichen Hoheit Prinz Albert, Herzog von York, zusammen mit seiner Gemahlin, der Herzogin Elisabeth. Für das plötzliche Interesse an dem jungen Paar gab es keinen besonderen Grund. Die Herzogin von York war seit einiger Zeit nicht mehr in der Öffentlichkeit erschienen; und aus den Bildern ging nicht hervor, warum dies der Fall gewesen war. Sie lächelte bekanntermaßen mehr als jede andere Dame der königlichen Familie. Ihr Gemahl, Prinz Albert, Herzog von York, war gerade über dreißig; der schüchterne, immer ernst wirkende Mann war der jüngere Sohn Georgs V., George RI[1], der seit 1910 als Kaiser und König über das Vereinigte Königreich von Großbritannien und Nordirland und den britischen überseeischen Besitzungen herrschte.

Dann, vierzehn Tage nach Ostern 1926, wurde alles klar. »Ihre Königliche Hoheit, die Herzogin von York, schenkte gestern früh um 2 Uhr 40 (Mittwoch, den 21. April) einer Tochter das Leben... Ihrer Königlichen Hoheit und der kleinen Prinzessin geht es gut.« Das ärztliche Bulletin über Mutter und Kind drückte sich vorsichtiger aus: »... eine bestimmte Art der Behandlung wurde erfolgreich angewandt.« Die künftige Königin Elisabeth II. war in der Tat mit den Füßen zuerst, durch Kaiserschnitt, auf die Welt gekommen.

Die Zeitungen drückten am nächsten Tag pflichtschuldigst ihre große Freude aus, aber es bestand kein Grund, warum die Geburt einer Tochter des Herzogs und der Herzogin von York eine besondere Bedeutung haben sollte. Die Prinzessin stand außerhalb der direkten Thronfolge. Ganz abgesehen davon, daß ihr Vater, Prinz Albert, nach seinem älteren Bruder Eduard, dem Prince of Wales, rangierte, war damit zu rechnen, daß die Yorks noch weitere Kin-

[1] RI: *Rex et Imperator,* König und Kaiser. Die britischen Monarchen waren seit dem 1. Januar 1877 Kaiser von Indien, als Königin Viktoria auf Betreiben Disraelis den Thron der Moguln in Delhi bestieg. Der Titel war vom britischen Parlament genehmigt worden und wurde auch von Eduard VII. (1901–1910), Georg V. (1910–1936), Eduard VIII. (1936) und Georg VI. von seiner Thronbesteigung 1936 bis zur Teilung Indiens in die beiden selbständigen Staaten Indien und Pakistan im Jahr 1947 geführt. Vom 15. August 1947 an unterschrieb Georg VI. nicht mehr als George RI, sondern kehrte zu dem einfachen R zurück, das die britischen Monarchen bis 1877 verwendet hatten.

der haben würden, darunter wahrscheinlich auch einen Sohn. Im Jahr 1926 dachte niemand daran, diese neugeborene Prinzessin mit dem Thron in Verbindung zu bringen. Wahrscheinlicher schien es, daß sie als Gemahlin eines ausländischen Königs den Titel einer Königin erhalten könnte – obwohl seit dem Weltkrieg die Auswahl keineswegs mehr allzu groß war.

Aber es bedeutete willkommenes junges Blut in der königlichen Familie. König Georg und seine Gemahlin, Königin Mary, hatten strikte Weisung erlassen, daß sie jederzeit von Veränderungen im Zustand der Herzogin von York informiert zu werden wünschten. In den frühen Morgenstunden des Mittwochs, am 21. April, handelte der diensthabende Oberstallmeister, Captain Reginald Seymour, laut Befehl und weckte zwischen 3 Uhr und 4 Uhr morgens den König und die Königin, um ihnen die frohe Botschaft zu überbringen. »Welche Erleichterung und Freude«, schrieb Königin Mary in ihr Tagebuch.

An jenem Nachmittag begaben sich der König und die Königin im Auto von Windsor nach London, um ihre erste Enkelin in Augenschein zu nehmen. Die Herzogin von York lag im Wochenbett in der Bruton Street 17, dem Londoner Wohnsitz ihrer Eltern, des Earl und der Countess of Strathmore. Es war ein eindrucksvolles Gebäude im Mayfair-Stil mit einer Säulenfront[1]. Am Mittwoch, dem 21. April 1926, wartete hier bereits eine Menge von Gratulanten, als der königliche Wagen eintraf. In den zwanziger und dreißiger Jahren versammelten sich bei derartigen Gelegenheiten Hunderte von Menschen in den Straßen Londons; die Bruton Street war seit dem Vortag voll von Menschen, die auf die Nachricht von der Entbindung warteten. Alle brachen in laute Jubelrufe aus, als König und Königin kamen, um das Kind zu sehen. Nach ersten Augenzeugenberichten hatte das Neugeborene blonde Haare, »große blaue Augen mit dunklen Wimpern« und »winzige Öhrchen, die dicht an dem wohlgeformten Kopf anlagen«. Königin Mary fand das Kind entzückend, obwohl sie sagte: »Ich wünschte, du wärst mehr deiner kleinen Mutter nachgeraten.«

»Du weißt gar nicht, wie sehr sich Elisabeth und ich selbst über unser kleines Mädchen freuen«, schrieb Prinz Albert ein paar Tage danach an die Königin. »Wir haben uns immer ein Kind gewünscht, damit unser Glück vollkommen werde. Jetzt, da es endlich Wirklichkeit geworden ist, scheint es so wunderbar und seltsam. Ich bin in diesem Augenblick so stolz auf Elisabeth, nach al-

[1] Dieser Teil der Bruton Street wurde im Zweiten Weltkrieg von deutschen Bomben zerstört. Bis 1975 stand an dieser Stelle eine Filiale der First National City Bank of New York. Eine Tafel am Eingang erinnert daran, daß hier die jetzige Königin Elisabeth II. geboren wurde. Zu dem Zeitpunkt, da diese Zeilen geschrieben werden, ist das Gebäude zum Verkauf oder zur Vermietung ausgeschrieben.

lem, was sie in den letzten Tagen hat durchstehen müssen... Ich hoffe aufrichtig, daß Du und Papa ebenso glücklich seid, wie wir es sind, eine Enkelin zu haben... Darf ich vielleicht noch hinzufügen, daß ich hoffe, Ihr werdet das Kind nicht verwöhnen, wenn es größer geworden ist.«

Das Baby wurde im ersten Monat von der Mutter selbst genährt und am 29. Mai 1926 in der Privatkapelle[1] des Buckingham Palace getauft. Es war fünf Wochen alt. Das goldene Taufbecken von 1840 wurde aus Windsor nach London gebracht und mit Jordanwasser gefüllt. Das Kind wurde in das cremefarbene Spitzengewand gekleidet, das seit den Kindern der Königin Viktoria alle Täuflinge der königlichen Familie getragen hatten. Die Taufzeremonie verlief in jeder Hinsicht traditionsgemäß. »Natürlich«, vermerkte Königin Mary, »hat das arme Baby geschrien.«

Die Prinzessin wurde von Dr. Cosmo Lang, dem damaligen Erzbischof von York, auf den Namen Elizabeth Alexandra Mary getauft. »Ich hoffe, daß Du mit diesem Namen einverstanden bist«, hatte der Herzog von York seinem Vater geschrieben. »Ich bin überzeugt, daß es trotz zwei Elizabeths in der Familie zu keinen Verwechslungen kommen wird. Wir legen großen Wert darauf, daß sie Elizabeth gerufen wird, denn es ist ein so hübscher Name, und seit langem hat es niemanden dieses Namens in unserer Familie gegeben. Auch Elizabeth of York klingt so hübsch.«

Der König war einverstanden. »Er gefällt mir, es ist ein hübscher Name«, antwortete er. Elizabeth, Alexandra und Mary waren im übrigen die Namen großer britischer Königinnen.[2] Es fiel ihm indessen auf, daß sein Sohn die größte aller Königinnen überhaupt nicht erwähnte – »er sagt nichts über Viktoria«. Sie hatte seinerzeit verfügt, daß alle Kinder, die der Thronfolge nahestehen, die Erinnerung an ihren geliebten Albert oder an sie selbst wahren sollten. Ob der Name des kleinen Mädchens nicht vielleicht doch das Andenken ihrer Urgroßmutter ehren sollte?

»Ich halte das eigentlich nicht für notwendig«, entschied der König nach einigem Nachdenken. Das Kind war schließlich kein Prinz und kam auch für die Thronfolge nicht in Betracht.

Die ersten Jahre der späteren Königin Elisabeth II. wurden im einzelnen durch ihre Familie, durch Freunde und durch mindestens eine Gouvernante

[1] Diese Kapelle wurde, wie das Geburtshaus der Königin Elisabeth II. in der Bruton Street, bei den Bombenangriffen auf London weitgehend zerstört. Sie ist von Elisabeth II. wiederaufgebaut und 1962 als Königliche Gemäldegalerie eröffnet worden. Sie beherbergt die Kunstsammlung der königlichen Familie, die hier zum ersten Mal, einschließlich eines kleines Teils der ehemaligen Kapelle, der Öffentlichkeit zugänglich gemacht wurde.

[2] Königin Alexandra, Gemahlin Eduards VII. und Mutter Georgs V., war im November des Vorjahres gestorben.

in Tagebuchaufzeichnungen festgehalten. Aber wichtiger als die Kinderstube, in der sie wie jedes andere Kind aufwuchs, war die Umwelt, in der sie erzogen wurde. Von ihr wurde sie in entscheidender Weise geprägt. Die speziellen Gegebenheiten ihrer Kindheit stammten von ihren Eltern, ihren Großeltern, den Idealen, denen sich ihre Familie verschrieben hatte, und der besonderen Atmosphäre, in der ihre Familie lebte. Alle diese Umstände prägten den Charakter der Königin und ihre ganz persönliche Auffassung von der Monarchie.

Die beherrschende Gestalt in der Familie war ihr Großvater, König Georg V. Könige werden sowieso von den meisten Menschen ernst genommen. Das gilt ganz besonders von der eigenen königlichen Familie. Und Prinzessin Elisabeth wuchs im Geiste eines solchen Treueverhältnisses auf. Georg V. war das Oberhaupt der Familie und sorgte in dieser Eigenschaft für den Lebensunterhalt der Familienangehörigen. Aber er gab ihrem Leben auch einen Sinn – die Mitglieder der königlichen Familie waren gewissermaßen Hohepriester, die durch Seine Majestät ihre Weihe erhalten hatten. Und die Tatsache, daß der Gegenstand dieser Verehrung ein so durchaus gewöhnlicher Mann war, gehört zu den Geheimnissen dieser Form der Monarchie.

»Wäre er in die Arbeiterklasse hineingeboren«, sagte Keir Hardie bei der Thronbesteigung Georgs V. im Jahr 1910, »hätte den neuen König höchstwahrscheinlich das Schicksal eines Straßenhändlers ereilt.« Dies war eine unfaire Bemerkung über den König, der sich seiner Pflichten stets bewußt blieb; aber auch sein offizieller Biograph fühlte sich zu dem Zugeständnis veranlaßt, König Georg V. »zeichne sich weder durch ein besonderes Verständnis für die sozialen Probleme noch durch persönliche Ausstrahlung oder intellektuelle Fähigkeiten aus. Er sei weder geistreich noch ein angenehmer Unterhalter gewesen. Aufgrund seiner mittelmäßigen Belesenheit und Bildung habe er selten etwas zu einer Unterhaltung von Niveau beitragen können. Ihm habe der Wissensdurst gefehlt. Erst in seinen späteren Lebensjahren habe er ein gewisses Maß an künstlerischem Verständnis entwickelt.« Er glich, mit anderen Worten, den meisten seiner Untertanen.

Georg V. war der erste britische Monarch, der in sich die Majestät des einfachen Mannes verkörperte. Seine Großmutter Viktoria hatte den Ehrgeiz gehabt, politischen Einfluß im Stile der Königin Elisabeth I. auszuüben. Sein Vater, Eduard VII., wollte in der Weltpolitik eine Rolle spielen. Georg V. war eine schlichtere Persönlichkeit. Er verkörperte die Ideale seines Volkes und bestimmte den Stil der britischen Monarchie, wie er in der Folgezeit, besonders bei seiner Enkelin, Königin Elisabeth II., oberstes Gebot geblieben ist. Während die letzten Reste tatsächlicher Königsmacht dahinschwanden, haben sich die Monarchen des 20. Jahrhunderts in steigendem Maße wieder dem ursprünglichen Sinn ihres Amtes zugewandt – dem Thron als Symbol, als das er in sozialer Hinsicht wichtiger ist als wegen seiner politischen oder auch konstitutionellen Funktion; und Georg V. hat diese neue Rolle bis zur Perfektion versinnbildlicht. Er entdeckte für moderne Könige und Königinnen eine neue Aufgabe – die Repräsentation.

Mit seiner mittelgroßen, kaum wahrnehmbar gebeugten Statur, den freundlichen Augen, roten Wangen und dem weichen, weißen Vollbart, der irgendwie an die Sealyham-Terrier erinnerte, die er so liebte, bildete Georg V. für Prinzessin Elisabeth den Inbegriff eines Großvaters. Und für seine Untertanen war er das Urbild eines Patriarchen. Stets makellos gekleidet, stets eine weiße Gardenie im Knopfloch seines Gehrocks, die Beinkleider seitlich gebügelt, ohne Bügelfalte vorn und hinten, verkörperte er in seinem Erscheinungsbild Tradition und Kontinuität[1]. In der Öffentlichkeit strahlte er Pflichtbewußtsein, Würde, Mut, Aufrichtigkeit, gesunden Menschenverstand und Fleiß aus – Tugenden, die man den Briten allenthalben nachsagte. Und König Georg V. war seinen Landsleuten gerade deshalb ans Herz gewachsen, weil sie allmählich zu der Überzeugung kamen, daß sie diese Vorzüge vielleicht doch nicht mehr in ganz demselben Umfang wie früher besaßen; denn man betrachtete es als eine Aufgabe konstitutioneller Monarchen, das Leben nicht so sehr widerzuspiegeln, wie es ist, sondern wie es nach Meinung der meisten Menschen eigentlich sein sollte.

Als Verkörperung der Nation war der Patriotismus für den König eine ganz persönliche Angelegenheit. Das älteste seiner sechs Kinder, Eduard, Prince of Wales und später Eduard VIII.[2], faßte die Glaubensgrundsätze seines Vaters wie folgt zusammen: »Er glaubte an Gott, an die Unbesiegbarkeit der Royal Navy und an die Richtigkeit all dessen, was britisch war.« Als sich H. G. Wells für den republikanischen Gedanken einsetzte und den Hof als »fremdländisch und wenig anregend« kritisierte, gab Georg V. zurück: »Mag sein, daß ich wenig anregend bin, aber eines weiß ich genau: Ich bin kein Fremder.« Ein Genie mit großer Ausstrahlungskraft konnte als konstitutioneller Monarch zu einer Gefahr für den Thron werden. Georg V. wies seine Familie an, Ziele und Ambitionen der Monarchie nicht zu hoch zu stecken – sondern gewissenhaft und menschlich zu sein.

Schon früh wurde Prinzessin Elisabeth in die Routine des königlichen Hauses

[1] Der König war stolz darauf, fünfzig Jahre hindurch dieselben Kragenknöpfe zu benutzen. Dann ließ er einen reparieren – in Gold. Er verwendete dieselben Haarbürsten ein halbes Jahrhundert; es brauchten nur ein einziges Mal neue Borsten eingesetzt zu werden.

[2] Eduard, Prince of Wales, der spätere König Eduard VIII., wurde nach seiner Abdankung im Jahr 1936 Herzog von Windsor. Er veröffentlichte seine Memoiren, *A King's Story,* denen dieses Zitat entnommen ist.

eingeführt. Der König verbrachte morgens gern mehrere Stunden mit dem Studium von Akten und ging dann, pünktlich um 9 Uhr, zum Frühstück. Er betrat das Frühstückszimmer im Buckingham Palace genau in dem Augenblick, da Big Ben die volle Stunde schlug. Man sah ihn selten ohne einen Hund, gewöhnlich einen Sealyham- oder Cairn-Terrier, und Charlotte, einen grauen Papagei, der ihn fast überallhin begleitete. In Sandringham nahm Charlotte mit am Frühstück teil und sprang vom Finger des Königs auf den Tisch, um den Schnabel in die Marmelade, Butter oder die gekochten Eier zu stecken, wie es ihr gerade in den Sinn kam. Nach dem Frühstück begleitete sie den König bei der Inspektion des Barometers und auf dem Gang zum Fenster, von dem aus der König mit dem geübten Auge des Seemanns nach dem Wetter Ausschau hielt. Er war stolz darauf, in seiner Jugend zur See gefahren zu sein.

Nach dem Frühstück pflegte der König seine Schwester, Prinzessin Viktoria, anzurufen. Von Prinzessin Viktoria hatte er Charlotte als Geschenk erhalten. Das Telephongespräch kam in der Regel etwa um halb zehn zustande. »Hallo, du alter Esel«, begrüßte sie ihren Bruder gewöhnlich. »Verzeihung, Königliche Hoheit«, mußte die Vermittlung im Buckingham Palace einmal unterbrechen, »Seine Majestät ist noch nicht am Apparat.« Familienangelegenheiten spielten für König Georg V. eine große Rolle. Er hatte sich sein ganzes Leben lang die Zuneigung zu seiner jüngeren Schwester bewahrt, und als sie 1935 starb, war er von Gram so überwältigt, daß er sich außerstande fühlte, die Eröffnung des Parlaments vorzunehmen. Seit dem Tage ihres Todes – nicht lange vor seinem eigenen – wurde seine Handschrift zitterig und ungleichmäßig.

Er schrieb sowieso langsam und mühselig, wie ein Schulkind. Kenneth Clark hat einmal gesagt, er habe nie einen Erwachsenen so langsam schreiben sehen. Mit der Orthographie stand Georg V. auf Kriegsfuß, denn seine Erziehung war traditionsgemäß sehr unakademisch verlaufen. Nach Beendigung des Privatunterrichts war er auf die Marineakademie gegangen und hatte im Alter von 14 Jahren[1] als Leutnant zur See gedient. »Sein Schulunterricht«, erklärte sein offizieller Biograph, »endete da, wo er eigentlich erst hätte beginnen sollen. Sein Bildungsniveau (bis er aus eigenem Antrieb in seinen letzten Lebensjahren seine Bildung vertiefte) lag unter dem des durchschnittlichen Landedelmanns, der eine höhere Schule besucht hat.

[1] Er sprach kaum fremde Sprachen. 1892 nach Heidelberg geschickt, um die Landessprache zu erlernen, beschrieb er das Deutsche als »diese verflixte Sprache, die ich sehr schwierig finde«. Und als Harold Nicolson Ende der vierziger Jahre die Biographie des Königs verfaßte, fragte er Königin Mary, ob ihr Gemahl wirklich gut französisch gesprochen habe. »Ihr behagte diese Frage nicht recht. ›Nein‹, sagte sie steif.«

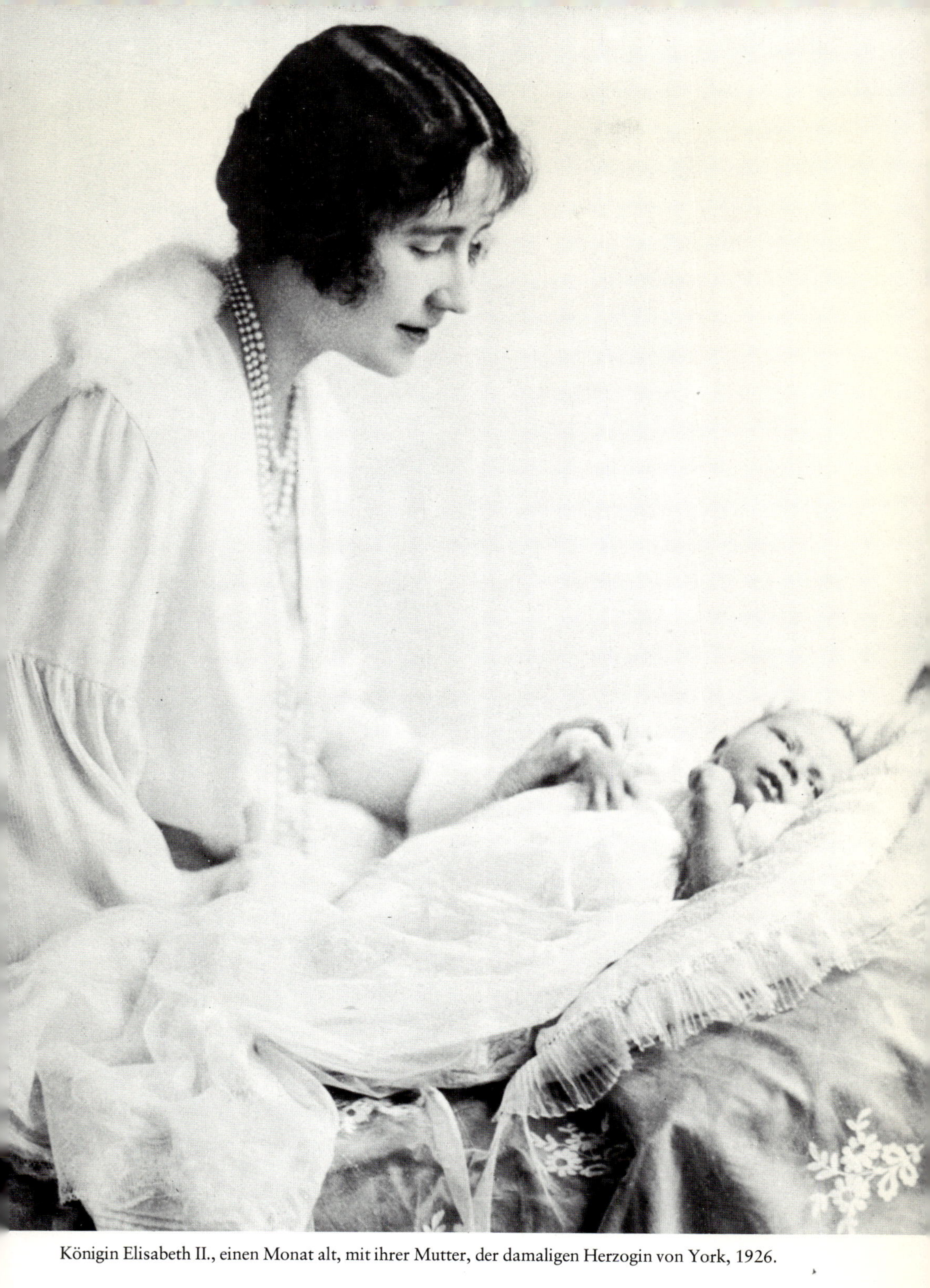

Königin Elisabeth II., einen Monat alt, mit ihrer Mutter, der damaligen Herzogin von York, 1926.

Georg V. und sein jüngster Sohn, Prinz John, 1911.

Vier Könige: Eduard VII. (zweiter von links) mit dem späteren König Georg V. (ganz links), Eduard VIII. und Georg VI.

Als Landedelmann fühlte sich König Georg V. in der Tat am wohlsten, so wie Königin Elisabeth II. heute am glücklichsten erscheint, wenn sie die Pferde in ihrem Gestüt oder das Vieh auf ihrer Farm in Sandringham besuchen kann. Er hatte den größten Teil der Regierungszeit seines Vaters, Eduards VII., in Sandringham zugebracht und war in seinem ganzen Leben nie so glücklich, wie wenn er durch die Wälder, das Ödland und die salzigen Wiesen des Besitzes in Norfolk wandern konnte. Er unternahm längere Expeditionen über die Marschen, und die Luft war voll vom Geschrei der Bekassinen, der Möwen und dem Rauschen des Meeres. Als König fand er Erholung in der für Sandringham so typischen ländlichen Umgebung – in den Tannenschonungen, die inmitten der offenen Heideflächen ideale Jagdmöglichkeiten boten.
Am 31. Dezember 1888 hatte der künftige König Georg V. einhundert Fasanen vom selben Standplatz aus geschossen. Neben dem Bett stand immer seine Doppelflinte, damit er jederzeit üben und seine Armmuskeln kräftigen konnte. In Schottland ging er gern auf die Rotwildpirsch mit Cosmo Lang, dem Erzbischof von York und späteren Erzbischof von Canterbury. Die beiden Männer schritten dann gemeinsam über die Hochmoore, ließen sich auf einem Felsbrocken zum Lunch nieder und führten ernste Gespräche, während sie das mitgebrachte Essen teilten und der König stark verdünnten Whisky aus einem Jagdfläschchen trank. Dann nahmen sie den Pirschgang wieder auf. Übrigens der einzige Sport, den Elisabeth heute noch persönlich ausübt.
Das Haus Hannover, das 1714 die Thronfolge in England antrat, hat sich, mit einigen wenigen Ausnahmen, in überzeugender Weise als die am wenigsten kulturbeflissene Dynastie erwiesen, die in der neueren Geschichte über eine Nation von Bedeutung geherrscht hat; und König Georg V. blieb dieser Tradition treu. Sein Lieblingsstück im Theater, was Musik und Handlung betraf, war *Rose Marie*. Er sah es sich mit Königin Mary mehrere Male an. Er war für die Intellektuellen des Landes in keiner Weise repräsentativ – aber diese Tatsache bekümmerte ihn ebensowenig wie sein Unvermögen, es den Rosenzüchtern oder Rennfahrern gleichzutun. Großbritanniens größter Kunstmäzen, König Karl I., gehörte schließlich zu den unbedeutendsten Monarchen.
Nach dem Abendessen spielte er gern Karten. In seiner Jugend hatte er gelegentlich Whist gespielt. Als aber Auction-Bridge in Mode kam, wurde er durch den komplizierten Reizprozeß überfordert. Beim Poker, das er um mäßige Einsätze spielte, fühlte er sich wohler. Er gehörte nicht zu den fanatischen Bridgespielern, die er etwas verächtlich als »hochgestochen« abtat.
Er spielte gern mit Freunden, die er aus seiner Marinezeit kannte. Es war ein kleiner Kreis, dessen Mitglieder der Außenwelt kaum bekannt waren – teil-

weise aufgrund der Diskretion, die die Grundlage für jedes freundschaftliche Verhältnis zur britischen Königsfamilie bildet, teilweise auch deswegen, weil es alle ebenso einfache Menschen waren wie er selbst; dasselbe läßt sich heute über den Personenkreis sagen, der Elisabeth II. umgibt. Ihre Namen werden selten außerhalb ihrer Welt von Pferden, Jagd und Landleben genannt. Es kommt ihnen nicht auf Anerkennung außerhalb dieses Freundeskreises an; sie versuchen sogar, ihre Verbindung zum Königshaus zu verschleiern.
»Warum kommt ihr nicht zum Wochenende zu uns heraus?« fragen vielleicht andere Freunde.
»Hm, ja, wir haben leider schon etwas vor«, murmeln sie und besteigen insgeheim das Auto nach Windsor.
Nach dem Abendessen zog sich Georg V. am liebsten zu seinen Briefmarkenalben zurück. Es war seine fast bewußt bürgerliche Reaktion auf die plutokratischen Vergnügungen seines Vaters, Eduards VII.; denn er war stolz darauf, die Monarchie aus dem Kreise der Reichen herausgelöst zu haben. Aber in den späteren Jahren sollte dies für seine Biographen gewisse Probleme heraufbeschwören. »Den fröhlichen jungen Leutnant zur See nimmt man ihm ab«, schrieb Harold Nicolson 1949, als er seiner Frau die Schwierigkeiten erläutern wollte, denen er sich bei der Abfassung einer ansprechenden Lebensgeschichte dieses Mannes gegenübersah. »Auch der weise alte König paßt zu ihm. Aber die Zwischenzeit (1892–1910), als er Herzog von York war und in Sandringham auf die Jagd ging, ist sehr schwer unterzubringen. Siebzehn Jahre hindurch tat er nichts anderes, als auf die Jagd zu gehen und Briefmarken einzukleben.«[1]
Er war von schlichter Frömmigkeit. Jedes Jahr wurden die Kinder der Dorfschule in Sandringham ins Schloß hinaufgerufen, um ihre Preise aus der Hand des Souveräns entgegenzunehmen. Sie wurden in das kleine Arbeitszimmer geführt, in dem der König inmitten seiner Akten saß, neben ihm ein kleiner Hund auf dem Teppich und Charlotte auf ihrer Stange. Er gab dann jedem Kind eine Bibel und erzählte allen, wie seine Großmutter (»das war Königin Viktoria, müßt ihr wissen«) ihm einmal eine Bibel geschenkt und ihm dabei gesagt hatte, er solle jeden Tag ein Kapitel darin lesen. »Ihr könnt es jetzt halten, wie ihr wollt«, pflegte er zu sagen. »Aber wenn ihr daraus eine Lebensregel macht und dabei bleibt, werdet ihr es sicher nicht bereuen, wenn ihr einmal so alt seid wie ich.« Er freute sich, daß seine Enkelin Elisabeth in derselben Tradition aufwuchs.

[1] Harold Nicolson meisterte seine Probleme mit der ihm eigenen Eleganz. In seiner großartigen Biographie von König Georg V. beschreibt er diese schwierige, »tote« Zeit wie folgt: »Abgesehen von gelegentlichem öffentlichem Auftreten und einigen offiziellen Reisen, führte er das Leben eines Landedelmanns – unauffällig, verhältnismäßig zurückgezogen, fast unbekannt.«

Aber dieses zur Schau getragene, ganz normale Leben forderte auch seinen Preis. Manchmal machte er sich in Zornesausbrüchen Luft – gelegentlich überkam ihn die Rührung. Als er 1901 im Alter von fünfunddreißig Jahren Australien bereiste, wurde er von seiner Gemahlin begleitet, aber der Abschied von seinem Vater, seiner Mutter und den Kindern rührte ihn zu Tränen. Manchmal versagte ihm die Stimme, wie einmal, als er während einer Rede seine Gemahlin, Königin Mary, erwähnte. Als er zu der Stelle kam: »Wenn ich an alles das denke, was ich ihr schulde«, übermannte ihn die Rührung, und er mußte die Rede einen Augenblick unterbrechen.
König zu sein war für Georg V. in mancherlei Hinsicht eine ständige Anfechtung, denn hinter einer rauhen Schale verbarg sich bei ihm ein weicher Kern. Ihn ergriff Panik, wenn er sich außerstande sah, Herr seiner Gefühle zu bleiben. Und er konnte oft nicht ungezwungen gerade mit denjenigen Menschen sprechen, die ihm am nächsten standen. »Es fällt mir schwer, meine Gefühle auszudrücken«, räumte er ein, und diese psychologische Verdrängung belastete oft auf schmerzliche Weise das Verhältnis zu seinen sechs Kindern – wie Lady Airlie feststellen mußte, als sie Hofdame der späteren Königin Mary wurde: »Die Kinder hatten stets in ihrem eigenen Bereich zu bleiben, außer es wurde ihnen ausdrücklich gestattet, diesen Bereich zu verlassen... Ich sah sie nie auf den Korridoren herumlaufen. Sie bewegten sich immer gesittet, meistens unter Aufsicht der Kinderschwestern oder Hauslehrer... König Georg liebte seine Söhne. Aber im Umgang mit ihnen schwankte er zwischen linkischer Spaßhaftigkeit, die ein empfindsames Kind immer in Verlegenheit versetzt, und einer Strenge, die an Härte grenzte.« König Georg V. hatte ein ausgezeichnetes Verhältnis zu seinen Söhnen, sobald diese verheiratet waren, und er war ein idealer Großvater – besonders zu Prinzessin Elisabeth, der seine besondere Zuneigung galt. Aber das Verhältnis zu seinen Söhnen war, zumindest solange diese klein waren, durch das ständige Bewußtsein belastet, daß er künftige Hüter des Thrones erzog. »Darling May's[1] Geburtstag (neunundreißigster)«, schrieb er im Mai 1906 in sein Tagebuch. »Die Kinder sagten alle ihre Gedichte auf. David machte seine Sache besonders gut. Er sagte Wolseley's (sic) Abschied (Sheakspeare) (sic) ohne Fehler auf.«
Die Angehörigen des Königshauses waren eben nur Menschen, bis zu einem gewissen Grad Privatmenschen, sie waren auch nicht nur Hüter einer Institution, sondern in mancherlei Hinsicht mußten sie als Institution selbst auftreten. Der König war auf seine Rolle als Monarch durch den Verfassungsge-

[1] Seine Gemahlin, Königin Mary, die im Juli 1867 auf den Namen Victoria Mary Augusta Louise Olga Pauline Claudine Agnes getauft worden war, hieß in ihrer Familie von Kindheit an May.

schichtler J. R. Tanner vom St. John's College in Cambridge[1] vorbereitet worden, und er hatte in einem Schulheft gewisse Grundregeln der konstitutionellen Monarchie niedergeschrieben. »Die Existenz der Krone«, schrieb er in Anlehnung an Walter Bagehot, einem Autor der viktorianischen Zeit, »dient dazu, Veränderungen zu verschleiern und ihnen damit die bösen Folgen einer Revolution zu nehmen.« Während seiner Regierungszeit verschwanden fünf Kaiser, acht Könige und achtzehn kleinere Dynastien von der Bildfläche, und bei seinem Tode gab es für Sir Arthur Bryant keine Zweifel, warum Georg V. alle diese Veränderungen überstanden hatte. »Der König hatte durch sein hochherziges Wesen und durch seine Beständigkeit bewiesen, was für eine Art von Mensch ein Engländer sein könne«, schrieb er im Jahr 1936. »Er und die Königin repräsentierten die inneren Überzeugungen jedes anständigen Engländers; zu einer Zeit, da die intellektuellen Führer der Nation das Evangelium des Zerfalls predigten und viele Persönlichkeiten des gesellschaftlichen Lebens schlechte Manieren hatten und einem ausschweifenden Lebenswandel das Wort redeten.«

Er leitete keine Veränderungen ein, aber er wußte, wie er sich ihnen mit Anstand fügen konnte, eine Fähigkeit, die seine Enkelin in vielen Ländern Afrikas, Asiens und der zum Empire gehörenden Welt zu kultivieren verstanden hat. Tapfer trug er zum Zeichen seines guten Willens eine rote Krawatte, als er der erste britische Souverän wurde, dem ein sozialistischer Premierminister diente (1924), und beschränkte seine Versuche, auf die Regierungspolitik Einfluß zu nehmen, auf humanitäre Probleme. So widersetzte er sich nach Kräften der Terrortaktik der »Black and Tans« in Irland, denn er war, wie er Lloyd George gegenüber mit Nachdruck erklärte, der Überzeugung, daß die breite Masse in Irland sich als sein Volk fühlte und das gleiche Recht auf seinen Schutz hatte wie jeder andere Brite. Das war auch seine Haltung bei der Behandlung der Arbeitslosenfrage während der Weltwirtschaftskrise – obwohl er keinen Widerspruch zwischen dieser Einstellung und seiner einzigen bedeutenden Intervention in politischen Fragen, der Schaffung einer Allparteienregierung im Jahre 1931, sah. Als sich das Land in großen finanziellen Schwierigkeiten befand, war Ramsay MacDonalds Kabinett von den ausländischen Banken dahingehend unterrichtet worden, daß jede Finanzhilfe nur unter der Bedingung gewährt werden könne, daß drastische Einsparungsmaßnahmen, darunter eine zehnprozentige Kürzung der Arbeitslosenunterstützung, vorgenommen würden. Für acht Mitglieder der Labour-Regierung war dies völlig unannehmbar, und MacDonald fand, er müsse zu-

1 »Es muß zugegeben werden«, schrieb Harold Nicolson, »daß die Besuche von Mr. Tanner in York House seltener waren als die von Mr. Tilleard, dem Philatelisten.«

rücktreten, worauf Georg V. von seinem Recht Gebrauch machte, den Premierminister zu ernennen – ein Recht, das Elisabeth II. überraschend häufig hat anwenden müssen. Der König schlug MacDonald vor, eine Koalitionsregierung aus allen Parteien zu bilden, und er konnte nie begreifen, daß MacDonald später gerade deswegen bei der Arbeiterbewegung in Verruf geriet. Georgs V. Ausstrahlungskraft lag gerade in seiner Einfachheit. Wenn er über den Rundfunk zu seinen Völkern sprach und alle seine warme, gutturale Stimme und den leichten dänischen Akzent hören konnten, war er für Millionen eine Realität. Er war gleichzeitig ihr Diener und ihr Gott. Als Prinzessin Elisabeth heranwuchs, sprach sie von ihm immer als dem »Großpapa England«, und dies war er in gleicher Weise auch für Millionen andere. Bei der Ausübung seiner offiziellen Funktionen in den zwanziger und Anfang der dreißiger Jahre setzte König Georg V. Maßstäbe für viele und galt nur bei wenigen als Heuchler; im Kreise seiner eigenen Familie legte er mit großem Nachdruck die Richtlinien fest, nach denen die künftige Königin Elisabeth II. erzogen wurde. Neben ihren Eltern war vor allem er es, der sie ganz entscheidend in ihren ersten zehn Lebensjahren formte. Und wenn er hätte sehen können, was sie seither daraus gemacht hat, wäre er mit ihrem Verhalten sicherlich aus ganzem Herzen einverstanden gewesen. Die unbedingte Unterordnung der Launen des Augenblicks gegenüber der Pflicht, eine enorme Arbeitskraft, die sich in viel weniger spektakulären Aufgaben zeigte, als man zunächst annehmen möchte, und ein Gefühl der Häuslichkeit – die Vorliebe für das Normale und nicht für das Außergewöhnliche –, dies sind die Eigenschaften, die Königin Elisabeth II. in der einen oder anderen Form ihrem Großvater verdankt. Sie haben dazu beigetragen, daß aus ihr eine Nachfahrin auf dem Thron geworden ist, auf die er hätte stolz sein können.

In Großmutters Fußstapfen

Prinzessin Elisabeth verbrachte die ersten Monate ihres Lebens in der Bruton Street im Westend von London. Heute ist es eine Geschäftsstraße mit Banken und Bürohäusern, Hotels und Ausstellungsräumen. 1926 war die Straße noch ruhiger. Hier waren vor allem Stadtwohnungen adliger Familien, zum Beispiel der Großeltern der Prinzessin mütterlicherseits und des Grafen und der Gräfin von Strathmore. In Boyles Hofkalender von 1926 sind viele prominente Namen der Gesellschaft aufgeführt – die Herberts, Tennants, Pakenhams –, die in der Bruton Street wohnten. Am Ende der Straße lag der Berkeley Square, wo noch die Nachtigallen sangen und in der Dunkelheit Eulen flogen. Und hier, auf den Wegen des Berkeley Square, wurde das Baby täglich im Kinderwagen ausgeführt.

Ihre Kinderschwester war Mrs. Knight, eine hochgewachsene, helläugige Dame, die bereits die Mutter der Prinzessin betreut hatte, als diese zu Anfang des Jahrhunderts noch Lady Elizabeth Bowes-Lyon gewesen war. Mrs. Knight war die Tochter eines Gutspächters auf dem Besitz der Strathmores in St. Paul's Walden bei Hitchin in Hertfordshire. Sie war bei den Bowes-Lyons geblieben, mit Ausnahme einer kurzen Unterbrechung, als sie die Kinder von Mary, Lady Elizabeths älterer Schwester, der späteren Lady Elphinstone, betreute, und sie gehörte bis zu ihrem Tode im Jahr 1943 zur Familie. Sie war keine moderne Kinderfrau, eher ein Familienfaktotum alten Stils, deren ganzes Leben ihre Arbeit war, die mit Hingabe die Rolle einer stellvertretenden Mutter übernahm, mit allen Situationen fertig wurde und kaum jemals einen freien Tag nahm. Ein Kindermädchen half ihr, wenn sie die kleine Prinzessin fütterte. Sie zog sie an und führte sie aus, und zweimal am Tag präsentierte sie sie in einem sauberen Kleidchen ihren Eltern. Wenn das kleine Mädchen nachts aufwachte und weinte, war sie es, die das Baby tröstete. Mrs. Knight hieß mit Vornamen Clara. Doch die meisten ihrer Schützlinge konnten dieses Wort nicht aussprechen und brachten nur »Alla« heraus – auch Prinzessin Elisabeth nannte sie so.

Im August 1926 fuhren der Herzog und die Herzogin von York nach Schottland, wie sie es seit ihrer Heirat jeden Sommer getan hatten. Da sie es vorzogen, mit Schlafwagen zu reisen, wurde ihr Baby bei Tage mit der Bahn vorausgeschickt, um sie in Schloß Glamis zu erwarten. Das Schloß war etwas nördlich von Dundee in der Glen of Strathmore gelegen, und die Bowes-Lyons hatten von ihm ihren Titel erhalten. Hier verbrachte Prinzessin Elisabeth die meisten Sommermonate ihrer Kindheit, und dieser Ort sollte eine ebenso nachhaltige Wirkung auf sie ausüben wie ihr königlicher Großvater. Wenn ihre Persönlichkeit, so wie sie in der Öffentlichkeit auftrat, hauptsächlich durch die Familie ihres Vaters geformt wurde, so war es die Familie ihrer Mutter, die ihr jene Herzenswärme schenkte, mit der sie ihre eigenen Kinder erzogen hat, sowie das fröhliche Gemüt, das in ihrem Privatleben zum Ausdruck kommt.

Es war ihre Großmutter, Lady Strathmore, die in Glamis den Ton bestimmte. Im neunzehnten Jahrhundert hatte man Glamis Castle für ein Spukschloß gehalten; doch Lady Strathmore machte dem »Spuk« ein Ende.[1] Sie war eine große, eindrucksvolle Gestalt mit eckigem Kinn und strahlenden Augen – das Schwungrad, das den ganzen Haushalt in Gang hielt. Nichts konnte sie aus der Fassung bringen. Gäste in Glamis erinnern sich noch an einen beschwipsten Lakaien, der nie ganz sicher auf den Beinen stand und bei Tisch den Gästen den Wein über die Kleider zu schütten pflegte, mit dem aber Lady Strathmore in aller Seelenruhe umzugehen verstand. Die Bowes-Lyons können sich heute noch an ihn erinnern und wissen noch, wie ihre Großmutter mit ihm fertig wurde – nur behaupten sie, es sei der Butler gewesen.

Nach dem Abendessen in Glamis pflegte sich Lady Strathmore ans Klavier zu setzen, und alle Anwesenden scharten sich um sie und sangen. Es wurden

[1] Nach der Überlieferung kam Shakespeare nach Glamis Castle, bevor er *Macbeth* schrieb, und verlegte dann die Szene der Ermordung von König Duncan durch Macbeth, den Herrn von Glamis, nach dort. Dies entspricht nicht den Tatsachen, und Macbeth war kein Vorfahre der Bowes-Lyons. Zu den berühmtesten authentischen Besuchern von Glamis Castle gehörten Bonnie Prince Charlie und Sir Walter Scott. Das Schloß war ursprünglich ein Jagdschloß der Könige von Schottland und wurde im vierzehnten Jahrhundert Sir John Lyon geschenkt, als er in die schottische Königsfamilie einheiratete. Er wurde der erste Lord Glamis, und die Lyons erhielten im siebzehnten Jahrhundert englische Adelstitel, ähnlich wie die anderen Schotten, die von dem Marsch der Stuarts nach Süden profitierten. Karl II. ernannte den elften Lord Glamis zum ersten Grafen von Strathmore.

Es war der neunzehnte Lord Glamis (und neunte Graf von Strathmore), der dem Familiennamen das Wort Bowes 1767 hinzufügte, als er zur Sanierung der Familienfinanzen die reiche Erbin von George Bowes, eines wohlhabenden Großgrundbesitzers in der Grafschaft Durham, heiratete. Damit war die Anglisierung der Familie vollzogen. George Bowes machte die Übereignung aller seiner Besitzungen an die Familie Lyon davon abhängig, daß der Name Bowes durch Gesetz dem Namen Lyon hinzugefügt wurde, was noch zu seinen Lebzeiten geschah. Zunächst nannten sie sich Lyon-Bowes und übernahmen später die auch jetzt noch übliche Form Bowes-Lyon. Das Erbe der Bowes in Durham und Hertfordshire nahm den größten Teil ihrer Zeit in Anspruch und war die Grundlage ihres Einkommens. Sie wurden wie so viele andere Angehörige der schottischen Adelsfamilien im neunzehnten und zwanzigsten Jahrhundert in England erzogen und lebten zum größten Teil auch in England, während sie ihre schottischen Besitzungen hauptsächlich als Sommersitz für Ferien und Jagden nutzten.

auch Gesellschaftsspiele gespielt. Viele kamen gerade wegen dieser geselligen Atmosphäre hierher und nicht so sehr wegen hochgeistiger Gespräche. Der Großvater der Prinzessin Elisabeth, der Graf von Strathmore, überließ den größten Teil der Unterhaltung seiner Gattin. Er gab sich gern als eine Art Gutsinspektor und verbrachte den größten Teil seiner Zeit damit, Holz zu hacken. Nur im August trat er gesellschaftlich stärker in Erscheinung und organisierte eine Cricket-Woche, zu der auch Mannschaften wie die Eton Ramblers aus England heraufzukommen pflegten. Dann brillierte er als hervorragender Ballmann.

Die Strathmores waren eine fromme Familie. Jeden Tag fanden in der kleinen Kapelle von Glamis Andachten statt, bei denen die Frauen weiße Käppchen aus grober Häkelspitze trugen, die mit Nadeln im Haar befestigt wurden. Ein solches Käppchen lag im Schlafzimmer jedes weiblichen Gastes. Und an den Sonntagen setzte sich Lady Strathmore gewöhnlich mit einem solchen Käppchen auf dem Haupt ans Harmonium und begleitete den kleinen Freundeskreis beim Singen von Kirchenliedern. Aufrecht, offenherzig und geradeheraus lebten die Bowes-Lyons nach dem unkomplizierten Kodex der Oberschicht. Sie liebten heitere Unterhaltung, sie waren rücksichtsvoll und gaben sich ganz natürlich – und sie besaßen ein unbegrenztes Selbstvertrauen.

Sie versanken keineswegs in Ehrfurcht, als Prinz Albert, Herzog von York, der zweite Sohn König Georgs V. und der Königin Mary, im Herbst 1920 immer häufiger von Balmoral herüberkam, um ihrer jüngsten Tochter (und ihrem neunten Kind) Elisabeth den Hof zu machen. Hierdurch eröffnete sich für die Familie natürlich die Aussicht auf eine ehrenvolle Verbindung, aber die Bowes-Lyons hatten an solchen Verbindungen keinen Mangel. Und ein Leben bei Hof mit allen seinen Pflichten schien für ein sorgloses junges Mädchen wie Elisabeth eher ein grausamer Urteilsspruch. Sie war gerade erst zwanzig geworden. Lady Strathmore wußte genau, daß sich ihre Tochter nicht durch den äußeren Glanz beirren ließ, dem manche Mutter verfallen wäre bei der Aussicht auf eine Verbindung zum Königshaus. Und sie war nicht überrascht, als Lady Elisabeth im Frühjahr 1921 den ersten Heiratsantrag des Prinzen Albert ablehnte. »Ich hoffe wirklich, daß er eine nette Frau finden wird, die ihn glücklich macht«, schrieb Lady Strathmore einer Freundin. »Ich habe ihn so gern, und er ist ein Mann, der erst durch eine Frau zu dem wird, was er ist.«

Ihre Beurteilung erwies sich als richtig. In der Tat wurde er erst durch seine Ehe zum eigentlichen Prinzen Albert, Herzog von York. Aber er hatte nicht die Absicht, irgend jemand anderen zur Frau zu nehmen als Lady Strathmores jüngste Tochter Elisabeth.

Prinz Bertie, wie er im Familien- und Freundeskreis hieß, war keine eindrucksvolle Erscheinung, und ein Sprachfehler brachte ihn gelegentlich zum Stottern; wenn er nervös war, versagte ihm oft die Stimme. Aber er war gleichzeitig ein Mann von außerordentlicher Beharrlichkeit, und durch diese Eigenschaft gewann er schließlich Lady Elisabeth Bowes-Lyon. Es hätte im Frühjahr 1921 niemanden verwundert, wenn er sich mit dem Korb abgefunden hätte. Aber nein, er versuchte es immer wieder.

Lady Elisabeth ließ sich lange den Hof machen. Prinz Bertie kam meist kurz vor dem Abendessen in Glamis an. Sie saß dann in ihrem Ankleidezimmer und ließ sagen, sie bedauere, aber sie sei noch nicht fertig. So mußte sich Lady Strathmore dann um ihn kümmern.

Unten in Bisham Abbey an der Themse lud Lady Nina Balfour die jungen Leute hie und da zu einer Bootsfahrt ein. Prinz Albert griff dann nach Lady Elisabeths Hand, aber sie entzog sie ihm stets – wenn auch sanft.

Es war seine Ausdauer, die ihn von allen anderen Bewerbern unterschied. Lady Elisabeth erhielt Anträge von mehreren durchaus in Frage kommenden jungen Männern, aber sie wies sie alle ab. Zu ihnen gehörte auch ein besonders gutaussehender junger Mann, der Sohn eines Nachbarn; er ließ lange nicht locker. Aber er hatte zwischendurch auch andere Flirts, und das gefiel ihr nicht. Getreu den Lebensregeln ihrer Mutter nahm es Lady Elisabeth Bowes-Lyon mit der Herzenstreue sehr ernst. Mehr als alle ihre Freundinnen war sie sich völlig im klaren darüber, was sie eigentlich suchte – absolute Reinheit. Sie fühlte sich nie zu Männern hingezogen, die ein unstetes Leben führten, und sie hatte vor ihrer Mutter keine Geheimnisse. Sie konnte einmal eine ganze Nacht kein Auge zumachen, weil sie ihrer Mutter nicht erzählt hatte, daß sie in London mit einem Freier ausgegangen war, gegen den ihre Mutter Bedenken hatte. An dem jungen Mann war im Grunde nichts auszusetzen gewesen, er wurde nur Lady Strathmores Maßstäben nicht gerecht, und sie stand ihrer Mutter so nahe, daß sie spürte, was diese Maßstäbe verlangten. Sie war entschlossen, sich danach zu richten.

Wenn der Abend in Glamis zu Ende ging, empfingen alle Gäste der Reihe nach ihre Kerzen und begaben sich nach oben in ihre Schlafzimmer; es kam nie zu den oft neckischen Spielchen, die ein Kennzeichen der ausgelassenen Hauspartys unter Eduard VII. gewesen waren – oder die Prinz Berties älterer Bruder, damals Prince of Wales, nach dem Ersten Weltkrieg immer häufiger veranstaltete. Er hatte sich bereits in Affären mit verheirateten Frauen eingelassen. In den zwanziger Jahren wurden diese Dinge noch verhältnismäßig diskret behandelt; aber sie wurden immer offenkundiger, bis es nach seiner Thronbesteigung im Jahr 1936 zum offenen Skandal kam. Prinz Bertie war

ein ganz anderer Mensch. Er hielt an den strengen Moralbegriffen seiner Eltern fest, und Lady Elisabeth teilte diese seine Auffassungen.
»Ihr Kreis war keine frömmelnde Clique«, erinnert sich eine ihrer Freundinnen aus dem Anfang der zwanziger Jahre. »Aber es wäre uns nie in den Sinn gekommen, daß unverheiratete Leute miteinander ins Bett gehen sollten. Es war unausdenkbar, besonders in unserem Freundeskreis. Wir wußten, daß es beim Prince of Wales immer verheiratete Frauen waren. Aber im Kreis von Prinz Bertie verkehrten nur nette Mädchen, und darin lag der Unterschied zwischen den beiden Männern. Ihre Lebensauffassungen unterschieden sich grundlegend voneinander. Prinz Bertie wäre nie auf den Gedanken gekommen, mit jemandem ins Bett zu gehen. Händchen halten auf einem Boot, *das* hieß, einer Dame den Hof machen.«
König Georg V. hatte nicht viel von den Chancen seines Sohnes bei Lady Elisabeth Bowes-Lyon gehalten. »Du bist ein Glückspilz«, sagte er, »wenn sie dich nimmt.« Aber im Januar 1923 erfuhren König und Königin in Sandringham telegraphisch, daß ihr stiller Sohn für seine Ausdauer belohnt worden war. »Großartig, Bertie.« Die Freude des jungen Mannes hatte ihn angesteckt. »Bertie ist überglücklich«, schrieb Königin Mary am Abend des 20. Januar 1923, nachdem Lady Elisabeth mit ihren Eltern in Sandringham gewesen war. Und nicht einmal der Hang zur Pünktlichkeit beim König konnte diesen gegen seine künftige Schwiegertochter einnehmen. Dabei war sie stets eine unpünktliche Person. Wenn sie aber zu spät beim Abendessen mit dem Königspaar erschien, wurde ihr immer verziehen. »Du kommst gar nicht zu spät, liebes Kind«, pflegte König Georg V. zu sagen, »wir müssen uns zwei Minuten zu früh gesetzt haben.«

Glamis war reich an Erinnerungen für die Eltern der Prinzessin Elisabeth – und das Kind, wird berichtet, schlief dort besonders gut. Ihr Kinderzimmer lag im modernen Schloßflügel, der im neunzehnten Jahrhundert ausgebaut worden war und von dem aus man die Gartenanlagen der Lady Strathmore überblikken konnte. Am Nachmittag wurde sie im Kinderwagen ausgefahren und schlief dabei meist inmitten der gestutzten Eiben, während das Wasser in einem blaugefliesten Becken um einen kleinen Amor aus Stein herumplätscherte, ein. Ihre Großmutter und die Kinderfrau hatten am meisten von ihr. Ihre Eltern waren damit beschäftigt, ihre Abschiedsbesuche zu machen, denn der Herzog und die Herzogin von York sollten im nächsten Jahr auf sechs Monate zu einem Staatsbesuch nach Australien und Neuseeland reisen.
Diese Entscheidung hatte König Georg V. getroffen. Er hielt es für an der Zeit, daß sein schüchterner zweiter Sohn häufiger in der Öffentlichkeit auftrat. Aber es war ein schwerer Schlag für das jungverheiratete Paar, das sich

so lange Zeit von seinem Kind entfernen sollte. Wenn man den Auswirkungen vielleicht auch nicht zu viel Gewicht beilegen sollte, die eine so lange und frühzeitige Trennung von den Eltern auf die kleine Prinzessin haben konnte, so erwies sich dieser Fall als einer in der langen Kette von Prüfungen, denen sie schon in ihrer Kindheit ausgesetzt war und die in den Tugenden begründet lagen, die ihr Großvater stets hochgehalten hatte – Tugenden, die erst in dem Drama der Abdankung überspielt werden sollten. Pflichtbewußtsein, Selbstaufopferung und Fleiß – dies waren die Eigenschaften, die der Prinzessin schon früh als Kernstück der Königswürde eingeimpft worden waren. Wenn dabei die persönlichen Neigungen, die von anderen als Ausdruck des eigenen Wesens angesehen wurden, zu kurz kamen, so mußte dies als Preis für das Vorrecht königlicher Geburt akzeptiert werden.

Im Jahr 1926 zahlte Prinzessin Elisabeths Vater auf seine eigene Art für dieses Vorrecht, denn der chronische Sprachfehler, unter dem Prinz Bertie den größten Teil seines Lebens litt, bildete ein besonderes Hindernis für die Pläne, die sein Vater mit ihm hatte. Sein älterer Bruder, der Prince of Wales, hatte Australien bereits 1920 besucht und war begeistert empfangen worden. Man hoffte dort ganz allgemein, daß er auch 1927 wiederkommen würde, wenn die Hauptstadt des Landes offiziell in die neue Stadt Canberra verlegt werden würde. Dieser Akt bildete eine Art Meilenstein in der Geschichte Australiens. Und Stanley Bruce, der australische Premierminister, machte aus seiner Enttäuschung kein Hehl, als er von Georgs V. Entscheidung hörte, daß Prinz Albert, Herzog von York, ihn bei diesem Anlaß vertreten würde. Er hielt den jungen Mann einfach nicht für fähig, diese Aufgabe zu übernehmen, und Prinz Albert wußte genau, was er damit meinte. Die Besuchsreise sah eine lange Reihe von Reden vor. Prinz Bertie war bisher außerstande gewesen, öffentlich zu sprechen, ohne durch sein Stottern in schwere Bedrängnis zu geraten.

Besonders ärgerlich war, daß Prinzessin Elisabeths Vater zu Hause fließend sprach, und erst die Aufregung eines Auftritts in der Öffentlichkeit bereitete ihm geradezu schmerzhafte Schwierigkeiten, die Worte über die Lippen zu bringen. Er hatte vor 1926 schon eine Reihe von Spezialisten aufgesucht und zahlreiche Heilmethoden über sich ergehen lassen müssen, aber vergebens. Sein Stottern hatte sich dadurch nur noch verschlimmert. »Die vom Fehlschlagen aller bisherigen Behandlungsmethoden herrührende Enttäuschung«, schrieb sein offizieller Biograph, Sir John Wheeler-Bennett, der selbst einmal chronisch gestottert hatte, »hatte in ihm die untröstliche Verzweiflung des chronischen Stotterers und die geheime Furcht geweckt, daß die Wurzel dieses Leidens im Geistigen und nicht im Körperlichen liegen könnte.«

In gewissem Sinne lag das Problem bei Prinz Albert tatsächlich im Geistigen, denn er hatte bis zum Alter von sechs oder sieben Jahren ebenso fließend gesprochen wie alle andere Jungen.[1] Doch die Jugend eines Prinzen hatte sich zu Beginn unseres Jahrhunderts in mancher Beziehung als qualvoll erwiesen. »Jetzt, wo du fünf Jahre alt geworden bist«, hatte ihm sein Vater zum Geburtstag im Dezember 1900 geschrieben. »hoffe ich, daß du stets bemüht sein wirst, gehorsam zu sein und sofort zu tun, was man dir sagt, denn du wirst merken, daß es dir um so leichter fallen wird, je früher du damit beginnst.« Kurz darauf wurde er von seinen Hauslehrern gezwungen, mit der rechten Hand zu schreiben, obwohl er Linkshänder war, und etwa zu dieser Zeit begann er zu stottern. Seine Geschwister neckten ihn ständig wegen seines Sprachfehlers, so daß er sich immer noch mehr in sich zurückzog. Seine Eltern deuteten sein Schweigen als Bockigkeit, seine Schüchternheit als Laune, obwohl andere Menschen, zu denen er Zutrauen gefaßt hatte, feststellten, daß er ganz normal, ohne zu stottern, reden konnte.
Ein weiteres Problem für den Prinzen bedeuteten die Schienen, die er mehrere Stunden am Tag tragen mußte. Wie sein Vater und alle seine Brüder, mit Ausnahme des glücklicheren David, hatte er X-Beine. Da man diese Mißbildung für seine künftige Laufbahn als nachteilig ansah, hatte man ein ausgeklügeltes System von Klammern entworfen, um diesen Fehler zu korrigieren. »Ich sitze in einem Sessel und habe die Beine in den neuen Schienen auf einem Stuhl liegen«, schrieb der neunjährige Prinz tapfer seiner Mutter im Jahr 1904. »Mein Tisch ist ziemlich wackelig, das macht zwar nichts beim Lesen, ist aber ziemlich unangenehm beim Schreiben. Ich werde mich wohl noch daran gewöhnen.«
Aber der Prinz tat nur nach außen hin so tapfer. Manchmal, wenn die Schienen besonders schmerzten, weinte er so bitterlich, daß sein Kammerdiener, Finch, der ihm jeden Abend die Schienen anzulegen hatte, sich erweichen ließ und ihm gestattete, ohne die Schienen zu schlafen – bis der Vater davon erfuhr. Er ließ Finch in die Bibliothek kommen, erhob sich und zog seine Hosenbeine stramm, um die Biegung seiner Beine hervortreten zu lassen. »Wenn der Junge einmal so aussieht wie ich«, donnerte er, »wird es Ihre Schuld sein.«
Während Prinz Albert heranwuchs, wurde er immer schüchterner und verlegener. Er war sich auf schmerzliche Weise seiner Mängel bewußt, die im Gegensatz zum Auftreten seines Bruders standen. So konnte es nicht wundernehmen, daß sich seine inneren Spannungen aufs Sprechen niederschlugen.

[1] Sein älterer Bruder, der Prince of Wales, litt gelegentlich ebenfalls unter einem leichten Sprachfehler.

Und obwohl seine liebevolle, junge Ehefrau alles tat, um ihm zu helfen, wurde er noch im Jahre 1926, nach der Geburt ihrer ersten Tochter, von der Vergangenheit heimgesucht.

Lionel Logue, der Sprachtherapeut, der seit dem 19. Oktober 1926 mit dem Prinzen arbeitete, gab sich keine große Mühe, bis in die Kindheit seines neuen Patienten vorzudringen. Andererseits erkannte er, wie wichtig es psychologisch war, seinen Patienten Selbstvertrauen einzuflößen und sie davon zu überzeugen, daß sie über Hemmungen hinwegkommen könnten – und sein Erfolg bei Prinz Albert war erstaunlich. »Er betrat mein Ordinationszimmer um drei Uhr nachmittags«, berichtete er von der ersten Konsultation, »ein schlanker, stiller Mann mit müden Augen und all den Symptomen eines Menschen, bei dem der chronische Sprachfehler seine Spuren hinterlassen hat. Als er um fünf Uhr ging, konnte man sehen, daß er neue Hoffnungen geschöpft hatte.«

In den ersten Lebensmonaten der kleinen Prinzessin Elisabeth ging Prinz Bertie fast täglich zu Logues Sprechstunde in die Harley Street. Seine Gemahlin begleitete ihn gewöhnlich, um die Einzelheiten der Atemübungen zu lernen, bei denen sie ihn auf den Reisen unterstützen konnte. »Ich habe bemerkt, wie sehr sich mein Sprechen gebessert hat«, schrieb er seinem Vater, »das gilt auch für die Reden, die ich in dieser Woche gehalten habe. Ich bin sicher, daß ich noch rechtzeitig in Ordnung komme, aber vierundzwanzig Jahre falschen Sprechens lassen sich nicht in einem Monat aus der Welt schaffen. Ich wünschte, ich hätte ihn früher gefunden; denn jetzt, wo ich die richtige Atemtechnik gelernt habe, wird meine Angst vor dem Reden vergehen.«

Die Yorks verbrachten die letzten Monate des Jahres 1926 damit, Logue zu besuchen, ihr Reisegepäck zu packen und möglichst oft ihre Tochter zu sehen. Ein Freund, der sie im Winter 1926 besuchte, fand, daß sich die kleine Elisabeth bereits ganz wie eine Prinzessin gab. »Sie saß ganz allein mitten auf einem riesigen Sofa, wie eine kleine Wolke aus weißen Daunen... Ihre Haare sind hellblond und beginnen sich reizend zu locken.«

In den Weihnachtsferien 1926 fuhr die königliche Familie wie üblich nach Sandringham. Königin Viktoria hatte einen festen Zeitplan für derartige Reisen eingeführt. Danach verbrachte die königliche Familie Weihnachten in East Anglia, Ostern in Windsor und den August in Balmoral in Schottland. König Georg V. hielt diese Einteilung genau ein. Dieses jährliche Reisen war zu einem Glaubensartikel geworden. »Ebenso regelmäßig und unwandelbar und stets gleichbleibend«, schien es dem Herzog von Windsor, »wie das Kreisen eines Planeten auf seiner Bahn.« Am Heiligen Abend kam die gesamte Dienerschaft herein. Jeder einzelne trat vor, um sein Geschenk in Empfang zu nehmen – Truthühner, Schinken, Ochsenlenden –, und der König und die Königin richteten an jeden ein paar Worte. Ein großer Tisch wurde mit alten Bändern in einzelne Abteilungen unterteilt, und die Familiengeschenke blieben hier eine Zeitlang liegen – wie Osbert Sitwell feststellen mußte, als er dafür gerügt wurde, daß er seine Gaben mit hinauf ins Schlafzimmer genommen hatte. »Die Mitglieder der königlichen Familie kamen jeden freien Augenblick herunter, um voller Vergnügen ihre Geschenke zu betrachten«, berichtete er, »sowohl ihre eigenen wie die der anderen.«

Die Neujahrsfeiern der Familie dauerten 1927 nicht so lange wie sonst, denn die Yorks mußten die Reise zu den Antipoden antreten. Der Herzog und die Herzogin liefen am 6. Januar 1927 an Bord des Schlachtkreuzers *Renown* aus dem Hafen von Portsmouth aus. König Georg V. und Königin Mary hatten ihnen auf der Victoria Station Lebewohl gesagt, und dort hatte sich die Herzogin auch von ihrer Tochter für die Zeit von sechs Monaten verabschieden müssen. »Mir fiel der Abschied am Donnerstag sehr schwer«, schrieb sie später an Königin Mary. »Die Kleine war so reizend, wie sie mit den Knöpfen an Berties Uniform spielte, daß es mir fast das Herz brach.«

Man hatte vereinbart, daß sich die Großeltern väter- und mütterlicherseits abwechselnd um die Prinzessin kümmern sollten. So wurde das Kind zunächst zu den Bowes-Lyons nach St. Paul's Walden Bury in Hertfordshire geschickt – in ein anheimelndes, altes Haus aus rotem Backstein im Queen-Anne-Stil. Das Haus war von Magnolien und Geißblatt bewachsen, und im Garten wimmelte es von Hühnern, Ponys, Katzen, Schildkröten und Hunden. Die Strathmores hatten zwei Chow-chows, dicke, wollige Tiere, der eine schokoladenbraun, der andere dunkelgrau, und Elisabeth vergrub schon bald ihre kleinen Fäustchen vor lauter Vergnügen in ihrem Pelz.

Im Februar fuhr sie dann nach London zurück. »Unser niedliches, kleines Enkelkind, Elisabeth, kam gestern an«, vermerkte Georg V. in seinem Tagebuch, »und besuchte uns nach dem Tee.« Hier kam die Prinzessin zum ersten Mal in engeren Kontakt zu ihrer Großmutter, Königin Mary, die einen mindestens ebenso großen Einfluß auf ihr Leben, ihre Arbeit und ihre Persönlichkeit haben sollte wie ihr königlicher Großvater. Königin Mary war eine zurückhaltende Frau. Nur einmal hörte man sie über den Rundfunk zur Bevölkerung Großbritanniens oder des Empire sprechen; es waren die achtundzwanzig Worte, mit denen sie den gewaltigen Cunard-Dampfer auf ihren Namen taufte. Aber sie war im gesellschaftlichen und sozialen Bereich noch tonangebender als ihr Gemahl, und sie formte ihre eigene Familie, einschließlich ihrer Enkelkinder, in einer höchst nachhaltigen Manier.

Sie war mehr als eine gewöhnliche Großmutter, denn sie begann, eine besonders aktive Rolle bei der Erziehung der kleinen Prinzessin Elisabeth zu spielen. Sie selbst war von Königin Viktoria in die Königsfamilie eingeführt worden, denn sie sollte die Gemahlin Eddys werden, des Herzogs von Clarence und ältesten Sohns des künftigen Eduards VII. Eddy war ein kraftloser Jüngling, der für seine erotischen Abenteuer bekannt war.[1] Still, resolut und absolut unbeugsam, schien die künftige Königin Mary, damals noch Prinzessin May von Teck, die ideale Ehefrau für ihn zu sein. Als der Prinz einige Monate nach der Verlobung an Lungenentzündung starb, schien es nur die logische Folge, daß Prinzessin May Eddys jüngerem Bruder Georg die Hand zum Leben reichen sollte.

Der Ernst des Lebens war Prinzessin May von Teck schon in jungen Jahren nicht erspart geblieben. »Wissen Sie«, pflegte sie später zu sagen, »meine Eltern befanden sich immer in finanziellen Schwierigkeiten, deshalb mußten sie aus Ersparnisgründen ins Ausland gehen.« Im Alter von sechzehn Jahren war sie ins Exil gegangen, als die Kaufleute drohten, den Gerichtsvollzieher in den Kensington Palace zu schicken, denn die Schulden ihrer Mutter hatten 70000 Pfund erreicht. Königin Viktoria hatte darauf bestanden, daß die Tecks das Land verließen und zurückgezogen in Florenz lebten. Diese Erfahrungen hatten Prinzessin May mit einer harten Schale umgeben, die durch fast nichts aufgebrochen werden konnte. Als ihr erster Verlobter starb, hatte er noch ausgerufen: »Hélène, Hélène!«, den Namen der Frau, die er hatte heiraten wollen, aber Prinzessin May ließ sich ihre Gefühle nicht anmerken; es blieb der Öffentlichkeit überlassen, zwischen zwei Möglichkeiten hinsichtlich ihrer romantischen Beziehung zu den beiden Prinzen zu wählen: Entweder hatte sie Prinz Eddy wirklich geliebt und heiratete jetzt seinen jüngeren Bruder aus reinem Pflichtgefühl, oder sie hatte stets eine geheime Zuneigung für den jungen Prinzen Georg gehegt, die jetzt, wenn auch auf tragische Weise, in Erfüllung ging. Der wirkliche Sachverhalt, nämlich der, daß es für Prinzessin May nichts Höheres oder Schöneres geben konnte, als der königlichen Familie anzugehören, war kein Stoff, aus dem Legenden gewoben werden.

Freude um der Freude willen bedeutete für Königin Mary nichts Erstrebenswertes. Sie war für den jovialen Eduard VII. eine sehr zurückhaltende Schwiegertochter gewesen, veranstaltete dieser doch in Sandringham Haus-

[1] Man hat immer wieder vermutet, daß Prinz Eddy, der Herzog von Clarence, homosexuell veranlagt war. Sein Name war in den Skandal verwickelt, als 1889 in der Cleveland Street im Westend von London ein Männerbordell ausgehoben wurde. Aber die 1975 erfolgte Veröffentlichung der lange geheimgehaltenen Akten über den Fall, in den viele bekannte Persönlichkeiten der viktorianischen Gesellschaft verwickelt waren, hat offenbar ergeben, daß der Prinz das Bordell nur einmal aufgesucht hat, anscheinend in Erwartung von *poses plastiques* – das viktorianische Wort für Striptease –, und arg enttäuscht wurde. Untersuchungen, die H. Montgomery Hyde neuerdings angestellt hat, lassen jedoch erkennen, daß der Prinz mindestens einmal wegen Gonorrhöe behandelt worden ist, wenn sich auch im Königlichen Archiv hierüber keine Unterlagen befinden.

feste, bei denen man den Gästen Apfeltörtchen ins Bett schob, Fahrradpumpen mit Wasser füllte und manchen Anwesenden heimlich klebrige Lutschbonbons in die Manteltaschen steckte – und auch der König konnte sie wenig leiden. Sie kam in der damaligen Society überhaupt nicht an, und man machte sich verstohlen lustig über das Toupet, das sie wie einen dicken Schwamm über der Stirn trug.

Als 1910 ihr Gemahl als Georg V. den Thron bestieg, verging vielen das Lachen. Die neue Königin Mary hüllte den Hof – und das Leben der Oberschicht, die sich weitgehend nach dem Buckingham Palace richtete – in einen dichten Mantel der Wohlanständigkeit, der das Königshaus auch 1926 noch umgab, als Prinzessin Elisabeth geboren wurde.

Nicht, daß sie engherzig oder kleinlich gewesen wäre. Sie machte ihren Einfluß als Königin geltend, um die Geburtenkontrolle auch bei der Arbeiterklasse einzuführen. »Ihr glaubt doch wohl nicht, daß es genügt, den Leuten Selbstkontrolle zu predigen!« meinte sie verächtlich. Aber rein gefühlsmäßig war sie eher praktisch als fortschrittlich veranlagt, und ihre Lebensauffassung war überschattet von einer Sehnsucht nach Dingen, die, wie sie erkannt hatte, nie wiederkehren würden, die sie aber nicht vergessen konnte. »Ich habe den Eindruck«, schrieb sie im Jahr 1914, »daß die Welt keine Lebensart mehr hat – jenes nicht zu beschreibende Etwas, das einem angeboren ist und sich durch die Generationen weitervererbt.«

Sie sah sich selbst als die Hüterin dieser Lebensart innerhalb der königlichen Familie und gab sich große Mühe, diese ihren Enkelkindern, besonders Prinzessin Elisabeth, zu vermitteln. Sie führte die Kinder ins Museum, in die Kunstgalerien und lehrte sie, das Erbe zu schätzen, das die königliche Familie besaß. Auf künstlerischem Gebiet ließ sie sich eher vom Sammlertrieb als von schöpferischen Einfällen leiten.[1] Sie liebte das Orientalische – Miniaturelefanten aus Achat mit edelsteinbesetzten Sätteln oder eine lange Reihe kleiner Buddhas, deren nickende Köpfe sie eines Morgens im Buckingham Palace nacheinander in Bewegung setzte –, und die Dienerschaft konnte nicht den kleinsten Gegenstand aus Korallen zum Reinigen mitnehmen, ohne daß sie sein Fehlen bemerkt hätte. Bis auf den heutigen Tag tragen viele Möbelstücke in den Haushaltungen der königlichen Familie kleine Schildchen, auf denen sie handschriftlich die Herkunft des Stücks vermerkt hat. Ihr Verhältnis zur darstellenden Kunst war ähnlich. Sie liebte vor allem Porträts, besonders von Angehörigen ihrer eigenen Familie.

[1] Sie war erfreut, als der Französischlehrer ihrer Kinder Balzac als unanständig verbrannte, und sie ging zum ersten Mal in eine Aufführung von Hamlet, als sie siebenundsiebzig war. Die Romane von Tolstoj und Dostojewskij las sie erst, als sie über achtzig war.

Vier Söhne Georgs V. im Wasser des Loch Muick, in der Nähe von Balmoral, 1912. Der Prince of Wales schrieb auf dieses Bild: »George, selbst, Bertie, Harry« (von links nach rechts: der künftige Herzog von Kent, Eduard VIII., Georg VI. und der Herzog von Gloucester).

Die Bowes-Lyons auf Schloß Glamis, 1900. Stehend, in der Mitte, mit Schal und Bändern, die Mutter Elisabeths II. als Kind; hinter ihr ihre eigene Mutter, Lady Strathmore; Lord Strathmore, mit Mütze, steht im Hintergrund.

Neun Monarchen in Windsor anläßlich der Begräbnisfeierlichkeiten für Eduard VII. Stehend von links nach rechts: König Haakon VII. von Norwegen, Zar Ferdinand von Bulgarien, König Manuel von Portugal, der deutsche Kaiser Wilhelm II., König Georg I. von Griechenland, Albert, König der Belgier. Sitzend von links nach rechts: König Alfons XIII. von Spanien, König Georg V., König Frederik VIII. von Dänemark.

Ihre Kinder hatten manchmal den Eindruck, daß Königin Mary sie als zusätzliche, und zudem noch recht anstrengende, Bestandteile ihrer Sammlung betrachtete. Da sie instinktiv nicht geneigt war, über ihre Gedanken zu sprechen, erwies sie sich als eine sehr distanzierte Mutter – sie war nicht hartherzig, eher gleichgültig und unaufmerksam. Es war ein ganz normaler Vorgang, daß Frauen ihres Formats Kinderschwestern für ihre Kinder anstellten. Aber in ihrem Falle brauchte es drei Jahre systematischer Fehlbehandlung ihrer beiden ältesten Söhne, bis sie entdeckte, was für eine Frau sie eingestellt hatte – und das auch nur dann, als die Kinderfrau einen Nervenzusammenbruch erlitt. »Ich muß immer daran denken«, bemerkte sie einmal, »daß ihr Vater auch ihr König ist.«

»Sie war ihren Kindern gegenüber zeit ihres Lebens auf tragische Weise gehemmt«, schrieb ihre beste Freundin, Lady Airlie. »Sie liebte sie und war stolz auf sie. Aber im Herzen blieben sie ihr fremd.«

Lady Airlie stellte fest, daß dieses Unvermögen, sich mitzuteilen, letztlich auf die Schüchternheit zurückzuführen war, die das Verhältnis zwischen König Georg V. und seiner Gemahlin bestimmte. Beiden fiel es schwer, miteinander über tiefere Probleme zu sprechen – manchmal traten selbst bei Belanglosigkeiten Schwierigkeiten auf. »Da wir beide mit gutgewachsenen Beinen ausgestattet waren, schlug sie (Königin Mary) in den zwanziger Jahren einmal mir gegenüber vor, wir könnten vielleicht unsere Röcke um bescheidene fünf oder acht Zentimeter kürzen. Aber uns fehlte der Mut dazu, bis ich mich schließlich freiwillig erbot, das Versuchskaninchen zu spielen. Ich erschien eines Tages in Windsor in einem geringfügig kürzeren Kleid als üblich. Unser Plan bestand darin, daß die Königin, falls Seine Majestät keine abfällige Bemerkung machen sollte, meinem Beispiel folgen würde. Am nächsten Vormittag mußte sie berichten, daß das Vorhaben ein Reinfall gewesen sei. Der König habe, als er gefragt wurde, wie ihm das neue Kleid der Lady Airlie gefallen habe, ganz entschieden geantwortet: ›Nein, es hat mir nicht gefallen. Es war zu kurz.‹ So habe ich den Saum sofort wieder ausgelassen, und die Königin blieb ihren langen Kleidern treu.«

In den ersten Tagen ihrer Ehe schrieb der künftige König Georg V. seiner Gemahlin, wie sehr er ihr für das Glück und die Liebe danke, die sie ihm schenke. »Wie schade ist es doch«, antwortete sie, »daß du mir nicht *sagen* kannst, was du schreibst, denn es würde mich so besonders glücklich machen.« Aber *sie* sprach auch nicht mit ihm. Diese Antwort steht auch nur in einem ihrer Briefe. Das Paar hatte getrennte Schlafzimmer; sie aßen selten allein. Wenn sie keine offiziellen Gäste hatten, aßen sie meist in Gegenwart eines Hofstallmeisters oder einer Hofdame.

Bei Königin Elisabeth II. sind nicht alle diese Gewohnheiten ihrer Großmutter wiederzufinden. Aber ihr ist die gleiche Mischung aus Scheu und Strenge zu eigen, und sie reagiert ebenso unzweideutig auf Beobachtungen, die nicht ihren Beifall finden – ohne Ansehen der Person blickt sie dann dem Missetäter voll ins Gesicht. Aus vielen ihrer Charakterzüge geht eine innere Bindung zu ihrer Großmutter hervor. Als Königin Mary im März 1953 im Alter von fünfundachtzig Jahren starb, saß Elisabeth II. bereits seit mehr als einem Jahr auf dem Thron.

Am 27. Juni 1927 war die kleine Prinzessin wieder mit ihren Eltern vereint. Sie erlebte zum ersten Mal den Eindruck, der für alle Festtage ihres Lebens kennzeichnend sein sollte – ein großes graues Meer von Menschen, das gegen die Gitter vor dem Palast brandete, während sie oben auf dem Balkon stand. Ihre Eltern waren an diesem Tag aus Australien heimgekehrt, und die Prinzessin wurde auf den mittleren Balkon des Buckingham Palace mitgenommen, wo sie mit Königin Mary unter einem Schirm stand, während die Menge begeistert jubelte. Die Reise der Yorks war zu einem großen Erfolg geworden. Und bei ihrer Rückkehr erwartete sie ein neues Heim, 145 Piccadilly, am Green Park gegenüber von Buckingham Palace. Von ihrer Eheschließung im Jahr 1923 bis zum Jahr 1927 hatten die Eltern der Prinzessin Elisabeth in verschiedenen Londoner Häusern zur Miete gewohnt, aber jetzt besaßen sie endlich ein eigenes Heim. Als sie nach ihrer Rückkehr dort einzogen und auf den Balkon traten, kannte die Begeisterung der Menschenmenge draußen auf der Straße keine Grenzen. Man hatte einen persischen Teppich über das Geländer gelegt, und die kleine Prinzessin wurde auch hier wieder hochgehoben und konnte auf die vielen Menschen hinunterschauen. Sie war ein Jahr und zwei Monate alt, als sie zum ersten Mal dem sichtbaren Ausdruck herzlicher Zuneigung von seiten der Öffentlichkeit ausgesetzt wurde, und fast die Hälfte ihres Lebens hatte sie bis jetzt getrennt von ihren Eltern zubringen müssen.

»Lilibet«

Am 21. November 1928 erkrankte König Georg V. schwer. Die Ärzte stellten eine Bronchialpneumonie fest, die sich auf die rechte Lunge konzentriert hatte. In den Bulletins wurde von »zunehmender Herzschwäche« gesprochen.
Prinzessin Elisabeth, jetzt zweieinhalb Jahre alt, hatte gerade ihre erste Reitstunde gehabt. Ihr Vater hatte Naseby Hall in Northamptonshire gemietet, weil er beabsichtigte, dort den Winter zu verbringen und auf die Jagd zu gehen. Als sich aber der Zustand des Königs verschlimmerte, mußte die Familie nach London zurückkehren. Für wie ernst man die Situation hielt, geht aus der Tatsache hervor, daß die traditionelle Weihnachtsfeier in Sandringham abgesagt wurde. Zum ersten Mal in seinem Leben mußte Georg V. auf eine seiner geliebten Ortsveränderungen verzichten. Prinzessin Elisabeth durfte lange aufbleiben und am Heiligen Abend bei den Weihnachtsgesängen zuhören. Als sie hörte: »Denn siehe, ich bringe euch große Freude, die aller Menschheit widerfahren ist«, rief sie laut aus: »Ich weiß, wer mit ›alter Mensch‹ gemeint ist!« Es schien ihr ganz natürlich zu sein, daß so viele Menschen begeisterte Lieder auf ihren Großvater anstimmten. Er nannte ja auch die Nationalhymne »sein« Lied.
Georg V. wäre fast gestorben. Seine Ärzte mußten »nicht eine typische Pleuropneumonie, sondern einen Fall schwerer infektiöser Blutvergiftung« behandeln. Sie waren übereinstimmend der Überzeugung, daß es nur der Lebenswille des Königs war, der ihn nach einer ganzen Reihe von Operationen und Rückfällen gerettet hatte. Als die Krise vorüber war, kamen die Leibärzte zu dem Entschluß, daß der König zur Erholung eine Zeit an die Südküste gehen müsse, um die frische Meeresluft zu genießen; als Erholungsort wurde Bognor gewählt. Ein einzeln stehendes Haus in der Nähe der Stadt wurde für die Zeit seiner Rekonvaleszenz gemietet, und in einer Ecke des Gartens baute man einen Sandkasten, denn die Lieblingsenkelin des Königs war in seinem Genesungsprogramm ein wichtiger Bestandteil. Prinzessin Elisabeth kam mit ihrer Kinderfrau im März 1929 dort an. Sie war fast drei Jahre alt.
»G. war hocherfreut, sie zu sehen«, schrieb Königin Mary in ihr Tagebuch. »Ich habe im Garten gespielt und Sandkuchen gebacken! Der Erzbischof von Canterbury besuchte uns und war so freundlich und mitfühlend.« Als König

Georg V. genas, konnte er nach Monaten wieder die erste Zigarette rauchen und zeigte sich mit seiner Enkelin am Strand in der Öffentlichkeit. Es herrschte großer Jubel. Der König blickte väterlich, und die kleine Prinzessin winkte lustig mit ihren Ärmchen. Königin Mary tat inzwischen ihr Bestes, um ihren Gemahl in London zu vertreten. »Ich fürchte die zwei Höfe ohne Dich, wie Du Dir vorstellen kannst«, schrieb sie ihm, »aber um der Sache willen halte ich es für richtig, die Hofhaltung fortzuführen.«

Als Georg V. nach London zurückkehrte, wußte er, daß der regelmäßige Kontakt mit seiner Enkelin für ihn gut war. Die kleine Prinzessin übernahm es, die Vorhänge an den Vorderfenstern von 145 Piccadilly zurückzuziehen. Dann winkte sie jeden Morgen nach dem Frühstück über den Park vor dem Haus, und ihr Großvater schaute zur selben Zeit aus dem Fenster des Buckingham Palace und winkte zurück. Er nannte sie »Lilibet«, denn als sie sprechen lernte und versuchte, ihren eigenen Namen zu sagen, konnte sie nur »Lilibet« lispeln. Der Name blieb ihr. Seit jener Zeit hieß sie nur Lilibet in der Familie.

Ihr Kinderzimmer im Haus 145 Piccadilly[1] lag im oberen Stockwerk. Es war mit dunklen Möbeln wie für Erwachsene ausgestattet und hatte eine Uhr sowie eine Vitrine für empfindliche Spielzeuge. Das Kinderschlafzimmer hatte keinen Wasseranschluß, sondern nur einen großen Krug und ein Waschbekken, damit sie sich die Hände waschen konnte. Auf dem Treppenabsatz vor dem Zimmer bewahrte die Prinzessin ihre Spielzeugpferde auf, auf denen sie gerne im Haus herumritt. Jeden Abend vor dem Zubettgehen wechselte sie Sättel und Zaumzeug.

Ihr Spielzeug bildete ein Problem. Es wurde einfach zu viel. Und es war unmöglich zu verhindern, daß fast mit jeder Post immer etwas Neues eintraf. Auf ihrer unerwartet erfolgreichen Reise durch Australien und Neuseeland waren ihren Eltern nicht weniger als drei Tonnen Spielzeug für ihre Tochter überreicht worden. Dies schien den Plan ihrer Mutter, die Prinzessin wie jedes andere Mädchen aufwachsen zu lassen, ad absurdum zu führen. Es sikkerte durch, daß die Spielanzüge und Kleidchen der Prinzessin gelb waren – über Nacht kamen Rosa und Blau aus der Mode. Noch zwei Jahre zuvor hatten Kunden bei Selfridges Sonderbestellungen aufgeben müssen, wenn sie für ihre Kinder etwas in Gelb haben wollten. »Jetzt will fast jede Mutter ein gelbes Röckchen oder einen rosa Hut, wie sie Prinzessin Elisabeth trägt, kau-

[1] Das Haus 145 Piccadilly wurde während des Krieges durch Bomben zerstört. An dem Platz stehen jetzt, ebenso wie am Geburtsort der Prinzessin Elisabeth in der Bruton Street, Geschäftshäuser amerikanischer Firmen. An dem Teil von Hyde Park Corner, wo das Haus 145 stand, ist in den letzten Jahren das London Intercontinental Hotel mit dem Inn on the Park entstanden, wo Howard Hughes Anfang der siebziger Jahre eine Zeitlang gewohnt hat.

fen.« *Time* setzte die Prinzessin auf die Titelseite, weil sie im Alter von drei Jahren einen neuen Modetrend kreiert hatte.
Diese Ehre schien irgendwie fehl am Platz. Es wurden Stimmen laut, die solche Veröffentlichungen von einer offiziellen Genehmigung abhängig machen wollten. Aber es besteht kein Grund, an dem rührenden Bild zu zweifeln, das damals gemalt wurde: »Und wenn Prinzessin Elisabeths Kinderfrau in das Frühstückszimmer oder in den Salon herunterkommt und in ihrer ruhigen Art sagt: ›Ich glaube, es ist jetzt Zeit zum Schlafengehen, Elisabeth‹, gibt es kein Nörgeln und Protestieren, nur ein letztes, fröhliches Herumgehopse, ein letztes kurzes Lachen über Mamas köstliche Gutenachtscherze. Dann legt Prinzessin Elisabeth ihre Hand in die der Kinderfrau, und die beiden marschieren fröhlich über den dicken Teppich in der Halle zu dem bereitstehenden Lift, der sie in wenigen Sekunden hinauf in die vertraute Umgebung befördert, die sie beide miteinander teilen.«
Zu Weihnachten 1929 erhielt die Prinzessin ihr eigenes Pony und konnte auch schon bald recht gut reiten – zur Freude ihres Großvaters. »In England ist Reiten sehr populär«, hatte Georg V. seinem ältesten Sohn bedeutet, »und du wärst sehr wenig beliebt, wenn du fürs Reiten nichts übrig hättest. Wenn du es nicht könntest, würden dich die Leute für einen Trottel halten.« Der König ließ sich mit seinen vier Söhnen photographieren, wie sie alle gemeinsam – der Prince of Wales, der Herzog von York, der Herzog von Gloucester und der Herzog von Kent – nebeneinander durch den Park von Windsor ritten. Das Bild gab seiner Meinung recht, daß seine Untertanen der Reiterei besondere Achtung entgegenbrachten. Dieses Photo wurde von allen Aufnahmen, die während seiner Regierungszeit veröffentlicht wurden, das weitaus beliebteste.
Aber die vier jungen Männer, die hier in der Reihenfolge ihrer Anwartschaft auf den Thron hoch zu Roß photographiert wurden, waren nicht die einzigen Söhne Georgs V. Er hatte mit Königin Mary insgesamt sechs Kinder: Die vier Söhne, die das Reifealter erreichten, eine Tochter, Prinzessin Mary, die Princess Royal, und einen fünften Sohn, Prinz John. Um ihn, der als sechstes und letztes Kind am 12. Juli 1905 geboren war, hüllte sich ein geheimnisvoller Schleier. Er verbrachte die ersten Jahre seines Lebens genauso wie seine Geschwister, aber es wurde schon bald offenkundig, daß er medizinisch betrachtet nicht normal war. Er litt an epileptischen Anfällen. Die Ärzte rieten, ihn von der übrigen Familie zu trennen. Seit seinem zwölften Lebensjahr lebte er innerhalb eines eigenen kleinen Haushalts in einem Vorwerk von Sandringham und wurde ständig von einer Krankenschwester, »Lalla«, betreut. Wenn die Familie nach Schottland reiste, folgte ihr der kleine Prinz John, allerdings mit gewissem Abstand. Gäste in Balmoral erinnern sich an

ihn während des Weltkriegs. Er war hochgewachsen, kräftig, hielt sich aber stets von den übrigen fern. Gelegentlich tauchte er, begleitet von seinen eigenen Bediensteten, hinten in den Wäldern auf.

Prinz John war ein freundlicher, zutraulicher Junge, der von seinen Geschwistern geliebt wurde. Er war eine Art Maskottchen für die Familie, deren Mitglieder in späteren Jahren häufig seine naiven Aussprüche wiederholten. Im Januar 1919 starb er dann. »Die Nachricht versetzte mir einen tiefen Schock«, schrieb Königin Mary in ihr Tagebuch, »obwohl der Tod für die ruhelose Seele des armen Jungen wie eine große Erlösung gekommen sein muß. Ich überbrachte Georg die Nachricht, und wir fuhren zur Wood Farm hinaus. Dort fanden wir die arme Lalla, zwar gefaßt, aber tief erschüttert. Der kleine Johnnie sah ganz friedlich aus, wie er dort lag.«

Prinz John war in der Genealogie der Prinzessin Elisabeth nicht ganz ohne Bedeutung. Man hört gelegentlich die Bemerkung, daß das Haus Windsor aus völlig normalen Sterblichen zu bestehen scheine, die von den physischen und psychischen Leiden verschont sind, die andere Dynastien heimgesucht haben. Aber dies ist nicht der Fall. Prinz Eddy, der ältere Bruder König Georgs V., wäre wahrscheinlich, wenn er länger gelebt hätte, wegen seines ausschweifenden Lebenswandels mit dem Gesetz in Konflikt geraten. Prinzessin Elisabeths Onkel, der Herzog von Gloucester, starb in den siebziger Jahren an einem Nervenzusammenbruch, während der andere Onkel, Herzog von Kent, der während des Zweiten Weltkriegs bei einem Flugzeugabsturz ums Leben kam, in seiner Jugend rauschgiftsüchtig war (vergleiche das Kapitel »Der Prince of Wales«).

Im April 1930 fiel der vierte Geburtstag der Prinzessin Elisabeth auf den Ostermontag. Königin Mary schenkte ihr einen Satz Bausteine, die aus fünfzig verschiedenen Holzarten hergestellt waren, die alle in den verschiedenen Teilen des Empire vorkamen. Der Spaß daran wurde nur dadurch etwas gedämpft, daß das Spielzeug einen lehrreichen und imperialistisch gefärbten Charakter hatte, wie es ihre Großmutter liebte. Da sie sich am Geburtstag aussuchen durfte, was sie essen wollte, wählte die Prinzessin Fisch zum Frühstück. In Windsor wurde sie maßlos verwöhnt. Der König hatte sie so gern, daß er sie das Essen von seinem Teller an den Hund verfüttern ließ oder auf allen vieren herumkroch, um ihre Haarspange unter dem Sofa zu suchen.

Aber sie sollte nicht lange das einzige Kind bleiben, denn am 21. August 1930 schenkte ihre Mutter einer zweiten Tochter das Leben. Diesmal verlief die Geburt viel einfacher. Das einzige Problem bestand nur darin, daß ihre Eltern, die sehr auf einen Sohn gehofft hatten, keinerlei Mädchennamen in Erwägung gezogen hatten, so daß erst im September ein Kompromiß zustande kam.

»Ich möchte sie gerne Ann Margaret nennen«, schrieb die Herzogin von York an Königin Mary, »denn ich finde, Ann of York klingt hübsch, und Elisabeth und Ann passen gut zusammen. Was denkst du darüber? Viele Leute haben Margaret vorgeschlagen, aber dieser Name kommt in der Familie nicht vor.«

König Georg V. wollte jedoch keine Ann in der Familie haben. So blieb der Name der nächsten Generation vorbehalten. »Bertie und ich haben jetzt beschlossen, unsere kleine Tochter ›Margaret Rose‹ statt M. Ann zu taufen, weil Papa Ann nicht mag«, schrieb die Herzogin ihrer Schwiegermutter. »Ich hoffe, der Name gefällt dir. Ich finde, er klingt sehr hübsch.«

Prinzessin Elisabeths Reaktion auf die Ankunft ihrer Schwester und auf den blumigen Charakter ihres Doppelnamens ist in allen Biographien der beiden Schwestern ausführlich behandelt worden. »Ich habe ein Schwesterchen bekommen, Margaret Rose«, erzählte Elisabeth der Lady Cynthia Asquith, »und ich werde sie Bud[1] nennen.« »Warum Bud?« fragte Lady Asquith. »Sie ist doch noch keine richtige Rose, nicht wahr?« antwortete die Viereinhalbjährige. »Sie ist erst eine Knospe.«

Für Prinzessin Elisabeth bedeutete die Geburt zunächst vor allem ein engeres Verhältnis zu Margaret MacDonald, die als Kindermädchen bei Mrs. Knight gearbeitet hatte, seit die Prinzessin ein paar Monate alt war. Alla mußte sich jetzt ganz auf das neue Baby konzentrieren, und Prinzessin Elisabeth schloß sich enger an Miss MacDonald an, woraus im Laufe der Jahre eine der engsten Freundschaften ihres Lebens wurde. Miss MacDonald ist heute, nach fast einem halben Jahrhundert persönlicher Dienstleistung, die Zofe der Königin und hat im Buckingham Palace ihre eigene Wohnung. Sie hilft bei der Auswahl der Garderobe der Königin und begleitet sie auf allen Reisen. Elisabeth II. sieht in ihr ihre engste Vertraute. Sie nennt sie Bobo.

Im Jahr 1904 als Tochter eines Gärtners geboren, der später Kutscher und dann Eisenbahnarbeiter auf der Black Isle, etwas nördlich von Inverness, wurde, hat sich Bobo die Geradlinigkeit ihrer Vorfahren bewahrt. Wie kein anderer übt sie Kritik an der Königin, und sagt ihr, ob sie eine gute Figur gemacht hat oder daß eine Ansprache nicht besonders gut gewesen sei. Mit ihrer unsentimentalen und strengen Art ist sie zu einem einzigartigen Barometer geworden und bildet den engsten Kontakt, den Königin Elisabeth mit der Außenwelt haben kann, die sie sonst nur durch Autofenster oder auf dem Fernsehschirm sieht; denn während der ganzen Mädchenzeit der Prinzessin teilte Bobo das Schlafzimmer mit ihr.

Im August 1930 wäre Prinzessin Elisabeth in den Augen der Öffentlichkeit

[1] Bud = Knospe

vielleicht in den Hintergrund getreten, wenn ihre Mutter einen Prinzen zur Welt gebracht hätte; die Ankunft der Prinzessin Margaret Rose hatte dann freilich die entgegengesetzte Wirkung. Eine Wachsfigur von Elisabeth auf einem Pony (und mit einem Reitknecht) hielt seinen Einzug bei Madame Tussaud. Pralinen, Porzellan und Stationen in Krankenhäusern wurden nach ihr benannt. Ihr Kopf erschien auf einer Sechs-Cent-Marke von Neufundland. Ein Schlager wurde ihr zu Ehren komponiert. Und weit im Süden wurde der Union Jack über Princess Elizabeth Land gehißt, einem Gebiet in der Antarktis am 80. Längengrad.

Queen Mary sah in dieser Entwicklung eine Gefahr. Sie fing an, ihre Enkelin zu Ausstellungen an historischen Stätten mitzunehmen, und das kleine Mädchen erregte Aufmerksamkeit. In der Queen's Hall wurde die Prinzessin eines Tages ungeduldig, so daß die Großmutter sie fragte, ob sie nicht lieber nach Hause fahren möchte. »O nein, Oma«, lautete die Antwort, »wir können nicht gehen, bevor alles zu Ende ist. Denk doch an all die Menschen, die draußen warten, um uns zu sehen« – worauf Oma das kleine Mädchen durch eine Hofdame unverzüglich durch die Hintertüre hinausbefördern und im Taxi nach Hause fahren ließ. Der Öffentlichkeit einen Gefallen zu tun, mußte Prinzessin Elisabeth lernen, war kein Selbstzweck. Die Leute konnten sich ein freundliches Winken oft genug bei Filmstars anschauen, aber zur Königsfamilie zu zählen hieß, eine Rolle zu leben, nicht zu spielen. Sich wie ein Schauspieler um Public Relations zu kümmern war ein gefährlicher Schritt auf einem schlüpfrigen Pfad, und Königin Mary achtete darauf, daß ihre Enkelin diesen Weg nicht einschlagen würde.

Anfang der dreißiger Jahre nahm das Leben für den Herzog und die Herzogin von York und ihre beiden kleinen Töchter eine angenehme, geregelte Entwicklung. Mit ihrem Hauspersonal, dem garantierten Einkommen und der freien Wahl zwischen mehreren Häusern in verschiedenen Teilen des Landes konnten sie ein glückliches Familienleben, weitgehend abgesichert gegen die Weltwirtschaftskrise, führen. Doch auch in der Königsfamilie wurden einige Einsparungen notwendig. Der König verzichtete auf seine Jagden in Windsor, der Prince of Wales überreichte dem Finanzminister 50 000 Pfund, während Prinz Bertie als besondere Geste seinen Reitstall verkaufte, den er sich aufgebaut hatte. Aber die allgemeinen Wirtschaftschwierigkeiten hielten die Yorks nicht davon ab, ein größeres Projekt in Angriff zu nehmen – den Ausbau und die Renovierung eines Landsitzes für sich und ihre beiden Töchter. Im September 1931 hatte König Georg V. ihnen die Royal Lodge in Windsor Great Park angeboten, und jetzt gingen sie mit Begeisterung daran, den alten Bau in eine palastartige Residenz umzuwandeln. Einstmals der Sitz des Prinzregenten, war das Haus halb zerfallen, aber der Herzog und die Herzogin erkannten die sich hier bietenden Möglichkeiten. Neben der Restaurierung des großen Salons bauten sie zwei neue Seitenflügel an, ließen einen rosagetönten Außenanstrich anbringen und richteten für sich selbst zwei Schlafzimmer im Erdgeschoß ein. Das Zimmer der Herzogin erhielt einen Teppichbelag in ihrer Lieblingsfarbe Graublau. Ihr großes Doppelbett hatte einen blauen Seidenbezug mit zitronenfarbener Fältelung, und in den aus weißem Apfelholz gefertigten Schränken ging automatisch das Licht an, wenn die Türen geöffnet wurden. Das spartanischer eingerichtete Zimmer des Herzogs sah wie eine Seemannskabine aus – ein hart wirkendes Bett, ein einfacher Tisch und ein Bücherschrank; ein paar persönliche Dinge waren sauber und ordentlich aufgeräumt, als ob eine Inspektion durch den Offizier vom Dienst bevorstehe.

Wir wissen einiges über die Einrichtung dieser Schlafzimmer – über die eigentlich in der Öffentlichkeit nicht gesprochen wird –, weil etwa zu dieser Zeit, kurz vor ihrem sechsten Geburtstag, »Crawfie« ins Leben der Prinzessin trat. Miss Marion Crawford wurde im Frühjahr 1932 für eine Probezeit von einem Monat als Gouvernante in Windsor eingestellt, erhielt einen liebevollen Spitznamen, ähnlich wie Alla und Bobo, und blieb dann siebzehn Jahre dort. Das Thema Crawfie ist heute bei Hof tabu, denn daß sie den schweren Vertrauensbruch beging, später Details über ihr Leben mit den jungen Prinzessinnen zu veröffentlichen, ist unverzeihlich. Diskretion ist etwas, was die königliche Familie bei ihren Freunden und Bediensteten voraussetzt, denn sie ist der Preis für deren Einbeziehung in das Privatleben bei Hofe. Crawfie hat dieses Vertrauensverhältnis gebrochen. Aber bevor sie Ende der vierziger Jahre aus dem Hofdienst ausschied und anfing, Bücher und Artikel zu schreiben, war sie als lebendige, sympathische und gescheite Freundin allgemein geschätzt – außerdem war sie eine vorzügliche Lehrerin.

Sie fiel dem Herzog und der Herzogin von York auf, als sie jede Woche mehrere Kilometer durch das Bergland von Dunfermline wanderte, um ihre verschiedenen Zöglinge in den umliegenden Herrschaftssitzen aufzusuchen. Dazu gehörte auch das Haus der Lady Rose Leveson-Gower (geb. Bowes-Lyon), einer älteren Schwester der Herzogin. Besonders Prinz Bertie war von Crawfies Energie sehr angetan, und beide Eltern hatten den Eindruck, daß ihre lebhafte Art, die zur damaligen Zeit der modernen Kindererziehung entsprach, genau das sei, was ihren Töchtern not tat. Normaler Schulbesuch kam für Töchter des Königshauses nicht in Betracht. Im September 1932 übernahm also die Gouvernante die volle Verantwortung für die Erziehung der Prinzessin Elisabeth und stellte fest, daß man ihr in überraschend hohem Maße freie Hand ließ. »Niemand hat jemals Arbeitgeber gehabt, die sich so wenig einmischten«, schrieb sie später. »Ich hatte oft den Eindruck, daß sich der Herzog und die Herzogin, die ein besonders glückliches Eheleben miteinander führten, keine allzu großen Sorgen über die Erziehung ihrer Töchter machten. Sie wünschten vor allem, daß ihre Kinder eine wirklich glückliche Kindheit verleben und viele schöne Erinnerungen sammeln sollten und später ein glückliches Eheleben führen konnten.«

König Georg V. wollte allerdings ein wenig mehr. »Um alles in der Welt«, donnerte er, als ihm Miss Crawford vorgestellt wurde, »bringen Sie Margaret und Lilibet eine anständige Handschrift bei, mehr verlange ich gar nicht. Keines meiner Kinder konnte ordentlich schreiben. Sie haben alle genau dieselbe Handschrift. Ich verlange eine charaktervolle Schrift.«

Miss Crawford entdeckte, daß Prinzessin Elisabeth bereits lesen konnte. Sie hatte es von ihrer Mutter gelernt. Die Herzogin erzählte Lady Asquith, daß sie es durch lautes Vorlesen von Bibelgeschichten an den Sonntagvormittagen und durch Auswahl der richtigen Bücher für die Lektüre an den Winterabenden erreicht hatte. Sie pflegte nach dem Tee mit Klavierbegleitung Lieder zu singen und sich dann mit Märchen zu befassen, »*Alice, Black Beauty, At the Back of the North Wind, Peter Pan*, und was wir sonst über Pferde und Hunde ausfindig machen konnten...«

Miss Crawford abonnierte für Prinzessin Elisabeth die *Children's Newspaper*, eine Zeitschrift, in der Auszüge aus Erwachsenenbüchern für jugendliche Leser zurechtgemacht waren – alle Erwähnungen von alkoholischen Getränken zum Beispiel waren zu Hinweisen auf Fruchtsäfte geworden, statt Wein hieß es Orangensaft, statt Bier Limonade.

Jetzt, da sie sechs Jahre alt war, konnte Prinzessin Elisabeth nach Meinung der Familie ein ordnungsgemäßes Schulpensum erledigen. Miss Crawford entwarf einen Sechstageplan, nach dem die Vormittage mit halbstündigen Unterrichtsstunden, die Nachmittage mit weniger akademischen Fächern ausgefüllt waren – Singen, Zeichnen, Musik oder Tanzen. Miss Crawford sandte den Entwurf des Stundenplans an Queen Mary und erfuhr, daß nach Auffassung der Königin zu wenig Zeit für Geschichte, Geographie und Bibellektüre vorgesehen sei. »Ihre Majestät war der Ansicht, daß historische und dynastische Genealogien für Kinder sehr interessant und für diese Kinder wirklich wichtig seien.« Außerdem, fand ihre Großmutter, würde für diese Kinder die eingehende Kenntnis der geographischen Gegebenheiten in den Dominions und in Indien von besonderem Wert sein.

Anfang der dreißiger Jahre entwickelte sich im häuslichen Leben der Yorks eine stets gleichbleibende, ausgewogene Routine. Das Heim bildete den Mittelpunkt. Man ging jeden Abend früh zu Bett. Einmal jährlich gingen die Prinzessinnen in die Pantomime – ein Ereignis, auf das sie sich immer sehr freuten. Das Springreiten in den Olympia-Hallen und das Royal Military Tournament am Earls Court stellten weitere Abwechslungen in einem sonst ruhigen Leben dar, das gelegentlich einmal durch private Filmvorführungen unterbrochen wurde, wenn sich die Familie in Sandringham oder Windsor versammelte.

Der Herzog von York führte ein sorgfältig ausgearbeitetes Öffentlichkeitsprogramm durch, dessen Schwerpunkt auf der Entwicklung des Verhältnisses zwischen Arbeitgebern und Arbeitnehmern lag, während seine Gemahlin ein umfangreiches Programm gesellschaftlicher Veranstaltungen abwickelte. Aber Basis für die Arbeit blieb ihr Heim – hier schrieben sie ihre Briefe, und hier empfingen sie ihre Gäste. So sahen die jungen Prinzessinnen trotz der Abschirmung durch Gouvernante, Kinderfrauen und Zofen viel von ihren Eltern – sicherlich viel mehr, als die meisten anderen Kinder, deren Eltern in der Londoner Gesellschaft eine Rolle spielten.

Der Morgen begann damit, daß die Mädchen im Haus 145 Piccadilly aus ihren Kinderzimmern im Oberstock ins Zimmer der Eltern hinuntergingen. Nach den Unterrichtsstunden des Vormittags gab es um elf Uhr eine Pause mit einem kleinen Imbiß, danach spielten sie in dem kleinen Garten an der Rückseite des Hauses. Daran schloß sich eine Lesestunde bis zum Mittagessen an, das mit dem Herzog und der Herzogin eingenommen wurde, wann immer diese zu Hause waren. Nach dem Essen war ein anderes Fach an der Reihe. Am Nachmittag dann trank man Tee, ab und zu mit gleichaltrigen Gästen wie ihren Vettern, den beiden jungen Harewoods, viel häufiger jedoch in Gesellschaft des Prince of Wales, Onkel David, der oft vorbeikam. Er blieb zu den Spielen da, die die Mädchen nach dem Tee spielten – Schnipp-Schnapp, Happy Families, Mensch-ärgere-dich-nicht oder Rummy. Dann kam der Höhepunkt des Tages, das Bad. Wenn beide Mädchen ausgezogen waren und im Wasser herumplanschten, gingen der Herzog und die Herzogin nach oben und machten den Spaß mit. Anschließend begaben sich alle in das Kinderschlafzimmer, wo es unweigerlich zu Kissenschlachten, Gequietsche und Gekicher kam – wobei Alla immer wieder verzweifelt bat, man dürfe die Kinder doch nicht unnötig aufregen. »Anschließend gingen die jungen Eltern, Arm in Arm, wieder hinunter, erhitzt und zerzaust und häufig ziemlich naß... Die Kinder riefen ihnen noch nach, bevor die Tür zugemacht wurde: ›Gute Nacht, Mama. Gute Nacht, Papa!‹«

Am Freitagnachmittag fuhren alle mit dem Auto zur Royal Lodge in Windsor. Auch hier ging der Unterricht weiter. Miss Crawford wiederholte den Unterrichtsstoff der vergangenen Tage. Es gab Reiten vor dem Lunch, und dann am Nachmittag noch einmal Reiten oder Spiele im Garten oder Park mit dem Herzog und der Herzogin. Es war ein behütetes, gesichertes Dasein, wie es wenige von Prinzessin Elisabeths Altersgenossinnen kannten. Aber es enthielt nur wenige von den Bequemlichkeiten, die man heutzutage für gegeben hinnimmt. Außerhalb Londons lebte man in den Königsschlössern noch immer beim Licht von Öllampen, mit Nachttöpfen, Wasserkrügen und Waschbecken, und stinkende Ölöfen sorgten für die Heizung, während die anscheinend beneidenswerte Ordnung im Leben der königlichen Familie nicht so gesichert war, wie es der Außenwelt schien.

Teil 2
Abdankung

Der Prince of Wales

Eduard, Prince of Wales, lernte Mrs. Wallis Simpson irgendwann im Herbst 1930 kennen – etwa einen Monat nach der Geburt von Prinzessin Margaret. Prinzessin Elisabeth war damals viereinhalb und wußte natürlich nichts von dieser neuen Freundin ihres Onkels David, und sie traf Mrs. Simpson nur ein- oder zweimal während ihrer Kindheit, und später noch zweimal. Aber Mrs. Simpson sollte nachhaltig ihr Leben verändern, denn die Beziehungen dieser Dame zum Prince of Wales, dem späteren König Eduard VIII., führten im Jahr 1936 nicht nur zur Abdankung, durch die Prinzessin Elisabeth in die direkte Thronfolge einrückte, sondern sie lieferte auch ein Beispiel dafür, wie sich ein Mensch, der als Symbol der Monarchie die Krone trägt, nicht verhalten darf. Dieses Beispiel verdunkelte die Jugendjahre der Prinzessin und überschattet auch heute noch das Leben der königlichen Familie.

In Prinzessin Elisabeths früher Kindheit bestand jedoch wenig Anlaß, einen Treuebruch zu befürchten. Im Gegenteil, der Prince of Wales schien der monarchischen Idee im zwanzigsten Jahrhundert neue Wege zu eröffnen. Eine Reihe von Auslandsreisen, auf denen er stürmisch gefeiert worden war, hatte ihn zu einer internationalen Berühmtheit gemacht, zu einem Star, der auf einen viel längeren Stammbaum zurückblicken konnte als die Filmgrößen, die den Starruhm für sich gepachtet zu haben schienen. Er hatte kämpfen müssen, um die Schützengräben des Ersten Weltkriegs aus der Nähe sehen zu können, und gewonnen. Er hatte als erstes Mitglied der königlichen Familie über den Rundfunk gesprochen und sich als erster rauchend fotografieren lassen. Er paßte nicht in das konservative Image, das seine Eltern verkörperten, und er schien der Monarchie eine offenere demokratischere Form geben zu wollen. Als er sah, daß man australische Soldaten im Carlton Grill nicht bedienen wollte, ging er hin und gab ihnen die Hand, worauf man die Australier an einen Tisch geleitete. Er sprach eine Sprache, die einige Cockney und andere Long Island nannten. Er hatte Steppeisen an den Schuhen wie Fred Astaire, und in Oxford hatte er das Lied »Die Rote Flagge« gesungen und sich selbst auf dem Banjo begleitet. Er inspirierte Schlagerkomponisten – »I've danced with a man who's danced with a girl who danced with the Prince of Wales« – und Schriftsteller. Als Lorelei Lee London besuchte, meinte sie, er sei »wirklich wunderbar. Ich meine, auch wenn er kein Prinz wäre, könnte er sich den Lebensunterhalt mit der Ukulele verdienen – wenn er etwas mehr Übung hätte.«

Der Prince of Wales – in der Familie David genannt – war Prinzessin Elisabeths Lieblingsonkel, und er verwöhnte sie, wo er nur konnte. Bei der Hochzeit von Königin Marys Nichte, Lady Mary Cambridge, im Jahr 1931 blinzelte er dem kleinen Mädchen verstohlen zu, und sie verzog den Mund zu einem breiten Antwortlächeln. Ihren Eltern war dies nicht sehr angenehm. Zum dritten Geburtstag hatte er ihr einen Cairn-Terrier-Welpen geschenkt, weil sie diese Hunde so besonders liebte[1], obwohl er wußte, daß ihre Eltern auf dem Standpunkt standen, »Prinzessin Elisabeth sei noch zu jung, selbst Tiere zu besitzen«. Aber der Prinz spielte mit den Kindern anderer Leute gern seine kleinen Streiche. So schickte er seinen Wagen mit dem Chauffeur, Ladbroke, vor die Schule, wo Angie, Tochter seiner ersten Mätresse, Mrs. Dudley Ward, Unterricht in Sprachen und Tanzen hatte. Angie schwänzte dann die Schule, sprang in den Wagen und fuhr zum Tee in den St. James' Palace, oder sie spielte Golf mit dem Freund ihrer Mutter – den sie und ihre Schwester übrigens »Kleiner Prinz« nannten.

Die Beziehung des Prince of Wales zu Freda Dudley Ward, Frau eines Unterhausabgeordneten der Liberalen Partei, ging zurück bis auf das Frühjahr 1918, als sie sich während eines Luftangriffs kennengelernt hatten; sie dauerte sechzehn Jahre. Als sich Mrs. Ward 1931 von ihrem Gatten scheiden ließ, wurde das seit langem bestehende Verhältnis mit einem Prinzen von königlichem Geblüt offiziell nicht erwähnt, ja nicht einmal angedeutet. Solche Diskretion umgab die königliche Familie in den Jahren zwischen den beiden Weltkriegen. Obwohl die Affäre zwischen dem Prince of Wales und Mrs. Dudley Ward in der Londoner Gesellschaft allgemein bekannt war – eine Tatsache, über die erst dann geredet wurde, als das Verhältnis gelöst war –, wurde ihre Freundschaft nur ganz selten in der Presse erwähnt, und es erschien keinerlei Hinweis in der Öffentlichkeit, daß beide ziemlich offen ein Verhältnis miteinander unterhielten.

Der Prinz rief jeden Vormittag bei ihr an – ihr Hauspersonal sprach unter sich nur von dem »Bäckergespräch«, und der eine fragte den anderen: »Hat der Bäcker schon angerufen?« Sie trafen sich dann irgendwann während des Tages. Er war gern Teil einer Familie, für die er letzten Endes keine Verantwortung trug. Er spielte als stellvertretender Vater mit Mrs. Dudley Wards Töchtern und hatte während dieser Zeit auch mit anderen Frauen ein Ver-

[1] Der Prince of Wales hatte eine Vorliebe für Cairn-Terrier, während Georg V. die Sealyhams und die Familie Georgs VI. Corgis bevorzugte. In späteren Jahren hielt sich der Herzog von Windsor vor allem Möpse. Königin Elisabeth II. hat sich auf Labradors verlegt.

Hochzeit des späteren Königs Georg VI., damals Prinz Albert, Herzog von York, mit seiner Braut, Lady Elisabeth Bowes-Lyon, 1923.

Der Herzog und die Herzogin von York mit Georg V. und der Königin sowie der kleinen Prinzessin Elisabeth auf dem Balkon des Buckingham Palace bei ihrer Rückkehr aus Australien, Juni 1927.

Prinzessin Elisabeth bei einer Ausfahrt mit der Kinderfrau Knight (»Alla«), März 1927.

Königin Elisabeth mit Prinzessin Elisabeth und Prinzessin Margaret, etwa 1937.

hältnis – wodurch er erst recht einen Skandal provozierte, denn die Gesellschaft fand, daß die Spielregeln irgendwie gebrochen wurden, wenn der Liebhaber seiner Geliebten untreu wurde. Ihre Beziehung trat in der halböffentlichen Atmosphäre der Nachtklubs von Mayfair in den Blickpunkt der Öffentlichkeit, denn dort war damals der Mittelpunkt des gesellschaftlichen Lebens der Hauptstadt – besonders im Embassy Club an der Ecke von Piccadilly und Bond Street. Dort pflegten sie am Stammtisch des Prinzen zu sitzen oder – wenn sie in größerem Kreis dort waren – irgendwo im verrauchten Raum und tanzten auf der kleinen Tanzfläche in der Menge, zu der auch Frauen wie Lady Cunard, Lady Edwina Mountbatten und Miss Tallulah Bankhead gehörten.

Florence Mills, die Negersängerin in *Blackbirds*, die das Lied »I Can't Give You Anything But Love« berühmt machte, gehörte zu den Gelegenheitsfreundschaften des Prince of Wales. Länger dauerte seine Liaison mit Thelma, Lady Furness, die in ihren Memoiren, die sie zusammen mit ihrer Schwester Gloria Vanderbilt veröffentlichte, die Erlebnisse mit Prinz Eduard auf einer Safari im Jahre 1928 schilderte: »Seine Arme um mich waren die einzige Wirklichkeit... Dahingetrieben auf den Wogen seiner Leidenschaft, fühlte ich mich unwiderstehlich aus der Verankerung meiner angeborenen Zurückhaltung gerissen. Jede Nacht geriet ich tiefer in den Bann unserer Liebe, wurde ich schneller in das unerforschte Meer der Empfindungen getragen. Ich überließ es dem Prinzen, den Kurs zu bestimmen, denn es war mir gleich, wohin die Reise ging.«

Dies war die Kehrseite der bürgerlichen Wohlanständigkeit, in der die künftige Elisabeth II. erzogen wurde – eine Richtung, die den Angehörigen des Königshauses in der ganzen Geschichte zur Versuchung geworden war. Der Prince of Wales war ein schwarzes Schaf in einer beispielhaften Monarchie, die König Georg V. und Königin Mary mit so viel Mühe geformt hatten. Die Widersprüchlichkeit, die er repräsentierte, war für die ganze Familie eine stetige Anfechtung. Sie führte in dem offensichtlichen Gleichmaß ihres Lebens zu einer ständigen Spannung – fast zu einer Neurose, die ihre nach außen betonte Prinzipientreue in Frage stellte.

Der König und die Königin reagierten, wie immer, dadurch, daß sie diese Störung, die zudem noch unlogisch schien, zu ignorieren versuchten. Dies war jedoch nicht immer möglich. Nach der Safari von 1928, die von Lady Furness so anschaulich geschildert wurde, trat der stellvertretende Privatsekretär des Prinzen, Captain Alan Lascelles, zurück. Die Reise war mehrmals durch Abschweifungen des Prinzen mit Lady Furness und anderen Damen unterbrochen und gestört worden; Lascelles hatte genug.

Die übrige Familie wußte, was in ihm vorging; denn – von der Moral ganz

abgesehen – David war ein schwieriger Charakter, der sich von dem lächelnden Bild, das die Öffentlichkeit von ihm hatte, weit unterschied. Er konnte launisch und arrogant sein, und zwar bis zu einem Ausmaß, wo er auf die Gefühle anderer keinerlei Rücksicht nahm. Georg V. ergriff Partei für Lascelles (bekannt unter dem Namen Tommy; seine lange Dienstzeit reichte bis in die Regierungszeit der Königin Elisabeth II. hinein, deren Erster Privatsekretär er wurde). Der König übernahm ihn später als Zweiten Privatsekretär – eine Beförderung für Lascelles und ein Rüffel für den Prince of Wales.
Für den König und die Königin war es mehr als nur eine persönliche Angelegenheit. Das Königtum reichte in ihren Augen weit über das huldvolle Auftreten in der Öffentlichkeit hinaus. Sie hatten den Sturz mehrerer Dynastien erlebt, die gerade dies besonders gut beherrscht hatten. Es war gefährlich, die Kluft zwischen dem öffentlichen Image und der persönlichen Wirklichkeit zu mißachten. Der ermordete Zar Nikolaus, der Vetter, dem Georg V. auf so unheimliche Art ähnlich sah, war nur einer aus dem Kreis der Verwandten, die den Preis dafür zahlen mußten, daß sie nicht bereit waren, jene persönlichen Opfer zu bringen, die ihnen als Symbol einer gesamten Volksgemeinschaft abverlangt wurden – obwohl während der Affären mit Furness und Mrs. Dudley Ward niemand für den Prince of Wales in solchen apokalyptischen Begriffen dachte.
Dann lernte er im September 1930 Mrs. Simpson kennen. Es war Lady Furness, die die beiden miteinander bekannt machte; sie hatte damals noch ein Verhältnis mit dem Prinzen, außerdem unterhielt dieser noch Beziehungen zu Mrs. Dudley Ward und deren Kindern. Wallis Simpson hat in ihren Memoiren, »The Heart Has Its Reasons – Das Herz hat seine Gründe«, die sie als Herzogin von Windsor verfaßte, von ihrer Abstammung aus einer verarmten, einst wohlhabenden Familie in Baltimore, den Warfields, berichtet. Sie schreibt von ihrer ersten Eheschließung (1916) mit Earl Winfield Spencer jr., einem amerikanischen Marineflieger, und von ihrer Scheidung im Jahre 1927; ein Jahr später heiratete sie Ernest Simpson, einen New Yorker, dessen Vater Engländer war und der auch selbst die britische Staatsbürgerschaft erwerben wollte. Er fuhr über den Atlantik, trat als Leutnant bei den Grenadier Guards ein und arbeitete anschließend im Londoner Büro der väterlichen Firma. In mancherlei Hinsicht noch englischer als ein typischer Engländer, machte er sich ein Vergnügen daraus, seine Frau in die Londoner Gesellschaft einzuführen, wo sie beide den Prince of Wales kennenlernten.
Im Januar 1932 lud der Prinz das Ehepaar Simpson auf seinen Landsitz, Fort Belvedere, am Rande des Windsor Great Park ein. Dieses nahe Virginia Water gelegene, mit Zinnen, Schießscharten und Türmchen versehene Schloß bildete – ähnlich wie die Royal Lodge – eine Art Vorwerk zum Schloß Wind-

sor und verdankte sein seltsames Äußeres dem Architekten Jeffry Wyatville, der sich Anfang des neunzehnten Jahrhunderts dadurch einen Namen gemacht hatte, daß er die Phantasievorstellungen des Prinzregenten in Stein und Mörtel umsetzte. Während jedoch der Herzog von York und seine Gemahlin ihr fremdländisch anmutendes Domizil in ein gemütliches Heim verwandelten, erhöhte der Prince of Wales noch das exzentrische Aussehen von Fort Belvedere. »Es war«, sagte Lady Diana Cooper, eine der damaligen Schönen, die dazu beitrug, aus Fort Belvedere Anfang der dreißiger Jahre ein Mekka für die elegante Welt zu machen, »ein Fort, wie es sich ein Kind erträumt. Es hatte Zinnen und Kanonenkugeln und allerlei Kriegsgerät. Es stand hoch oben auf einem Hügel, und die Wachtposten kamen einem wie Zinnsoldaten vor.«

Mrs. Simpson gewann, als sie Anfang 1932 das Fort zum ersten Mal sah, einen romantischeren Eindruck. Sie und ihr Gatte waren von der ungezwungenen Art überrascht, mit der sie der Prinz in ihre Gemächer hinaufführte. »Die nächste kleine Überraschung kam, als wir in den Salon zurückkehrten. Der Prinz saß auf einem Sofa und hielt den Kopf über einen Stickrahmen gebeugt. Mit der rechten Hand führte er eine Nadel, an der ein langer, bunter Faden hing, fleißig hin und her.« Mrs. Simpson konnte nicht wissen, daß sie in dem unwahrscheinlichen Fall einer Einladung in die Royal Lodge am anderen Ende des Parks den Herzog von York bei derselben Beschäftigung hätte antreffen können, denn Königin Mary hatte allen ihren Kindern das Sticken beigebracht. Sie hatte, wenn die Kinder bei ihr waren, stets irgendeine Stickarbeit bei der Hand, und ihre beiden ältesten Söhne hatten diese Beschäftigung als Hobby beibehalten.

Nach diesem ersten Besuch trafen die Simpsons den Prince of Wales immer häufiger. Meist befand er sich in Begleitung von Thelma, Lady Furness. Aber im Januar 1934 fuhr Lady Furness nach Amerika. Dort wurde ihr von Prinz Ali Khan in so auffälliger Form der Hof gemacht, daß ihre gemeinsame Ankunft im Hafen von Southampton Schlagzeilen machte; in diesen Monaten schlossen sich der Prince of Wales und Mrs. Simpson immer enger aneinander an. Sooft der Prinz in der kleinen Etagenwohnung der Simpsons am Bryanston Square erschien, fiel Ernest Simpson ein, er habe noch so viel zu erledigen, daß er es seiner Frau überlassen mußte, den Besucher zu unterhalten. David sah immer weniger von seiner Familie – und diese war nicht die einzige, die den Bruch zu spüren bekam.

»Im Mai 1934«, schrieb Frances Donaldson aufgrund ihrer Gespräche mit Mrs. Dudley Ward, »wurde Mrs. Dudley Wards ältere Tochter am Blinddarm operiert. Es traten Komplikationen ein. Mehrere Wochen war ihr Zustand sehr ernst. Während dieser Zeit konnte ihre Mutter kaum an etwas anderes denken und verbrachte die meiste Zeit im Krankenhaus. Erst als sich ihre Tochter außer Lebensgefahr befand, kam ihr zum Bewußtsein, daß sie der Prince of Wales – zum ersten Mal seit fast siebzehn Jahren –, obwohl er sich in England befand, weder besucht noch angerufen hatte. Sie ließ sich mit St. James' Palace verbinden. Am anderen Ende der Leitung waren das Vermittlungsfräulein. Jahrelang hatten die beiden fast jeden Tag miteinander gesprochen, und Mrs. Dudley Ward hatte sich ihr gegenüber ungezwungen und freundlich gegeben. Als die Telephonistin jetzt ihre Stimme hörte, antwortete sie tiefbekümmert: »Ich muß Ihnen etwas Schreckliches sagen. Ich weiß nicht, wie ich es ausdrücken soll.« Auf Drängen fuhr sie niedergeschlagen fort: »Ich habe Anweisung, Sie nicht zu verbinden.«

Mrs. Dudley Ward sollte den Prinzen nicht wiedersehen. Bis zum Herbst 1934 war der Bruch zwischen dem Prinzen und seiner ehemaligen Geliebten zum offenen Geheimnis geworden und gehörte bald der Vergangenheit an, denn innerhalb weniger Wochen hatte der Prinz einen Weg eingeschlagen, der die Nachsichtigkeit der Londoner Gesellschaft bis zum äußersten strapazierte.

Dies war etwas ganz Neues, brachte es doch das Konträre in der Königsfamilie ans Tageslicht. Plötzlich tauchen in den damals geführten Tagebüchern der Prince of Wales und Mrs. Simpson an prominenter Stelle auf. Man schreibt, wie sie Nachtklubs und Partys gemeinsam besuchen, wie sie das Wochenende auf dem Lande verleben – der Prinz mit seiner neuen Freundin wie ein kleiner Junge mit der neuen Kinderfrau; Mrs. Simpson »glitzernd« (Lady Diana Cooper), »mit Juwelen behängt« (Harold Nicolson) und »triefend von Smaragden... buchstäblich erstickt in Rubinen« (»Chips« Channon). »Sie trug sehr viel Schmuck«, berichtete Marie Belloc Lowndes, »den ich zunächst für Modeschmuck hielt, so groß waren die Smaragde an ihren Armbändern... Mehrere meiner Gäste fragten mich, was ich von ihr hielte. Ich sagte, was mir am meisten auffiele, sei ihre hervorragende Garderobe, und ich sei überrascht, daß sie, die sich doch in solch schlichter Eleganz kleide, so viel Modeschmuck trage. Darauf lachten alle laut und erklärten, der Schmuck sei echt, denn der Prince of Wales habe ihr Juwelen im Wert von 50000 Pfund geschenkt... wozu eine Woche später noch weiterer Schmuck für 60000 Pfund gekommen sei... Sie sagten, sein letztes Geschenk sei ein herrliches Halsband gewesen, das er in Paris gekauft habe.«

Der Juwelier in Paris war Cartier, und die königliche Familie hätte, abgesehen von der Geschmacklosigkeit dieser Zurschaustellung, wenig dagegen gehabt, daß der Prince of Wales den ganzen Schmuck für Mrs. Simpson dort gekauft hätte. Was König Georg V. und Königin Mary jedoch sehr mißfiel, war die Tatsache, daß viele der Juwelen, mit denen sich Mrs. Simpson in der

Öffentlichkeit zeigte, Erbstücke der königlichen Familie waren und daß der »Modeschmuck« insbesondere aus der unschätzbaren Sammlung der Mutter des Königs, Königin Alexandra, stammte, die diese Stücke dem Prince of Wales persönlich mit der Auflage vermacht hatte, daß sie einstmals von seiner künftigen Gemahlin getragen werden sollten – denn es galt bis dahin als selbstverständlich, daß die Ehefrau des Prince of Wales eines Tages als britische Königin dieses Geschmeide anlegen würde.
Jetzt kam die Verbitterung auf, die das britische Königshaus noch bis in die Regierungszeit der Königin Elisabeth II. hinein spalten sollte. Die Fronten verhärteten sich, als der Prince of Wales im Herbst 1934 kein Hehl mehr aus seinen Beziehungen zu Mrs. Simpson machte. Bis zu diesem Zeitpunkt hatte die Familie Davids Affären hingenommen. Er hatte sich diskret verhalten, und obwohl er seinen Eltern damit große Sorgen bereitete, hatten seine Geschwister fast ein gewisses Mitgefühl mit ihm empfunden. Sie hatten immer unter seinem Bann gestanden und von Kindheit an instinktiv eine gewisse Toleranz bewahrt, die um so stärker war, als sie eine Herzenswärme erzeugte, die ihnen ihre Eltern nicht haben vermitteln können.
Aber Wallis Simpson veränderte die Situation völlig. Ihr herrisches und in mancherlei Hinsicht keinen Widerspruch duldendes Wesen gab ihr auf das rätselhafte Innenleben des Prinzen einen Einfluß, der einen Keil in die Familie trieb. Man lehnte sie ab, obwohl frühere Mätressen – zum Beispiel Lady Furness, die ebenfalls Amerikanerin und »schnell« gewesen war – geduldet worden waren. Und für die Eifersucht gab es handfeste Gründe.
Da war zunächst das seltsame Nachlassen im Arbeitseifer des Prinzen. Hier lag keine absichtliche Sabotage von seiten der Mrs. Simpson vor. Sie genoß sehr seine Position als Prinz und war stolz auf den Glanz, der auf sie zurückstrahlte. Es war fast so, als habe sich sein Wesen verändert. Vielleicht hatte der Prinz, wie er später einmal bekundete, in seiner Liebe zu Wallis ein neues Wertgefühl entdeckt, oder er hatte es vielleicht nur satt, immer wieder und so lange dasselbe zu tun. In den Jahren 1934 und 1935 merkten die Leute allmählich, daß sich auf seinem Gesicht der Ausdruck von Langeweile, fast einer gewissen Verdrossenheit, zeigte, wenn er in der Öffentlichkeit auftrat. Bis dahin hatte er sich seiner Pflichten stets mit einem gewissen Schwung entledigt; der Kontrast zwischen dem strahlenden Lächeln der zwanziger Jahre und dem jetzt auftretenden mürrischen Ausdruck war unverkennbar.
Dies stellte einen neuen Zug im Image der britischen Königsfamilie dar. In den zwanziger und dreißiger Jahren hatten Pressefotos und Filmaufnahmen stets einen wohlwollenden Grundtenor erkennen lassen. Das Urteil der Öffentlichkeit formte sich langsam und hing immer noch weitgehend von den Besuchen der Mitglieder der Königsfamilie in den verschiedenen Landestei-

len, von einem Lächeln oder einem Stirnrunzeln ab. Obwohl dies hieß, daß die Veränderung im Wesen des Prince of Wales und sein Verhältnis zu Mrs. Simpson nur einem verhältnismäßig kleinen und im allgemeinen loyalen Personenkreis bekannt waren, wurde die Veränderung trotzdem besprochen; sogar die Freunde, die dem Paar zugetan waren, erkannten in dieser Beziehung im wesentlichen dasselbe Verhältnis, wie es sich dem Hof darstellte – die dominierende Rolle auf seiten der Mrs. Simpson und sklavische Unterordnung beim Prince of Wales. »Wallis riß sich einen Fingernagel ein, sagte ›Oh!‹ und hatte die Sache bereits vergessen«, erinnerte sich Lady Diana Cooper. »Aber er ging hinaus und kam nach Minuten außer Atem zurück, in der Hand zwei kleine Bimssteine, damit sie sich den Nagel abfeilen konnte.« Die königliche Familie hatte den Eindruck, daß der Einfluß, den Mrs. Simpson auf den Prinzen ausübte, negativ war. Davids Charme und Humor verblaßten. Er hatte zwar stets zu Launenhaftigkeit und Überempfindlichkeit geneigt, aber jetzt trat diese Seite seines Charakters besonders deutlich hervor. Er zeigte sich immer seltener bei seinen Eltern und Geschwistern, und wenn er es tat, war er zugeknöpft und wenig mitteilsam. Die wachsende Kluft in der Familie wirkte sich besonders hart auf den jüngsten der Brüder, Prinz Georg, Herzog von Kent, aus, der den Prince of Wales seit jeher bewundert hatte. Prinz Georg war ein lebhafter, gutaussehender junger Mann, zwar noch unreif, aber in gewisser Weise gewandter und gebildeter als seine älteren Brüder. Er besaß im großen und ganzen mehr Geschmack und hatte einen feinen Sinn für Humor, so daß er sich nur selten von seinem Vater einschüchtern ließ. Er hatte eine Art, sich gegenüber König Georg V. zu behaupten, die zugleich bestimmt und charmant war. Er konnte sich lachend aus unangenehmen Situationen befreien und tat dies, ohne jemanden dabei zu kränken.

Als er heranwuchs, tendierte der spätere Herzog von Kent in steigendem Maße zum Prince of Wales. Er verehrte seinen um acht Jahre älteren Bruder[1], der auch die gleichen Neigungen hatte wie er. Beide liebten Gesellschaft, Unterhaltung, Spaß. Prinzessin Elisabeths Vater, Prinz Bertie, war schüchtern, der dritte Prinz, Henry, Herzog von Gloucester, phlegmatisch. Aber der Herzog von Kent war der Typ des reichen, jungen Lebemannes, er war kräftig und muskulös gebaut und trug die Haare glatt nach hinten gekämmt. Er fühlte sich am wohlsten in der Gesellschaft von Genießern wie »Chips« Channon, aus dessen Tagebüchern man den Eindruck gewinnt, als sei das Leben in den zwanziger und dreißiger Jahren nichts als eine einzige lange Cocktailparty gewesen.

[1] Der Prince of Wales wurde 1894, Prinz Georg, der spätere Herzog von Kent, 1902 geboren.

Aber der junge Prinz war auch leicht zu beeindrucken und neigte gelegentlich zu trüben Depressionen, und nach einer unglücklichen Liebesaffäre hatte er sich dem Genuß von Drogen zugewandt. Bei dem Versuch, dieser Sucht Herr zu werden, hatte er einen Zusammenbruch erlitten. In dieser Situation hatte sich sein ältester Bruder, der Prince of Wales, von seiner edleren Seite gezeigt, obwohl sein Leben von persönlicher Opferbereitschaft sonst nur wenig erkennen ließ. Er nahm seinen jungen Bruder mit nach Fort Belvedere und unterzog ihn dort einem intensiven Rehabilitationsprogramm, wobei er sich wochenlang um den jungen Patienten kümmerte.

Sein Einsatz führte zu positiven Ergebnissen. Der junge Mann genas und schloß sich nur noch enger an seinen Bruder an. Während er langsam wieder in das normale Leben zurückkehrte, verbrachte der Herzog von Kent noch lange Wochenende draußen im Fort, so daß er als einziger der königlichen Familie wirklich Zeuge der immer enger werdenden Freundschaft zwischen dem Prince of Wales und Mrs. Simpson wurde. Und ihm gefiel gar nicht, was er zu sehen bekam. In der Gesellschaft wurde spekuliert, daß Mrs. Simpsons Einfluß auf den Prinzen sexuell begründet sei, daß Eduard noch nie zuvor ein wirkliches Liebesleben erfahren habe. Aber Prinz Georg, Herzog von Kent, schrieb die Verstrickung einem Umstand zu, der an Zauberei grenzte, und er informierte die Familie von seinen Wahrnehmungen.

In seinem eigenen Leben traten jetzt jedoch Entwicklungen ein, die für alle die ersehnte Ablenkung brachten. Im November 1934 kam es zu Prinz Georgs unerwarteter Liebesromanze mit Prinzessin Marina aus dem griechischen Königshaus. Alles war wie ein frischer Wind. Marina sah mit ihren feinen Gesichtszügen aristokratisch aus und war die berühmteste Prinzessin von Europa. Mit Friederike, der späteren Königin von Griechenland, war sie eine der Heiratskandidatinnen, die man für den Prince of Wales in Aussicht genommen hatte. Die Verlobungsnachricht rief im ganzen Land eine Welle der Begeisterung hervor. Immer noch unter den Folgen der Weltwirtschaftskrise leidend, hatte Großbritannien seit Jahren nur wenig Anlaß zur Freude gehabt, und so lieferte die Vermählung des eleganten, zweiunddreißig Jahre alten Prinzen mit dieser ausländischen Prinzessin willkommene Gelegenheit, einmal Freudenstimmung aufkommen zu lassen.

Der Reiz dieser Hochzeit wurde noch durch den Umstand erhöht, daß Prinzessin Elisabeth, jetzt achteinhalb Jahre alt, als erste Brautjungfer fungierte. Von der riesigen Menschenmenge auf den Straßen umjubelt, trug sie sich mit allen Erwachsenen als Trauzeuge in das Register ein. Prinzessin Margaret, jetzt vier Jahre alt, saß allein auf einem kleinen Hocker unmittelbar vor dem Sessel ihrer Mutter; wenn sie unruhig war oder zu viel Bein zeigte, wurde sie von ihrer älteren Schwester korrigiert. Von der Westminster Abbey fuhr die

Familie in feierlichem Zug zum Buckingham Palace zurück. Während der ganzen Fahrt spielte Prinzessin Elisabeth »ihre Rolle mit Würde und Gelassenheit«, wie sich Lady Cynthia Colville erinnerte.

Einige Tage vor der Trauung veranstalteten der König und die Königin im Buckingham Palace einen Ball. Der Prince of Wales setzte auch Mr. und Mrs. Ernest Simpson auf die Gästeliste. Es sah ganz so aus, als werde das Tabu, dem die Familie so sorgfältig aus dem Weg gegangen war, schließlich doch gebrochen, denn Georg V. strich die beiden Namen wieder und rief dadurch den einzigen Wortwechsel hervor, den es unseres Wissens zwischen Vater und Sohn über dieses Thema gegeben hat. Freunde des Prinzen ließen durchsickern, daß er sich weigern würde, auf dem Ball zu erscheinen, wenn nicht auch die Simpsons kämen. Er wollte damit ganz allgemein erreichen, daß auch sein eigener Freundeskreis Zutritt zum Buckingham Palace erhielt. Nach anderen Quellen fragte Georg V. seinen Sohn, ob Mrs. Simpson seine Geliebte sei. Erst als ihm versichert wurde, daß dies nicht der Fall sei, wurde ihrem Gatten eine Einladungskarte zugeschickt. Wir wissen nicht, ob in dieser Phase ihrer Beziehungen der Prinz die Wahrheit sprach oder nicht.[1]

Bei dem Ball wurde Mrs. Simpson zum ersten und letzten Mal König Georg V. und Königin Mary vorgestellt. »David führte mich zu ihnen und stellte mich vor«, schrieb sie in ihren Memoiren. »Es war eine ganz kurze Begegnung – ein paar flüchtige Begrüßungsworte, der Austausch bedeutungsloser Höflichkeitsfloskeln, und wir entfernten uns wieder.«

Ende des Winters wurde Prinzessin Elisabeth neun Jahre alt. Man schrieb 1935 – ein bedeutsames Jahr für die königliche Familie. Es brachte nicht nur die Hochzeit des Herzogs von Kent, sondern auch den fünfundzwanzigsten Jahrestag der Thronbesteigung König Georgs V. Man beschloß, diesen Anlaß durch ein Silberjubiläum zu feiern. Einige Leute hielten angesichts der schwierigen Wirtschaftslage des Landes soviel Aufhebens für unangebracht. Doch Königin Mary blieb bei ihrer Auffassung, daß gerade dies die Leute auf andere Gedanken bringen würde. Die vielseitigen Bekundungen der Zuneigung im ganzen Lande gaben ihr recht. »Ich kann es wirklich nicht begreifen«, meinte Georg V. gegenüber dem Erzbischof von Canterbury, »denn ich bin ja schließlich nur ein ganz normaler Mensch.«

[1] Dies war nicht die einzige Situation, bei der der Prince of Wales eine solche Versicherung abgeben mußte. Er war Freimaurer und unterstützte den Antrag von Ernest Simpson auf Eintritt in eine Freimaurerloge, die von Sir Maurice Jenks, dem Lord Mayor von London, geleitet wurde. Simpsons Aufnahmeantrag wurde abgelehnt. Als der Prince of Wales nach den Gründen fragte, wurde ihm erklärt, es verstoße gegen das Freimaurergesetz, wenn der Ehemann seiner Mätresse aufgenommen werde. Der Prinz gab sein Wort, daß dies nicht der Fall sei, worauf Ernest Simpson aufgenommen wurde.

Als König und Königin am 6. Mai durch die menschenüberfüllten Straßen zur St.-Pauls-Kathedrale fuhren, um einem Gedenkgottesdienst beizuwohnen, zogen die beiden Prinzessinnen in ihren rosa Kleidchen ganz besonders den Jubel der Bevölkerung auf sich. Sie saßen in der Kathedrale auf zwei Hockern unmittelbar hinter den Thronsesseln, auf denen ihre Großeltern im Angesicht der Gemeinde Platz genommen hatten. Am Ende des Tages traten sie mit auf den Balkon im Buckingham Palace hinaus und erlebten den Beifall der Menge, der in jener Woche jeden Abend spontan zu ihnen heraufbrandete. »Ich wußte gar nicht, was die Leute von mir halten«, sagte König Georg V. »Anscheinend mögen sie mich, so wie ich bin.«

Im Verlauf des Jahres kam es zu weiteren Festlichkeiten im Königshaus; auch der dritte der Königssöhne heiratete. Prinzessin Elisabeth und Prinzessin Margaret Rose waren Brautjungfern, als Prinz Henry, der stille, unkomplizierte Herzog von Gloucester, mit Lady Alice Montagu Douglas Scott getraut wurde. Die Herzensneigungen des Menschen lassen sich natürlich nicht durch einen Zeitplan regulieren, wenn so etwas jedoch möglich gewesen wäre – und Königin Mary hielt es nicht für ganz ausgeschlossen –, dann wäre es dem König und der Königin mit Sicherheit lieber gewesen, wenn die Romanze ihres dritten Sohnes nicht so dicht auf die Eheschließung seines Bruders und das Jubiläum gefolgt wäre.

Diese in einen Zeitraum von nur zwölf Monaten zusammengedrängten Ereignisse bildeten mehr, als zu der noch im vergangenen Jahr für wünschenswert gehaltenen Belebung der allgemeinen Stimmung nötig gewesen wäre. Aus diesem Grunde wurde denn auch die Nachricht von dem kurz vor der Trauung eingetretenen Tod des Brautvaters, des Herzogs von Buccleuch, nicht nur mit unverhohlenem Kummer aufgenommen – die Trauungszeremonie fand auch in wesentlich kleinerem Rahmen statt, sie wurde von der Westminster Abbey in die Kapelle des Buckingham Palace verlegt.

Jetzt waren alle Söhne des Königs, mit Ausnahme des Erstgeborenen, verheiratet. Aber die Vorzeichen für diese wichtigste Eheschließung schienen wenig vielversprechend zu sein. Im Juni 1935 tauchte ein weiteres Problem auf, das einen Schatten auf den bevorstehenden Thronwechsel zu werfen schien. Der Prince of Wales hatte seit langem eine gewisse Bewunderung für die faschistischen Diktatoren gehegt und benutzte die Gelegenheit einer Kundgebung der British Legion in der Albert Hall zu dem Vorschlag, »man solle den Deutschen in Freundschaft die Hand reichen«. Die deutsche und amerikanische Presse bewertete dies als eine offene Freundschaftsgeste gegenüber Hitler. Und wenn sich die Zeitungen, wie so oft in jener Zeit, auch irrten, indem sie einen von einem Mitglied der königlichen Familie hochgelassenen Luftballon als Sondierungsakt der britischen Regierung interpretierten, so hatten sie

doch recht, was die politischen Sympathien des Prince of Wales anbelangte. König Georg V. sah sich veranlaßt, seinen Sohn zu rügen. David mißverstehe völlig die repräsentative Führungsrolle, die Großbritannien von seiner Königsfamilie erwarte, und die Tatsache, daß der Prinz mit seiner Äußerung der Meinung einer Minderheit – oder sogar der Mehrheit der Bevölkerung Ausdruck gegeben habe, ändere nichts daran, daß er nur eine rein persönliche Ansicht zum Ausdruck bringen könne. Wer König, künftiger König oder ein Verwandter des Königs sei, müsse bestimmte Teile seiner individuellen Persönlichkeit ausschalten. In diesem Sinne müsse David sich damit abfinden, daß er nie eine völlig freie und ungebundene Persönlichkeit darstellen könne – jedenfalls so lange nicht, als er ein Angehöriger der Königsfamilie bleiben wolle.
In dieser Zurechtweisung lagen bereits die Wurzeln für die spätere Abdankung. Aber im Juli 1935 wurde die Öffentlichkeit durch augenfälligere Sorgen beunruhigt – zum Beispiel dadurch, daß Mrs. Simpson zum Dinner in die Deutsche Botschaft eingeladen wurde. Wenn man bedachte, daß der Prince of Wales seinen Repräsentationspflichten gegenüber immer gleichgültiger wurde und sich über die althergebrachten Konventionen hinwegsetzte, ergab sich ein düsteres Zukunftsbild. König Georg V. machte sich große Sorgen. Und wenn er sich auch nicht dazu bereit fand, den Fall Simpson mit seinem Sohn persönlich zu erörtern, so verbrachte er im letzten September seines Lebens in den Wäldern von Balmoral lange Stunden im Gespräch mit dem Erzbischof von Canterbury. Es ging um das Verhalten seines Sohnes. Beide sahen für die Zukunft schwarz. »Wenn ich einmal nicht mehr bin«, sagte der König, »wird sich der Junge in zwölf Monaten ruinieren.«

Krise der Monarchie

»Es ist dieses persönliche Band zwischen mir und meinem Volk, das ich mehr schätze, als ich sagen kann«, erklärte König Georg V. in seiner Weihnachtsansprache 1935 über den Rundfunk. »Es bindet uns in allen unseren gemeinsamen Freuden und Nöten fest aneinander.« Die königliche Familie hatte sich, wie üblich, über Weihnachten in Sandringham versammelt, aber die Stimmung war gedämpfter und irgendwie trauriger als sonst. Dem König ging es nicht gut. Er lachte zwar noch mit seinen Enkelkindern, aber seine Stimme war leiser geworden. Schmerzen in der Brust machten es ihm unmöglich, seinen aufrechten Gang beizubehalten, und gegen Ende der Mahlzeiten sank ihm der Kopf auf die Brust. Er war gerade siebzig geworden und litt seit Monaten unter einem Rückfall seines alten Bronchialleidens.

Zu Anfang des neuen Jahres spielten die kleinen Prinzessinnen gerade im Schnee, der auf den Rasen von Sandringham gefallen war, als Königin Mary herauskam, um mit ihnen zu sprechen. Sie sagte ihnen, ihr Großvater sei sehr, sehr krank, und nach dem Mittagessen nahm sie Elisabeth mit, damit diese im Lebewohl sagen könne. Das kleine Mädchen war damals neuneinhalb Jahre alt und, wie man glaubte, alt genug, um so etwas zu verstehen. Die erst fünf Jahre alte Margaret hielt man noch für zu jung. Der König saß in seinem Schlafgemach, eingehüllt in den alten, tibetanischen Morgenmantel, der ihm zu Anfang seiner Regierungszeit bei einem Besuch in Indien geschenkt worden war. Er verfiel rasch und konnte kaum noch schreiben. Der letzte Eintrag in seinem Tagebuch vom Freitag, 17. Januar 1936, war kaum zu lesen. »Etwas Schnee und Wind. Dawson (sein Arzt) kam heute abend. Ich habe mit ihm gesprochen und fühle mich schlecht.« Das nächste Wort ist nur halb ausgeführt und nicht zu entziffern. Es war Königin Mary, die mit ihrer üblichen Akkuratesse die letzte Seite in seinem Tagebuch beendete. Georg V. hatte das Buch praktisch jeden Tag geführt, seit er erwachsen war. »Mein lieber Gemahl, König Georg V., war über seine schlechte Handschrift sehr bekümmert und bat mich, das Tagebuch für ihn am nächsten Tag zu schreiben. Er verschied am 20. Januar, 5 Minuten vor Mitternacht. MARY R. 14. Feb. 1936.«

Die jungen Prinzessinnen waren einige Tage vor dem Tod ihres Großvaters nach Windsor zurückgeschickt worden, und Marion Crawford wurde tele-

graphisch aus den Weihnachtsferien zurückbeordert. »Achten Sie darauf, daß die Kinder nicht mehr in Mitleidenschaft gezogen werden, als unbedingt nötig ist, Crawfie«, schrieb die Herzogin von York. »Sie sind noch so jung.«
»Ach, Crawfie«, fragte die neunjährige Prinzessin Elisabeth, »sollten wir denn spielen?« Die allgemeine Trauer ging irgendwie an ihrer jüngeren Schwester Margaret vorbei, aber auch sie merkte, daß Alla plötzlich so traurig war. Immer wieder brach Mrs. Knight in Tränen aus.
Mrs. Knights Kummer wurde von Großbritannien und dem ganzen Empire geteilt. Als Lord Dawson das letzte, berühmt gewordene ärztliche Bulletin über Georg V. – »Das Leben des Königs nähert sich friedlich seinem Ende« – herausgegeben hatte, stellte BBC seine Programme ein und in den Restaurants im Westend setzte die Tanzmusik aus. Nach kurzer Ruhe in der kleinen Kirche von Sandringham, in der seine Förster und Bediensteten bei ihm Wache hielten, wurde der Leichnam König Georgs V. mit dem Zug nach London gebracht. Auf einer Lafette wurde er durch die Straßen zum Parlament gefahren, wo er feierlich aufgebahrt werden sollte.
Prinzessin Elisabeth wurde hingebracht, um den Sarg zu sehen. In schwarzem Mantel und schwarzem Kopftuch stand sie vor dem Sarg, an dem Tausende von Menschen stumm vorbeizogen. Die vier Söhne des toten Königs hielten an der Bahre Wache. »Onkel David war da«, sagte sie laut zu ihrer Gouvernante nach der Rückkehr, »und er hat sich überhaupt nicht bewegt… nicht einmal die Augen.«
Die »Totenwache der Prinzen« als Ehrung war vom neuen König bei seinem Hang für rührende Gesten eingeführt worden. Aber im privaten Bereich lagen die Dinge nicht zum besten. Lady Hardinge, deren Mann, Major Alexander Hardinge, kurz darauf Privatsekretär des Königs werden sollte, war überrascht über die Reaktion des neuen Königs auf den Tod seines Vaters. Sie kam ihr »übertrieben und unvernünftig« vor. Es schien wenig begreiflich, daß gerade dasjenige Mitglied der königlichen Familie, das mit dem Verstorbenen die meisten Zerwürfnisse gehabt hatte, eine Trauer zur Schau stellen sollte, die »weit über die Reaktion seiner Mutter und der drei Brüder hinausging«.
Eine Erklärung für den Gram König Eduards VIII. mag darin liegen, daß er den Verlust als besonders schwer empfand. Aber es gibt noch eine andere Erklärung. Der Tod König Georgs V. war für alle überraschend gekommen, insbesondere für seinen ältesten Sohn. Ihm nahestehende Freunde hatten in den letzten Monaten des Lebens seines Vaters ab und zu von der Möglichkeit gesprochen, daß der Prince of Wales auf seine Thronfolge zugunsten seines jüngeren Bruders Bertie verzichten könnte. Bei der Panik, von der Eduard in den ersten Wochen seiner Regierungszeit befallen wurde, könnte durchaus

die Erkenntnis mitgespielt haben, daß ihm dieser Ausweg nun verschlossen war.

Es wäre schwer für ihn gewesen, vor dem Tod seines Vaters auf die Thronfolge zu verzichten. Es wäre für seine Eltern hart gewesen mitanzusehen, daß er abtrat, um in aller Öffentlichkeit mit Mrs. Simpson zusammenzuleben. Der Schock hätte Georg V. das Leben kosten können; innerhalb der Familie wurde bereits davon gesprochen, daß der Fall Simpson dem Leben des alten Königs ein vorzeitiges Ende gesetzt habe. Aber vom Standpunkt Eduards aus gesehen wäre die Situation weniger schwierig gewesen als jetzt, wo er selber den Thron bestiegen hatte.

Hin- und hergerissen zwischen einer herrschsüchtigen Frau und einer unnachgiebigen Familie, die sich nicht bereitfand, Mrs. Simpson irgendein Mitbestimmungsrecht in dieser Krise zuzugestehen, und angesichts der zahllosen Anforderungen des täglichen Lebens, durch die er gezwungen war, Entscheidungen zu treffen, war Eduard einem Zusammenbruch nahe.

Während der alte König in Sandringham im Sterben lag, kam es wegen des Unterschieds zwischen der richtigen Zeit und der »Sandringham-Zeit« zu einem kleinen Mißverständnis, denn seit Eduard VII. gingen dort alle Uhren eine halbe Stunde vor, weil der König wünschte, daß seine Gäste morgens rechtzeitig aufstanden, um das beste Büchsenlicht für die Jagd zu nutzen. Die »Sandringham-Zeit« war für Georg V. stets eine Art Glaubensbekenntnis gewesen, ein Symbol alter Tradition. »Ich werde diese verdammten Uhren richtig stellen«, soll der Prinz ausgerufen haben; und der Uhrmacher von Sandringham wurde unverzüglich gerufen, um in den Stunden nach Mitternacht, als Georg V. gestorben war, jede einzelne Uhr im Haus auf die Greenwich Mean Time zu stellen – eine mühevolle Arbeit, die er erst nach Tagesanbruch beendet hatte.

Stanley Baldwin, der damalige Premierminister, äußerte gegenüber Clement Attlee, dem Führer der Labour Party, Zweifel darüber, ob der neue König »auf Kurs bleiben würde«. Er war froh, daß Eduard als Adjutanten zwei junge Privatsekretäre Georgs V. übernommen hatte, nämlich Alexander Hardinge und überraschenderweise »Tommy« Lascelles, der 1929 aus seinem Stab ausgeschieden war. Dennoch gab er gegenüber seinem Kollegen zu: »Ich hatte eigentlich gehofft, nicht die Verantwortung übernehmen zu müssen, den Prinzen auch als König vor mir zu haben. Aber vielleicht hat mich die Vorsehung eigens für diesen Zweck im Amt belassen. Ich bin seinetwegen nicht so zuversichtlich wie Lucy (Mrs. Baldwin). Es ist eine Tragödie, daß er nicht verheiratet ist... Er hatte Mrs. S. aufgesucht, bevor er zu mir kam. Sie hat jetzt eine Etagenwohnung. Das Thema wird nie zwischen uns erwähnt. Es gibt auch niemanden anderen, der mit ihm umgehen könnte.«

Man hat über die ersten Monate der Regierungszeit König Eduards VIII. viel geschrieben, aber überall ist der Grundton allgemeines Unbehagen. Die öffentliche Meinung im Jahre 1936 machte sehr rasch einen Unterschied zwischen Eduard, so wie er sich jetzt präsentierte, als ein König mittleren Alters (er bestieg den Thron mit einundvierzig), und jenem anderen Eduard, der als eleganter junger Prinz aufgetreten war. Er war willensstark, aber das reichte für einen konstitutionellen Monarchen allein nicht aus. Er war trotz seines Alters nicht reif geworden. Seine Launenhaftigkeit blieb bestehen. »Und jetzt«, meinte J. H. Thomas, der Labour-Politiker, nach den Worten von Harold Nicolson, »haben wir diesen eigensinnigen, kleinen Mann mit seiner Mrs. Simpson. Das geht nicht gut, Harold, lassen Sie sich das sagen.«
Es ist interessant, wie sehr sich die allgemeine Aufmerksamkeit jetzt auf Prinzessin Elisabeth zu konzentrieren begann, denn in der Thronfolge stand sie jetzt an zweiter Stelle. Als die Zeitschrift *Sphere* von dem »jüngsten Trauergast der königlichen Familie« bei den Beisetzungsfeierlichkeiten für Georg V. schrieb und erwähnte, daß sie »ganz schlicht ein schwarzes Barett und einen schwarzen Mantel getragen habe und nicht so tief verschleiert wie die älteren Familienangehörigen gewesen sei«, machte das Blatt seine Leser darauf aufmerksam, daß sie jetzt »nach ihrem Vater die nächste Anwärterin auf den Thron« sei. Nach der Gräfin von Airlie hatte Georg V. wenige Monate vor seinem Tod gesagt: »Ich bete zu Gott, daß mein ältester Sohn nie heiraten und Kinder haben wird und daß sich kein Hindernis zwischen Bertie und Lilibet und dem Thron auftun möge.« Die Tatsache, daß man in Prinzessin Elisabeth schon allmählich die künftige Königin zu sehen begann, zeichnete sich bereits bei der Thronbesteigung König Eduards VIII. im Jahr 1936 ab, vielleicht damals mehr als bei der Abdankung gegen Ende desselben Jahres.
Als Reaktion auf das wachsende öffentliche Interesse an dem jungen Mädchen, das in der Anwartschaft auf den Thron so weit vorgerückt war, wurden Journalisten in das Haus 145 Piccadilly eingeladen. Ihre Menagerie bestand angeblich aus mehreren Welsh Corgis und Collies, zwei Damkitzen, fünfzehn blauen Wellensittichen und einigen Ponys. Der Postbeamte Albert Tippele, der im Haus 145 Piccadilly das Telephon reparieren sollte, versetzte Prinzessin Elisabeth einen Klaps, als sie in seiner Werkzeugtasche herumzuwühlen begann. »Sie lief weg«, berichtete Mr. Tippele, »und für ihre Mutter ging das durchaus in Ordnung.«
All dies mag heute wie belangloser Klatsch klingen, und zur damaligen Zeit gab es noch viel mehr davon. Aber der königlichen Familie, König Eduard VIII. eingeschlossen, waren derartige Zeitungsartikel lieber als ein anderes Thema, das in den Klatschspalten Europas und Nordamerikas in zunehmen-

dem Maße behandelt wurde. Als sich im weiteren Verlauf des Jahres herausstellte, daß eine Heirat zwischen Mrs. Simpson und dem König durchaus im Bereich des Möglichen lag, wodurch verfassungsrechtliche Probleme aufgetreten wären, die auch von der Presse erörtert werden konnten, erklärten sich die Herausgeber aller großen Zeitungen auf Betreiben Lord Beaverbrooks bereit, über die Liebesaffäre des Königs zu schweigen. Aber in diesen ersten Monaten des Jahres 1936 gab es eine derartige Absprache noch nicht. Lediglich das ungeschriebene Gesetz, daß das Privatleben der königlichen Familie kein Pressethema sei, verhinderte, daß der größte Teil der britischen Öffentlichkeit über Dinge unterrichtet wurde, die in der Londoner Gesellschaft ein offenes Geheimnis geworden waren.

Nicht daß sich der König eine besondere Zurückhaltung auferlegt hätte. Im Sommer 1936 war er es, der das Schweigen, das sich die Presse auferlegt hatte, brach, indem er darauf bestand, daß der Name von Mrs. Simpson im Court Circular bei der Bekanntgabe seiner Gäste auf den Dinnereinladungen erschien. Die Eltern der Prinzessin Elisabeth nahmen im Juli 1936 an einer dieser Veranstaltungen teil, auf der auch Sir Samuel Hoare, seit kurzem Erster Lord der Admiralität, der Marquis von Willingdon, jüngst ernannter Vizekönig von Indien, mit seiner Gattin, die Hardinges, die Churchills und eine Anzahl anderer bekannter Persönlichkeiten erschienen waren. Der Herzogin von York mißfiel die Art, wie König Eduard diese Personen – und sie selbst – als Staffage benutzte, um Mrs. Simpson hoffähig zu machen.

Bei diesem Abendessen ritt Winston Churchill plötzlich der Teufel – wie so oft. Mit dem harmlosesten Gesicht von der Welt sprach er unvermittelt von König Georg IV. und Mrs. Fitzherbert, dem letzten großen Eheskandal in der königlichen Familie.[1] »*Das*«, sagte Prinzessin Elisabeths Mutter entschieden, »ist schon sehr lange her.« Aber Churchill ließ nicht locker und kam auf den Krieg der roten und der weißen Rose und auf die Differenzen zwischen den rivalisierenden Häusern Lancaster und York zu sprechen. »*Das*«, erklärte die Herzogin mit noch mehr Nachdruck abschließend, »ist noch sehr viel länger her.«

Mrs. Simpson bemühte sich an jenem Abend nach besten Kräften, auf die Herzogin von York einen guten Eindruck zu machen. Sie blieb ständig in ihrer Nähe und erging sich in einer geistreichen Konversation, auf die sie so stolz war. Aber sie konnte das Eis nicht brechen. Ihr Verhalten wirkte übertrieben.

Man hat oft gesagt, daß der letzte Grund, warum Mrs. Simpson von der eng-

[1] Die außerehelichen Affären des Großvaters von Eduard VIII., König Eduards VII., wurden 1936 in Gegenwart von Mitgliedern der königlichen Familie anstandshalber nicht erwähnt.

lischen Gesellschaft abgelehnt wurde, ihre amerikanische Herkunft gewesen sei. Doch dies entspricht keineswegs der Wahrheit, denn Amerikanerinnen wie Nancy Astor und Emerald Cunard wurden von der Gesellschaft vollkommen akzeptiert.

Auch brauchten Mrs. Simpsons frühere Beziehungen zu anderen Männern kein unüberwindliches Hindernis darzustellen. Solche Dinge kamen in der Gesellschaft häufig vor. Im Grunde ging es darum, daß sie sich in den Kreisen, in die sie sich eindrängte, nicht zu benehmen wußte. Ihre unverblümte Schlagfertigkeit schockierte die oberen Zehntausend. Sie strich mit dem Finger über den Kaminsims und rief nach dem Butler, wenn sie Staub fand. Für König Eduard VIII. waren diese häuslichen Probleme etwas Neues, und er fand sie faszinierend. Aber in einem königlichen Haushalt wirken sich solche bürgerlichen Gewohnheiten fatal aus.

Prinzessin Elisabeths Mutter fand Mrs. Simpson besonders unsympathisch und machte kein Hehl daraus, wie aus den Memoiren der späteren Herzogin von Windsor hervorgeht: »In jenem Frühjahr (1936) kaufte David einen neuen amerikanischen Kombiwagen, einen Fahrzeugtyp, der in Großbritannien damals kaum bekannt war. Er war besonders stolz auf diese Neuerwerbung und ließ keine Gelegenheit ungenutzt, den Wagen seinen Freunden zu zeigen. Eines Nachmittags sagte David: ›Kommt, wir fahren hinüber zur Royal Lodge... Ich möchte Bertie den Wagen zeigen...‹ Vor dem Eingang zur Royal Lodge fuhr er noch einmal eine Runde um die Auffahrt und hielt mit scharfem Bremsen vor der Tür. Der Herzog und die Herzogin von York begrüßten David am Eingang. David bestand darauf, daß sie sich den Wagen genauer ansahen. Es war interessant, den Unterschied zwischen den beiden Brüdern zu beobachten – David, der voller Begeisterung die Vorzüge des Fahrzeugs erläuterte, und der Herzog von York, still, zurückhaltend und offenbar voller Zweifel über dieses neumodische amerikanische Produkt. Erst als David auf die Vorzüge des Autos als Jagdwagen hinwies, zeigte sein jüngerer Bruder echtes Interesse. ›Komm doch, Bertie‹, drängte David, ›laß uns ein bißchen damit herumfahren. Ich werde dir zeigen, wie leicht er sich fährt...‹

Nach ein paar Minuten kamen sie zurück, und wir spazierten zusammen durch den Garten. Ich hatte die Herzogin von York schon vorher bei verschiedenen Gelegenheiten gesehen. Ihr mit Recht berühmt gewordener Charme kam deutlich zur Geltung. Ich bemerkte außerdem ihren wunderschönen Teint und ihre leuchtend blauen Augen. Unsere Unterhaltung drehte sich, soweit ich mich erinnere, weitgehend um die Besonderheiten der Gartenanlagen im Fort und bei der Royal Lodge. Wir kehrten zum Tee ins Haus zurück; er wurde im Salon serviert. Kurz darauf kamen die beiden kleinen

Georg V. und Königin Mary, begleitet von ihrer Enkelin Prinzessin Elisabeth, auf dem Weg zur Westminster Abbey, Juni 1934. Hinter dem König die Hofdame seiner Gemahlin, Mabell Lady Airlie.

Prinzessin Elisabeth und Prinzessin Margaret nach ihrer ersten Fahrt mit der U-Bahn, mit ihrer Erzieherin Marion Crawford (»Crawfie«, ganz rechts) und der Hofdame ihrer Mutter, Lady Helen Graham, Mai 1939.

Der Prince of Wales, wie er Anfang der zwanziger Jahre von Musikverlegern gesehen wurde.

Eduard VIII. und Mrs. Wallis Simpson auf ihrer Kreuzfahrt im Mittelmeer, 1936.

Prinzessinnen herein. Prinzessin Elisabeth, die heutige Königin, war damals zehn, und Prinzessin Margaret Rose knapp sechs. Beide waren so blond, so wohlerzogen, so blitzsauber wie aus dem Bilderbuch. Neben dem Teegeschirr stand auch ein großer Krug mit Orangensaft für die Mädchen. David hielt die Konversation mit seiner Schwägerin aufrecht, während sein Bruder nur gelegentlich ein Wort einwarf. Es war eine angenehme Stunde; aber ich gewann den bestimmten Eindruck, daß sich zwar der Herzog von York von dem amerikanischen Wagen, die Herzogin aber keineswegs von den anderen amerikanischen Interessen Davids hatte einfangen lassen.«

Die elegante Ausdrucksweise des Ghostwriter der Herzogin von Windsor trifft die Situation sehr genau. Die Herzogin von York konnte Mrs. Simpson absolut nicht leiden. Das galt auch für Königin Mary, Prinzessin Marina, die Herzogin von Kent und für die übrigen Angehörigen der königlichen Familie. Alle hatten den Eindruck, daß ihr Einfluß auf den König immer fataler wurde. Er zog sich immer mehr zurück, wurde zunehmend apathisch und reagierte immer ausweichender, wenn es einmal zu einem ernsten Gespräch mit ihm kam.

»Die Veränderung in Onkel David war einfach nicht zu übersehen«, schrieb Crawfie über einen Besuch des Königs und Mrs. Simpson in der Royal Lodge, wobei sie wahrscheinlich auf denselben Besuch anspielte, den die Herzogin von Windsor so anschaulich in ihrem Buch beschrieben hat. »Er war immer so jugendlich und lustig gewesen. Jetzt schien er wie geistesabwesend und hörte oft gar nicht zu, wenn man ihm etwas sagte. Er machte Pläne mit den Kindern und vergaß sie wieder.«

Der Grund für seine Besorgnis lag auf der Hand. König Eduard VIII. wurde allmählich klar, daß es gar nicht mehr anders möglich war – er mußte Mrs. Simpson heiraten. Und die Probleme, die dadurch mit seiner Familie und gegenüber der Regierung entstehen mußten, würden begreiflicherweise entsetzliche Ausmaße annehmen.

Ernste Schwierigkeiten entwickelten sich bereits, weil der König seinen konstitutionellen Verpflichtungen nicht mehr nachkam. Dies ist auch der eigentliche Grund dafür, daß die Regierungszeit Eduards VIII. von seinen Nachfolgern, Georg VI. und Elisabeth II., als ein Makel für die Monarchie und für das Haus Windsor angesehen wird. Es ging eigentlich nicht um Mrs. Simpson, sondern um etwas viel Beängstigenderes. Und die Abdankung, die durch den Wunsch des Königs, Mrs. Simpson zu heiraten, heraufbeschworen wurde, erwies sich letzten Endes als eine Erlösung. So wurden die Dinge wegen eines verhältnismäßig leicht zu regelnden Problems auf die Spitze getrieben, und zwar schon früh, wodurch eine spätere Konfrontation mit einer potentiell viel ernsteren Situation vermieden wurde, die nicht nur die Stellung

der Monarchie, sondern auch Großbritanniens nationale Sicherheit in Frage gestellt hätte.
König Eduard VIII. hatte seine Regierungszeit in einem Taumel emsiger Aktivität begonnen. Er hatte alle Akten, die ihm von der Regierung zugestellt wurden, gründlich studiert, alle Dokumente abgezeichnet und oft eigene Kommentare an den Rand geschrieben. Doch dieser Übereifer ließ bald nach. Schon nach wenigen Monaten wurden seine Sichtvermerke und Kommentare seltener und seltener. Die unverlangt geäußerten Vorschläge des Königs zur Regierungspolitik wurden zwar nicht sonderlich vermißt, Alarmstimmung breitete sich im Cabinet Office jedoch aus, als streng vertrauliche Akten offenbar ungelesen zurückkamen, gelegentlich beschmutzt von verschütteten Cocktails und mit Ringen von nassen Gläsern – und, was das bedenklichste war, erst mit außerordentlich großer Verspätung. Durch seinen Privatsekretär, Alexander Hardinge, diskret eingeleitete Nachforschungen ergaben, daß rote Dokumentenkoffer mit Sitzungsprotokollen entscheidender Kabinettsbesprechungen nach Fort Belvedere gingen und dort unbewacht herumlagen, während ein unkontrollierter und kosmopolitisch angehauchter Gästekreis dort ein und aus ging.
Das Problem war ernster, weil nicht nur Nachlässigkeit vorlag. Der König machte kein Hehl daraus, daß er mit der Außenpolitik seiner Regierung nicht einverstanden war. In seinen Augen bildeten Hitler und Mussolini keine Gefahr für die britische Sicherheit. Ganz im Gegenteil. Als deutsche Truppen im März 1936 das Rheinland besetzten, den Locarnopakt brachen und eine britische Intervention in den Bereich des Möglichen rückte, ließ er die Reichsregierung wissen, daß er gegen eine britische Intervention sei. Bei der italienischen Invasion in Abessinien bemühte er sich, jeden Versuch der Regierung zu untergraben, der faschistischen Aggression mit Gewalt oder Bluff Widerstand entgegenzusetzen. Im Mai 1936 versicherte er angeblich dem italienischen Botschafter, daß der Völkerbund, der wirtschaftliche Sanktionen gegen Italien zu verhängen versuchte und dem die britische Regierung dabei ihre volle Unterstützung zugesagt hatte, für »tot« erklärt werden könne und daß es »für den Frieden in Europa absolut notwendig sei, zwei große Nationen, Deutschland und Italien, volle Genugtuung dadurch zu verschaffen, daß man ihnen in voller Kenntnis ihrer Bedürfnisse die erforderlichen Kolonialmärkte biete«.
Diese Worte stehen in einem italienischen Geheimtelegramm an das Auswärtige Amt in Berlin. Die Information stamme von einer »zuverlässigen Quelle«. Sie gehe auf ein längeres Privatgespräch zurück, das eine Woche zuvor zwischen dem König von England und dem italienischen Botschafter in London, Grandi, im Haus eines gemeinsamen Freundes stattgefunden habe. Und

an der Stelle, wo König Eduard von »voller Genugtuung« bei »voller Kenntnis ihrer Bedürfnisse« sprach, hat von Neurath, Reichsaußenminister bis 1938, handschriftlich hinzugesetzt: »Der König hat diese Auffassung mir gegenüber auch bezüglich Deutschlands zum Ausdruck gebracht.«
Die Diktatoren mögen den Einfluß überschätzt haben, den der Monarch auf das politische System in Großbritannien ausüben konnte. Aber sie hatten recht in der Annahme, daß sie auf dem britischen Thron einen Freund wähnten. Dies war einer der Gründe für den Entschluß der Deutschen, von Ribbentrop 1936 als Botschafter nach London zu schicken. In seinen Memoiren erläutert dieser seine Auffassung, am Hof von St. James nützlichere Arbeit verrichten zu können als in Berlin, denn Hitler habe zur damaligen Zeit vor allem den Plan verfolgt, Großbritannien zu neutralisieren, wenn möglich mit einer deutsch-englischen Allianz. Manche hatten es zwar für unwahrscheinlich gehalten, daß es zu einer solchen Allianz kommen könne, aber »im Hinblick auf Eduard VIII. habe man beschlossen, einen letzten Versuch zu unternehmen«.
Dieses Beweismaterial tauchte erst nach dem Zweiten Weltkrieg auf. Man hat die Meinung vertreten, König Eduard VIII. habe sich mindestens der Indiskretion schuldig gemacht. Dies scheint jedoch noch ein milder Ausdruck zu sein, wenn der König von England – der durch die Verfassung zur Unparteilichkeit verpflichtet ist und in dessen Namen alle Staatsdiener schwören müssen, strikte Geheimhaltung zu wahren – Themen der hohen Regierungspolitik mit Außenstehenden erörtert, und noch dazu mit Botschaftern der betroffenen Länder, wobei sich seine Gesprächspartner darüber im klaren sein mußten, daß er Zugang zu streng geheimen Akten über die politische Entschlußfassung und die nationale Sicherheit hatte.
Stanley Baldwin nahm die Sache nicht auf die leichte Schulter. Er beschloß, die dem König zugänglichen Dokumente nach Sicherheitsgesichtspunkten zu sortieren. Alles Material wurde in Zusammenarbeit mit Alexander Hardinge diskret aus den Aktenkoffern entfernt, die nach Fort Belvedere gesandt wurden. Ihm wurden nur noch Papiere zugestellt, die seiner Unterschrift bedurften, was absolut verfassungswidrig war. Denn der König hatte das Recht, alles zu sehen. Aber die Wachsamkeit König Eduards VIII. hatte so nachgelassen, daß er gar nicht merkte, was vorging.
Eine solche Situation konnte nicht lange andauern. Es gehört zu den interessantesten Fragen der Geschichte, was mit der Monarchie und sogar mit Großbritannien im Zweiten Weltkrieg hätte geschehen können, wenn das Land weiterhin von einem König regiert worden wäre, dem die Regierung nicht trauen konnte. Die Frage ist keineswegs rein hypothetisch, denn König Georg VI. und Königin Elisabeth II. haben sich ihre Gedanken darüber ma-

chen müssen und ein Exempel an Pflichterfüllung vorgelebt, das heute für die britische Monarchie kennzeichnend ist.
Im Jahr 1936 war sich Prinzessin Elisabeth dieser Dinge jedoch keineswegs bewußt, und zwar nicht nur wegen ihres jugendlichen Alters, sondern auch deshalb, weil ihre Eltern darauf achteten, daß ihr die Unbekümmertheit erhalten blieb. »Wir haben mit viel Vergnügen alle die alten Kartenspiele gespielt, die ich aus meiner eigenen Kindheit kannte – *Happy Families, Old Maid, Animal Grab* und außerdem dieses neuere Spiel, bei dem es meist wild zugeht, *Demon Pounce*«, schrieb Lady Cynthia Asquith in den Monaten kurz vor der Abdankung. »Ich weiß noch, wie sehr mich die Art und Weise beeindruckte, wie Prinzessin Elisabeth auch noch im größten Spielfieber ihre guten Manieren behielt. Sie entschuldigte sich immer, wenn sie meine Karte mit einer höheren stach. Einmal wollte sie zu meiner Überraschung ihre Karte wieder zurücknehmen – ein bemerkenswertes Zeichen höflicher Rücksicht, die sie von ihrer Mutter gelernt hat.« Die Prinzessinnen waren jetzt alt genug, auch anspruchsvollere Gesellschaftsspiele, Kostümierungen, Theaterszenen und Parodien zu spielen, die bei beiden eine bemerkenswerte schauspielerische Begabung erkennen ließen.
Ihre Eltern jedoch konnten sich der neuen Situation nicht entziehen. Der König brachte die gewohnte Lebensweise der Familie völlig durcheinander. Er fand, das von seinem Vater so geliebte Sandringham sei ein Luxus, und bat seinen Bruder Bertie, zu prüfen, wie man die Unterhaltungskosten drastisch kürzen könne, während er selbst andere Einsparungsmaßnahmen traf. Er kürzte das Biergeld für die Bediensteten im Buckingham Palace – eine undiplomatische Entscheidung, da dieses Personal häufig damit beauftragt wurde, Fahrzeuge des Hofes mit Champagner, Möbeln und Silber zu beladen und in Mrs. Simpsons prächtig eingerichtete neue Wohnung am Regents Park zu fahren. Auch oben in Balmoral ordnete er bei einem Blitzbesuch ohne längere Konsultation mehrere Personalveränderungen an, obwohl sich sein Bruder Bertie zur selben Zeit zufällig im nahegelegenen Birkhall aufhielt. »Der Herzog von York ärgerte sich, daß er auf diese Weise übergangen wurde«, berichtet sein offizieller Biograph, und Sir John Wheeler-Bennet fügt einen interessanten Vergleich zwischen den beiden Brüdern an. Prinz Albert, schreibt er, »hatte unter dem väterlichen Joch zu leiden, aber nicht in demselben Maß oder aus denselben Gründen wie sein älterer Bruder. Er war außerdem dem Wesen nach der Sohn seines Vaters, was König Eduard nie gewesen war und nie hätte sein können... ›Du bist immer so vernünftig gewesen, und es war leicht, mit dir zu arbeiten, und du hast stets bereitwillig auf meinen Rat gehört und hast meinen Ansichten über Menschen und Dinge beigepflichtet, so daß ich finde, daß wir immer sehr gut miteinander ausge-

kommen sind (ganz anders als mit David)‹, hatte König Georg dem Herzog von York bei dessen Eheschließung geschrieben. König Eduard hatte zugegeben, daß... sein Bruder, Erbe und Nachfolger ›in seinen Ansichten und im Temperament sehr meinem Vater glich. Ihr Lebensstil war weitgehend der gleiche, und Jahr für Jahr fuhren beide zur selben Zeit in derselben Begleitung zu denselben Orten.‹«

König Eduard VIII. brach mit der gewohnten jährlichen Rundreise zu den verschiedenen Königsschlössern. Er beschloß, im Sommer 1936 ins Ausland zu fahren, und unternahm die legendär gewordene Kreuzfahrt auf der Jacht *Nahlin*, die er von Lady Yule gechartert hatte. Ende August und Anfang September fuhr er vor den Augen der Weltöffentlichkeit die dalmatinische Küste entlang. Die Abdankungskrise kündigte sich an. Von dem Augenblick seiner Ankunft in Dubrovnik bis zu den Rufen *»zivila ljubav – Vive l'amour«* aus zwanzigtausend Kehlen von Bauern, die in ihre Nationalkostüme gekleidet am Ufer standen, bis zu seinem Auftreten in einem Wiener Dampfbad in splitternacktem Zustand (er nahm den Heimweg über Land) machte der König von England immer wieder Schlagzeilen in der Weltpresse, in allen Ländern außer in Großbritannien und denjenigen Dominions, die immer noch verzweifelt den Anschein erwecken wollten, als gebe es Mrs. Simpson nicht – oder wenn es sie doch gebe, daß sie nur eine Freundin sei; oder wenn dies nicht der Fall war, daß sie nichts weiter als eine vorübergehende Affäre von rein privater Bedeutung darstelle. Zwei britische Zerstörer, die *Grafton* und die *Glow Worm*, begleiteten die Jacht aus Sicherheitsgründen auf der ganzen Strecke, aber die eigentliche Gefahr bedeuteten nicht ausländische Kriegsschiffe, sondern die Kameras, denen sich der König bei jedem Anlegen bereitwilligst stellte.

Es war nicht nur so, daß er sich überall als verliebter Begleiter von Mrs. Simpson zur Schau stellte – sie war in dieser Phase noch mit einem anderen Mann verheiratet, was die ganze Welt wußte –, sondern er setzte sich auch über alle damals gültigen Anstandsregeln hinsichtlich der Kleidung hinweg, indem er jede Gelegenheit benutzte, sich bis auf ein Minimum seiner Kleider zu entledigen. Man hätte es wahrscheinlich für exzentrisch gehalten, wenn irgendein Engländer durch den Kanal von Korinth gefahren wäre und nichts weiter als Shorts und ein Fernglas getragen hätte – daß sich aber der König von England in dieser Aufmachung vor der beide Ufer säumenden Menschenmenge photographieren ließ, bedeutete eine ähnliche Sensation, als wären Marsbewohner auf der Erde gelandet.

Die Realitätsfremdheit dieser ganzen Kreuzfahrt spottete jeder Beschreibung. Der König hatte geglaubt, er könne die Reise völlig anonym antreten, nicht als König von England, sondern unter dem Namen des Herzogs von

Lancaster, eine Bezeichnung, die Angehörige des Königshauses in der viktorianischen Zeit zu verwenden pflegten, wenn sie inkognito ins Ausland reisten. Und als sein Außenminister, Anthony Eden, darauf hinwies, daß man seinen Besuchen in Ländern einer politisch so ausgeprägten Spannungszone eine bestimmte Bedeutung beimessen würde, wies er den Gedanken weit von sich. Er hielt Edens Vorbehalte auch noch fünfzehn Jahre später für lächerlich, wie aus seinen Memoiren hervorgeht. Obwohl sich Eduard immer sehr wichtig vorkam, würdigte er nie, welche Bedeutung ihm als König beigemessen werden mußte. Als er hörte, daß es in Istanbul einen guten Golfplatz gebe, unterrichtete er den britischen Botschafter, Sir Percy Loraine, daß er ein paar Tage auf dem Platz spielen möchte, aber nicht wünsche, daß man von dem Besuch offiziell Notiz nehme. Der Botschafter deutete an, daß Kemal Atatürk, Präsident der türkischen Republik, tödlich beleidigt sein würde, wenn der König von England, nur um ein paar Tage Golf zu spielen, insgeheim in sein Land käme. Obwohl Sir Percy sein Telegramm möglichst diplomatisch formulierte, war der König wütend und verlangte, daß Loraine abberufen werde. Loraine reagierte mit der Drohung seines sofortigen Rücktritts, und Anthony Eden stellte sich vor ihn. Notgedrungen gab der König nach – und seine Vorliebe für Golf machte sich in der Tat bezahlt, denn Atatürk fühlte sich, wie Loraine vorausgesagt hatte, durch diesen ersten Besuch eines europäischen Souveräns seit dem Kaiser sehr geehrt; seine Dankbarkeit kam England sehr zustatten.

Nach diesem Alleingang in der Außenpolitik kehrte der König im September 1936 nach England zurück. Er beschloß, in Balmoral eine Hausparty für Mrs. Simpson und einige ihrer amerikanischen Freunde zu geben, da sich der Herzog und die Herzogin von York mit ihren beiden Töchtern im nahegelegenen Birkhall aufhielten, hoffte der König, daß sie bei der Gesellschaft in Balmoral eine prominente Rolle spielen würden. Aber die Herzogin von York war anderer Meinung. Sie fuhr nach Balmoral, weil ihr Gemahl es so wünschte. Aber sie machte kein Hehl daraus, daß sie es als einen Affront empfand, von Mrs. Simpson empfangen zu werden, die ungeniert als Gastgeberin auftrat und bereits in dem früher von Königin Mary benutzten Schlafzimmer schlief. Für Prinzessin Elisabeths Mutter hatte der König den Bogen überspannt. Monate vorher war der König eingeladen worden, in diesem September ein neues Hospital in Aberdeen, der nächsten größeren Stadt, einzuweihen. Er hatte mit der Begründung abgelehnt, er sei noch in Trauer wegen seines Vaters – acht Monate nach dessen Tod; dabei war allgemein bekannt, daß er traditionelle Bräuche wie Einhaltung der Trauerzeit einschränken wollte – und er war auch im Juni in Ascot beim Rennen erschienen, ohne sich darum zu kümmern. Die Inkonsequenz seiner Ausrede wurde noch dadurch unterstrichen, daß er seinen Bruder, den Herzog von York, mit seiner Vertretung bei der Einweihung beauftragte – obwohl die Trauerzeit für alle Söhne Georgs V. hätte gelten müssen. Als dann sein Bruder die feierliche Einweihung vornahm, sah man am selben Tag eine Limousine des Hofs zum Bahnhof fahren, um Mrs. Simpson abzuholen, die mit ihren Freunden aus London angekommen war – hinter dem Steuerrad saß der König von England persönlich.

Man hat viele Geschichten über den vierzehntägigen Aufenthalt König Eduards VIII. und Mrs. Simpsons in Balmoral erzählt – wie Mrs. Simpson darauf bestand, selbst in die Küche zu gehen, um den Köchen zu zeigen, wie man Doppeldecker-Sandwiches macht, eine Spezialität, auf die sie besonders stolz war, und daß diese dann den Gästen um Mitternacht oder sogar noch später serviert werden sollten, zu einer Zeit, da das Personal normalerweise längst zu Bett war. Aber inzwischen ging es um viel ernstere Probleme. Die Fahrt auf der *Nahlin* hatte eine Woge weltweiter Publizität erzeugt, die sich nicht mehr lange würde eindämmen lassen. In der amerikanischen Presse stellte man offene Spekulationen an, und zwar nicht nur über eine eventuelle Scheidung der Simpsons, sondern auch über die Möglichkeit, daß der betrogene Ehemann den König von England wegen Ehebruchs verklagen könnte.

Im Oktober 1936 reichte Mrs. Simpson formell die Scheidung von ihrem Ehemann Ernest ein.[1] Nach der Scheidung wäre eine Heirat König Eduards VIII. möglich gewesen. Der Privatsekretär des Königs, Alex Hardinge, hielt es jetzt für an der Zeit, dem Haus 145 Piccadilly einen Besuch abzustatten. Die Situation sei jetzt so ernst, warnte er Prinzessin Elisabeths Vater, daß es durchaus zu einer Abdankung seines älteren Bruders kommen könne.

Der Fall Simpson mußte jetzt unweigerlich in die Öffentlichkeit gelangen. Auch wenn er sich irgendwie bereinigen ließ – im Oktober und November 1936 bestand immer noch eine gewisse Hoffnung, daß dies möglich sei –, so blieb dennoch ein viel ernsteres Problem ungelöst: Eduard VIII. führte das System der britischen konstitutionellen Monarchie in eine Krise, deren Kern viel tiefer saß als die Frage, ob die Frau, die er zu ehelichen gedachte, als Königin und Kaiserin in Frage kommen konnte. Da er sich über die Wünsche seiner gewählten Regierung hinwegsetzte und seinen persönlichen Neigungen folgte, ohne Rücksicht auf die Reaktion der Nation, wollte dieser Mann offensichtlich mehr als nur ein konstitutioneller Monarch sein. Er wollte er selbst sein, und das war, so wie er es wollte, einfach nicht möglich.

[1] Mit der Begründung, er habe Ehebruch begangen. Ernest Simpson hatte keine Geliebte, aber er fügte sich dem Brauch, daß man es als eine Ehrenpflicht des Ehemanns ansah, die Schuld auf sich zu nehmen, wenn sich beide vorher auf eine Scheidung geeinigt hatten.

»Es muß etwas geschehen!«

1936 war das Jahr, in dem Franklin Delano Roosevelt seinen überwältigenden Sieg über Alfred Landon errang. In Spanien begann der Bürgerkrieg. Abessinien wurde von Mussolini überrannt. Hitler marschierte im Rheinland ein, und die Japaner gründeten mit Deutschland und Italien die Achse Berlin–Rom–Tokio. All dies trat für Großbritannien in den Hintergrund, denn dort war man im Jahr 1936 von immer mehr und immer neuen Gerüchten über Eduard VIII. in Atem gehalten und erlebte dann die Schlußphase, die am 11. Dezember mit seiner Abdankung endete. Für Großbritannien war es das erste Mal seit 1483, daß drei Könige innerhalb von zwölf Monaten den Thron bestiegen[1] – für die zehn Jahre alte Prinzessin Elisabeth bedeutete dies eine Bestätigung ihrer Bestimmung, und für ihre Familie war es eine Lehre, wie sie dieser Bestimmung gerecht werden sollte – und wie nicht.

Erst später erklärte man Prinzessin Elisabeth, was die Abdankung ihres Onkels zu bedeuten habe. Während immer mehr tiefbesorgte Persönlichkeiten des öffentlichen Lebens im Haus 145 Piccadilly ein und aus gingen, wurde die Weisung gegeben, Prinzessin Elisabeth und ihre Schwester so weit wie möglich gegen den Sturm abzuschirmen, der aufzukommen schien. Im Bestreben, sich selbst und ihre beiden Enkelinnen abzulenken, intensivierte Königin Mary ihr Erziehungsprogramm, indem sie die Mädchen in Bildungsstätten wie das Britische Museum mitnahm, während Miss Crawford den Schwimmunterricht der Prinzessinnen im Bath Club forcierte. Sie trainierten bereits für ihr Rettungsschwimmerabzeichen. Am 27. November notierte Lady Hardinge, die sich alle Mühe gab, ihrem Mann die Last als Privatsekretär des Königs zu erleichtern, in ihrem Tagebuch: »Suchte die Herzogin von York auf. Wurde von den reizenden Kindern freudig begrüßt, die vom Schwimmbad hereinkamen und stolz von ihren Leistungen berichteten.«

[1] 1483 starb Eduard IV. und überließ seinen jungen Sohn Eduard V. der Obhut seines Bruders Richard, Herzog von Gloucester, der den jungen König und dessen Bruder ins Gefängnis warf (die »Prinzen im Tower« wurden nach dem Oktober 1483 nicht mehr lebend gesehen) und noch im gleichen Jahr als Richard III. selbst den Thron bestieg. In früherer Zeit, im Jahr 1066, starb Eduard der Bekenner. Ihm folgte Harold, der letzte angelsächsische König. Er fiel am 14. Oktober in der Schlacht von Hastings im Kampf gegen die Normannen unter Wilhelm dem Eroberer, der im selben Jahr den Titel Wilhelm I. von England annahm.

Für den 27. Oktober 1936 war die Verhandlung über Mrs. Simpsons Scheidungsklage angesetzt worden, und da ihr Gatte keine Gegenvorstellungen erhob, konnte mit einem vorläufigen Scheidungsurteil gerechnet werden. Nach den gesetzlichen Bestimmungen würde ein solches Urteil erst nach sechs Monaten rechtskräftig sein. Bei einer Abendgesellschaft Mitte Oktober im Haus von Lord Fitzalan rechneten sich die Baldwins und Hardinges aus: Wenn Mrs. Simpson am 27. Oktober ein solches vorläufiges Scheidungsurteil erhält, würde die Trennung am 27. April des nächsten Jahres perfekt sein, also gerade noch rechtzeitig, daß der König sie vor der für Mai vorgesehenen Krönung heiraten könnte.

Irgend etwas mußte geschehen. Da Eduard ausweichend antwortete, als Baldwin das Thema mit ihm mündlich besprechen wollte, kam Alex Hardinge zu dem Schluß, alles müsse schriftlich fixiert werden, damit es keine Mißverständnisse geben könne. In einem vom 13. November 1936 datierten Brief wies er Eduard darauf hin, daß das Schweigen der britischen Presse hinsichtlich der Freundschaft des Königs mit Mrs. Simpson nicht mehr viel länger aufrechterhalten werden könne und daß, falls die Angelegenheit zum Gegenstand öffentlicher Diskussionen würde, es eventuell zu Neuwahlen kommen könnte, »bei denen die Privatangelegenheiten Eurer Majestät zum Hauptthema würden – und ich kann mich nicht des Eindrucks erwehren, daß auch diejenigen, die Eurer Majestät als Mensch Sympathien entgegenbringen, den Schaden zutiefst bedauern würden, der dadurch der Krone unweigerlich zugefügt würde«.

In den 1951 erschienenen Memoiren des Herzogs von Windsor wird der Brief Hardinges als Wendepunkt bezeichnet. Zwar können sich diejenigen, die damals um ihn waren, nicht an den Schock und den Zorn erinnern, von denen er später schrieb. Aber der Brief des Privatsekretärs vom 13. November trieb die Sache mit Sicherheit auf die Spitze. König Eduard VIII. sah sich zum ersten Mal gezwungen, vor sich selbst und seiner Familie zu erklären, ob er ernsthaft wünsche, Wallis Simpson zu seiner Gemahlin und Königin zu machen oder nicht.

Am Abend des 16. November 1936 fuhr er zum Dinner zu Königin Mary und sprach zum ersten Mal offen mit ihr über seine Liebe zu Mrs. Simpson. Er war überrascht von dem Verständnis, das seine Mutter seiner persönlichen Zwangslage entgegenbrachte – bis er ihr sagte, er beabsichtige, das Thema in die Öffentlichkeit zu bringen. »Für meine Mutter«, schrieb Eduard später, »war die Monarchie etwas Heiliges und der Souverän eine Person für sich. Das Wort ›Pflicht‹ fiel zwischen uns.«

Dies war der Kreuzweg, die erste offizielle Bekundung der tragischen Meinungsverschiedenheiten, die die britische Königsfamilie im Jahr 1936 spalteten. Was bedeutete Pflicht? In Eduards Augen war er der Frau verpflichtet, die er liebte. Sein einziger Zweifel bestand, wie er es ausdrückte, nicht darin, ob Wallis Simpson akzeptabel, sondern darin, ob er ihrer würdig war. Königin Mary jedoch, und mit ihr der Rest der königlichen Familie, beharrte auf einer anderen Interpretation des Pichtbegriffs, und sie brachte ihre Auffassung in einem Brief an ihren Sohn im Juli 1938 unmißverständlich zum Ausdruck: »Du bittest mich in Deinem Brief vom 23. Juni um meine ehrliche Meinung über meine Gefühle Dir gegenüber und gegenüber der gegenwärtigen Situation, und dies will ich jetzt tun. Du wirst dich erinnern, wie tief betroffen ich war, als Du mich von Deiner beabsichtigten Eheschließung und der Abdankung informiertest, und wie ich Dich angefleht habe, so etwas um unseretwillen und um des Landes willen nicht zu tun. Du schienst außerstande, eine andere Auffassung als Deine eigene zu akzeptieren... Ich glaube, Du bist Dir nie im klaren gewesen, welchen Schock Du Deiner Familie und der ganzen Nation durch Deine Haltung versetzt hast. Allen denjenigen, die solche Opfer während des Krieges gebracht hatten, schien es unbegreiflich, daß Du als ihr König zu einem geringeren Opfer nicht bereit warst... Meine Gefühle für Dich als Deine Mutter bleiben dieselben, und unsere Trennung sowie ihre Ursache betrüben mich zutiefst. Schließlich habe ich mein ganzes Leben lang meine Heimat allem anderen vorangestellt, und ich kann mich jetzt nicht mehr ändern.«

Als der König seinen Brüdern am nächsten Vormittag mitteilte, er sei bereit abzudanken, wenn dies der Preis für seine Heirat mit Wallis sei, reagierten sie ähnlich wie ihre Mutter. Davids Vorstellungen von Pflichtauffassung und Opferbereitschaft waren ihnen völlig fremd. Der Herzog von York, der buchstäblich sprachlos war angesichts der Folgen, die dieser Schritt für sein eigenes Leben und das seiner Tochter Elisabeth bedeutete, brachte kein Wort heraus. Beim Versuch, die Situation irgendwie in den Griff zu bekommen, kam Harry, der Herzog von Gloucester, auf die Schwierigkeiten zu sprechen, die die Abdankung für ihn als den nächsten Thronanwärter brachte – denn wenn Bertie irgend etwas zustoßen sollte, müßte er für Lilibet die Regentschaft übernehmen. Der Herzog von Kent war außer sich vor Wut: »›Er ist völlig von Sinnen‹, rief der Herzog von Kent immer wieder aus«, erinnert sich Stanley Baldwin. »›Er ist verrückt auf diese Frau... Man bringt kein vernünftiges Wort aus ihm heraus.‹«

Am 18. November 1936 fuhr König Eduard VIII. nach Südwales, um das Elend und die Armut der Arbeitslosigkeit dort kennenzulernen. Auf dieser seit langem vorgesehenen Reise tat er den auch heute noch nicht vergessenen Ausspruch: »Es muß etwas geschehen!« Er besichtigte die Schlangen vor den Arbeitsämtern, die Schlackenhalden und die verkommenen Geschäfte, für

die niemand Geld hatte. Und als er seiner Erschütterung mit den berühmten Worten, die seine Regierungszeit und sein Exil überlebten, Ausdruck verlieh, machte er sich zum Kristallisationspunkt einer Legende, die sich lange gehalten hat – daß er der König des Volkes sei, dem die Menschen wirklich am Herzen lagen, der konstitutionelle Monarch, der über die reine Repräsentation hinaus zur Tat schritt. Man hat diese Legende aufrechterhalten und die zurückhaltende Art seines Bruders und seiner Nichte Elisabeth damit abgewertet, die ihm auf dem Thron folgten. Man hat sogar die Auffassung vertreten, daß der Haltung von Stanley Baldwin und der Regierung während der Abdankungskrise der Wunsch zugrunde gelegen habe, diesen furchtlosen Kreuzfahrer, der sich für die breite Masse einsetzte, zu Fall zu bringen.
Aber dieser König, der sich nicht mit diesem Ausspruch begnügte, sondern auch versprach: »Ihr könnt versichert sein, daß ich alles, was in meiner Macht steht, für euch tun werde« – dieser König wußte damals, daß er bereits mit dem Premierminister, seiner Mutter, seinem designierten Nachfolger und seinen anderen Brüdern von der Absicht gesprochen hatte, auf den Thron zu verzichten. Kein Wunder, daß im nächsten Jahr, als die Wochenschauen den Ex-König bei seiner Hochzeit in einem französischen Schloß zeigten, die Bergarbeiter von Südwales nicht aufstanden, als die Nationalhymne gespielt wurde. Die Gefühlsaufwallungen in den Bergarbeiterdörfern schienen die Meinung jenes Karikaturisten zu bestätigen, der in Anlehnung an einen anderen Ausspruch König Eduards VIII. einen Arbeiter zeigte, der seine Werkzeuge wegwarf und ausrief: »Wie kann ich meine Arbeit verrichten, wenn die Frau, die ich liebe, nicht an meiner Seite ist?«
Die einzige Möglichkeit, wie König Eduard den Thron und gleichzeitig die Frau, die er liebte, behalten konnte, wurde kurz nach seiner Rückkehr aus Wales im November 1936 besprochen. Der König konnte mit Mrs. Simpson eine morganatische Ehe[1] eingehen. Eduard ging sofort auf diesen Vorschlag ein, durch den er Mrs. Simpson zur Frau nehmen konnte, ohne sie zur Königin zu machen. Aber ganz abgesehen von dem berechtigten Argwohn, daß er in dieser halben Maßnahme nur eine Übergangslösung sehen könnte, aus der heraus er später das ihm und Mrs. Simpson vorschwebende Ziel hätte errei-

[1] Obwohl morganatische Ehen in England außer im Falle Georgs IV. (mit Mrs. Fitzherbert) nie abgeschlossen wurden, waren sie in den Königshäusern Europas beliebt, da man dadurch die Liebe des Souveräns mit seinen Pflichten in Übereinstimmung bringen konnte. Der Ausdruck stammt von dem deutschen Wort »Morgengabe«, denn am Morgen nach der Hochzeit übergab der Fürst seiner Frau ein Geschenk, das ihren einzigen Anspruch an die Besitztümer ihres Gatten darstellt – oder, was noch wichtiger war, an die Familie ihres Gatten. So konnte ein Herzog oder Prinz auch eine Frau niederer Herkunft heiraten und ihr praktisch jede beliebige Summe Geldes überschreiben, aber sie blieb eine Frau zur linken Hand, und Kinder besaßen keinerlei Anspruch auf den Titel oder auf den Familienbesitz.

chen können, bestand ein grundlegender Widerspruch in dem morganatischen Vorschlag, der nur unterstrich, wie hoffnungslos seine Position war. Der Erste Kronanwalt, Sir Donald Somervell, der zu Rate gezogen wurde, wie sich eine morganatische Lösung in einen Act of Parliament einfügen lasse, meinte, hierdurch entstünde in der Tat eine höchst seltsame Gesetzgebung. »Wenn man ehrlich ist, müßte der Text etwa so beginnen: ›Während die Gemahlin des Königs Königin ist und während der jetzige König wünscht, eine Frau zu heiraten, die nicht Königin sein kann, wird hierdurch als Gesetz beschlossen etc. ...‹«

Stanley Baldwin umschrieb die Angelegenheit etwas verbindlicher. »Ich wies ihm gegenüber darauf hin, daß sich die Stellung der Ehefrau des Königs von der jedes anderen Staatsbürgers unterscheide. Dies sei Teil des Preises, den der König zu zahlen habe. Seine Gemahlin wird Königin; die Königin wird die Königin des Landes; und deshalb muß bei der Wahl einer Königin die Stimme des Volkes gehört werden.« Wenn der kleinste Beamte, der Großbritannien in einer Botschaft im Ausland vertritt, seine künftige Frau einer Prüfung aussetzen muß, ob sie kraft ihrer Persönlichkeit geeignet ist, als Repräsentantin der Regierung und des britischen Volkes aufzutreten, wieviel mehr sollte dann der oberste Repräsentant des Landes die Meinung anderer in Rechnung stellen.

Was diese Auffassung bedeutete, wurde unzweideutig – fast grausam – klar, als die Presse am 3. Dezember 1936 schließlich ihr Schweigen brach. Äußerungen des Bischofs von Bradford, die durch den unregelmäßig gewordenen Kirchenbesuch des Königs ausgelöst wurden, lieferten der Presse den Aufhänger, um die Beziehungen des Königs zu Mrs. Simpson in die Öffentlichkeit zu tragen – der Ton der meisten Kommentare zu der Aussicht, daß Königin Wallis über Großbritannien, die Dominions und das Empire herrschen könnte, erschütterte Eduard tief.

Dies war ein neuer Wendepunkt. Der König hatte eine so weitgestreute Opposition nicht erwartet. Fast alle ausländischen Zeitungen – obwohl diese zum Teil gern schmutzige Wäsche in der Öffentlichkeit wuschen – hatten dem Paar gegenüber eine wohlwollende Haltung eingenommen. Die Menschenmengen auf dem Balkan, die die *Nahlin* gefeiert hatten, waren ebenso begeistert gewesen wie alle engeren Freunde, die sich auf die Seite des Königs und seiner Gefährtin gestellt hatten. Ihre Einstellung war durchaus ermutigend gewesen und hatte, wenn man zum Beispiel von den Tagebüchern von Nicolson und Channon ausgeht, den Standpunkt der Eltern von Prinzessin Elisabeth und der alten Königin Mary ziemlich lächerlich gemacht.

Jetzt machten aber die Reaktionen aus Presse und Parlament deutlich, daß die übrige königliche Familie und der Premierminister den Kontakt mit der

Bevölkerung nicht in dem Maße verloren hatten, wie Eduard es angenommen hatte. »Sie wollen mich nicht«, sagte der König traurig, als er die Provinzzeitungen durchsah.

Beaverbrook und Rothermere traten in ihren Zeitungen zwar für ihn ein, doch gegen die negative Reaktion allenthalben, insbesondere im Parlament, glaubte der König jetzt nicht mehr ankämpfen zu können.[1] Die Opposition in den Dominions war sogar noch ausgeprägter. Wie unvollkommen auch Eduards Interpretation der konstitutionellen Monarchie gewesen sein mag, so mußte er jetzt einsehen, daß ihm in einem Land, das seinetwegen innerlich zerrissen war, als König keine Zukunft mehr beschieden sein konnte. Er konnte vielleicht mit einem Viertel der Bevölkerung rechnen, aber für einen konstitutionellen Monarchen wären auch drei Viertel nicht genug gewesen, da die allgemeine Stimmung dermaßen angeheizt war. In wenigen Tagen war die Krise vorbei. Da König Eduard seine Nation nicht teilen wollte, beschloß er, sie zu verlassen, und unterrichtete Baldwin am Sonnabend, 5. Dezember 1936, von seinem Entschluß.

Im Haus 145 Piccadilly konnte man vor den Kindern nicht mehr geheimhalten, daß etwas Aufregendes und Beängstigendes im Gange war. An dem Tag, da der Sachverhalt in der Öffentlichkeit bekannt wurde, begab sich der König nach Fort Belvedere und kehrte als König nicht mehr in den Buckingham Palace zurück. So konnte es nicht ausbleiben, daß sich alle Regierungsvertreter nach 145 Piccadilly wandten. Die Prinzessinnen beobachteten die Würdenträger, die mit ernsten Gesichtern unten durch die Halle schritten. Ihnen entging auch das Gemurmel der Menschenmenge nicht, die sich draußen versammelt hatte. Einzelne Rufe »Lang lebe König Albert!« wurden laut, denn so würde sich, nahm man an, der Herzog von York nennen, wenn er die Nachfolge seines Bruders antreten sollte.

In der Abdankungskrise trat jetzt eine merkwürdige Pause ein. Sie kam Prinzessin Elisabeth noch weniger zum Bewußtsein als die anderen bedeutungsvollen Ereignisse. Die Auswirkungen auf sie persönlich konnten bedeutungsvoll sein; denn es war immerhin denkbar, daß ihre Thronfolge, die im Dezember 1936 so plötzlich in greifbare Nähe gerückt schien, ebenso plötzlich wieder außer Reichweite entrücken könnte.

[1] Der *Daily Express* (Beaverbrook) und die *Daily Mail* (Rothermere) setzten sich am deutlichsten für den König ein. Auch der *Daily Mirror* ergriff seine Partei und veröffentlichte Artikel, in denen Mrs. Simpson besonders sympathisch dargestellt wurde. Etwas überraschend unterstützte auch der *News Chronicle*, im allgemeinen unabhängig, den König, besonders eine morganatische Lösung. Aber der *Daily Herald* befürwortete ebenso die Abdankung wie die *Times*, der *Daily Telegraph*, die *Morning Post*, der *Manchester Guardian*, die *Sunday Times*, der *Observer* sowie praktisch alle Provinzblätter mit Ausnahme der *Western Morning News*.

Die Fakten dieser Krise innerhalb der großen Krise sind nicht in vollem Umfang bekannt und werden es auch wohl nie werden, denn sie lagen sowohl in den Aufregungen des Augenblicks als auch in offiziellen Dokumenten, die noch der Veröffentlichung harren. Ausgangspunkt ist jedoch das Tagebuch, das Prinzessin Elisabeths Vater während der Abdankungswoche eigenhändig schrieb – eine Darstellung der Ereignisse, die ihn so unmittelbar und so schmerzlich trafen, daß er sich nicht überwinden konnte, den Namen der Frau, die Urheberin allen Unglücks war, voll auszuschreiben – »Mrs. S--«.

Prinz Bertie berichtet, daß sein Bruder, der König, ihn am Donnerstag, 3. Dezember, einlud, »ihn am nächsten Vormittag im Fort aufzusuchen. Ich rief ihn an, aber er wollte mich nicht sehen und verschob meinen Besuch auf Sonnabend. Ich sagte ihm, ich würde am Sonnabend etwa um 12.30 Uhr in der Royal Lodge sein. Ich rief ihn am Sonnabend an. ›Komm am Sonntag herüber‹, war seine Antwort. ›Ich will dich sehen und dir meine Entscheidung mitteilen, wenn ich mich entschlossen habe.‹ Am Sonntagabend rief ich an. ›Der König hat eine Besprechung und wird später mit Ihnen sprechen‹, lautete die Antwort, aber er rief nicht an. Der Montagmorgen kam. Ich rief um 1 Uhr mittags an, und mein Bruder sagte mir, er könne mich vielleicht an diesem Abend sehen. Ich sagte ihm: ›Ich muß nach London fahren, komme aber zum Fort, wenn du mit mir sprechen willst.‹ Ich fuhr nicht nach London, sondern wartete. Ich ließ das Fort telephonisch davon verständigen, daß ich mich in der Royal Lodge bereithalten würde. Mein Bruder rief mich zehn Minuten vor 7 Uhr abends an und sagte: ›Komm nach dem Abendessen herüber.‹ Ich sagte: ›Nein, ich komme sofort hinüber.‹ Ich war um 7 Uhr bei ihm. Das entsetzliche Warten war vorbei. Als ich eintrat, ging er in dem Raum auf und ab und sagte mir, er habe beschlossen zu gehen.«

Alle diese Verzögerungen, die Prinz Albert in seinem Tagebuch aufgezeichnet hat, erregten damals nicht sein Mißtrauen, und sie wären heute viel leichter zu erklären, wenn Eduard VIII. im Dezember 1936 sich mit seinem Entschluß mehr Zeit gelassen hätte. Aber sobald die Krise ausgebrochen war, hatte der König eine bemerkenswerte Entschlossenheit bewiesen. Er hatte Stanley Baldwin offiziell durch seinen Verbindungsmann, Walter Monckton, von seinem Entschluß unterrichtet, definitiv am Nachmittag des Samstag, 5. Dezember, abzudanken.

Aber er unterrichtete seinen Bruder und präsumtiven Nachfolger erst zwei Tage später. Laut Tagebuch des Herzogs von York war dies keine einfache Verzögerungstaktik. Sooft ihn sein Bruder anrief, um zu erfahren, was los sei, ließ er durchblicken, daß er noch keinen Entschluß gefaßt habe.

Warum hat Eduard VIII. so gehandelt? Eine Erklärung könnte die Übermüdung sein, die ihn in der Einsamkeit des Forts ergriffen hatte. Mrs. Simpson hatte sich nach Frankreich abgesetzt, um der Presse und eventuellen, gegen sie gerichteten Demonstrationen zu entgehen. »Seine Majestät schien mir unter einer sehr großen Belastung zu stehen und dem Zusammenbruch nahe zu sein«, schrieb Winston Churchill, der am 4. und 5. Dezember im Fort zu Abend aß. »Er verlor zweimal längere Zeit völlig den Gesprächsfaden.«

Eine weitere Belastung bildeten für den König die stundenlangen Ferngespräche, die er mit Mrs. Simpson, die in Cannes weilte, führte – schmerzliche, unverblümte, nagende Gespräche, die, schrieb Walter Monckton, des Königs Berater und Unterhändler während der Krise, »keiner von uns je vergessen wird. Das Haus ist so hellhörig, daß man jede Stimme aus dem Erdgeschoß im ganzen Haus hören kann.«

Aber aus welchen Gründen auch immer Eduard VIII. seinem Bruder am 4., 5. und 6. Dezember 1936 aus dem Wege gegangen sein mag, so ist es immerhin interessant, daß sich weder der Premierminister noch irgendein Mitglied der Regierung oder des Hofes während dieser kritischen Periode mit Eduards präsumtivem Nachfolger in Verbindung setzte. Und als es schließlich am Dienstagnachmittag, 8. Dezember, zu einer Aussprache zwischen Prinzessin Elisabeths Vater und Walter Monckton kam, mußte der Herzog von York bekümmert feststellen, daß Monckton »mich vorher nicht aufsuchen durfte«.

Die plausibelste Erklärung für diese Geheimnistuerei könnte in der weitverbreiteten Besorgnis liegen, Prinz Albert, Herzog von York, sei nicht fähig, den Thron als Nachfolger seines älteren Bruders zu besteigen. Sein offizieller Biograph, Sir John Wheeler-Bennett, gab sich alle Mühe, »dem eitlen und bösartigen Gerede« entgegenzutreten, das »seine Fähigkeit, die Funktionen eines Souveräns auszuüben«, in Frage stellte. Aber Sir John fühlte sich nichtsdestoweniger veranlaßt, seine Sorgen zu präzisieren, daß der künftige Georg VI. »nie in der Lage sein würde, all den umfangreichen Pflichten nachzukommen, die ihm aufgebürdet sein würden, daß er keine öffentlichen Ansprachen würde halten können und daß er wie ein Einsiedler oder bestenfalls als ›willenloses Werkzeug des Hofes‹ leben würde«.

Als die Krise vorüber war, traten Persönlichkeiten des öffentlichen Lebens dieser Meinung entgegen; zu ihnen gehörte vor allem der Erzbischof von Canterbury, Cosmo Lang. In der berühmten Rundfunkansprache vom 13. Dezember 1936, in der er den Kreis um König Eduard VIII. scharf angriff, hielt er es für angebracht, auf »einen gelegentlich auftretenden Sprachfehler« des neuen Königs hinzuweisen. »Denjenigen, die dies hören, braucht es nicht peinlich zu sein«, erklärte er, »denn es ist auch ihm selbst nicht peinlich.«

Dies war freundlich gemeint, aber es wirkte sich so aus, daß sich die Aufmerksamkeit der Öffentlichkeit nur noch stärker auf den Sprachfehler König Georgs VI. richtete, was diesen erst recht in Verlegenheit brachte – und sei-

nen Therapeuten Lionel Logue in Wut versetzte. Außerdem ließ es die Zweifel erkennen, die man hinsichtlich Prinz Berties Eignung während der hektischen Tage im Dezember 1936 in höchsten Regierungskreisen hegte. Vielleicht sollte die Thronfolge geändert werden, damit er und auch seine Tochter Prinzessin Elisabeth übergangen werden konnten.
In zwei Büchern, die er nach dem Zweiten Weltkrieg mit Genehmigung und Unterstützung des Hofes herausgab, erwähnt Dermot Morrah ausdrücklich die Überlegungen, die im Dezember 1936 über eine solche Möglichkeit angestellt wurden. Da die Abdankung dazu angetan schien, die ausgefahrenen Geleise zu verlassen, und da man die Notwendigkeit spürte, die Achtung vor der Monarchie mit Hilfe einer wirklich starken Persönlichkeit neu zu beleben, schien es überzeugende Gründe dafür zu geben, nicht nur Prinz Albert, sondern auch seinen nur durchschnittlich begabten Bruder, den Herzog von Gloucester, zu übergehen, um den jüngsten der Söhne König Georgs V., den Herzog von Kent, zum König zu machen. Abgesehen von seinem Charme und seinem guten Aussehen hatte er auch einen männlichen Erben, der die Thronfolge antreten konnte.
»Es wurde damals wirklich ernsthaft erwogen, ob nicht im Einverständnis mit allen Angehörigen der königlichen Familie die Krone auf den Herzog von Kent übertragen werden könnte«, schrieb Dermot Morrah im Jahr 1947. Der Herzog von Kent war »der einzige unter den Brüdern des abdankenden Königs, der zur damaligen Zeit einen Sohn hatte, der Prince of Wales werden konnte, womit vermieden worden wäre, daß eine so schwere Last auf die Schultern einer Frau gelegt werden müßte.« Morrah erklärte ferner kategorisch, daß dieser Ausweg »von einigen führenden Persönlichkeiten« erörtert worden sei, ob aber eine solche Lösung jemals bei Hofe ernsthaft in Erwägung gezogen worden ist, wird wohl nie bekannt werden.
Doch elf Jahre später ließ Morrah in einem Buch erkennen – in dessen Vorwort er die Hilfe, die er stets von der königlichen Familie erhalten habe, ganz besonders rühmte –, daß der Gedanke tatsächlich im Kreise der Königsfamilie besprochen worden sei; er äußerte sich jedoch nicht zu der Frage, wann und wie.
»Da das Parlament ersucht werden mußte, das Thronfolgegesetz zu ändern, damit die Krone von dem designierten Nachfolger durch Gesetz auf eine andere Person übertragen werden kann«, schrieb Morrah 1958, »war es rechtlich irrelevant, ob die so ausgewählte Persönlichkeit in der Thronfolge an nächster Stelle stand. Und es gab altgediente Mitglieder des Hofstaates, die sich noch erinnern können, wie viele Überredungskünste notwendig waren, um den Herzog von York davon zu überzeugen, daß er der Mann sei, den die Nation und das Empire mit überwältigender Mehrheit als Träger der Krone

Krönung Georgs VI.

Die erste Begegnung in Dartmouth. Prinzessin Elisabeth und Prinzessin Margaret (beide mit runden Wollmützen) mit ihren Eltern im Naval College von Dartmouth, 22. Juli 1939. Prinz Philip, stehend, ist zweiter von rechts. Rechts neben ihm sein Onkel, Lord Mountbatten.

Links unten: Prinz Philips Eltern, Prinz Andrew von Griechenland und Prinzessin Alice von Battenberg, mit ihren beiden ältesten Töchtern Margarita und Theodora.

Rechts unten: Prinz Philip (links) im Kostüm für eine Schüleraufführung von *Macbeth*, 1935.

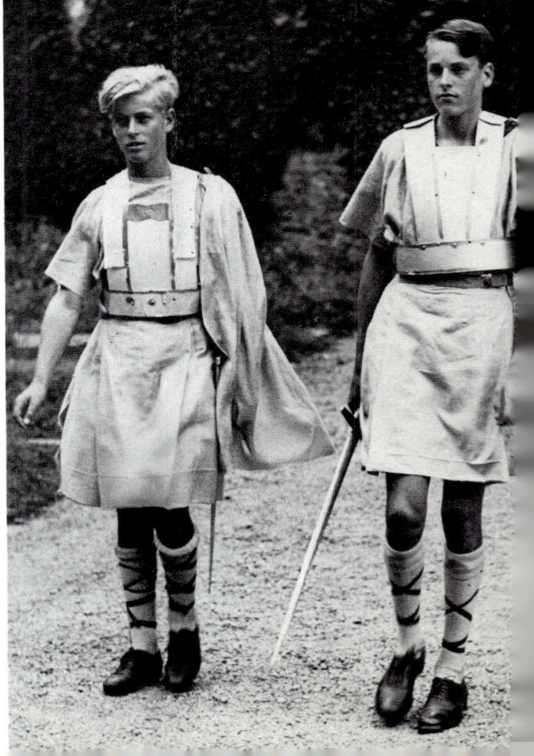

wünschte. Trotz seiner großen Bescheidenheit hätte er unter keinen Umständen diese neue Last der Verantwortung gescheut; aber er wich vor dem Gedanken zurück, diese Bürde später an seine Tochter (Elisabeth) weitergeben zu müssen. Zum damaligen Zeitpunkt war der einzige Prinz, der nach der Erbfolge in Frage kam und einen Sohn hatte, der Herzog von Kent. Das Gremium, das den Gesetzentwurf über die Abdankung vorbereitete, hat sich zum mindesten darüber Gedanken gemacht, was geschehen müsse, wenn seine zwei älteren Brüder zu seinen Gunsten auf den Thron verzichteten.«

Morrahs beide Versionen – auch wenn sie nicht ganz übereinstimmen – erklären bis zu einem gewissen Grad die seltsame Pause, die mitten in der Abdankungskrise zwischen Sonnabend, dem 5. Dezember, und Montag, dem 7. Dezember 1936, eintrat: in der nämlich Stanley Baldwin, als er von Eduard VIII. erfuhr, daß dieser abzudanken wünsche, den König bat, nicht sofort mit seiner Familie zu sprechen, sondern der Regierung einige Tage Zeit zu geben, um zu entscheiden, ob die Thronbesteigung des Prinzen Albert – und später der Prinzessin Elisabeth – wirklich das geeignete Mittel sei, den Glanz der Monarchie nach der Abdankung wieder zu erneuern. Mit Sicherheit waren Morrahs Ausführungen über die damaligen Bedenken des Prinzen Albert korrekt. »Ich suchte Königin Mary auf«, schrieb der Prinz in sein Tagebuch. »Als ich ihr erzählte, was geschehen sei, brach ich zusammen und schluchzte wie ein Kind.«

Die seelische Belastung Prinz Alberts wurde noch durch den Umstand erhöht, daß seine Gemahlin erkrankt war. Während der entscheidenden Tage der Abdankungskrise lag die Herzogin von York mit Grippe im Bett. Miss Crawford wurde zu ihr gerufen, als die Nachricht, obwohl noch nicht öffentlich bekannt, 145 Piccadilly erreichte. »Die Schlafzimmertür öffnete sich. Königin Mary trat aus dem Zimmer der Herzogin. Sie, die sonst immer so aufrecht und lebhaft gewesen war, wirkte auf einmal alt und müde.

Die Herzogin lag im Bett, in die Kissen gelehnt. Sie streckte mir die Hand entgegen. ›Ich fürchte, es wird entscheidende Veränderungen in unserem Leben geben, Crawfie‹, sagte sie . . . ›Wir müssen es nehmen, wie es kommt, und versuchen, das Beste daraus zu machen.‹

Prinz Albert hatte jedoch größere Sorgen, als seiner Familie diese Neuigkeiten zu übermitteln. Er mußte außerdem die Bedingungen regeln, unter denen sein älterer Bruder auf den Thron verzichtete. Denn Eduards parlamentarisch festgesetztes Einkommen würde nach der Abdankung entfallen. Es ergab sich die komplizierte Situation, daß Eduard als König bei weitem der ärmste Angehörige der königlichen Familie war. Für seine Mutter, seine Schwester und die Brüder hatte Georg V. in seinem Testament vorgesorgt. Obwohl Eduard durch dieses Testament den größten Teil der königlichen

Besitztümer erhalten hatte, waren ihm diese ganz offensichtlich nur anvertraut worden, solange er König war, und konnten nicht als persönliches Eigentum betrachtet werden.
Man wählte deshalb die Lösung, daß der alte König Balmoral und Sandringham seinem Nachfolger »verkaufte«. Nach gutinformierten Kreisen schätzte man das Kapital, das Eduard in der endgültigen Regelung aus dem Familienbesitz und anderen Investitionen zugesprochen wurde, auf eine Million Pfund plus einem garantierten jährlichen Einkommen von 60000 Pfund – obwohl es Eduard anscheinend gelungen war, rein persönlich eine Menge auf die Seite zu bringen; denn es ist keineswegs sicher, daß der Schmuck der Königin Alexandra von Mrs. Simpson jemals in vollem Umfang, wenn überhaupt, zurückgegeben wurde.
Am Freitag, dem 11. Dezember 1936, wurde Prinzessin Elisabeth offiziell zur Thronerbin, denn ihr Vater wurde in dem Augenblick zum König, als das Parlament die Abdankungsurkunde ratifizierte, die Eduard am Vortag unterzeichnet hatte. Der Ex-König sollte an diesem Abend eine Abschiedsansprache über den Rundfunk halten. Irgendwie hatten sich die Mittagsgäste im Ritz bereits in den Besitz des Redetextes bringen können, den er verlesen wollte – wahrscheinlich durch Winston Churchill, den Eduard zu Hilfe gerufen hatte, um die klingenden Phrasen zu formulieren, mit denen er sein Andenken lebendig halten wollte. Der denkwürdigste Satz »ohne die Hilfe und Unterstützung der Frau, die ich liebe« wurde im Speisesaal lebhaft erörtert; dort saß auch Mrs. Keppel, die berühmte ehemalige Mätresse Eduards VII., in Begleitung von Victor Cunard. »Zu meiner Zeit hat man solche Dinge eleganter behandelt«, erklärte sie.
Lady Cynthia Asquith war an jenem 11. Dezember in das Haus 145 Piccadilly eingeladen worden und stellte fest, daß sich die kleinen Prinzessinnen durchaus darüber im klaren waren, was um sie herum vorging. Prinzessin Elisabeth sah auf dem Tisch in der Halle einen Brief mit der Aufschrift »Ihrer Majestät der Königin« liegen. »Das ist jetzt Mama, nicht wahr?« sagte sie zu Lady Cynthia. Prinzessin Margaret Rose, die gerade schreiben lernte, hatte praktischere Sorgen. »Ich habe doch gerade erst gelernt, wie man York buchstabiert – Y.O.R.K., und jetzt kann ich es nicht mehr brauchen. Jetzt soll ich nur noch Margaret schreiben.«
Am nächsten Tag wurde der neue Titel ihres Vaters öffentlich verkündet. »Lilibet und Margaret waren wie üblich zu ihrem Vater gelaufen, um ihm zum Abschied einen Kuß zu geben«, erinnerte sich Crawfie. »Er wirkte sehr ernst und trug die Uniform eines Flottenadmirals... Als der König zurückkehrte, machten die kleinen Mädchen vor ihm einen tiefen Hofknicks. Dies hat ihm, glaube ich, die veränderte Lage klarer zum Bewußtsein gebracht als

alles andere. Er blieb einen Augenblick gerührt und verdutzt stehen. Dann küßte er beide herzlich.«

Die neue Königin erholte sich gerade von ihrer Grippe. »Ich kann es kaum fassen«, schrieb sie dem Erzbischof von Canterbury, »daß wir zu dieser gewaltigen Aufgabe berufen worden sind, und (ich schreibe Ihnen ganz offen) das Merkwürdige ist, daß wir uns nicht vor ihr fürchten. Ich habe das Gefühl, daß Gott uns befähigt, der Situation ruhig ins Auge zu sehen.«

Zwei Tage zuvor hatte Premierminister Stanley Baldwin im Unterhaus mit seiner denkwürdigen Rede, in der er zum ersten Mal die Einzelheiten und den Ablauf der Abdankungskrise öffentlich bekanntgab, die Verantwortung charakterisiert, die auf das neue Königspaar zukam. »Die Krone ist in unserem Land im Laufe der Jahrhunderte vieler ihrer Prärogativen entkleidet worden, aber dennoch bedeutet sie heute mehr als jemals zuvor in der Geschichte. Die Bedeutung ihrer Integrität ist jetzt ohne jeden Zweifel viel größer, als sie je gewesen ist... und solange sie in dieser Integrität besteht, bildet sie in unserem Land die Garantie gegen das Böse in mancherlei Form.«

Integrität war das entscheidende Wort. Königin Elisabeth II. hat sich seit 1936 stets bemüht, den inneren Gehalt dieses Wortes hochzuhalten. Eduard VIII. hatte als Prinz und König viele Rollen gespielt – die meisten sogar recht überzeugend. Aber der Schauspieler hatte über den Menschen die Oberhand gewonnen. Er hatte es schließlich für denkbar gehalten, sein Bild in der Öffentlichkeit von seinem Privatleben trennen zu können. Die Lehre aus der Abdankung war die, daß es unrealistisch war, zwei gegensätzliche Rollen auf längere Zeit gleichzeitig spielen zu wollen. Das System konnte ein gewisses Maß an Täuschung verkraften – es regte sogar dazu an. Aber es gab einen Punkt, über den hinaus die Glaubwürdigkeit verlorengehen mußte. Eduards Liebe zu Mrs. Simpson hatte sich mit solcher Intensität auf den Widerspruch zwischen seiner offiziellen Funktion und seinen persönlichen Neigungen konzentriert, daß er sich gezwungen sah, die Maske des Königtums abzulegen. Aber Mrs. Simpson war nicht der Urgrund des Problems gewesen. Der konstitutionellen Monarchie wohnt ein schizophrenes Element inne, eine ständige Spannung in dem Gleichgewicht, das der König aufrechterhalten muß, wenn er seiner Aufgabe gerecht werden will; und es gab viele Dinge in Eduards Leben, die dieses Gleichgewicht gestört haben. Die ungezügelte Ausübung des persönlichen Willens und aller privaten Neigungen gehörte zum Wesen früherer absoluter Monarchen, sie war aber zu einer höchst gefährlichen Sünde in einem Zeitalter geworden, da sich das Volk berechtigt fühlte, Könige abzulehnen, deren Liebe nicht ihre Zustimmung fand – und sich sogar ein Veto gegenüber Ersatzlösungen vorzubehalten, wie sie König Georg VI. und die künftige Königin Elisabeth II. darstellten.

Teil 3

Thronerbin

Krönung

Die Abdankung war Englands Votum für die Monarchie. Ein Antrag des unabhängigen Labour-Abgeordneten James Maxton, die Krise vom Dezember 1936 dazu zu nutzen, die Krone durch eine »Regierung republikanischer Natur« zu ersetzen, wurde im Unterhaus mit 403 gegen 5 Stimmen abgelehnt. Es war aber auch ein Votum für diese Form der Monarchie – was Prinz Albert, Herzog von York, damit quittierte, daß er Georg, den letzten seiner vier Vornamen, als Königsnamen wählte.[1] »Was ihn mit seinem Volk verbinden wird«, erklärte Stanley Baldwin, »ist die Tatsache, daß er mehr als alle seine Brüder in Charakter und Lebensauffassung seinem Vater gleicht« – und dies konnte, wie sich bereits abzeichnete, ebenso auch für seine Tochter gelten. Prinzessin Elisabeth war eine gewissenhafte kleine Person. Jeden Abend vor dem Einschlafen sprang sie mehrmals aus dem Bett, um ganz sicherzugehen, daß sie ihre Kleider ordentlich hingelegt und die Schuhe nebeneinander hingestellt hatte. Wenn sie sich nicht wohl fühlte, sträubte sie sich dagegen, wenn man sie ins Bett schicken wollte. »Ich darf es mir nicht so leicht machen«, beharrte sie. Sie führte genau Buch über das Taschengeld von einem Shilling die Woche, das sie bekam, und ersparte sich davon das Material für die Weihnachtsgeschenke, die sie selbst bastelte. Gelegentlich gab sie der Welt ein Rätsel auf, ob sie nicht trotz allem auch nur ein kleines Mädchen wie alle anderen war. Als ein Geistlicher beim Abschied aus Glamis Castle versprach, ihr ein Buch zu schicken, bedankte sie sich, bat ihn aber: »Aber bitte nicht über Gott. Über ihn weiß ich schon alles.«

Ihr Lehrmeister war ihr Vater, der Boy Scout unter den britischen Monarchen. »Wenn der schlimmste Fall eintritt und ich die Nachfolge antreten muß«, hatte er kurz vor der Abdankungskrise geschrieben, »kannst du versichert sein, daß ich mein Bestes tun werde, reinen Tisch zu machen, falls nicht das ganze Gebäude unter dem Schock und der Belastung zusammenbricht.« Vom Augenblick seiner Thronbesteigung, am 11. Dezember 1936, an widmete sich Georg VI. mit ganzer Kraft der Aufgabe, die er für die wichtigste hielt: »Das wiedergutzumachen, was geschehen ist.«

[1] Georg VI. war auf die Namen Albert (nach seinem Großvater, dem Prinzgemahl), Frederick (nach seinem Großonkel, dem deutschen Kaiser Friedrich III.), Arthur (nach einem weiteren Großonkel, dem Herzog von Connaught) und George (nach seinem Vater) getauft worden.

Aber dem neuen König und seiner Familie fiel es nicht leicht, die Vergangenheit abzuschütteln. Der ehemalige König Eduard VIII., der sein Exil in Österreich antrat, konnte sich nicht so schnell von der Welt trennen, auf die er verzichtet hatte. Er rief seinen Bruder beinahe jeden Tag an und ließ lange belehrende Tiraden voller Anklagen und ungebetener Ratschläge hören, die erkennen ließen, wie wenig er die Notwendigkeit begriffen hatte, das alte Verhältnis der Brüder wiederherzustellen. Georg VI. konnte sich unmöglich so zu einer starken Persönlichkeit entwickeln. Weihnachten 1936 war eine Rundfunkansprache des neuen Königs nötiger als je zuvor. Aber er schaffte es nicht. Er hatte sich noch nicht von dem Trauma der Abdankung befreit und zweifelte, ob er über sein Stottern hinwegkommen könnte. In späteren Jahren entwickelte die BBC eine besondere Technik, indem sie – wenn sich die Sprachschwierigkeiten besonders bemerkbar machten – seine Reden nur in kurzen Einzelstücken aufnahm und dann die Einzelteile zu einer flüssigen Rede zusammenschnitt. Sein Vater hatte stets live über den Rundfunk gesprochen; doch im Dezember 1936 fühlte sich König Georg VI. dazu nicht in der Lage.

In der persönlichen Krise, die als Nachwirkung der Abdankungsereignisse gesehen werden muß, richtete sich Georg VI. an der Stärke seiner Gemahlin wieder auf. Wenn man Prinzessin Elisabeths Ernst mit dem ihres Vaters vergleichen kann – Papier und Bleistift neben dem Teller, wo immer er aß –, so erkannte sie in ihrer Mutter den Beweis für die Macht loyaler und unwandelbarer Zuneigung. Ihr Vater schien in den ersten, kritischen Monaten seiner Regierungszeit fast sichtbar zu wachsen. Es war ihm eine Hilfe, das neue Jahr in Sandringham feiern zu können, wo er geboren war und wo er sterben sollte – der Ort, den er fast noch mehr als sein Vater liebte. Wenn der Sonderzug über die Wash auf die Wolferton Station zurollte, sagte er: »Wir fahren nach Hause.« Am glücklichsten fühlte er sich dort am Sonntag in der Kirche – wo er im Geiste die Namen aller höheren Schloßbediensteten abhakte, um sich zu vergewissern, daß sie auch wirklich mit ihrem Lehnsherrn am Gottesdienst teilnahmen.

Als Georg VI. dort am 25. Dezember 1936 zum ersten Mal als König mit seiner Familie zur Kirche ging, jubelten ihm über sechstausend Menschen zu – ganz Großbritannien schien die Vergangenheit begraben zu wollen. Es war bemerkenswert, wie selten die Presse den ehemaligen König und die Frau erwähnte, der zuliebe er alles aufgegeben hatte. Dies war nicht auf irgendeine Zensur zurückzuführen, sondern einfach darauf, daß die Menschen vergessen wollten. Es war wie ein Familienskandal, in dem Ausländer sich nicht nur als neugierige Nachbarn, sondern auch als Wichtigtuer aufgespielt hatten und deren Gerede sich leider als berechtigt erwiesen hatte.

Am 17. Februar 1937 zog Prinzessin Elisabeth mit ihrer Familie in den Buckingham Palace, um »über dem Laden« zu wohnen. Mit einer kurzen Unterbrechung nach ihrer Heirat hat sie seither dort gelebt. Der Palast war 1762 durch Georg III. von den Herzögen von Buckingham gekauft worden, die ihn bis ins achtzehnte Jahrhundert als Londoner Residenz benutzt hatten. Doch obwohl er bei weitem das modernste aller Königsschlösser im weiten Umkreis der Hauptstadt war, bot er 1937 nur sehr wenig Komfort.[1] Er wirkte wie ein zugiges Museum mit hohen Räumen, riesigen Treppen und so unendlich langen Gängen, daß ein Postbeamter angestellt werden mußte, um Briefe von Zimmer zu Zimmer zu bringen. Der Buckingham Palace wirkte nicht wie ein Heim, eher wie ein verfallenes Dorf. Fast alle Installationen stammten noch aus Königin Viktorias Zeit. Elektrisches Licht war erst kurz vor dem Einzug König Georgs VI. und seiner Familie installiert worden, und auch das nur in ganz beschränktem Maße. Die meisten Räume wurden durch eine einzige Glühbirne erhellt, die nur mit einem einzigen Schalter draußen auf dem Gang angeschaltet werden konnte. Unter den uralten Scheuerleisten und Dielenbrettern wimmelte es von Mäusen. Der Kammerjäger, der den ganzen Tag über tätig war, um die Nagetiere wenigstens einigermaßen unter Kontrolle zu halten, bildete für Prinzessin Elisabeth eine Quelle des Entsetzens und der Faszination zugleich. Ihr Abscheu vor der Ausrottung tierischen Lebens rang mit ihrem Interesse an den ausgeklügelten Waffen, die er in diesem nicht enden wollenden Kampf einsetzte – zum Beispiel seine »Klebefalle«, ein Häufchen Anissamen auf einem Stück Pappe, das mit zähem Sirup bestrichen war.

[1] Das älteste Königsschloß ist der Palace of Westminster, wo Eduard der Bekenner (Regierungszeit 1042–66) seine letzten Lebensjahre verbrachte, um der Abtei nahe zu sein, die er gegründet hatte. Mehr als einmal niedergebrannt, steht der heutige Bau ganz den beiden Häusern des Parlaments zur Verfügung, obwohl es theoretisch noch immer die erste Residenz des Monarchen ist. Der Tower of London wurde Königspalast, als Wilhelm der Eroberer ihn 1066 in Besitz nahm. Er ist seither Königsschloß geblieben, obwohl er für militärische Zwecke, als Gefängnis und heutzutage als Aufbewahrungsort für die Kronjuwelen verwendet wird. St. James Palace hat sich eine engere Bindung zum Hof erhalten, denn hier tritt der Accession Council zusammen, der offiziell den Namen des neuen Souveräns proklamiert. Alle ausländischen Botschafter sind beim »Hof von St. James« akkreditiert, obwohl sie vom König oder von der Königin im Buckingham Palace zur Überreichung des Beglaubigungsschreibens empfangen werden. Im Umkreis von St. James liegen die anderen Häuser, die in der Regel Mitgliedern der königlichen Familie zugewiesen werden – Clarence House, York House, Lancaster House. Auch die anderen alten Londoner Schlösser, Hampton Court und Kensington Palace, stehen Angehörigen der Königsfamilie als Wohnsitz zur Verfügung. Der Buckingham Palace spielt im Grunde die Rolle einer kleinen Regierungsbehörde, beherbergt er doch die Büros der Hofbeamten, Sekretäre, Administratoren und Haushofmeister. In jüngster Zeit hat es sich für den Monarchen als ganz bequem erwiesen, auch selbst dort zu wohnen. Das ursprünglich den Herzögen von Buckingham gehörende Buckingham House ist von außen nicht zu sehen und weitgehend verfallen. Die Hannoveraner bauten zwei Flügel und anschließend vor das große Rechteck die bekannte, moderne Fassade, die auf die Mall hinausgeht.

Innerhalb dieser weitläufigen Anlage erging es der königlichen Familie kaum anders als den Wohnungsinhabern einer Mietskaserne. Sie hatten ihre eigenen Wohngemächer im Oberstock mit Blick auf die Gartenanlagen.
Für die Prinzessinnen Elisabeth und Margaret Rose waren die Gartenanlagen der eigentliche Trost dafür, daß sie die gemütliche Atmosphäre von 145 Piccadilly verlassen mußten. Hier war ein kleiner Hügel, außerdem ein See, auf dem man sogar Boot fahren konnte. Prinzgemahl Albert war beim Eislaufen hineingefallen, und Prinzessin Elisabeth machte es ihm bald nach, als sie nach den Nestern exotischer Enten und Wasserhühner suchte, die in diesem kleinen Naturschutzgebiet im Herzen der Weltstadt zu Hause waren. Auf einer der großen Rasenflächen stand das Sommerhaus, in dem König Georg V. in seinen letzten Lebensjahren während der Sommermonate gearbeitet hatte – sein Schreibtisch, die Bleistifte und das Tintenfaß standen noch an ihrem alten Platz. Jetzt erhielten die Girl Scouts des Buckingham Palace hier ihr Stammquartier – vierunddreißig junge Mädchen, Kinder von Verwandten, Freunden und Hofbeamten, die für die sonst weitgehend abgeschirmten Prinzessinnen eine gewisse Ansprache bilden sollten. Vom Hügel im Garten des Palastes aus konnten die Schwestern einen Blick auf die Außenwelt werfen und ab und zu ein paar Wortfetzen auffangen, wenn Kinder mit ihren Gouvernanten auf dem Weg in den Park munter plauderten.
Der Kontakt mit dem täglichen Leben ist für die Königsfamilie um so bedeutender, je seltener er möglich wird. Heutzutage kann man der Königin durchaus einmal beim Einkaufen begegnen. Wenn man morgens früh genug bei Harrods oder Selfridges erscheint, kann man sie vielleicht auf einem ihrer seltenen Einkaufsbummel sehen – sie zahlt nie bar, sondern kauft auf Rechnung. Wenn aber Elisabeth II. eine bestimmte Ware unbedingt haben möchte, wird ihr eine Auswahl zugesandt – oder eine Hofdame besorgt sie für sie, denn es ist meist nicht der Einkauf an sich, sondern die Sensation, die sie in die Welt hinauszieht, die sie immer nur aus der Ferne betrachten konnte. Wenn sie als Kind im Haus 145 Piccadilly gelegentlich richtige Autobusse und Untergrundbahnen zu Gesicht bekam, hatte alles geheimnisvoll und faszinierend gewirkt. Mit dem Umzug in den Buckingham Palace 1937 wurde es für Elisabeth II. nur noch schwieriger, das zu erreichen, was sich ihre Eltern für ihre beiden Töchter stets erträumt hatten – sie als ganz normale kleine Mädchen zu erziehen.
Das neue Königspaar gab sich in dieser Hinsicht alle Mühe. Nach der Thronbesteigung wurden ihre Besuche bei den Bowes-Lyons in Glamis um so wichtiger. Sie waren eine Art Erinnerung daran, was Ferien für normale Menschen bedeuteten, die ihre Familie im Auto verladen und ans Meer fahren konnten, ohne Lakaien, Hofdamen und Kriminalbeamte – und Georg VI. tat

dies, sooft er konnte. Er setzte sich selbst ans Steuer und fuhr an einen der abgelegenen Strände an der Ostküste von Schottland, während hinten im Wagen eine Auswahl aus der Kinderschar seiner neun Schwäger und Schwägerinnen saß. Alle Vettern und Basen – die Elphinstones, Leveson-Gowers, Strathmores – waren Spielgefährten für die Prinzessinnen, mit denen sie auf den Gängen und in den Gärten von Glamis herumtollen konnten. Aus ihnen setzt sich auch heute noch der kleine Kreis zusammen, der zu den persönlichen Freunden der Königin zählt.

In ihrem Bericht über die Kindheit der kleinen Prinzessinnen behauptet Miss Crawford, daß Prinzessin Elisabeth anscheinend nie das Bedürfnis empfunden habe, Freundschaften zu schließen. Aus ihrer Darstellung entsteht der Eindruck, daß das von ihr zusammengestellte Tagesprogramm mit Unterrichtsstunden, Spaziergängen und Spielen völlig genügt habe. Dies stimmt aber nicht mit dem Eindruck überein, den sie selbst beschreibt, als die Prinzessin einer Freundin Lebewohl sagen mußte, die sie in 145 Piccadilly gewonnen hatte. Es war Sonia Graham Hodgson, Tochter des Röntgenologen der königlichen Familie, die ins Internat geschickt wurde. Es paßt auch nicht dazu, daß Königin Elisabeth II. als Mutter später ihre vier Kinder auswärts zur Schule gehen ließ. Sie wollte ihnen den ganz normalen Kontakt zu anderen Menschen ermöglichen, die sie selbst nur durch Schloßgitter hat sehen können – und mit denen sie trotz ihres Schulbesuchs außerhalb des Londoner »Heims« nie einen richtigen Kontakt gewinnen konnte.

Bei aller Mühe, die sich Miss Crawford und die Eltern der Prinzessinnen gaben, konnten sie nichts an der Tatsache ändern, daß »normale« kleine Mädchen nicht überall von Schaulustigen und Photographen verfolgt werden und keine Eltern haben, die mit Premierministern und Admirälen Tee trinken – daß sie ihr Brot nicht mit Butterstückchen bestreichen, auf denen das königliche Wappen eingeprägt ist. Einladungen zu Partys waren ein besonderes Problem. In den dreißiger Jahren gehörten die kleinen Prinzessinnen zu den begehrtesten Attraktionen jeder Gästeliste in Kreisen der Londoner Jugend. Ihre Mutter achtete streng darauf, daß nur Einladungen zu Familienangehörigen und engsten Freunden angenommen wurden. Die Girl Scouts im Buckingham Palace waren lediglich als Versuch zu werten, auf natürliche Weise einen gewissen Kontakt zu anderen Kindern herzustellen; aber das bedeutete nur eine gelegentliche – und aufregende – Unterbrechung im täglichen Ausbildungsprogramm der Prinzessin Elisabeth mit Alla, Bobo, Crawfie und ihrer Schwester.

Das Unnatürliche dieser Lebensweise führte unweigerlich zu größerer Selbstbeherrschung. Die Prinzessin konnte ihre Gefühlsregungen nach außen hin in bemerkenswerter Weise verbergen, wie ihre Gouvernante eines Sonntagmorgens in der Kirche bemerkte, als sie und Elisabeth beobachteten, wie eine Hummel immer engere Kreise um den Kopf des Geistlichen zog und sich schließlich mitten auf seiner Glatze niederließ. Miss Crawford, die das Unvermeidliche kommen sah und krampfhaft versuchte, ruhig zu bleiben, konnte nicht umhin, in das vorgehaltene Taschentuch zu prusten. Aber die Prinzessin, »damals etwa zehn Jahre alt, verzog keine Miene«.

Miss Crawford erzählt gern diese und zahlreiche andere Anekdoten. Manche Beobachter standen der Altklugheit der Prinzessin etwas kritischer gegenüber. Wenn man hört, daß ein kleines Mädchen vor einem Gartenfest ihrer jüngeren Schwester in belehrendem Tone sagt: »Wenn du eine Dame mit einem komischen Hut siehst, Margaret, darfst du nicht mit dem Finger auf sie zeigen und lachen« – kann man nur zu dem Schluß kommen, daß sich Prinzessin Elisabeth, bei aller Fairneß, nur nach bestem Wissen und Gewissen auf ihre künftige Rolle vorbereitete. Die Welt hält sich für berechtigt, über Angehörige des Königshauses zu lachen, wenn diese aber den Spieß umdrehen, ist sie gekränkt.

Prinzessin Elisabeths Verhältnis zu ihrer jüngeren Schwester war der einzige Aspekt in ihrer Kindheit, der sich durch die Ereignisse von 1936 änderte. Verhältnismäßig weit von der Thronfolge entfernt, waren sie bis dahin – abgesehen von dem Altersunterschied von vier Jahren – gleichgestellt gewesen. Ihre Eltern hatten sogar diesen Unterschied möglichst klein halten wollen. Sie zogen die Schwestern gleich an und achteten darauf, daß sie auch möglichst zur selben Zeit ins Bett gingen (mit zehn Jahren ging Elisabeth um 7.15 Uhr ins Bett, Margaret eine halbe Stunde früher). Als sich aber die Aussicht verringerte, daß König und Königin noch einen Sohn bekommen würden, mußte Elisabeths Erhebung zur Thronerbin notgedrungen zu einer zusätzlichen Belastung in ihrem Leben werden und dazu beitragen, daß sich ihre Schwester in die anormale Rolle im öffentlichen Leben und im Kreis der Familie einfügte, in die sie die Zufälligkeit der Geburt gestellt hatte.

Im Jahr 1936 war Prinzessin Margaret mit ihren sechs Jahren ein fröhliches, lebhaftes Kind. Sie ließ bereits eine Begabung für Musik erkennen und besaß auch ein schauspielerisches Talent, das ihr Vater förderte. Georg VI. besaß zwar wenig Humor, hatte aber einen Sinn für Ulk, und zwar gewöhnlich auf Kosten anderer. So bildeten Margarets kecke Nachahmungen anderer Leute für ihn einen willkommenen Anlaß, seine jüngere Tochter zu verwöhnen. Vor dem Hintergrund dieser väterlichen Zuneigung entwickelte Margaret eine stärker extrovertierte Persönlichkeit als Elisabeth. Sie war nicht so ernst, weniger gewissenhaft und auch längst nicht so wohlerzogen. »Gott sei Dank«, konnte man bei Hof hören, »daß Margaret die jüngere ist.«

Zwischen den beiden Schwestern hatte immer ein sehr enges Verhältnis bestanden. Andernfalls hätte es kaum die Belastungen ausgehalten, denen es in späteren Jahren ausgesetzt war. Doch gab es in der Kindheit immer wieder Anlaß zu Rivalitäten; wenn zum Beispiel Elisabeth das Gefühl hatte, Margaret brauche nicht ganz so elegante Kleider zu tragen und käme auch mit einer kürzeren Schleppe aus, als die Krönung ihres Vaters bevorstand. Als die Krönungszeremonie für Eduard VIII. vorbereitet wurde, hatte man entschieden, daß nur Elisabeth ein langes Kleid mit Schleppe tragen solle. Aber angesichts der veränderten Umstände nach dem Dezember 1936 entschied der neue König, daß beide Töchter völlig gleiche Roben tragen sollten; er hatte für sie besonders leichte Krönchen von gleicher Größe entworfen. Er wollte ebensowenig wie seine Gemahlin, daß es zwischen den Schwestern zu einer Konkurrenz käme.

Der 12. Mai 1937, der als Termin für die Krönung Eduards VIII. vorgesehen war, bot dem neuen König und seiner Familie schon frühzeitig Gelegenheit, sich dem Volk in majestätischem Prunk zu zeigen, und im Frühjahr 1937 geriet ganz Großbritannien in einen Taumel der Begeisterung für das Königspaar. »Ganz London ist voller Tribünen für die Krönung«, schrieb Königin Mary an den Herzog von Windsor (sie wollte sich seinen mit Brillanten besetzten Stern des Hosenbandordens ausleihen, um ihn bei der Krönung seines Bruders zu tragen) – »ein scheußlicher Anblick, und die armen Osterglocken darunter werden zertreten.« Hauptausstellungsstück bei der Ideal Home Exhibition war ein Krönungsklavier, ein weißer Stutzflügel mit blauen und roten Tasten. Er war bereits mit einem Schildchen »Verkauft« versehen. Aber Büsten von Eduard VIII. mit dem Etikett »Zum Ausverkaufspreis von 1/6 d« blieben unverkauft. Wäschefabrikanten boten Damenhemdchen mit Kronen, Büstenhalter mit Kronen und Korsetts an, die mit Krone, Löwe und einem Einhorn geschmückt waren, das von der linken Hüfte aus nach oben zeigte.

Während der Monate März und April 1937 kreiste das Leben der Prinzessinnen um die bevorstehenden Ereignisse. Die Krönung bildete das Hauptthema der Unterrichtsstunden bei Miss Crawford. Königin Mary grub irgendwo ein farbiges Panoramabild aus, das die Krönung König Georgs IV. darstellte. Sie wußte noch Rolle und Symbolgehalt aller Teilnehmer und deren zeremonieller Handlungen auswendig und erklärte ihren Enkelinnen alles ganz genau.

Um sie mit solchen Situationen vertraut zu machen, wurde Prinzessin Elisabeth gelegentlich mitgenommen und stand beim Auftreten ihrer Eltern in der Öffentlichkeit neben ihnen. Sie gab Leuten die Hand und beteiligte sich selbstsicher an höflicher Konversation. Am Wochenende nach ihrem Geburtstag im April stand sie bei ihrem Vater, um den Vorbeimarsch der Boy Scouts in Windsor abzunehmen. Zwei Tage darauf fuhr sie mit den Eltern die Themse hinunter zur Eröffnung des National Maritime Museum in Greenwich, wo ihre Namensträgerin, die größte aller englischen Königinnen, am liebsten gespielt hatte und geritten war (und wo Elisabeth I. auch geboren war). Jene Königin, die so stolz auf ihre Sprachkenntnisse war, hätte an ihrer Nachfolgerin bestimmt Gefallen gefunden, als der französische Präsident Lebrun kurz vor den Krönungsfeierlichkeiten in London eintraf. Prinzessin Elisabeth begrüßte ihn mit einer Ansprache in Französisch, die sie vorher auswendig gelernt hatte, und als er, ohne weiter darüber nachzudenken, in seiner Muttersprache antwortete, konnte sie ihm spontan französisch erwidern.

Die Roben der Prinzessinnen für die Zeremonie waren ihre ersten langen Kleider, obwohl sie darunter noch die kurzen, weißen Kindersocken trugen. Für Margaret mußte in der Staatskarosse ein eigener Sitz eingebaut werden, auf dem sie mit Königin Mary zur Westminster Abbey fahren konnte. Zum ersten Mal in ihrem Leben brach die Königin mit der Tradition. Im Laufe der Jahrhunderte hatte sich der Aberglaube eingebürgert, daß die Witwe eines Königs nie an der Krönung seines Nachfolgers teilnehmen solle. Aber Königin Mary glaubte, nach den Aufregungen des voraufgegangenen Dezember die geschlossene Solidarität der Königsfamilie demonstrieren zu müssen. Sie hatte Wert darauf gelegt, nach der Abdankung bei jeder nur möglichen Gelegenheit mit ihrem Sohn und ihrer Schwiegertochter in der Öffentlichkeit zu erscheinen.

Der große Tag begann früh am Morgen. Nach dem Zeitplan der Krönungen britischer Monarchen in der neueren Zeit wird ein größtmöglicher Teil des Zeremoniells noch vor dem frühen Mittagessen abgewickelt. König und Königin wurden um drei Uhr morgens dadurch geweckt, daß die Lautsprecher vor dem Buckingham Palace ausprobiert wurden. Außerdem machte die Ankunft von Truppenteilen, die Spalier auf den Straßen bilden sollten, für alle den Schlaf unmöglich. »Um fünf Uhr morgens wurde ich durch die Kapelle der Royal Marines aufgeweckt, die unmittelbar vor meinem Fenster Aufstellung nahmen«, schrieb Prinzessin Elisabeth mit Rotstift in ein kleines Schulheft. Sie schrieb darüber: »Die Krönung, 12. Mai 1937. Für Mama und Papa. In Erinnerung an ihre Krönung, von Lilibet persönlich.« Der Aufsatz wird, mit einem rosa Bändchen versehen, in der Bibliothek von Windsor aufbewahrt. »Ich sprang aus dem Bett, ebenso Bobo. Wir zogen Morgenmäntel und Schuhe an. Bobo ließ mich ein Bettjäckchen umhängen, weil es so kalt war. Wir hockten uns an das Fenster und sahen in den kalten, nebligen Morgen hinaus. Einige Menschen saßen bereits auf den Tribünen, und die ganze Zeit strömten weitere Menschen heran... Immer wieder gingen wir ins Bett zurück und sprangen wieder heraus, um uns die Musikkapellen und die Soldaten anzusehen. Um sechs Uhr stand Bobo auf, und ich sprang um halb acht aus dem Bett. Als ich zum Badezimmer ging, kam ich wie immer am Lift vorbei, und wer trat gerade heraus: Miss Daly (ihre Schwimmlehrerin)! Ich war sehr erfreut, sie zu sehen. Zum Anziehen ging ich in das Kinderzimmer.«

In seiner eigenen Darstellung schrieb König Georg VI.: »Ich konnte nichts zum Frühstück essen und hatte ein unangenehmes Gefühl im Magen.« Dann fügte er eine lange Liste der kleinen Fehler an, die er bei den Geistlichen und Offizieren im Laufe des Zeremoniells bemerkt hatte. Er hatte den Blick seines Vaters für derartige Dinge. Ihm entging nie, wenn ein Kilt in der falschen Richtung gefältelt war. Irgendwann bei einer Parade, an der auch Lord Gowrie VC teilnahm, fiel ihm sofort auf, daß sich auf der fünfreihigen Ordensschnalle Seiner Lordschaft zwei Auszeichnungen befanden, die im selben Jahr verliehen worden waren – die Medaille für den Entsatz der Missionen in Peking und Königin Viktorias Orden für den ersten Teil des Burenkriegs. »Wie ist er bloß so schnell von China nach Südafrika gelangt?« fragte er.

Aber am 12. Mai 1937 konnten Beobachter nicht feststellen, daß Georg VI. so aufmerksam war. Im Gegenteil, Ramsay MacDonald hatte den Eindruck, daß sich König und Königin bei gewissen Stellen des Zeremoniells in einem Zustand religiöser Verzückung befanden, während der Bischof von St. Albans glaubte, eine Art religiöser Ausstrahlung gespürt zu haben. Sie hatten den voraufgegangenen Sonntagabend in geistlicher Vorbereitung mit dem Erzbischof von Canterbury im Buckingham Palace verbracht, während gleichzeitig im ganzen Land in den Abendandachten besondere Gebete für die Krönung gesprochen wurden. »Ich erteilte ihnen meinen persönlichen Segen«, berichtete der Erzbischof. »Ich war tief bewegt, ebenso wie sie. Tränen traten ihnen in die Augen, als wir uns von den Knien erhoben.«

Wieder im Palast nach der Zeremonie, berichtete Elisabeth, ihre Schwester habe sich untadelig verhalten. »Ich mußte sie nur ein paar Mal anstoßen, als sie zu laut mit dem Gebetbuch spielte.« Das Lunch war als kaltes Büfett in einem der Sakristeiräume von Westminster Abbey eingenommen worden. Danach war die Familie auf Umwegen durch Straßen, die von einer jubelnden Menschenmenge voll waren, zum Buckingham Palace zurückgefahren. Immer wieder wurden sie auf den Balkon herausgerufen. Besonders bejubelt wurden Königin Mary und die kleinen Prinzessinnen. Ein auf einem Dach in Whitehall installiertes Meßgerät hatte festgestellt, daß der Beifall bei der Vorbeifahrt des Königspaares eine Lautstärke von 83 Dezibel, bei der alten Königin und ihrer Enkelinnen dagegen 85 erreichte.

Thronerbin

Prinzessin Elisabeth war präsumtive, aber nicht gesetzliche Thronerbin. Der Titel des gesetzlichen Thronerben wird nur den erstgeborenen Söhnen von Monarchen verliehen, und nur der Tod kann diese daran hindern, die Erbfolge anzutreten. Prinzessin Elisabeth konnte bis zum Augenblick ihrer Thronbesteigung im Februar 1952 lediglich präsumtive Thronerbin sein, da sie nur so lange als Thronfolgerin gelten konnte, als kein gesetzlicher Erbe, ein Bruder, geboren wurde – und laut Lady Airlie war ein Brüderchen genau das, was sich die Prinzessin wünschte. Als sie zum ersten Mal von ihrer Stellung als präsumtive Nachfolgerin ihres Vaters erfuhr, begann sie inständig um männlichen Familiennachwuchs zu beten.

Aber sowohl dem König wie der Königin genügte ihre kleine Familie, so wie sie war. Der König empfand eine Abneigung gegen jede Störung der täglichen Routine, wie sie sich herausgebildet hatte, und er sah in seiner ernst veranlagten ältesten Tochter alle Eigenschaften, die den von seinem Vater festgesetzten Maßstäben eines konstitutionellen Monarchen entsprachen. Außerdem wollte er seiner Gemahlin angesichts ihrer zahlreichen Verpflichtungen eine weitere Geburt nicht zumuten. Mit dem Tod König Georgs V. und der Abdankung Eduards VIII. war die königliche Familie nicht nur ihrer publikumswirksamen Repräsentanten beraubt, sondern es fehlten auch die beiden Männer, die die Last der protokollarischen Verpflichtungen ohne Schwierigkeiten hatten tragen können. In den Jahren 1937 und 1938 waren die drei übrigen Söhne Georgs V. – der neue König mit seinen Brüdern, den Herzögen von Gloucester und Kent – stärker in die Erfüllung offizieller Aufgaben eingespannt als je zuvor. Ihre Gemahlinnen durften dabei nicht zurückstehen – sie waren bei Stapelläufen, Vorstellungen bei Hofe und Einweihungsfeiern zugegen.

Dies hinderte Georg VI. aber nicht daran, die Ausbildung seiner Erbin zu überwachen. Das Schulzimmer im Buckingham Palace lag fast oben unter dem Dach – dieselbe düstere Zelle, in der er seinen Privatunterricht erhalten hatte, als er zu Anfang des Jahrhunderts bei seinen Großeltern, König Eduard VII. und Königin Alexandra, wohnte. Eine schwere Steinballustrade vor dem Fenster sah wie ein Gefängnisgitter aus, und über den riesigen Kaminen an beiden Enden des Raums hingen düstere Porträts. Miss Crawford begleitete

Georg VI. und Königin Elisabeth mit Arbeitern nach dem deutschen Luftangriff auf den Buckingham Palace, 1940.

Prinzessin Elisabeth (14), rechts, und Prinzessin Margaret (10), während Elisabeth im Oktober 1940 ihre erste Rundfunkansprache an evakuierte Kinder hält.

ihn zu einer Inspektion hinauf. »Der König blieb einen Augenblick in der Tür stehen und sah sich schweigend um – sicher fielen ihm die Stunden ein, die er selbst als Kind hier oben verbracht hatte... Ich weiß noch, wie er sich langsam umwandte und die Tür hinter sich schloß. ›Nein‹, sagte er, ›das geht nicht.‹«

Ein helleres Zimmer wurde ausgesucht, das frühere Kinderzimmer, in dem Prinzessin Elisabeth die ersten Monate ihres Lebens verbracht hatte, als ihre Eltern in Australien waren. Der König hielt die satirische Zeitschrift *Punch* für ein gutes Mittel, seine Tochter in leichter Form mit den politischen Persönlichkeiten bekanntzumachen. Er regte auch an, daß sie Zeitungsartikel lesen sollte – die Hofausgabe der *Times*, die damals auf hochwertigem Papier speziell für den Buckingham Palace, das Britische Museum und die großen Bibliotheken gedruckt wurde. Miss Crawford vertrat den Standpunkt, daß der Kunstverstand ihrer Schützlinge weiterentwickelt werden müsse. Daher ließ sie jede Woche aus der königlichen Sammlung ein Meisterwerk – einen Rubens vielleicht, einen Canaletto oder Gainsborough – heraufbringen und im Schulzimmer auf einer Staffelei aufstellen. Und Königin Mary zeigte den Kindern die Museen. Sie führte sie an den Winternachmittagen in die Wallace Collection und wanderte stundenlang mit ihnen an den Meisterwerken der Barockzeit vorbei. Aber man kann wohl ohne Übertreibung sagen, daß die künftige Königin Elisabeth II. aus diesen Exkursionen auf jeden Fall gelernt hat, immer und überall mit interessiertem Gesichtsausdruck herumzugehen, auch wenn ihr die Füße bereits wehtun und die Teestunde heranrükken sollte.

Ihre Mutter stand sicherlich auf dem Standpunkt, daß man die höhere Schulbildung nicht allzu ernst nehmen dürfe. Wenn sich ihre ältere Tochter außerstande sah, mathematische Probleme, sobald sie über die einfachsten Grundsätze hinausgingen, zu begreifen, machte ihr das wenig aus, denn sie, die auch selbst nur von Privatlehrern unterrichtet worden war, hielt andere Fähigkeiten und Kenntnisse für ebenso wichtig wie akademische Lorbeeren. »So lange wie möglich in der frischen Luft sein, die Freuden des Landlebens genießen, tanzen können, zeichnen und Verständnis für Musik aufbringen, gute Manieren und eine vollkommene Haltung an den Tag legen sowie alle weiblichen Tugenden entwickeln« – dies waren die Hauptanliegen ihrer Mutter. Als Prinzessin Elisabeth einmal gefragt wurde, wie sie später einmal am liebsten leben möchte, antwortete sie: »Auf dem Lande mit vielen Pferden und Hunden.«

Ihre Tierliebe schien ein gewisser Ersatz für das Fehlen von Spielkameraden zu sein. In London besaß sie mehrere Wellensittiche, mit denen sie sprach, die sie fütterte und deren Käfige sie selber sauberhielt. Die Verantwortung, sich täglich um sie kümmern zu müssen, sagte ihr ebenso zu, wie sie sich um die Reitpferde und Ponys in den Stallungen von Windsor und um ihre Hunde kümmerte. Sie hatte bereits mehrere Welsh Corgis, und das Zusammenleben mit ihnen gehört mit zu ihren schönsten Kindheitserinnerungen.

Die Einfachheit und Weichherzigkeit der Prinzessin waren keine Eigenschaften, die bei einer künftigen Monarchin besonders hätten gefördert werden müssen, auch nicht bei einem konstitutionellen Souverän, der seines politischen Einflusses weitgehend beraubt ist. Aber ihre Eltern waren von ihrer natürlichen Arglosigkeit beeindruckt. Vater und Mutter war Naivität lieber als Überfeinerung. Georg VI. konnte sich am besten von den Anstrengungen des Tages erholen, wenn er an den Wochenenden zur Royal Lodge in Windsor hinausfuhr, um dort mit Frau und Kindern die einfachen Freuden des Landlebens zu genießen. Die Lodge blieb ihr eigentliches Heim, mehr als das benachbarte Schloß oder auch Buckingham Palace, wo die Familie residierte, wenn sie in London war; der König liebte es über alles, am Samstagnachmittag dort in den Wäldern herumzustreifen. König, Königin und Prinzessinnen zogen sich dann die ältesten Sachen an und machten sich mit einem Arsenal von Haken, Äxten und Baumscheren auf in den Wald. Kein Gast oder Diener blieb da verschont. Kraftfahrer, Butler und Kriminalbeamte mußten sich wohl oder übel anschließen. Der König arbeitete wie besessen, er hackte, sägte, räumte trockenes Holz beiseite und türmte Reisig zu großen Freudenfeuern, während die übrigen Familienmitglieder mit tränenden Augen durch die Rauchschwaden stolperten und später zu Hause ihre Blasen an Händen und Füßen behandelten.

Elisabeth verehrte ihren Vater über alles. Als sie heranwuchs, wurde er immer stärker zu ihrem Vorbild. Besonders imponierte ihr die Beharrlichkeit, mit der er gegen seinen Sprachfehler ankämpfte. Dieses Handikap prägte seinen Stil als Monarch. Georg V. hatte die Angewohnheit besessen, nach jeder Besprechung mit einem Minister seinem Privatsekretär eine kurze Zusammenfassung zu diktieren, aber für seinen Sohn schien dies der Weg des geringsten Widerstandes zu sein. Er bestand darauf, sich selbst die entsprechenden Notizen zu machen, und verlangte, daß alle Briefe ihm vorzulegen seien, bevor sie in das Büro des Privatsekretärs weiterliefen. Er wollte alles lesen, auch Briefe von Narren und Geisteskranken, und oft öffnete er persönlich die Post am Frühstückstisch.

John Winant, der amerikanische Botschafter in Großbritannien gegen Ende des Krieges, war von der Detailkenntnis überrascht, die er bei Georg VI. über die sich täglich verändernde Lage an den Fronten feststellen konnte. Der König besaß eine ausgeprägte Art, Kabinettsministern und Generalen gezielte Fragen zu stellen. Kompliziertere Zusammenhänge konnte er nicht immer erfassen – denn sein Intellekt entsprach etwa dem seines Vaters[1] –, aber er machte sich eifrig Notizen und prägte sich schwerverständliche Fakten und Ziffern sorgfältig ein. »Ich stellte fest, daß er über alle Ereignisse gut informiert war«, sagte Präsident Truman. »Ich war vom König beeindruckt. Er ist ein guter Mann.«

Truman hatte den wichtigsten Punkt erkannt. Georg VI. war nicht besonders gescheit, aber er besaß jene Eigenschaften, die, nach Bagehots Worten, die Briten davon überzeugt haben, »daß es natürlich sei, einen tugendhaften Souverän zu haben«. Er war von schlichter Frömmigkeit – was seine Tochter Elisabeth nach seinem Tod mit dem Wort »Standfestigkeit« umschrieb. Er hörte sich jeden Morgen die Rundfunksendung der BBC »Erhebt eure Herzen« an und brachte dieses Thema häufig beim Mittagessen zur Sprache. »Was halten Sie von den Zehn Geboten?« fragte er plötzlich einen Gast bei der Suppe – wenn sich aber die Unterhaltung vom Abstrakten auf persönliche oder geistige Themen verlagerte, schloß er sich ab und konnte sogar mürrisch werden. Er war in einer Umgebung aufgewachsen, wo menschliche Gefühle unterdrückt wurden, wo man nicht über Fleischeslust, Zorn, Schmerzen oder übertriebene Begeisterung sprach, und er begnügte sich damit, auch als Erwachsener diese Einschränkungen zu tolerieren.

Diese Einstellung bestimmte auch sein Verhältnis zu Frau und Kindern, besonders zu der Tochter, die seine Erbin war. Es herrschte mit Sicherheit eine viel heitere Atmosphäre als im Haushalt seiner Eltern. Spaß und Fröhlichkeit waren die Kennzeichen im Familienleben König Georgs VI., Fröhlichkeit war das Ziel, das mit großer Beharrlichkeit angestrebt wurde. Wir lesen davon in Miss Crawfords Aufzeichnungen; von allerlei Späßen beim Mittagessen und von ausgelassenem Herumtollen im Badezimmer. Wir finden solche Hinweise auch in den Aussagen gelegentlicher Besucher in den königlichen Schlössern. Charaden, Gesellschaftsspiele und kurzweilige Belustigungen sorgten dafür, daß alles lachte, bis niemand mehr konnte. Dies war der Rahmen, in dem die Prinzessinnen Elisabeth und Margaret Rose aufwuchsen.

Obwohl ihre Kindheit unvergleichlich fröhlicher verlief als die ihres Vaters und seiner Brüder, so steht doch keineswegs fest, ob sie dadurch auch wirkliche menschliche Erfahrungen haben sammeln können. König Georg VI. hielt es für seine Pflicht, einige seiner schwersten Sorgen für sich zu behalten. Er wollte Frau und Kinder gegen seine offiziellen Sorgen und viele seiner persönlichen Nöte abschirmen. So spielte sich das verhältnismäßig ruhige Familienleben mehr an der Oberfläche ab, und er achtete darauf, daß niemand auf die tieferliegenden Probleme zu sprechen kam. Sein Kummer über Bruder David

[1] Seine Art, sehr langsam zu schreiben, entsprach der Georgs V.

und Mrs. Simpson zum Beispiel war ein Thema, das er nicht zu erörtern wünschte. Der Schmerz, den er dabei empfand, kam nur gelegentlich zum Ausdruck – in unbedachten Bemerkungen, durch besonders große Sprechschwierigkeiten, oder er äußerte sich häufig in langem, verdrossenem Schweigen. Er teilte den Optimismus der Königin Mary und seiner Gemahlin, daß jeder Ärger, wenn man ihn einfach nicht wahrhaben will, nach einiger Zeit von selbst verschwindet; wenn sich diese Selbsttäuschung auch von Angehörigen des Königshauses leichter aufrechterhalten läßt als von gewöhnlichen Menschen, so strafte ihn sein älterer Bruder doch immer wieder Lügen. Jede Erwähnung Eduards VIII. schien bei Georg VI. einen Rückfall in das Trauma seiner Kindheit auszulösen. In späteren Jahren sagte Lord Plunket bisweilen, er spüre immer genau, wann der Ex-König zu einem Zwischenaufenthalt in London erwartet werde, denn es entstehe sofort eine frostige Atmosphäre – obwohl kein Wort ausgesprochen werde –, und man merke es an der Art, wie die Gemahlin König Georgs VI. aus dem Buckingham Palace herausfahre. Es war die Schattenseite des Familienlebens, das der König unter allen Umständen heiter und fröhlich erhalten wollte.
Im Jahr 1937 gab der Herzog von Windsor seinem jüngeren Bruder einen echten Anlaß zu Besorgnis. Der Entschluß, Wallis Simpson am 3. Juni dieses Jahres, am Geburtstag seines Vaters, zu heiraten, war eine Familienangelegenheit. Aber der Besuch der Windsors in Deutschland einige Monate später, wo sie von Himmler, Heß, Goebbels, Göring und Hitler persönlich gefeiert wurden – der Herzog hob sogar, etwas unsicher, den Arm zum Deutschen Gruß –, hatte weiterreichende Folgen. Es hätte nicht der Bemerkung des Führers bedurft, »sie hätte eine gute Königin abgegeben«, um den Leuten klarzumachen, wie nahe die Monarchie am Verrat ihrer Grundsätze vorbeigegangen war. »Wir Leute von der Labour Party können so etwas viel leichter aussprechen«, erklärte Herbert Morrison in der Labour-Zeitung *Forward*. »Seine Besuche in den Elendsgebieten und seine Äußerungen, man dürfe sich mit der Situation – oder mit der Regierung – nicht einfach abfinden, haben unseren Anhängern natürlich gefallen, aber sie waren verfassungsrechtlich gefährlich und entsprachen den faschistischen Tendenzen, die ihm (vermutlich zu Unrecht) nachgesagt werden.«
Jede Erwähnung des Herzogs von Windsor schien die allmählich deutlicher zutage tretende Gelassenheit Georgs VI. zu beeinträchtigen – ähnlich wie in späteren Jahren Kabinettsminister berichteten, daß Königin Elisabeth II. nur dann echte Gefühlsregungen erkennen ließ, wenn die Rede auf ihre Schwester kam. Im Jahr 1937 sprach Lloyd George einmal beim Abendessen über die Herzogin von Windsor mit dem König, der sich große Sorgen machte, sie könne womöglich nach England zurückkehren.

»›Sie würde nie wagen, hierher zurückzukommen‹, sagte Seine Majestät.
›Hierin täuschen Sie sich‹, erwiderte D. (David Lloyd George; das Tagebuch stammt von Lady Lloyd George, später von seiner Sekretärin, Frances Stevenson).
›Sie hätte keine Freunde hier‹, sagte Seine Majestät.
D. war anderer Meinung.
›Doch nicht etwa Sie oder mich?‹ meinte der König besorgt.«
Georg VI. fand nie wirklich Ruhe. Die ungelösten Spannungen kämen bei ihm oft ganz unvermittelt an die Oberfläche – wie man Peter Townsend vorsorglich erklärte, als er sich 1944 als künftiger Hofstallmeister melden sollte. Der König, hieß es, könnte plötzlich laut werden. »Lassen Sie sich nicht aus der Ruhe bringen«, sagte sein Begleiter. »Dies kommt gelegentlich vor.«
Anderen Menschen fiel Georgs VI. Zurückhaltung auf; der Umstand, daß er sich kaum überwinden konnte, auf Wiedersehen zu sagen. Dies war für seine Umgebung deshalb so unangenehm, weil man nach der Etikette ja nicht weggehen konnte, bevor man verabschiedet war – obwohl George Bernard Shaw den Prozeß dadurch abkürzte, daß er ostentativ seine goldene Taschenuhr herauszog und sie lange betrachtete.
Prinzessin Elisabeth war zurückhaltend wie ihr Vater, aber ihr war nicht jene hochgezüchtete Feinnervigkeit anzumerken, die in jeder Generation der Familie immer wieder zum Vorschein kommt. Sie wuchs zu einem ausgeglichenen Mädchen heran. Zu ihrem dreizehnten Geburtstag im Frühjahr 1939 erhielt sie Geschenke, wie man sie für einen Teenager für passend hielt: einen Karton feiner Seidenstrümpfe von der Königin, ein brillantbesetztes Armband vom König, eine Filmkamera mit Projektor von Onkel David und eine silberne Toilettengarnitur mit ihren Initialen von Königin Mary. Rein körperlich war sie nicht so schnell gereift wie andere junge Mädchen ihres Alters. Wie es Miss Crawford ausdrückte: »In diesem Alter, wo so viele launenhaft sind, blieb sie ein reizendes Kind mit entzückendem Teint und einer langen, schlanken Figur.« Das kindliche Aussehen wurde noch durch ihre Kleidung unterstrichen, die sich in nichts von der ihrer neunjährigen Schwester unterschied: einheitliche Tweedjacken, einfache Kragen, Baskenmützen, weiße Socken und schlichte Sandalen.
Der 21. April 1939 war der zehnte unter den dreizehn Geburtstagen, die Prinzessin Elisabeth in Windsor feierte. Zu ihren Ehren wurde in der ganzen Stadt beflaggt. Die Scots Guards marschierten in voller Galauniform auf, und die Prinzessin bat sie, ihr zuliebe ein Potpourri aus *Rose Marie* zu spielen, das sie ebenso leidenschaftlich wie ihre Großeltern liebte. In diesem Alter erhielt sie ferner Sonderunterricht in der britischen Verfassungsgeschichte, den Sir Henry Marten, der stellvertretende Rektor von Eton, erteilte. Er war ein

sanfter, kahlköpfiger Gelehrter, der die Angewohnheit hatte, beim Nachdenken auf dem Taschentuch herumzukauen oder Zuckerstückchen zu lutschen. Wer sein Arbeitszimmer im Eton College besuchte, mußte sich den Weg um große Bücherstapel herum bahnen, die wie ein Wald von Stalagmiten dastanden. Die Prinzessin suchte ihn dort zweimal in der Woche auf, um einen Eindruck von der Rolle des Monarchen in der Verfassung zu gewinnen.

Sie begann in diesem Jahr – im letzten Friedenssommer vor dem Weltkrieg – ihre Ferien mit einer Fahrt auf der königlichen Jacht *Victoria and Albert* entlang der englischen Südküste, an der auch ihre Eltern und ihre Schwester teilnahmen. Am Nachmittag des 22. Juli lief die Jacht in den Dart ein und ging vor der Königlichen Marineschule von Dartmouth vor Anker. Ihr Vater hatte im Jahr 1912 hier seine Ausbildung keineswegs glanzvoll – er wurde 61. unter 67 Kadetten – beendet. Aber er war gern Kadett gewesen und freute sich jetzt darauf, die alten Stätten in Begleitung seines Vetters und begeisterten Marinemanns, Lord Louis Mountbatten, im Familienkreis Dickie[1] genannt, wieder zu besuchen.

Die Mountbattens waren mit dem Hause Windsor seit den Zeiten der Königin Viktoria verbunden. Dickie war, wie Georg VI., einer ihrer Urgroßenkel, und sein Vater Louis war bei Ausbruch des Ersten Weltkriegs Erster Seelord gewesen. Doch Louis, der nach sechsundvierzig ehrenvollen Dienstjahren in der britischen Marine bis zu dieser Stellung aufgestiegen war, mußte von seinem Amt zurücktreten, als Empörungsrufe über seine Herkunft laut geworden waren, da er von Geburt Deutscher war. Dieselbe Hysterie brach gegen alle Deutschen aus, so daß es sogar ein Risiko bedeutete, wenn man den eigenen Dackel in der Öffentlichkeit spazierenführte. Heftige Angriffe richteten sich vor allem gegen die königliche Familie selbst. Es stand nicht mit Sicherheit fest, ob König Georg V. eigentlich Wettiner oder ein Sachsen-Coburg-Gotha war, aber wie auch immer, seine Namen waren unzweifelhaft deutscher Herkunft.[2] Seine Gemahlin, Königin Mary, war eine Prinzessin von

[1] Obwohl er Dickie genannt wurde, fehlte der Name Richard unter seinen Vornamen. Er war auf den Namen Louis Francis Albert Victor Nicholas getauft worden. Entweder lag eine Namensverstümmelung vor, oder diese Verkleinerungsform stammte von den letzten dieser Taufnamen, um ihn von seinem Onkel, Zar Nikolaus II. (Onkel Nicky), zu unterscheiden. Er galt offiziell als Lord Louis Mountbatten, bis er 1947 zum Earl ernannt wurde. Weitere Einzelheiten sind dem britischen Who's Who zu entnehmen, in dem er 144 Zeilen einnimmt – bei weitem der längste Eintrag in diesem Buch seit vielen Jahren.

[2] Von Georg I. bis Wilhelm IV. gehörten die Könige von England eindeutig zum Haus Hannover. Als aber Viktoria, die Nichte Wilhelms IV., die Nachfolge antrat und Prinz Albert heiratete, wurde die Sache komplizierter, denn Wettin war sein Familienname im Gegensatz zu dem Namen des Hauses Sachsen-Coburg-Gotha – obwohl die Nachfahren schließlich seinen Namen und nicht den der Königin Viktoria trugen.

Teck und bei Hofe wimmelte es von naturalisierten Vettern, die Namen wie Gleichen, Schleswig-Holstein oder Battenberg trugen – und Oberhaupt der Familie Battenberg war der »deutsche« ehemalige Seelord Louis. Taktvolle Tarnung schien die einzige Lösung zu sein, und so nahmen Georg V., seine Familie und alle Nachfolger den Namen Windsor an, einen urenglischen Namen, der es mit den Tudors, Stuarts und Plantagenets aufnehmen konnte (Eduard III. hatte sich, wie man feststellte, tatsächlich Eduard von Windsor genannt). Die Battenbergs begnügten sich mit der direkten Übersetzung ihres Namens in das englisch klingende Mountbatten. Aus den Tecks wurden Cambridges, Graf Gleichen wurde Lord Gleichen – wobei es unlogisch schien, daß er aus unerfindlichen Gründen seinen deutschen Familiennamen beibehalten durfte. Die Schleswig-Holsteiner lösten das Problem dadurch, daß sie ausstarben. Es waren nur noch zwei von ihnen übrig, zwei ältere Prinzessinnen. Georg V. entschied, daß sie sich bis zu ihrem Tode einfach nur »Helena Victoria« und »Marie Louise« zu nennen hätten. Dieses eine Mal hatte der Kaiser das letzte Wort. Als er von diesen Namensverstümmelungen seiner Verwandten hörte, meinte er, er freue sich schon auf die nächste Aufführung der »Lustigen Weiber von Sachsen-Coburg-Gotha«.

Die Bande zwischen den Windsors und Mountbattens wurden durch diesen Mountbatten, der König Georg VI. und dessen Familie im Juli 1939 nach Dartmouth begleitete, noch enger geknüpft. Seine Töchter Patricia und Pamela, die eine führende Rolle bei den Girl Scouts im Buckingham Palace spielten, waren bereits Spielgefährtinnen und Freundinnen der jungen Prinzessinnen. Und Lord Louis hatte dem jetzigen Georg VI. an jenem traurigen Dezemberabend 1936 Gesellschaft geleistet, als die Männer nebeneinander in Fort Belvedere standen und zusahen, wie der Ex-König seine Koffer packte.

»Dickie, das ist einfach schrecklich«, soll der neue König, den Tränen nahe, gesagt haben. »Ich bin nur Marineoffizier, das ist das einzige, wovon ich etwas verstehe.«

»Ein merkwürdiges Zusammentreffen«, erwiderte Lord Mountbatten, »mein Vater hat mir einmal erzählt, als der Herzog von Clarence starb, sei dein Vater zu ihm gekommen und habe etwa dieselben Worte gebraucht wie du jetzt. Mein Vater antwortete: ›George, du irrst dich. Es gibt keine bessere Vorbereitung für einen König als die Marineausbildung.‹«

Im Juli 1939 teilten die beiden Vettern in Dartmouth das Vergnügen, ihre Marineausbildung noch einmal zu durchleben, eine Freude, die in keiner Weise durch den Umstand getrübt wurde, daß Mumps und Windpocken ausgebrochen waren und viele Kadetten ihre Schlafsäle nicht verlassen durften. In der Erinnerung des Königs stiegen all die alten Streiche wieder auf, an denen er teilgenommen hatte, und am Schluß seines Rundgangs ließ er sich das »Strafbuch« kommen, um daraus laut die Liste seiner Missetaten als Knabe vorzulesen. Diese Szene sorgte bei den Kadetten und Lehrern für »ausgelassene Stimmung«, wie berichtet wird.

Abwechslung für die Prinzessinnen zu bieten war wegen der beiden Epidemien immer schwieriger geworden. Deshalb schickte man sie in das Haus des Kommandanten, Admiral Sir Frederick Dalrymple-Hamilton. Dort spielten sie im Garten Krocket (so Sir John Wheeler-Bennett) oder beschäftigten sich mit einer Spielzeugeisenbahn, die im Kinderzimmer aufgebaut war (so Miss Crawford), als »ein blonder, junger Mann, der wie ein Wikinger aussah, mit scharfgeschnittenem Gesicht und durchdringenden blauen Augen hereinkam«. Es war Lord Mountbattens Neffe, Prinz Philip von Griechenland, der in diesem Jahr als Kadett in das College eingetreten war.

»Er sah sehr gut aus, war aber in seiner Art vielleicht etwas zu forsch«, erinnerte sich Miss Crawford. »Er sagte ›How do you do‹ zu Lilibet und kniete sich auf den Boden, um auch eine Weile mit der Eisenbahn zu spielen. Doch fand er das langweilig. Wir hatten Ingwerplätzchen mit Limonade. Dann sagte er: ›Kommt, wir gehen zu den Tennisplätzen und machen uns einen Spaß daraus, über die Netze zu springen.‹«

Sonst kann sich niemand mehr so recht an dieses erste Zusammentreffen von Prinzessin Elisabeth und dem Mann, den sie später heiraten sollte, erinnern, nur Miss Crawford. Es steht nicht einmal genau fest, daß dies wirklich die erste Begegnung zwischen ihnen war (wenn auch Sir John Wheeler-Bennett dies kategorisch behauptet), denn Prinz Philip war bei der Hochzeit seiner Cousine Marina mit dem Herzog von Kent im Jahr 1934 anwesend gewesen und hatte 1937 an der Krönung Georgs VI., seines Vetters zweiten Grades, als Gast der Familie teilgenommen. Aber die näher Beteiligten sind übereinstimmend der Ansicht, daß Elisabeth und Philip bei diesem Zusammentreffen zum ersten Mal wirklich Notiz voneinander nahmen. Und obwohl der Prinz auch heute noch ebenso offen und geradeheraus reagiert, wie es damals Miss Crawford erschien, wirkte Prinzessin Elisabeth doch tiefer beeindruckt.

»Sie wandte die ganze Zeit nicht den Blick von ihm«, schrieb die Gouvernante mit ihrer Gabe, auch kleinste, persönliche Details zu schildern. »Auf den Tennisplätzen hatte ich den Eindruck, daß er ziemlich angab, aber die jungen Mädchen waren fasziniert. Lilibet sagte: ›Sieh doch, Crawfie, wie hoch er springen kann!‹ Er war sehr zuvorkommend ihr gegenüber, ohne übertrieben aufmerksam zu wirken. Die meiste Zeit neckte er die rundliche, kleine Margaret.«

Prinz Philip war damals gerade achtzehn geworden. Prinzessin Elisabeth war mit ihren dreizehn Jahren in Wirklichkeit noch ein Kind, was deutlich zutage trat, als der Prinz an jenem Abend an Bord der königlichen Jacht kam, um mit anderen Kadetten einer Einladung zum Abendessen zu folgen. Sie war bereits zu Bett gebracht worden, und es war Miss Crawford, die mit den jungen Offizieren den Lambeth Walk und Palais Gilde tanzte. Aber er kam am nächsten Tag wieder, um die Prinzessinnen zu unterhalten.

»Zu Beginn der Teestunde fragte ihn Lilibet: ›Was möchtest du essen? Was hast du am liebsten?‹

Die Königin sagte: ›Du mußt tüchtig essen, du wirst heute wohl nichts mehr bekommen.‹

Philip aß mehrere Teller mit Shrimps und einen Becher mit Fruchteis auf.

Für die jungen Mädchen bedeutete jeder junge Mann ein Wesen aus einer anderen Welt. Lilibet saß mit gerötetem Gesicht da und war überglücklich. Für Margaret war jeder, der so viele Shrimps vertilgen konnte, ein Held.«

Prinz Philips Cousine, Königin Alexandra von Jugoslawien, hat geäußert, daß Philip sich nur sehr ungern habe abordnen lassen, ein Mädchen von dreizehn und ein Kind von neun zu unterhalten, wodurch jedes Märchen einer Liebe auf den ersten Blick von seiten des Prinzen ausscheidet. Niemand sonst hatte den Eindruck, daß ihm diese Abkommandierung zuwider gewesen wäre. Im Gegenteil, er war ein junger Mann, der gern gefallen wollte – dabei vielleicht auch etwas angab. Als die Zeit des Abschieds kam, bemannten die Kadetten alle verfügbaren Boote und eskortierten die *Victoria and Albert* den Fluß hinunter auf die offene See hinaus, als Abschiedssalut des College. Es waren Segelboote, Ruderboote, Motorboote – kurz, jedes Fahrzeug, dessen die Kadetten habhaft werden konnten. Der König, der durch so viele kleine Boote um die königliche Jacht herum in Besorgnis geriet, bestand darauf, daß die Kadetten das Signal zur Rückkehr erhielten. Alle gehorchten, außer einem einsamen Ruderer, der in Nelsonscher Manier offenbar nicht imstande war, die immer dringender werdenden Signale wahrzunehmen, die auf sein kleines Boot neben der ablaufenden königlichen Jacht gerichtet waren. Schneller und immer wilder ruderte dieser junge Mann und strengte sich bis zum äußersten an, bis aufs Meer Schritt zu halten – von der Reling der königlichen Jacht beobachtete ihn Prinzessin Elisabeth »liebevoll durch ein riesiges Fernglas«.

Niemand weiß genau, was dann gesagt wurde. War es »Onkel Dickies hohe Kommandostimme«, die den jungen Mann schließlich bewegte, ans ferne Ufer zurückzukehren? Rief der König »der junge Narr« (Miss Crawford) oder »der verdammte junge Narr« (Königin Alexandra von Jugoslawien)? Wir wissen es nicht genau. Aber jedermann weiß, wer dieser junge Mann war.

Philip, Prinz von Griechenland, hatte keinen Tropfen griechischen Bluts in seinen Adern, und Prinzessin Elisabeths Gouvernante hatte recht, wenn sie seine aschblonden Haare und eckigen Gesichtszüge im Juli 1939 mit denen eines Wikingers verglich. Er war im Grunde ein Däne und gehörte zum dänischen Königshaus, das in neuerer Zeit mit vielen ausländischen Dynastien verwandt wurde. Es ist in der Genealogie gewöhnlich unter der Bezeichnung Schleswig-Holstein-Sonderburg-Glücksburg bekannt.[1]

Die Dänen bestiegen 1863 den griechischen Thron, als die junge griechische Nation nach vier Jahrhunderten ihre Unabhängigkeit von der Türkei erkämpft hatte und mit mehreren anderen Dynastien Schiffbruch erlitten hatte. Der achtzehn Jahre alte Prinz Wilhelm von Dänemark erhielt die Krone und nahm – eine Geste gegenüber dem griechischen Schutzheiligen – den Namen Georg I. an. Prinz Philip war sein Enkel und wurde am 10. Juni 1921 auf Korfu geboren.

Strenggenommen gehörte Philip nicht zu den nächsten Anwärtern auf den griechischen Thron. Deswegen schied aber die Möglichkeit nicht aus, daß er irgendwann einmal König werden konnte, denn seiner Familie war auf dem griechischen Thron nicht viel Glück beschieden. Sein Großvater, Georg I., wurde 1930 ermordet. Sein Onkel, Konstantin I., wurde 1917 abgesetzt. Sein Vetter, Alexander I., starb 1920 an einer Blutvergiftung durch einen Affenbiß. Und sein Onkel Konstantin I. dankte nach Rückkehr auf den Thron im Jahr 1922 zum zweiten Mal ab. König Georg II., sein Vetter, dankte 1923 ab, wurde 1935 zurückgeholt, 1941 des Landes verwiesen und 1946 wieder eingesetzt. Der Kommandant des britischen leichten Kreuzers *HMS Calypso* bemerkte, als er Prinz Philip 1922 in einem improvisierten Bett aus Orangenkisten abtransportierte, diese Königsfamilie trage ihr Exil offenbar mit Gleichmut, »denn sie hat es schon oft erlebt[2]«.

Der Kreuzerkommandant war Captain H. A. Buchanan-Wollaston, der den Geheimauftrag erhalten hatte, Prinz Philip und dessen Familie in einer dramatischen Rettungsaktion, die auf König Georg V. persönlich zurückging, außer Landes zu bringen. Der Vater des kleinen Prinzen, Prinz Andrew,

[1] Abgesehen von achtzehn dänischen Königen hat diese Familie in der neueren Geschichte einen König in Norwegen, vier in Schweden, sechs in Griechenland, sieben Zaren in Rußland und außerdem zur selben Zeit Gemahlinnen für die Könige in England, Deutschland und Rumänien gestellt. Prinz Philip kann sich also rühmen, mehr blaues Blut als Königin Elisabeth II. in den Adern zu haben. Seine Vorfahren lassen sich bis auf Karl den Großen zurückverfolgen, zu ihnen gehört unter anderem auch Henry Percy, Earl of Northumberland, der legendäre Heißsporn.

[2] Diese Bemerkung stammt aus einem Brief, den Captain Buchanan-Wollaston am 6. Dezember 1922 an eine Tante schrieb und der erst siebenundvierzig Jahre später, im November 1969, von einem Nachfahren besagter Tante entdeckt wurde, der ihn Prinz Philip schickte. Captain Buchanan-Wollaston war zu der Zeit noch am Leben, er war 91 Jahre alt und Vizeadmiral im Ruhestand.

wurde in Athen festgehalten. Er galt als einer der zahlreichen Sündenböcke für die Niederlage der griechischen Armee, die von Mustafa Kemal und seinen reorganisierten türkischen Truppen besiegt worden war. Sechs andere Sündenböcke, fünf griechische Minister und der Oberbefehlshaber, waren im November 1922 erschossen worden. Prinz Andrew hätte sicherlich dasselbe Schicksal erlitten, wenn nicht ein britischer Agent, Commander Gerald Talbot, in Athen eingetroffen wäre. Es ist allgemein bekannt, daß Talbot, mit falschen Papieren getarnt, auf Betreiben Georgs V. entsandt wurde. Aber man hat bisher nicht gewußt, welche Initiative der König in diesem entscheidenden Augenblick ergriffen hatte. Unter Ausübung der königlichen Prärogative in einem seltenen und, soweit bekannt, noch nicht dagewesenen Fall im zwanzigsten Jahrhundert wies der König die Admiralität telephonisch an, einen Kreuzer zu entsenden, um Talbot bei seinem Rettungsauftrag zu unterstützen. Talbot kannte Pangalos, den Führer der griechischen Revolutionäre, zwar persönlich, aber der General weigerte sich, Milde walten zu lassen, bis der Kreuzer – Captain Buchanan-Wollastons *Calypso* – völlig unerwartet in die Bucht von Athen einlief. So wie Talbot die Geschichte später der königlichen Familie beschrieb, gab es eine Szene, die Hollywood alle Ehre gemacht hätte, denn Pangalos, der darauf bestand, daß Prinz Andrew sterben müsse, wurde plötzlich von einem Adjutanten unterbrochen, der mit der Nachricht ins Zimmer stürzte, ein britisches Kriegsschiff liege in der Bucht. Der Ton des Generals änderte sich sofort; dann war es an Talbot, die Befehle zu geben. Er wies Pangalos an, den Prinzen sofort aus dem Gefängnis zu entlassen und ihn mit Talbot an den Kai hinunterzufahren. So wurde Prinz Philip – vermutlich im letzten erfolgreichen Akt britischer Kanonenboot-Diplomatie – in ein Nomadenleben versetzt, das erst durch seine Eheschließung mit der künftigen Königin Elisabeth II. zur Ruhe kommen sollte.

Prinz Philip war in gewissem Sinn ein elternloses Kind. Ihm fehlte nicht nur ein stetes Heim im üblichen Sinne, sondern auch ein Elternhaus. Als er geboren wurde, waren seine Eltern achtzehn Jahre verheiratet. Da sie vier Töchter, die wesentlich älter als Philip waren, erzogen hatten, schienen die Möglichkeiten, ein harmonisches Familienleben zu führen, erschöpft. Sie gingen auseinander und lebten den größten Teil seiner Kindheit getrennt. Es war mehr gegenseitige Gleichgültigkeit und divergierendes Interesse als irgendein spektakulärer Bruch. Philips Vater, Prinz Andrew von Griechenland, hatte sich ganz seiner militärischen Karriere verschrieben, aber die Demütigung seiner Verbannung weckte in ihm einen Zynismus und eine Indolenz, denen er sich völlig ergab. Er tendierte immer stärker nach Monte Carlo und dem behaglichen Leben eines Playboys, der über bescheidene Mittel verfügt. Für seine Familie wurde er zu dem Lebemann, den man gelegentlich an den Tischen eleganter Restaurants sehen konnte, mit einem silbernen Weinkühler neben sich und offenbar ständig bemüht, alle anderen um sich herum bei guter Laune zu halten – eine Gewohnheit, die auch sein Sohn übernehmen sollte. Prinz Andrew hat Prinz Philip auch seine Kurzsichtigkeit vererbt. Andrew trug Monokel und Kneifer, um Aufsehen zu erregen, aber sein Sohn ist dezenter. Prinz Philip trägt Kontaktlinsen (die beim Polo manchmal verlorengingen) beziehungsweise normale Brillengläser, wenn er einen Wagen fährt – es sei denn, er fährt im Stoßverkehr aus dem Buckingham Palace heraus, da steckt er die Brille ein, und seine Mitfahrer können froh sein, wenn sie ungeschoren an den Pfeilern der Palastdurchfahrten vorbeigekommen sind.

Über Prinz Philips Mutter, Prinzessin Alice von Battenberg, lief die Verbindung zur Familie Mountbatten, deren Namen er später auch annahm.[1] Sie war die einzige Tochter des Prinzen Louis von Battenberg – des Ersten Seelords und ersten Namensträgers Mountbatten, dem man so übel mitgespielt hatte – und wuchs als Mitglied der königlichen Familie auf. Anders als ihr Gatte ließ sie sich durch die erlittenen Ungerechtigkeiten nicht in ihrem Pflichtgefühl beirren. Während der deutschen Besetzung Griechenlands im Zweiten Weltkrieg blieb sie in Athen und nahm sich vieler Flüchtlinge, einschließlich Juden, an. 1949 gründete sie die »Christliche Schwesternschaft Martha und Maria«, deren graue klösterliche Tracht sie für den Rest ihres Lebens trug. Bis zu ihrem Tod wohnte sie als Gast ihrer Schwiegertochter, Königin Elisabeth II., im Buckingham Palace. Sie war eine in sich gekehrte Frau, deren Zurückgezogenheit durch Taubheit noch verstärkt wurde. Als sie in den zwanziger Jahren Prinz Philip in Abwesenheit ihres Mannes erziehen mußte, stützte sie sich auf Freunde, vor allem auf ihre Brüder George und Dickie Mountbatten.

Man hat in »Onkel Dickie« den Mentor des jungen Prinzen Philip gesehen. Es steht auch fest, daß er im Juli 1939 beim ersten Zusammentreffen zwischen seinem Neffen und Prinzessin Elisabeth zugegen war. Allerdings hatte er damals erst seit etwa einem Jahr Vaterstelle bei Philip eingenommen. Vorher hatte sich nämlich sein älterer Bruder George (bis zu seinem Tod im Jahr 1938) um den Knaben gekümmert und ihn auf seine eigene, höhere Schule nach Cheam in Surrey geschickt. Bis zu diesem Zeitpunkt hatte Philip – inzwischen ging die Ehe seiner Eltern in die Brüche – in Paris gelebt und dort eine elegante, aber ziemlich unpersönliche, kleine Akademie besucht, auf der Diplomatenkinder und Sprößlinge emigrierter Adelsfamilien unterrichtet wurden.

[1] Während seiner Jugend fehlte ihm ein Nachname, er hieß einfach Prinz Philip von Griechenland, obwohl er familiengeschichtlich gesehen zum Haus Schleswig-Holstein-Sonderburg-Glücksburg gehörte.

Der Prinz hat von diesem Abschnitt seines Lebens (bevor Onkel George seine Weiterbildung fest in die Hand nahm) gesagt, seine Familie sei »nicht besonders begütert« gewesen. Aber er reiste dennoch recht munter bei seinen zahlreichen europäischen Verwandten herum und wohnte auf deren Landsitzen und Schlössern, wo nach den Erinnerungen seiner Cousine, der Königin Alexandra von Jugoslawien, »sich die Kindermädchen mit Schüsseln voller Kaviar fröhlich zum Tee niedersetzten«. Königin Alexandra erinnert sich auch an einen ungezogenen kleinen Jungen, der am Ostseestrand mit allen Kleidern ins Wasser lief, der sich im Schweinestall in den Misthaufen fallen ließ, um seine englische Kinderfrau, Nurse Roose, zu ärgern, und der sich ein Gegenmittel ausgedacht hatte, wenn es zum Mittagessen den verhaßten Blumenkohl gab: »Wupps, und alle drehten gleichzeitig die Teller auf dem weißen Tischtuch um«, offenbar eine ganz andere Lebensauffassung, als sie seine entfernte Verwandte, Prinzessin Elisabeth, besaß.

Onkel George fand, daß strengere Zucht angebracht sei, und schickte Philip 1933 auf die Schule Salem am Bodensee. Sein Onkel unterbrach zwar nur sehr ungern den in Cheam so erfolgreich begonnenen Anglisierungsprozeß, aber es gab familiäre Gründe, die für diese, 1920 von dem legendären Kurt Hahn gegründete Schule sprachen. Alle Schwestern Philips hatten Deutsche geheiratet, die Schlösser besaßen, und das größte davon war Schloß Salem, größer noch als Buckingham Palace. Es war das Heim der Markgrafen von Baden, in deren Familie die Schwester Philips, Theodora, eingeheiratet hatte.[1]

Kurt Hahn, einstmals Berater des Prinzen Max von Baden, hatte die Schule in Salem gegründet. Er wollte hier die seiner Meinung nach besten Seiten des englischen und deutschen Schulsystems miteinander verbinden. Aus einem ersten Experiment mit vier Schülern war ein Institut mit fünfhundert Schülern geworden, das zu den berühmtesten und einflußreichsten Privatschulen der Welt zählte. Aber wegen seiner Opposition zum Nationalsozialismus befand sich Kurt Hahn bei Ankunft des Prinzen Philip bereits in Haft, und es bedurfte der Einschaltung von Ramsay MacDonald, seine Entlassung zu erwirken. Wieder in Freiheit, verlegte Hahn seine Schule nach Morayshire in Schottland; dort kaufte er ein Haus mit Namen Gordonstown, und Prinz Philip war einer der ersten Schüler, die am Aufbau beteiligt waren.

[1] Prinz Philips älteste Schwester, Prinzessin Margarita (geboren 1905), heiratete Gottfried, Fürst von Hohenlohe-Langenburg. Theodora war seine zweite Schwester (geboren 1906). Seine dritte Schwester, Prinzessin Cäcilie (geboren 1911), heiratete den Erbgroßherzog von Hessen und bei Rhein. Seine vierte Schwester, Prinzessin Sophie (geboren 1914), heiratete Prinz Christoph von Hessen und nach dessen Tod im Jahr 1943 Prinz Georg von Hannover. Bei der Abfassung dieses Buches waren nur Margarita und Sophie noch am Leben.

»Oft ungezogen, nie bösartig«, lautete Kurt Hahns Urteil über den künftigen Gemahl der Königin von England. Zum weiteren Verlauf der Karriere des Prinzen schrieb Hahn: »Prinz Philips Führereigenschaften sind unverkennbar, obwohl sie zeitweise durch Ungeduld und Unduldsamkeit belastet werden.« Im Abschlußzeugnis schlug Hahn einen warnenden Ton an. Er meinte, daß Philip, wie sein Vater, sich zu sehr darauf verlasse, daß alles sich nach seinen Wünschen richte. »Prinz Philip ist ein geborener Führer, aber er muß sich erst gegenüber den hohen Anforderungen des Militärdienstes bewähren. Wenn er will, leistet er Hervorragendes – alles andere ist nicht gut genug.«
Die Marineausbildung bot die Bewährungsprobe. Philips griechische Staatsbürgerschaft war kein Hindernis für seine Ausbildung als britischer Marineoffizier – obwohl sein Offizierspatent nur für bestimmte Zeit Gültigkeit haben konnte. Er war erst ein paar Monate in Dartmouth, als er Prinzessin Elisabeth dort im Juli 1939 begegnete. Er hatte in dieser Zeit bereits den Ehrendolch des Königs als bester Kadett seines Jahrgangs gewonnen, und Onkel Dickie konnte mit Recht auf den energischen jungen Neffen stolz sein, als er ihn Georg VI. vorstellte – obwohl Philip für die königliche Familie durchaus kein Unbekannter mehr war. Abgesehen von der Zeit, die er bei seiner Cousine, der Prinzessin Marina, in Coppins, dem Landsitz der Herzöge von Kent bei Iver in Buckinghamshire, zugebracht hatte, besuchte er auch seine Großmutter, die Witwe des ersten Lord Louis Mountbatten[1], die im Kensington Palace lebte, regelmäßig. Königin Mary hatte immer etwas für ihn übrig gehabt und konnte sich später noch an den »netten kleinen Jungen mit den blauen Augen« erinnern, der zum Tee zu ihr in den Buckingham Palace gekommen war. Während des Zweiten Weltkrieges erwies sie ihm sogar die Ehre und setzte ihn auf ihre Strickliste; damit gehörte er zu den bevorzugten Verwandten, für die sie wollene Schals und Pullover strickte.
Als sich Prinzessin Elisabeth und Philip kennenlernten, war es bereits zwei Monate vor Ausbruch des Zweiten Weltkriegs; er bestimmte natürlich die Form ihrer Beziehungen in den nächsten sechs Jahren. Philip wurde einberufen und führte bei allen Gefahren und Ablenkungen, die der Militärdienst mit sich brachte, sein eigenes Leben. Er genoß die Kameradschaft und alle Vergnügungen, die er sich unter dem Druck des Krieges gönnen konnte. Wenn er an seine Cousine, die Erbin König Georgs VI., dachte, so schwebte ihm ein schüchternes dreizehn Jahre altes Mädchen vor, das gern Ingwerplätzchen aß und Limonade trank. Wenn ihm je die Vorzüge einer dynastischen Verbindung in den Sinn gekommen waren – was bei seinen Verwandten mit Sicher-

[1] Prinzessin Viktoria von Hessen (1863–1950) war die älteste Tochter von Ludwig IV., Großherzog von Hessen, und Prinzessin Alice (1843–78), einem der neun Kinder der Königin Viktoria.

heit der Fall war –, so sah er darin gewiß erst eine spätere Sorge, wie auch viele andere Soldaten damals die Frage der Eheschließung auf nach dem Krieg vertagten.

Seine junge Cousine, Prinzessin Elisabeth, sah die Dinge jedoch anders. Fast zwanzig Jahre später veröffentlichte Sir John Wheeler-Bennett seine offizielle Biographie König Georgs VI., ein Werk, das von Königin Elisabeth II. in Auftrag gegeben und Wort für Wort durchgesehen worden war. Wenn es auch für einen Biographen angemessen gewesen wäre, jeden Eindruck, als habe sich die Königin schon in so jungen Jahren verliebt, herunterzuspielen, so lautete Sir Johns von der Königin ausdrücklich gebilligtes Urteil zum Thema Prinz Philip von Griechenland: »Dies war der Mann, den Prinzessin Elisabeth von ihrer ersten Begegnung an geliebt hat.«

Krieg

Im September 1939 konnte die künftige Königin Elisabeth II. auf eine Kindheit zurückblicken, in der sie zwar glücklich gewesen, aber doch weitgehend von der Außenwelt abgeschlossen war. Durch den Zweiten Weltkrieg, der in diesem Monat ausbrach, wurde ihr die Möglichkeit genommen, ihren Horizont wesentlich zu erweitern. Sechs Jahre später stand sie auf dem Balkon des Buckingham Palace – als ein hübsches Mädchen von neunzehn – und winkte der Menge zu, die Englands Sieg feierte. Für sie selbst ging eine Zeit klösterlicher Abgeschiedenheit zu Ende. Sie war noch zu jung, um irgendeine Dienstverpflichtung einzugehen. Dazu kam es erst in den letzten Kriegsmonaten. Aus Gründen der Sicherheit mußte die Thronerbin von der Bevölkerung und deren Einsatz im totalen Krieg abgesondert werden. Größere Bewegungsfreiheit hätte sie gehabt, wenn sie aus England evakuiert worden wäre, aber dies schien aus politischen Gründen unklug zu sein. So verliefen diese entscheidenden sechs Jahre ihrer Entwicklung ungefähr so wie die voraufgegangenen zwölf, nur kam es zu weiteren Einschränkungen der Bewegungsfreiheit: Sie war an den Palast gebunden und durfte sich nur im engen Umkreis des nächsten Luftschutzbunkers von ihm entfernen. Der persönliche Kontakt zu ihren Eltern wurde immer spärlicher, je mehr diese von den Anforderungen des Krieges in Anspruch genommen waren. Bestehen blieb die fast klösterliche Abgeschiedenheit mit ihren treuen drei Vertrauten – Schwester Margaret, der Zofe Bobo und der gutherzigen Miss Crawford.

Crawfie war in Urlaub, als Großbritannien am 3. September 1939 Deutschland den Krieg erklärte. Sie wurde telegraphisch nach Balmoral beordert. Die Prinzessinnen hielten sich im benachbarten Birkhall auf, aber das Königspaar hatte die Sommerferien bereits abgebrochen und war nach London zurückgekehrt. Georg VI. legte großen Wert darauf, daß von der königlichen Familie ein Gefühl der Zuversicht ausging. Auch als es unklug war, wegen der Bombenangriffe nachts im Buckingham Palace zu bleiben, schliefen der König und die Königin zwar in Windsor, fuhren aber jeden Morgen nach London zurück, um ihren Pflichten wie üblich nachzukommen. Die Prinzessinnen konnten einstweilen in Schottland bleiben, als seien die Ferien verlängert worden. Nur seine Mutter, Königin Mary, die im Marlborough House wohnte, bildete für den König ein echtes Problem. Sie befand sich in Gefahr,

Prinzessin Elisabeth bei der Ausbildung als Kfz-Mechanikerin während des Krieges, 1945.

Die achtzehnjährige Prinzessin Elisabeth in »Old Mother Red Riding Boots«, einer Theateraufführung zu Weihnachten 1944 im Schloß Windsor. Elisabeth, sitzend, zweite von links, spielte Lady Christina Sherwood, und Prinzessin Margaret, neben ihr kniend, spielte Lucinda Fairfax.

Prinzessin Elisabeth mit ihrem Vater in der Royal Lodge, Windsor, 1942. Die Aktenkoffer stehen rechts neben dem Schreibtisch.

ohne bei ihrem Alter von zweiundsiebzig Jahren noch wesentlich für die Verteidigungsanstrengungen beitragen zu können. Deshalb wurde sie, wie irgendein Schatz aus der Nationalgalerie, Anfang September 1939 aufs Land verfrachtet, wo sie weiterhin von dem größten Teil ihrer sechsundsechzigköpfigen Dienerschaft umsorgt wurde.

Oben in Schottland schien der Krieg in weite Ferne gerückt. Miss Crawford legte großen Wert darauf, den normalen Stundenplan aufrechtzuerhalten. Der Unterricht begann morgens um neun Uhr dreißig und dauerte bis elf, dann folgte die übliche Pause mit Orangensaft und Keksen; anschließend gingen sie spazieren oder ritten aus. Jeden Abend um sechs Uhr rief das Königspaar aus London an. Zunächst sprach die Königin mit der Gouvernante, um ihr die nötigen Weisungen zu erteilen. »Halten Sie an dem üblichen Programm fest, solange Sie können«, lauteten ihre Instruktionen. Prinzessin Elisabeths Unterrichtsstunden in Verfassungsgeschichte wurden in einen Fernunterricht umgewandelt. Sir Henry Marten schickte ihr den Lehrstoff nach Schottland und erhielt ihre schriftlichen Ausarbeitungen zur Korrektur mit der Post zurück. Da Margaret jetzt über neun Jahre alt war, wollte sich Miss Crawford als Lehrerin etwas entlasten und stellte eine gewisse Mrs. Montaudon-Smith (»Monty«) als Französischlehrerin ein. Sie brachte den Mädchen französische Duetts bei, mit denen diese ihre Eltern überraschten. Niemand wußte, wann dies der Fall sein würde, denn als die erste Kriegsweihnacht herankam, war es keineswegs sicher, ob die Familie das Fest würde gemeinsam begehen können. Am 18. Dezember schließlich rief die Königin an und sagte, es sei ungefährlich, nach Sandringham zu fahren, obwohl es in der Nähe jener Küstenabschnitte lag, an denen eine deutsche Invasion am wahrscheinlichsten schien. Die Mädchen hatten ihre Weihnachtsgeschenke hauptsächlich im Woolworth in Aberdeen gekauft. Und die Weihnachtsfreude der Familie wurde nur ein wenig durch die besorgte Spannung des Vaters getrübt, der dieses Jahr auf jeden Fall eine Weihnachtsansprache über den Rundfunk halten mußte. »Dies ist für mich immer eine Anfechtung«, schrieb er in sein Tagebuch. »Ich kann mich des Weihnachtsfestes erst freuen, wenn das alles vorbei ist.« Aber, wie so oft, machte sich die besondere Anstrengung diesmal bezahlt. Als er vor dem Frühstück die Post durchsah, war er auf ein Gedicht mit dem Titel *The Desert* gestoßen, das 1908 als Privatdruck erschienen war. Mit einigen Versen daraus beschloß er seine Rundfunkansprache: »Ich sagte zu dem Mann, der am Tor des Jahres stand: ›Gib mir ein Licht, damit ich sicher in das Unbekannte eintreten kann.‹ Und er erwiderte: ›Geh hinaus in die Finsternis, und lege deine Hand in die Hand Gottes. Das wird für dich besser sein als ein Licht und sicherer als ein bekannter Weg.‹ Möge diese Hand des Allmächtigen uns alle leiten.«

König Georg VI. mußte Anfang 1940 entscheiden, was angesichts der Invasionsgefahr mit seinen Töchtern geschehen solle. Man erwartete die Landung deutscher Fallschirmjäger, und die kleinen Prinzessinnen schienen gefährdet. Als Lösung bot sich die Evakuierung in eines der Dominien, wahrscheinlich Kanada, an; viele britische Eltern, die es sich leisten konnten, taten dies bereits mit ihren Kindern. Man hätte es verstanden und für klug und ehrenhaft gehalten, wenn König und Königin das gleiche getan hätten. Aber für Georg VI. schien dies keine akzeptable Lösung. Wenn sich gewöhnliche Eltern durch die Evakuierung einen Ausweg aus der Not verschafften, so stand dem Königspaar eine solche Lösung nicht zu. Es wurde also beschlossen, daß die Prinzessinnen bleiben sollten. »Die Kinder gehen nicht ohne mich; ich gehe nicht ohne den König; und der König geht nie«, lautete Königin Elisabeths offiziell verbreitete Erklärung für den Beschluß, der allgemeinen Anklang fand.
Windsor schien der sicherste Platz zu sein und bot außerdem die Möglichkeit, das Familienleben weitgehend ungestört fortzuführen; deshalb fuhren die Prinzessinnen im neuen Jahr von Sandringham direkt zur Royal Lodge. Nach Dünkirchen und der Niederlage Frankreichs im Sommer 1940 zogen sie in das eigentliche Schloß, wo sich Prinzessin Elisabeth für den Rest ihrer Kindheit einrichtete. Noch heute betrachtet sie Windsor als ihr eigentliches »Heim«. Offiziell wurde bekanntgegeben, die Prinzessin und ihre Schwester seien »irgendwo auf dem Lande«. Tatsächlich jedoch befanden sie sich dicht vor London, und zwar unmittelbar in der Anflugschneise, die von den deutschen Bombern auf dem Weg nach Bristol und den Städten Mittelenglands benutzt wurde. Sie waren von den modernsten Waffen umgeben. Flugabwehrkanonen ragten hinter den Zinnen gen Himmel. Im Hof gab es Luftschutzbunker, und die Keller waren bombensicher ausgebaut. Soldaten waren stationiert, um nicht nur die Prinzessinnen, sondern auch die Kronjuwelen zu schützen, die man, in alte Zeitungen eingewickelt, provisorisch in den Schloßgewölben untergebracht hatte. Windsor sah wirklich nicht mehr wie ein altes Königsschloß aus. Königin Mary meinte nach einem Besuch, das alles mache einen »deprimierenden Eindruck«.
In diesen Krisenzeiten entstand für König Georg VI. ein schwieriges Problem. Wachsende Kritik an Neville Chamberlains Kriegführung hatte am 10. Mai 1940 den Rücktritt des Premierministers bewirkt. Der König meinte: »Es ist höchst unfair, Chamberlain so zu behandeln, nach allem, was er für uns geleistet hat.« Georg VI. war der Ansicht, daß der Außenminister, Lord Halifax, den Krieg für Großbritannien gewinnen könnte. Er traute dem anderen Anwärter, Winston Churchill, nicht über den Weg; er hielt ihn für einen bösartigen Einzelgänger, der bereits mehrfach die Front gewechselt

und Kehrtwendungen in seinen politischen Überzeugungen gemacht hatte. In Gesellschaft von Halifax fühlte sich der König wesentlich wohler. Er fragte sich, ob Halifax nicht zeitweilig auf seinen Adelstitel verzichten könnte, um die Regierung vom Unterhaus aus zu führen. Aber dieser Gedanke stieß auf wenig Gegenliebe. Halifax sei nicht dynamisch genug, hieß es, und die Labour Party wolle unter seiner Führung in keine Koalitionsregierung eintreten. Deshalb berief Georg VI. am 10. Mai 1940 Winston Spencer Churchill in den Buckingham Palace. Es war seine Pflicht, als Instrument der politischen Realitäten zu handeln.

Aber dies änderte nichts an der Abneigung, die der König gegenüber einem Mann empfand, der sich während der Abdankungskrise auf die Seite seines Bruders geschlagen hatte. »Ich kann mir Winston noch nicht als Premierminister vorstellen«, schrieb Georg VI. am nächsten Tag in sein Tagebuch. Lord Halifax wohnte damals am Eaton Square auf der Rückseite des Buckingham Palace; er hatte die besondere Genehmigung erhalten, auf dem Weg nach Whitehall die Abkürzung durch den Schloßgarten nehmen zu dürfen. »Ich traf Halifax im Garten», notierte der König in sein Tagebuch, »und sagte ihm, es täte mir leid, daß nicht er Premierminister geworden sei.«

Die Gefahr, in der Großbritannien sich jetzt befand, prägte auch das tägliche Leben der Prinzessinnen in Windsor. Als das britische Expeditionskorps bei Dünkirchen ins Meer getrieben wurde, waren Artilleriefeuer und Explosionen bis an die Themse zu hören. Und vom Schießstand, der im Great Park eingerichtet worden war, drang das Peitschen der Schüsse ständig herüber. Georg VI. führte seinen Stab regelmäßig zu Schießübungen mit Pistole hierher, denn nach Winston Churchills Worten schienen Nahkämpfe inmitten der Ruinen von Whitehall im Sommer 1940 keineswegs ausgeschlossen zu sein. Churchill wollte die königliche Familie im Fall einer deutschen Invasion durch ein Spezialkorps des Heeres ins Innere des Landes abtransportieren lassen, aber Georg VI. war gegen diesen Plan. Er wollte sich nur dann absetzen, wenn er zum Führer einer bewaffneten Widerstandsbewegung würde. Sein Bruder, der Herzog von Windsor, überlegte sich, ob er unter diesen Umständen nicht eine eigene Rolle zu übernehmen habe. Marschall Pétain hatte in Frankreich seine vaterländische Pflicht darin gesehen, mit der deutschen Besatzung zusammenzuarbeiten, und als deutsche Agenten im Sommer 1940 mit dem Herzog von Windsor Verbindung aufnahmen, um einer ähnlichen Form von Patriotismus das Wort zu reden, schien er Interesse an dem Gedanken zu finden. »Das Wichtigste, was jetzt geschehen muß«, sagte der Herzog im Juli 1940 einem amerikanischen Diplomaten, sei »den Krieg zu beenden, bevor Tausende getötet oder verstümmelt werden, um das Gesicht einiger weniger Politiker zu wahren«.

Der Herzog hatte sich bei Kriegsausbruch in England freiwillig gemeldet und war der britischen Expeditionsstreitmacht in Frankreich in einer Verbindungsfunktion zugeteilt worden. Er hatte sich in Paris aufgehalten und war dann, nach der Niederlage Frankreichs, zuerst nach Spanien und dann nach Portugal ausgewichen. Aus Dokumenten, die bei Kriegsende in Deutschland sichergestellt wurden, geht hervor, wie genau die deutsche Abwehr den Ex-König als potentiellen Störenfried beobachten ließ. Winston Churchill bot dem Herzog den Gouverneursposten auf den Bahamas an und bat ihn, Europa so schnell wie möglich zu verlassen.

Aber Eduard weigerte sich und schickte sogar die beiden Flugboote, die ihn und die Herzogin abholen sollten, wieder zurück. Statt dessen blieb er noch über vierzehn Tage in Lissabon und sprach mit den Agenten, die von Ribbentrop die Anweisung erhalten hatten, »die Thronbesteigung des Herzogs und der Herzogin« zu erörtern.

Seit der Veröffentlichung dieser Unterlagen im Jahr 1954 ist es üblich, in ihnen weniger einen Beweis für die Bereitschaft des Herzogs von Windsor zu sehen, sein Vaterland zu verraten, als vielmehr ein Zeichen für die Bereitschaft der deutschen Agenten, ihren wildesten Phantasien die Zügel schießen zu lassen. Aber die Meldungen der Agenten, »er sei überzeugt, daß der Krieg, falls er auf dem Thron geblieben wäre, hätte vermieden werden können«, entsprach genau den Worten, die der Herzog später einer Vielzahl von Zeugen gegenüber gebraucht hat.

»Im Augenblick müsse er den Weisungen seiner Regierung nachkommen (nach den Bahamas gehen)«, erklärte er im Juli 1940. »Ungehorsam würde seine Absichten frühzeitig erkennen lassen... er sei überzeugt, daß es im gegenwärtigen Augenblick für ihn noch zu früh sei, die Aktion zu beginnen – sobald sich die Lage verändert habe, sei er jedoch zur sofortigen Rückkehr bereit... und er habe ein Stichwort vereinbart, bei dessen Empfang er unverzüglich zurückkehren werde... Er habe bereits die notwendigen Vorbereitungen eingeleitet.«

Einen Monat später war der Herzog auf den Bahamas, und sein Kontaktmann in Lissabon meldete, er habe von ihm ein Telegramm erhalten, in dem er »um Mitteilung bat, sobald die Aktion ratsam scheine«. Ein Jahr darauf, im August 1941, berichtete dieselbe Quelle, der Herzog halte die Verbindung weiterhin aufrecht.

Es ist möglich, daß sein Kontaktmann, ein Berufsdiplomat von Rang, in den entscheidenden Kriegsjahren nichts Besseres zu tun hatte, als Nachrichten vom Herzog von Windsor in die Welt zu setzen und nach Berlin weiterzugeben. Aber Frances Donaldson mißt in ihrer Darstellung der Beziehungen des Herzogs zu den Deutschen 1940–41 diesem Kontakt quer über den Atlantik eine entscheidende Bedeutung bei. »In der ruhigeren Atmosphäre von heute würde niemand den Herzog im Sinne vorsätzlichen Verrats für schuldig befinden«, schreibt sie, »aber relative Schuld läßt sich leichter abschätzen. Es besteht kein Zweifel darüber, daß er mit seiner Handlungsweise in einer Atmosphäre, wie sie beispielsweise in der französischen Widerstandsbewegung geherrscht hat, schärfste Vergeltungsmaßnahmen ausgelöst hätte.«

Diese Ereignisse verstärkten unwiderruflich die Entfremdung zwischen dem Herzog von Windsor und seiner Familie. »Onkel David war nicht tot«, schrieb Miss Crawford in dem Versuch, das Verschwinden des Ex-Königs aus dem Leben seiner beiden Nichten zu beschreiben. Aber »sie bekamen ihn nicht mehr zu sehen. Die königliche Familie überging seinen Namen stillschweigend wie so viele andere unangenehme Dinge. Im Buckingham Palace und in Windsor wurde er nie wieder erwähnt.« Nach den Worten von Lady Hardinge, die dem Königspaar mindestens ebenso nahestand wie Miss Crawford, hat sich die königliche Familie nie längere Zeit mit Dingen befaßt, die sie für »wenig hilfreich« hält.

Aber es gab sowieso keine Zeit zum Grübeln. Am 13. September 1940, auf dem Höhepunkt der Schlacht um England, arbeitete Alexander Hardinge gerade bei König Georg VI., als »wir« – so der König – »ganz plötzlich ein Flugzeug hörten, das über uns hinwegflog, zwei Bomben an der gegenüberliegenden Seite des Schlosses fallen sahen und dann zwei laute Detonationen hörten, während die Bomben in dem Viereck etwa dreißig Meter entfernt aufschlugen«.

Die Maschine war die Mall entlanggeflogen. »Ein ausgezeichneter Bombenwurf, Madame, wenn Sie mir diesen Ausdruck verzeihen«, lautete das Urteil eines der Polizisten, die den Palast bewachten, gegenüber der Königin.

»Ich bin froh, daß wir bombardiert worden sind«, war Königin Elisabeths Reaktion. »Jetzt habe ich das Gefühl, ich kann den Menschen im Eastend wieder ins Gesicht sehen.«

Sie hätte sich deswegen keine Sorge machen brauchen. Wenn es jemals irgendwelche Zweifel an der Loyalität der Bevölkerung gegenüber dem Teil der königlichen Familie, der nach der Abdankung den Thron innehatte, gegeben haben sollte, so wurden sie im Herbst 1940 beseitigt, als König Georg VI. und seine Gemahlin tagaus, tagein durch die Straßen der zerstörten Stadtviertel gingen und das einfache Volk inmitten des Schutts, der einstmals ihr Heim gewesen war, trösteten und wiederaufrichteten. Dies war repräsentative Monarchie, die sich im Krieg auf eine vollkommen neuartige Weise an die Spitze des Volkes gesetzt hatte. Winston Churchill verkörperte ein Sendungsbewußtsein anderer Art, doch ebenso wichtig für den britischen Widerstandswillen war das beispielhafte Verhalten König Georgs VI. und der Königin Elisabeth. »Gott sei Dank, daß wir einen guten König haben!« rief ein Überlebender, als er das Königspaar durch die Ruinen seines Viertels stapfen sah. »Gott sei Dank, daß wir ein gutes Volk haben«, gab König Georg VI. zur Antwort.

Als sich die deutsche Bombenoffensive auf andere Städte konzentrierte, fuhren König und Königin auch dorthin. Während der Nacht kamen Meldungen über Bombenteppiche herein, die auf Coventry, Southampton, Birmingham oder Bristol abgeworfen worden waren, und am nächsten Vormittag setzte sich der Sonderzug des Hofs in Bewegung und der König konnte die heimgesuchten Orte besuchen. »Der alte Teil und das Zentrum der Stadt sehen wie Ypern nach dem letzten Krieg aus«, schrieb der König nach seiner Rückkehr aus Coventry an Königin Mary. »Ich bin ganz erschöpft, nachdem ich so viel Trauer, Kummer, Heldenmut und Kampfgeist erlebt habe«, schrieb seine Gemahlin an ihre Schwiegermutter. »Die Zerstörungen sind so schrecklich, und das Volk ist so *großartig* – es *verdient* eine bessere Welt.«

Es war deshalb nur sinnvoll, daß dieser neuartige Kriegskönig, der unbewaffnet mitten im Kampfgetümmel stand, seinen Namen einem Orden geben sollte, der für Heldenmut in dieser Form des totalen Kriegs verliehen wurde. Das Viktoriakreuz war seit der Regierungszeit der Königin Viktoria die höchste Tapferkeitsauszeichnung gewesen. Jetzt wollte Georg VI. einen eigenen Orden stiften, der an Zivilisten bei Polizei, Feuerwehr, Krankenfahrern und wo auch immer sie eingesetzt sein mochten, wegen Tapferkeit im Bombenkrieg verliehen werden sollte. Der König hatte inzwischen seinen Argwohn gegenüber Churchill überwunden. Die beiden Männer aßen jeden Dienstag im Buckingham Palace zusammen zu Mittag; sie bedienten sich selbst von einer kleinen Anrichte, so daß sie streng geheime Dinge unter Ausschluß des Dienstpersonals besprechen konnten. Der König machte den Premier mit seiner Idee vertraut, und auf diese Weise wurde das Georgskreuz geboren.[1]

Eine weitere Neuerung, die durch die Ereignisse des Jahres 1940 hervorgerufen wurde, war eine Rundfunkansprache, die Prinzessin Elisabeth über BBC hielt. Der Gedanke stammte von Derek McCulloch, der als »Onkel Mac«

[1] Der König hat den Orden selbst entworfen. Es ist ein schlichtes Silberkreuz mit dem königlichen Monogramm G. VI. in den Winkeln zwischen den Balken. Im Zentrum zeigt ein rundes Medaillon den heiligen Georg mit dem Drachen, umgeben von der Inschrift »Für Tapferkeit«. Die Rückseite ist schlicht; auf ihr wird lediglich der Name des Ordensträgers und das Datum der Verleihung eingraviert. Das Kreuz hängt an einem dunkelblauen Band. Hie und da vertritt man die Ansicht, der Name dieser Auszeichnung stamme von Englands Schutzheiligem, aber Georg VI. drückte sich klar aus, als er »diese neue Ehrung für Männer und Frauen in allen Bereichen des zivilen Lebens« ankündigte und hinzufügte: »Ich beabsichtige, dieser neuen Auszeichnung meinen Namen zu geben.«

Sendungen für evakuierte Kinder produzierte. Er fand, daß ihr Beispiel – in ein Haus irgendwo auf dem Land evakuiert – repräsentative Bedeutung habe. »Ich kann euch aufrichtig sagen, daß uns Kinder in der Heimat Frohsinn und Mut nicht verlassen haben«, las die vierzehneinhalb Jahre alte Prinzessin vom Blatt ab, als sie sich am 13. Oktober 1940 an das ganze Empire wandte. »Wir versuchen, unseren tapferen Soldaten in der Marine, im Heer und bei der Luftwaffe nach Kräften zu helfen, und wir versuchen außerdem, unseren Teil an den Gefahren und Kümmernissen des Krieges zu tragen. Wir wissen, jeder von uns ist dann überzeugt, daß schließlich alles wieder gut werden wird.«

Die Prinzessin hatte die Ansprache mit ihrer Mutter geprobt, um Atemtechnik und Tonfall richtig zu regulieren, und sie entledigte sich ihrer Aufgabe mit Bravour. Sie wirkte weder nervös, noch merkte man ihr irgendeinen Sprachfehler an, und zum Schluß hörte man, wie sie sagte: »Los, Margaret« – worauf ihre zehnjährige Schwester, die stumm neben ihr gesessen hatte, mit hoher Kinderstimme flötete: »Gute Nacht, Kinder.«

Das Leben auf Schloß Windsor unter dem Schutz einer Elitetruppe ließ sich angesichts der häufigen Besuche ihrer Eltern nicht mit dem Schicksal der meisten evakuierten Kinder vergleichen. Aber mit Bobo in der eisigen Kälte des Lancaster Tower zu schlafen, der aus der Regierungszeit König Heinrichs VII. stammte, war bereits Anfechtung genug. In der zweiten Nacht nach ihrer Ankunft heulten die Luftschutzsirenen auf; alle hatten ihre Zimmer zu verlassen und sich in die Luftschutzkeller zu begeben. Miss Crawfords Verantwortlichkeit hörte jeden Abend um sechs Uhr auf; dann übernahm es Alla, die Kinder ins Bett zu schicken. Als Crawfie im Luftschutzkeller erschien, war von den Prinzessinnen nichts zu sehen.

»Ich lief wieder den ganzen Weg ins Kinderzimmer zurück, von wo ich schon laute Geräusche hören konnte... Alla war immer peinlich genau. Sie mußte ihr Häubchen und die weiße Uniform anlegen. Lilibet rief: ›Wir ziehen uns an, Crawfie. Wir müssen uns anziehen.‹ Ich sagte: ›Unsinn! Ihr zieht euch nicht an. Hängt euch einen Mantel um, und zwar rasch.‹

Sie kamen schließlich im Luftschutzkeller an... Sir Hill Child (Oberhofmeister)... sagte trotz des Respekts, den er vor Alla empfand: ›Sie müssen verstehen, daß die Prinzessinnen sofort herunterkommen müssen. Sie müssen herunterkommen, ganz gleich, was sie gerade anhaben.‹

Es war zwei Uhr morgens, als die Entwarnung kam... Sir Hill Child verneigte sich vor Lilibet. ›Sie können jetzt ins Bett gehen, Madame‹, sagte er.«

Später wurden richtige Schlafgelegenheiten für den König, die Königin und die Prinzessinnen in einem der Luftschutzkeller von Windsor mit Badezimmern und Waschräumen eingerichtet. Bis dies soweit war, mußten die Prin-

zessinnen in leichten Arbeitsanzügen in die Keller laufen und ihre Puppen, Bücher und sonstige Schätze in kleinen Köfferchen mit sich tragen.
Da alle Kronleuchter abgenommen, die Vitrinen zur Wand gekehrt und anstelle der normalen Glühbirnen dunklere Glühfadenbirnen eingesetzt worden waren, so daß ein düsteres Grabeslicht entstand, wurde Schloß Windsor zu einem bedrückenden Gemäuer, in dem Elisabeth allmählich erwachsen wurde. Es erhob sich die Frage, ob sie es sich in späteren Jahren zutrauen würde, diesen engen Rahmen ihrer Kindheit zu sprengen. Sie war schon jetzt ein scheues Mädchen, das sich vor fast allen zurückhielt, ausgenommen einige wenige, die sie gut kannte. Wie empfänglich würde sie in Zukunft gegenüber Ideen sein, die von außen an sie herangetragen würden?
Der Krieg lieferte den Beweis für ihr ausgeprägtes Pflichtbewußtsein. Die Atmosphäre des Jahres 1940 war nicht dazu angetan, eigenen Wünschen und Launen den Vorrang einzuräumen. So entwickelte sich Prinzessin Elisabeth vom ernsten Kind zu einem ernsten jungen Mädchen, ohne daß irgendein Bruch zu beobachten gewesen wäre. Jeder Hang zur Rebellion oder Extravaganz wurde durch die besonderen Umstände erstickt, die diesen Abschnitt ihrer Entwicklung kennzeichneten. Ihre Mußestunden und Vergnügungen wurden so exakt wie eh und je von den Erwachsenen vorprogrammiert, unter denen sie lebte, und Georg VI. spürte die innere Spannung in ihr, als sie mit anderen Kindern ein Weihnachtsspiel aufführte. »Ich habe fast die ganze Zeit geweint«, schrieb er in sein Tagebuch.

Am 21. Januar 1941 begab sich Henry Channon, »Chips«, zu einer »netten griechischen Cocktailparty. Philip von Griechenland war da. Er sieht außerordentlich gut aus... Er soll unser Prinzgemahl werden; deshalb dient er auch in der Marine.«
Dies war eine bemerkenswerte Prophezeiung. Prinzessin Elisabeth war noch nicht ganz fünfzehn, Philip noch nicht zwanzig. Aber Channons Behauptung war besser fundiert als die meisten Histörchen, die die Lektüre seiner Tagebücher so reizvoll machen. Denn seine Information, daß bereits im Januar 1941 eine Heirat zwischen Elisabeth und Philip diskutiert worden sei, stammte von der Prinzessin Nikolaus von Griechenland, der Mutter von Prinzessin Marina, der Herzogin von Kent, einer absolut zuverlässigen Quelle, wenn es um Nachrichten über den engeren Kreis der königlichen Familie ging.
»Man hatte wahrscheinlich davon gesprochen, daß er ›durchaus in Frage kommt, daß er genau der Typ ist, den sie vielleicht heiratet‹«, meinte Prinz Philip dreißig Jahre später. »Ich finde, wenn man zehn Minuten darüber nachdenkt – und viele Leute denken noch viel länger darüber nach –, wie

viele andere junge Männer sonst noch in Frage kamen? Gewiß, ich habe sicher auch auf der Liste gestanden, wenn man so will. Aber dann kommt jemand wie Chips Channon und sagt, es wäre damals schon alles entschieden gewesen – das ist der große Unterschied, verstehen Sie, was ich meine?«
Er redet heute ganz unverblümt davon, aber damals, an Bord des Schlachtschiffes *HMS Valiant* im Mittelmeer, hatte er andere Sorgen. Im März 1941 bediente er in der Seeschlacht von Matapan einen Suchscheinwerfer, als mehrere italienische Kriegsschiffe an der Südspitze Griechenlands zum Kampf gestellt wurden. Die *Valiant* wurde getroffen und schwer beschädigt – und der Prinz fand in Telegrammen Erwähnung: »Dank seiner Aufmerksamkeit und richtigen Beurteilung der Lage«, schrieb sein Kommandant, »konnten wir in fünf Minuten zwei italienische Kreuzer versenken.« Was auch einige Angehörige der königlichen Familie für Prinz Philip im Sinn gehabt haben mögen – er wurde deswegen jedenfalls nicht aus dem unmittelbaren Gefahrenbereich herausgeholt.
Doch der Prinz fand trotz seiner Pflichten an Bord genügend Zeit, einen »vetterlichen Briefwechsel« mit Prinzessin Elisabeth aufrechtzuerhalten. Und immer, wenn er im Urlaub nach England kam, besuchte er sie und wurde von ihren Eltern willkommen geheißen. Sie mochten ihn gern und luden ihn ein, in Windsor zu wohnen. Der König hörte sich den Bericht über die Seekriegführung im Mittelmeer an und redete gern über Marineprobleme. Elisabeth verehrte ihn – man sah es ihr an –, aber ihre Eltern sahen darin keine Gefahr. Sie war noch jung, und er war vorläufig noch völlig vom Krieg in Anspruch genommen. Sie sahen in ihm mehr den Verwandten als den Freier. In seiner Ausgelassenheit wirkte er alles andere als liebeskrank. Sein Ulk richtete sich ebenso gegen Margaret wie gegen Elisabeth, und in Windsor war er stets ein willkommener Gast. Die Situation, wie sie zwischen ihm und der Prinzessin bestand, wurde nie offiziell besprochen, denn da alle Beteiligten derselben Familie angehörten, wußte sowieso jeder, worum es ging. Bis der Krieg nicht vorüber und die Prinzessin älter geworden war, gab es nichts zu besprechen.
Im Frühjahr 1942 wurde Elisabeth konfirmiert. Sie war fast sechzehn. Lang, der Erzbischof von Canterbury, der mit ihr über die religiöse Bedeutung dieser vollen Aufnahme in die Kirche sprach, fand, »daß sie echte Intelligenz und viel Verständnis zeigte« – obwohl sie von Natur aus »nicht sehr mitteilsam« war.
»Die Konfirmation selbst war sehr schlicht«, schrieb er später. »Sie fand in der häßlichen Privatkapelle von Windsor statt – nur wenige Verwandte und Freunde sowie der Knabenchor von St. George waren zugegen. Meine Ansprache war in etwa dieselbe, wie ich sie oft in ländlichen Kirchen halte.«

Lady Airlie, die mit Königin Mary aus Badminton in Windsor eintraf, hatte die Prinzessin seit Kriegsausbruch nicht mehr gesehen und war entzückt, wie das Mädchen inzwischen erblüht war. »Ich sah ein ernstes Gesichtchen unter einem kleinen weißen Netzschleier«, schrieb sie, »und eine schlanke Figur in einem einfachen weißen Wollkleid. Die Art, wie sie den Kopf hielt, war unvergleichlich, und sie besaß jenes unbeschreibliche Etwas, das Königin Viktoria hatte.« Dies war eine Ähnlichkeit, auf die Königin Mary oft anspielte, und Lady Airlie gehörte zu den wenigen Freunden, die alt genug waren, solche Vergleiche ziehen zu dürfen. Viktorias Solidität und tiefer Lebensernst waren Eigenschaften, deren Wiedergeburt in einer höchst unviktorianischen Generation von den beiden alten Damen besonders begrüßt wurde.

Im Alter von sechzehn Jahren mußte sich Prinzessin Elisabeth laut Gesetz, wie die anderen Mädchen ihres Alters, beim Arbeitsamt registrieren lassen. Sie tat dies im Frühjahr 1942 in Windsor und zeigte zum ersten Mal einen eigenen Willen, denn sie wünschte, trotz anderslautender Pläne ihres Vaters, unverzüglich in einen der weiblichen Hilfsdienste einzutreten. Ihre Cousine, Lady Mary Cambridge, war als freiwillige Krankenschwester in den ausgebombten Vierteln von London tätig, und die Prinzessin fand, sie sollte das gleiche tun. Der König war jedoch nicht einverstanden. Die Leistungen seiner Tochter im Unterricht bei Miss Crawford schienen ihm noch nicht überzeugend genug zu sein. Als er zwei Jahre später schließlich doch ihrem Drängen nachgab, war es nicht schwierig, einen Kriegsdienst zu finden, der nicht allzu riskant war. 1942 jedoch fand Georg VI., daß seine sechzehnjährige Tochter noch zu jung sei, sich von ihrer Gouvernante zu trennen, dies blieb eine Quelle häufiger Reibereien zwischen der Prinzessin, die immer mehr Selbständigkeit entwickelte, und dem Vater mit seiner konservativen Grundhaltung. Hinzu kam noch ein weiterer Charakterzug, der sich immer deutlicher auszuprägen begann – eine gewisse Besitzgier. Diese Eigenschaft trat bei ihrem Vater deutlich hervor, als Elisabeth später ernsthaft den Wunsch äußerte, Philip zu heiraten, und der König aus seiner Eifersucht kein Hehl machte. Im Jahr 1942, als Elisabeth sechzehn Jahre alt war, trat dieser Zug noch nicht so deutlich hervor, und die Familie König Georgs VI. wurde in jenem Jahr von einem Schicksalsschlag getroffen, der repräsentativ für den Leidensweg einer ganzen Nation schien. Das Flugzeug, mit dem Prinz Georg, Herzog von Kent, am 25. August 1942 zu einer Inspektionsreise von Luftwaffeneinrichtungen auf Island startete, stürzte ab; der Prinz kam sechs Wochen nach der Geburt seines dritten Kindes, Michael, ums Leben.[1]

[1] Die anderen Kinder des Herzogs von Kent waren Prinz Eduard (geb. 1935), der heutige Herzog von Kent, und Prinzessin Alexandra (geb. 1936). Seine Frau, Prinzessin Marina, starb 1968.

»Ich habe viele Trauerfeiern in der Kapelle erlebt«, schrieb Georg VI. in sein Tagebuch, »aber keine hat mich so gerührt. Ich kannte alle Anwesenden, wagte aber nicht aufzublicken, denn ich fürchtete, die Fassung zu verlieren.« Es war eine Erfahrung, die so viele englische Familien in der damaligen Zeit machen mußten. Als Mrs. Roosevelt, die Gattin des amerikanischen Präsidenten, nach London kam und im Buckingham Palace wohnte, fiel ihr diese Identität zwischen König und Volk besonders auf. Die einfachen Mahlzeiten hätten »in jedem Haus in England serviert werden können« – wenn sie hier auch von silbernen und goldenen Tellern gegessen wurden. Und wenn auch das Schlafzimmer, das man ihr zuwies, das Zimmer der Königin und riesengroß war, so waren aus den Fenstern durch die Bombenangriffe alle Glasscheiben verschwunden; statt dessen hatte man kleine Holzrähmchen mit Marienglas eingesetzt.
Draußen auf dem Land stellte Prinzessin Elisabeth fest, daß ihre Großmutter auf ihre Art Opfer für den Krieg brachte. Königin Mary, die im Frühjahr 1943 von der Prinzessin in Badminton besucht wurde, aß strikt nach der Rationierungstabelle und hatte sich sogar mit dem Gebrauch bürgerlicher Serviettenringe bei Tisch abgefunden, damit die Servietten nicht nach jeder Mahlzeit gewaschen werden mußten. Am meisten empörte sie sich über Hitler, daß er ein so schauerliches Deutsch spräche. Sie hatte stets drei gepackte Koffer bereit, falls es zu einer deutschen Landung kommen sollte – ein vierter war für ihren Schmuck gedacht.
Prinzessin Elisabeth hatte schon in der Vergangenheit unter einer besonderen Eigenart ihrer Großmutter zu leiden gehabt: ihrer Abneigung gegen Efeu; der alten Königin schien diese Pflanze an Häuserwänden gefährlich zu sein – und, was noch viel schlimmer war, sie hielt sie für ein Zeichen von Verwahrlosung. Die Prinzessin hatte sich einen Ausschlag zugezogen, als sie mit ihrem Vater die Kletterpflanzen von den Mauern in Sandringham entfernen mußte. Aber jetzt fand sie Königin Mary in Badminton im Alter von sechsundsiebzig Jahren damit beschäftigt, ihren Beitrag zur allgemeinen Kriegsanstrengung noch zu erhöhen; sie fuhr über Land und suchte nach Altmaterial, das für die Kriegführung von Bedeutung war. Sie sammelte Knochenstücke oder Alteisen ein und übergab das Material einer zögernden Hofdame, die es dann mit nach Hause nehmen mußte; mehr als einmal mußte ihre Umgebung heimlich irgendeinem Farmer seine Egge oder andere Gerätschaften zurückbringen, die draußen auf den Feldern gestanden hatten und von Königin Mary für Schrott gehalten worden waren. An Ordnung und Sauberkeit gewöhnt, brauchte Ihre Majestät einige Zeit, um einzusehen, daß die Ordnung, wie sie bei königlichen Residenzen anzutreffen ist, nicht den natürlichen Zustand der Dinge darstellt.

Zu Weihnachten führten die Prinzessinnen in Windsor Pantomimen auf – Aschenbrödel, Dornröschen, Aladin und »Old Mother Red Riding Boots«; in der besten Tradition des Liebhabertheaters, mit Goldschühchen, Perükken, Satin, Brokat und Kostümen (doch achtete Georg VI. streng darauf, daß Lilibet nichts zu Kurzes trug). An den prächtigen Schlußszenen nahmen auch die Wachsoldaten teil, und Union Jacks wurden entfaltet, während ein Tusch gespielt wurde. Eines Abends schauspielerte Elisabeth, laut Miss Crawford, besser als je zuvor. »Ich habe Lilibet noch nie so lebhaft gesehen. Sie sprühte förmlich. Viele Leute haben Bemerkungen darüber gemacht.« Und der Grund für diese Veränderung saß in der ersten Reihe und wirkte wikingerisch wie eh und je.

Prinz Philip befand sich auf Heimaturlaub; plötzlich schienen Chips Channons Prophezeiungen ihrer Verwirklichung ein ganzes Stück nähergerückt zu sein. Die Prinzessin stand kurz vor ihrem achtzehnten Geburtstag. Sie hatte ein eigenes Wohnzimmer in Windsor erhalten, und eine Hofdame half ihr bei der Korrespondenz. Durch eine Änderung des Regentschaftsgesetzes durfte sie gewisse administrative Aufgaben übernehmen, wenn ihr Vater erkrankt war oder sich im Ausland befand. Es war überhaupt nicht zu übersehen, daß sie ihren Vetter Philip noch immer schwärmerisch verehrte – während er sich, da sich der Krieg offenbar dem Ende zuneigte, ernster über seine Gefühle gegenüber der Prinzessin klarzuwerden versuchte.

Die beiden sprachen miteinander. Ihr »vetterlicher Briefwechsel« war lebhafter geworden. Und ihren Gesprächen entnahm Philip, daß es jetzt angezeigt sei, mit seinen Verwandten die Möglichkeit einer Heirat zu erörtern – oder doch wenigstens einer offizielleren Werbung. Sein älterer Vetter, König Georg von Griechenland, setzte sich mit Elisabeths Vater in Verbindung. »Wir glauben beide, daß sie dafür noch zu jung ist«, schrieb Georg VI. im März 1944, »denn sie ist noch nie mit anderen jungen Männern ihres Alters zusammengekommen... Ich mag Philip gern. Er ist intelligent, hat Sinn für Humor und besitzt die richtige Lebensauffassung.« Aber der Augenblick sei noch nicht gekommen. Der König wollte zwar die Aussichten Philips für die Zukunft keineswegs schmälern. Nur brauchte Elisabeth etwas mehr Welterfahrung, bevor der endgültige Entschluß gefaßt würde. »P. sollte lieber im Augenblick nicht mehr daran denken.«

Das Ende des Krieges war noch mehr als ein Jahr entfernt; die Reaktion des Königs schien vernünftig, besonders, da er schließlich den hartnäckig vorgetragenen Wünschen seiner älteren Tochter nachgab, die in einen der Hilfsdienste eintreten wollte. Er konnte es ihr kaum abschlagen, da er doch selbst wünschte, sie möge mehr von der Welt sehen. So trat sie in Aldershot als Leutnant in den Dienst der Territorialverteidigung ein: »No. 230873, Leutnant Elisabeth Alexandra Mary Windsor. Alter: 18. Augenfarbe: blau. Haare: braun. Größe: 160 cm.« Jeden Tag wurde sie zum Ausbildungslehrgang hinübergefahren und lernte die Wartung von Kfzs; sie arbeitete in, auf und unter Pkws und Lkws. Sie lernte Kartenlesen, in Kolonne fahren und wie ein Motor ausgebaut und gewartet wird. Als ihre Eltern das Depot besuchten, um bei ihrer Abschlußprüfung dabeizusein, fanden sie sie in ölverschmiertem Overall mit schwarzen Händen und schmutzigem Gesicht unter einem Wagen hervorschauen – »sehr ernst und entschlossen, gute Noten zu bekommen und das Richtige zu tun«. Um ihre Fähigkeit unter Beweis zu stellen, fuhr sie ihren Kompaniechef durch den dichtesten Nachmittagsverkehr von London bis in den Hof des Buckingham Palace – »ob allerdings die Tatsache, daß sie es für nötig befand, zweimal um den Piccadilly Circus herumzufahren, einer Laune des Augenblicks entsprang oder darauf zurückzuführen ist, daß sie das System des Kreisverkehrs noch nicht ganz beherrschte, ist von den zuständigen Stellen nicht festgestellt worden«.

Sie hatte gerade ihre Ausbildung beendet, als der Krieg vorüber war. Am 8. Mai 1945 feierte man den am Vortag geschlossenen Waffenstillstand, und Georg VI. setzte sich an die Spitze seines Volkes und dankte Gott. Er sprach von »denjenigen, die nicht zurückkommen werden«, und später, vor dem Parlament, versagte ihm die Stimme, als er den Tod seines Bruders, des Herzogs von Kent, erwähnte.

Winston Churchill erklärte, daß sich Georg VI. und seine Familie im Krieg enger mit ihrem Volk identifiziert hatten als alle seine Vorgänger, und dieses Urteil fand allgemeine Zustimmung. »Wir sind überwältigt von den vielen Freundlichkeiten, die die Leute wegen unseres Anteils an der Kriegführung über uns gesagt haben«, schrieb der König in sein Tagebuch. »Wir haben nur versucht, während dieser fünfeinhalb Jahre unsere Pflicht zu tun.« Aber die ständige Belastung hatte sich auf seine Gesundheit sehr negativ ausgewirkt, und er wußte, daß er nicht das einzige Familienmitglied war, das zu leiden gehabt hatte. Am Abend des VE Day erschien die Familie immer wieder auf dem Balkon des Buckingham Palace und ließ sich von der jubelnden Menschenmenge feiern; Georg VI. bestimmte eine Gruppe junger Offiziere, die seine Töchter insgeheim aus dem Palast hinausbringen sollten, damit sie sich unter die Masse der Feiernden mischen konnten, die in dem fast vergessenen Luxus hell erleuchteter Straßen ein munteres Treiben in Szene setzten. Die Prinzessinnen Elisabeth und Margaret Rose tauchten in der Menschenmenge unter. »Die armen Kleinen«, lautete König Georgs VI. letzter Eintrag im Tagebuch am VE Day, »sie haben sich bis jetzt überhaupt noch nicht amüsieren können.«

Friede

Die Siegesfeiern in Europa wiederholten sich drei Monate später, als Japans Niederlage durch den Abwurf der Atombombe im August 1945 besiegelt war. In der Zwischenzeit war im politischen und sozialen Leben Großbritanniens ein entscheidender Wandel eingetreten. Clement Attlee und die Labour Party kamen durch einen überwältigenden Wahlsieg an die Macht und gingen sofort daran, das Nachkriegsengland und das Empire zu reorganisieren.
König Georg VI. war von der Wachablösung ebenso unangenehm berührt wie damals im Jahr 1940, als man Neville Chamberlain zum Rücktritt gezwungen hatte. Er gewöhnte sich nur ungern an den Regierungsstil eines neuen Premierministers und machte aus seiner Auffassung kein Hehl, daß Winston Churchill von dem Volk, das er vom Rande einer Niederlage zum Sieg geführt hatte, ziemlich undankbar behandelt worden war. In der Politik und in seinem Privatleben war er konservativ eingestellt und fühlte sich in Gesellschaft sozialistischer Minister, mit denen er es jetzt zu tun hatte, nicht wohl – »es ist ziemlich schwierig, mit ihnen zu reden«, vertraute er seinem Bruder, dem Herzog von Gloucester, an.
Aber in den Monaten unmittelbar nach Kriegsende ging er zunächst daran, das Familienleben wieder so zu gestalten, wie sie es vor dem Krieg gekannt hatten. Im September 1945 fuhren sie nach Balmoral, um dort in der Abgeschiedenheit lange Ferien zu verleben. Die Hühnerjagd war in diesem Jahr nicht gut, weil die junge Brut zum Teil einem frühen Frosteinbruch zum Opfer gefallen war; aber der König konnte seine ältere Tochter mit der schwersten und fairsten Jagdart bekanntmachen, der Rotwildpirsch, für die sich Elisabeth bis auf den heutigen Tag besonders begeistert.
Die Pirsch auf Rotwild, bei der Wild und Jäger etwa gleiche Chancen haben, wurde in Großbritannien durch Prinz Albert populär. Er führte diese Jagdart in Schottland ein, wo die Grundbesitzer auch genügend Revier für diese Jagd haben – denn zwei Jäger, die zweimal in der Woche auf Pirsch gehen, brauchen etwa fünftausend Hektar »Rotwildforst«, der nur aus Wald, der von Hochmoor ohne Baumbestand unterbrochen sein kann, besteht. Ein geschickter Jäger kann hoffen, daß er am Ende eines langen Tages – nachdem er sich stundenlang gegen den Wind an seine Beute herangepirscht hat und

lange Strecken auf dem Bauch durch das Heidegras gekrochen ist – auf hundert Meter bei schlechtem Licht auf einen Hirsch zu Schuß kommt. Wenn dann der erste Schuß fehlgeht, hat er nur selten Gelegenheit zu einem zweiten.

Dies war die Kunst, in der König Georg VI. seine Tochter Elisabeth im Herbst 1945 unterwies. Sie war von Anfang an begeistert und lieh sich seine alten Knickerbocker aus, so daß sie sich im Gelände bequem und mit Anstand bewegen konnte. Vater und Tochter machten sich frühmorgens auf den Weg. Begleitet wurden sie von zwei Jagdgehilfen, die ihnen die Gewehre nachtrugen, außerdem folgte ihnen ein Tragtierführer (gewöhnlich ein alter Mann), der mit seinem Pony zum Abtransport der Beute herankam, wenn sie ein Feuer anzündeten. Das Lunch bestand aus einer Semmel, einer Scheibe Plumpudding und einem Apfel; alles wurde mit dünnem Whisky hinuntergespült, während der König und die Prinzessin sich auf einem großen Findling ausruhten und die Jagdgehilfen außer Sichtweite auf der anderen Seite des großen Felsbrockens hockten. Als die Prinzessin dann so weit war, daß sie allein auf Pirsch gehen konnte – zwar ohne einen zweiten Schützen, aber dennoch in Begleitung der beiden Jagdgehilfen –, wurde diese Etikette beibehalten. Die Jagdgehilfen suchten einen großen Findlingsblock, plazierten die Prinzessin mit ihrem Lunch auf der einen Seite unter und zogen sich selbst dann auf die rückwärtige Seite zurück.

Die Fähigkeiten von Prinzessin Elisabeth als Pirschgängerin und Jägerin wurden deutlich, als der König am 3. September 1945 eine Anzahl von Jagdgästen einlud. Da es in diesem Jahr nur wenig Moorhühner gab, wurde beschlossen, den Tag mit Streifzügen durch die Jagdgründe von Balmoral zu verbringen und nach jagdbarem Wild Ausschau zu halten. Die Strecke des Tages war höchst eindrucksvoll: Der König erlegte neunzehn verschiedene Arten, darunter einen Schneehasen, zwei Auerhähne, zwei Lachse, eine Forelle, einen Reiher, einen Sperber und ein Schneehuhn; Prinzessin Elisabeth pirschte sich an einen kapitalen Hirsch heran und erlegte ihn noch vor dem Mittagessen. In Erinnerung an diese Leistungen taten sich Prinzessin Elisabeth und die anderen Mitglieder der Jagdgesellschaft zusammen und schenkten Georg VI. an seinem nächsten Geburtstag einen silbernen Teller, in den ihre Namen, das Datum und die Strecke eingraviert waren. »Der Teller lag von diesem Tag an stets vor ihm«, schreibt Aubrey Buxton, der ein ganzes Buch mit Beschreibungen der Jagderlebnisse Georgs VI. angefüllt hat, »als Erinnerung an einen glücklichen Tag.«

Während ihr Vater auf die Jagd ging, fischte ihre Mutter. In der Nähe von Lachsgewässern aufgewachsen, liebte es Königin Elisabeth, in Balmoral nach dem Abendessen hohe Wasserstiefel anzuziehen und im knietiefen

Wasser herumzuwaten, wo der Lachs im fallenden Abendlicht an die Fliege ging. Wie ein Profi warf sie die Fliege aus und führte den Drill bis zu Ende. Sie betrieb diesen Sport auch noch während ihrer langen Witwenschaft nach 1952 bis weit in die siebziger Jahre hinein.

Die Familie war glücklich, wieder in ihrem ureigenen Element zu sein, und veranstaltete ausgiebige Picknicks in einem alten Schulhaus, das verlassen auf dem Hochmoor lag und das man bei jedem Wetter erreichen konnte. Die Prinzessinnen sammelten dort trockenes Heidekraut und Reisig ein und bereiteten gegrillte Speisen zu – mit einer gewissen Unterstützung durch den Küchenchef von Balmoral, der schon etwas vorkochte, bevor die Sachen im Korb verstaut wurden. Anschließend brachten alle ihr Geschirr hinunter an den Bach, wuschen es ab und hoben es sauber für die nächste derartige Veranstaltung auf. Georg VI. war glücklich. Er hatte sich durch die sechs Kriegsjahre betrogen gefühlt. Der Krieg hatte ihn um viele Freuden gebracht, die er als Vater zweier hübscher heranwachsender Töchter hätte genießen können. Er war entschlossen, dieses Glück jetzt auszukosten. Aber bei seinem Ehrgeiz übersah er, daß Prinzessin Elisabeth herangereift war. Sie war jetzt fast zwanzig, also in einem Alter, in dem sich jedes Mädchen aus dem engsten Familienkreis entfernt. Es war nicht realistisch gedacht, dasselbe Familienleben führen zu wollen, wie es bei Kindern angebracht war – und bei Prinzessin Elisabeth hatte die von Georg VI. gefürchtete Entwicklung bereits eingesetzt. Sie hatte sich verliebt, und wenn sie auch eine noch so liebevolle und pflichtbewußte Tochter war, dieser Umstand mußte in ihrem Leben neue Prioritäten setzen.

Da die Rückkehr von Prinz Philip aus dem aktiven Militärdienst im Jahr 1945 unmittelbar bevorstand, begannen sich die Dinge rasch zu entwickeln – und es war Prinzessin Elisabeth, die das Tempo bestimmte. Während der Kriegszeit hatte sie bei ihrem Ringen um ein bißchen Selbständigkeit bereits eine überraschende Zähigkeit, ja sogar Hartnäckigkeit erkennen lassen. Sie stellte ein Photo des Prinzen an gut sichtbarer Stelle über ihren Kamin. Als sie wegen dieses Mangels an Diskretion gescholten wurde, tauschte sie das Bild einfach gegen ein anderes aus, auf dem Philip mit dem buschigen Vollbart zu sehen war, den er sich bei der Marine hatte wachsen lassen, und erklärte, durch diese Tarnung würden alle getäuscht. Dies war natürlich nicht der Fall. Das Gegenteil trat ein, denn bald tauchten Gerüchte über die Liebesromanze in der Presse auf, und die Zeitungen erwähnten das Bild auf dem Kaminsims als Beweisstück.

Aber Prinz Philip war nicht der einzige Name, der mit Prinzessin Elisabeth in Verbindung gebracht wurde. Schon im Dezember 1943 hatte der *New York Journal-American* vorausgesagt, sie werde sich demnächst entweder mit

Prinz Philips Abschied vom Junggesellendasein im Dorchester Hotel, am Vorabend seiner Hochzeit, 19. November 1947. Rechts neben ihm sein Onkel, Earl Mountbatten von Burma.

Der königliche Trauschein.

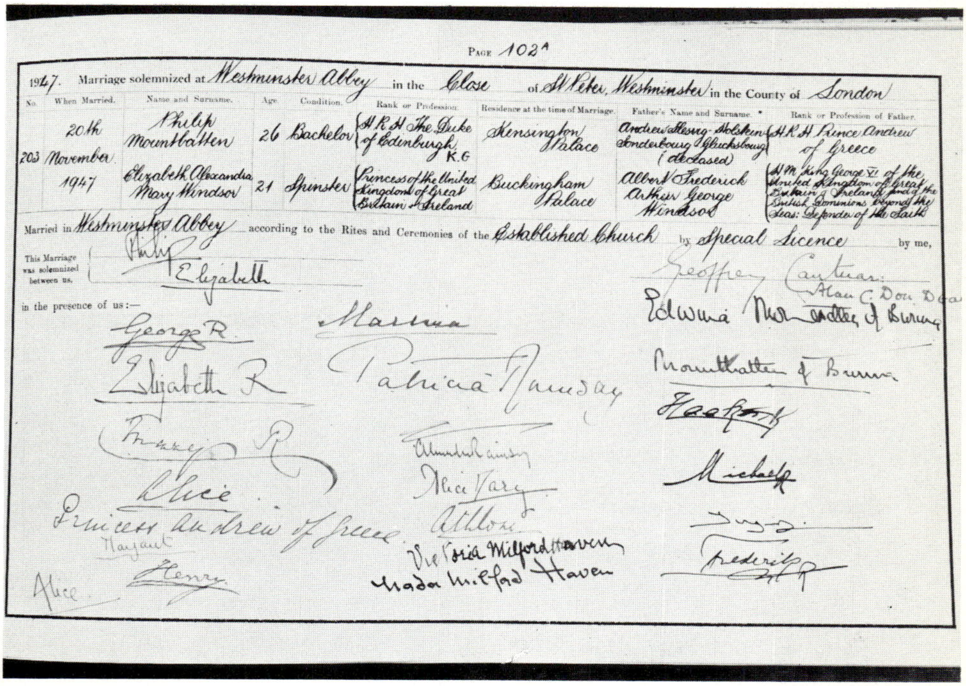

Page 102A

1947. Marriage solemnized at Westminster Abbey in the Close of St Peter, Westminster in the County of London

No.	When Married.	Name and Surname.	Age.	Condition.	Rank or Profession.	Residence at the time of Marriage.	Father's Name and Surname.	Rank or Profession of Father.
203	20th November 1947	Philip Mountbatten	26	Bachelor	H.R.H. The Duke of Edinburgh K.G.	Kensington Palace	Andrew Schleswig-Holstein-Sonderbourg-Glucksbourg (deceased)	H.R.H. Prince Andrew of Greece
		Elizabeth Alexandra Mary Windsor	21	Spinster	Princess of the United Kingdom of Great Britain & Ireland	Buckingham Palace	Albert Frederick Arthur George Windsor	H.M. King George VI of the United Kingdom of Great Britain & Ireland and of the British Dominions beyond the Seas: Defender of the Faith

Married in Westminster Abbey according to the Rites and Ceremonies of the Established Church by Special Licence by me,

This Marriage was solemnized between us, Philip Elizabeth

Geoffrey Cantuar:

Alan C. Don Dean

in the presence of us:—

George R.

Elizabeth R.

Mary R.

Alice

Princess Andrew of Greece

Margaret

Henry

Alice

Marina

Patricia Ramsay

Alexander Ramsay

Alice Mary

Athlone

Victoria Milford Haven

Nada Milford Haven

Edwina Mountbatten of Burma

Mountbatten of Burma

Haakon

Michael

Frederik

Prinzessin Elisabeth heiratet Philip Mountbatten am 20. November 1947 in der Westminster Abbey.

Hugh Fitzroy, Earl of Euston, oder mit Charles Manners, Herzog von Rutland, verloben. Beide waren vierundzwanzig Jahre alt und konnten auf Eton, Cambridge und den Dienst bei den Grenadier Guards zurückblicken. Die Zeitschrift *Life* schlug in dieselbe Kerbe, und *Reader's Digest* wiederholte die Story in »verkürzter« Form. Nur die Zeitschrift *Time* erwähnte den geheimnisvollen Namen – allerdings nicht unumwunden, denn hier rangierte Prinz Philip an zweiter Stelle hinter dem Prinzregenten Charles von Belgien, der damals einundvierzig Jahre alt war.

Das Ratespiel beruhte weitgehend auf der Gästeliste für die privaten Tanzabende, die König Georg VI. jetzt immer häufiger für seine Töchter im Buckingham Palace gab. Diese Veranstaltungen wurden in der Presse nicht erwähnt. Da aber praktisch jeder junge Mann der Generation von Prinzessin Elisabeth in Uniform war und die einzigen Kasernen in der Nähe des Buckingham Palace die der Garderegimenter waren, konnte man es sich leicht ausmalen, um wen es sich bei den Tanzpartnern der Prinzessinnen wohl handelte. Bei der Garde als Offizier zu dienen bildete jedenfalls in den Augen Georgs VI. eine hervorragende Qualifikation für den gesellschaftlichen Umgang mit seinen Töchtern. Es gab eine Gruppe junger Gardeoffiziere, die nicht nur zu Tanzabenden und Teepartys eingeladen wurden, sondern auch als Gäste in Windsor oder Sandringham willkommen waren.

Seine Mutter erkannte ganz klar, worauf er abzielte. Wenn er nicht in der Nähe war, sprach Königin Mary von diesen jungen Leuten, die sich plötzlich bei jeder passenden Gelegenheit um die Prinzessinnen scharten und das ruhige Familienleben an Wochenenden und während der Feiertage störten, als der »Leibwache«. Sie vertraute Lady Airlie an, daß es der Wunsch des Königs und der Königin sei, Elisabeth »mit mehr jungen Leuten bekannt zu machen«. Und Lady Airlie fragte sich manchmal angesichts der Art und Weise, wie König Georg VI. seine Zuneigung zu seiner älteren Tochter zur Schau stellte, »ob er nicht insgeheim fürchte, sie könne zu früh heiraten«.

Aber die Einstellung des Königs zu seiner Tochter war komplizierter, als es sich die hausbackene Psychologie träumen ließ – was Königin Mary erkannte, Lady Airlie jedoch nicht. Britische Truppen nahmen aktiv am griechischen Bürgerkrieg teil, deshalb mußte eine Eheschließung zwischen Prinzessin Elisabeth und einem griechischen Prinzen zu erheblichen Verwicklungen führen. Philip wollte unbedingt britischer Staatsbürger werden, denn er mußte, ganz abgesehen von einer eventuellen Heirat mit Prinzessin Elisabeth, an seine Marinelaufbahn denken; er konnte nicht unbegrenzt seinen Dienstgrad behalten, wenn er nicht Engländer wurde. Die Naturalisierung eines griechischen Prinzen andererseits konnte als Hinweis darauf gewertet werden, daß Großbritannien die griechischen Royalisten unterstützte oder daß man in Großbritannien die Sache der Königstreuen für verloren hielt und Philip eine Art Asyl gewähren wollte. So wurde König Georg VI., als er die Frage einer Einbürgerung Philips mit der Regierung besprach, bedeutet, dieses Problem müsse zurückgestellt werden, bis im März 1946 die allgemeinen Wahlen und die Abstimmung über die Monarchie in Griechenland durchgeführt waren. Auch wenn er den Zeitpunkt einer Eheschließung seiner Tochter hätte vorverlegen wollen, der König war gezwungen, auf der Stelle zu treten.

Seine Gemahlin hielt dies für gar nicht schlecht. Sie wollte nicht so unbedingt ihr Kind an sich binden wie der König; und sie hatte in ihrer unkomplizierten Art stets nur das Glück ihrer Tochter vor Augen. Aber eine Wartezeit konnte nicht schaden, denn sie hatte selbst, wie Königin Mary bemerkte, die gleiche Erfahrung gemacht, als sie Bertie »lange genug warten ließ, und du kannst ja sehen, wie glücklich diese Ehe geworden ist«.

So hing also ein Fragezeichen über dem ersten Weihnachtsfest, das die Familie nach dem Krieg in Sandringham feiern konnte. Die »Leibwache« gab sich alle Mühe, eine Atmosphäre rauschender Festlichkeit zu schaffen, die ganz nach dem Herzen Georgs VI. war. Man tanzte moderne und alte englische Tänze bis in die frühen Morgenstunden. Aber Philip war nicht da. Er war noch mit den Formalitäten der Demobilisierung beschäftigt. Elisabeth wußte, daß sich ihre eigene Zukunft erst nach dem Ablauf der politischen Ereignisse in Griechenland entscheiden würde.

In solchen Dingen gab sie sich nie ihren Launen hin. Auf Lady Airlie machte es einen großen Eindruck, wie »sie in diesem Familienkreis das selbstloseste Mädchen zu sein schien, dem ich je begegnet bin. Sie war stets die erste, die bei kleinen Streitfragen, die in jedem Hause auftreten, nachgab«.

Lady Airlie erzählte Königin Mary, wie sie sich selbst mit neunzehn, dem Alter der Prinzessin, verliebt und daß diese Liebe nie aufgehört habe. Königin Mary pflichtete ihr bei. »Elisabeth scheint mir auch diese Art von Mädchen zu sein«, sagte sie. »Sie weiß genau, was sie will. Sie besitzt Standfestigkeit und Entschlossenheit.«

Die Prinzessin hatte in ihrer Großmutter eine Verbündete. Ein Familienmitglied war einmal unklug genug, sich in ihrer Gegenwart über Prinz Philips Erziehung in einer »verrückten Schule, wo man völlige soziale Gleichheit predigt und den Knaben beibringt, sich unters Volk zu mischen«, lustig zu machen. Könnte man diese Art von Herkunft beim Schwiegersohn des Königs für nützlich oder schädlich halten?

Königin Mary warf dem Fragesteller einen vernichtenden Blick zu.

»Für nützlich«, meinte sie kurz.

Verlobung

Im Sommer 1946 ließ sich Prinzessin Elisabeth von ihren Gefühlen übermannen. Prinz Philip hatte von der Marine ein paar Wochen Urlaub erhalten und war nach Balmoral heraufgekommen. Aber obwohl das Plebiszit im März eine Mehrheit für die Monarchie in Griechenland ergeben hatte, glaubte man jetzt, der Monarchie in Griechenland werde kein guter Dienst erwiesen, wenn ein Mitglied der königlichen Familie so kurz vor der Restauration auf seine Staatsbürgerschaft verzichte. Philip mußte also weiter warten. Das Paar war einer Entscheidung seit einem Jahr um nichts nähergekommen. Die Eheschließung hing von der Einbürgerung ab. Die Griechen waren im Augenblick nicht zum Einlenken bereit. Die britische Regierung wollte auf sie keinen Druck ausüben. Und König Georg VI. und Königin Elisabeth hatten beide das Gefühl, daß die durch die politischen Verhältnisse erzwungene Verschiebung der Verlobung nur zu begrüßen sei. Als aber Prinz Philip von Griechenland im Spätsommer des Jahres 1946 in Balmoral der Prinzessin Elisabeth einen Heiratsantrag machte, setzte sie sich über Vater, Mutter, König, Königin und Regierung hinweg und gab ihm auf der Stelle ihr Jawort.

Wir kennen nicht die genauen Begleitumstände dieses Antrags und werden sie wahrscheinlich auch nie erfahren, solange die königliche Familie der Auffassung bleibt, daß wenigstens einige der privateren Augenblicke in ihrem Leben wirklich privat bleiben sollten, jedenfalls zu ihren Lebzeiten. Phantasiebegabte Literaten haben versucht, die Szene zu rekonstruieren. Mrs. Helen Cathcart nahm einige Worte zum Anlaß, die die Königin bei einer Ansprache in Edinburgh über die Schönheiten der schottischen Landschaft gefunden hatte: »Ein geliebter See, weiße Wolken am Himmel und der Schrei der Bekassinen«, und meint, der Heiratsantrag sei vor einem ähnlich malerischen Hintergrund gemacht worden. Möglich. Aber keiner der Gäste, die sich im August und September 1946 in Balmoral aufhielten, hat bemerkt, daß sich Prinz Philip und Prinzessin Elisabeth heimlich zu einem Stelldichein am Seeufer oder im Hochmoor aus dem Schloß entfernt hätten. Im Gegenteil, sie schienen sich die meiste Zeit um das allgemeine Treiben des Gästekreises zu kümmern, so daß es den Anwesenden schon beinahe unangenehm war, weil sie spürten, wie sehr sich die beiden liebten.

Diskretion lautete die Losung. Prinzessin Elisabeth vergaß sich nicht so weit, daß sie ihr Verlöbnis in die Welt hinausposaunt hätte. Ihre Verlobung war ein Triumph des Herzens, gedämpft durch ihr Pflichtgefühl und gezügelt durch ihre Willensstärke. Sie hatte ihre Entscheidung getroffen, und ihr Vater konnte sein Einverständnis nur erteilen, wenn die Verlobung strengstens geheimgehalten wurde. Ganz abgesehen von den persönlichen Gefühlen des Königs würde eine öffentliche Verlautbarung mit seinen Plänen für die nächsten Monate kollidieren. Die königliche Familie hatte seit langem eine Reise nach Südafrika für Anfang 1947 zugesagt. Durch sie sollte symbolisch die Dankbarkeit gegenüber dem Dominion zum Ausdruck gebracht werden, das 1939 seinen Premierminister gestürzt hatte, als dieser versuchte, Südafrika am Kriegseintritt auf der Seite Großbritanniens zu hindern.[1] Georg VI. hatte sich auf die Seereise und Besuchstour mit Frau und Töchtern besonders gefreut und sah keinen Grund, weder persönlich noch offiziell, einen jungen Marinebräutigam in sein Gefolge mit aufzunehmen. Außerdem würde Prinzessin Elisabeths einundzwanzigster Geburtstag in die Reisezeit fallen; und zur Feier der Großjährigkeit seiner Tochter war ein besonderes Zeremoniell vorgesehen. Eine öffentliche Verlobung mit allen anlaufenden Hochzeitsvorbereitungen paßte gar nicht in seine Vorstellungen; deshalb wurde dem jungen Paar bedeutet, daß die öffentliche Bekanntgabe warten müsse. Für sich selbst und den engsten Familienkreis mochten sie zwar als verlobt gelten, aber für alle anderen hatte die Romanze ein Ende gefunden. Anfang September 1946 wurde vom Buckingham Palace eine Erklärung herausgegeben, in der alle Pressegerüchte über eine Verlobung kategorisch dementiert wurden. Und dies schien sich auch zu bestätigen, als kurz darauf die Liste derjenigen Personen bekanntgegeben wurde, die an der Südafrikareise teilnehmen sollten. Prinz Philips Name war nicht darunter.

Jetzt begann für Prinzessin Elisabeth und Prinz Philip eine besonders schwere Zeit, denn sie mußten sich fast ein Jahr damit abfinden, daß Georg VI. nicht bereit war, ihre Verlobung öffentlich bekanntzugeben. »Ich fürchtete, du würdest mich für hartherzig halten«, schrieb ihr König Georg VI. später, »aber ich wollte unbedingt, daß du mit nach Südafrika kommst.«

Nach einem immer wieder kursierenden Gerücht hat Prinz Philip damals Prinzessin Elisabeth eine Schallplatte mit dem Lied von Rodgers und Hammerstein »People will say we're in love« geschenkt; das Paar wurde dem lyri-

[1] General Hertzog (1866–1942) hatte am 2. September 1939 seine Absicht kundgetan, dem Parlament Südafrikas eine Neutralitätspolitik vorzuschlagen. General Smuts brachte als Führer der Opposition schließlich achtzig Abgeordnete zugunsten einer Kriegserklärung auf seine Seite, während für den Premierminister nur siebenundsechzig stimmten.

schen Gehalt dieses Liedes mit Sicherheit gerecht. Im Winter 1946–47 erschienen sie häufig zusammen mit anderen jungen Leuten auf Partys, aber man sah nie, daß sie häufiger miteinander sprachen oder miteinander tanzten als mit den anderen Gästen. Der Prinz war in Wiltshire auf einem Marinestützpunkt stationiert. Wenn er nach London kam, schlief er auf einem Feldbett im Wohnzimmer bei seinem Onkel Dickie in der Chester Street. Der Diener, der seine Koffer auspackte, John Dean, der später seine »Memoiren« veröffentlichte, bemerkte, daß sich unter den Kleidungsstücken immer eine kleine Photographie der Prinzessin Elisabeth befand; aber erst später, wenn er daran zurückdachte, fiel ihm diese Tatsache auf.
Ende Januar 1947 wurden Dean und die Köchin der Mountbattens, Mrs. Cable, beauftragt, eine besondere Dinnerparty vorzubereiten. Gäste waren der König, die Königin, die Prinzessinnen Margaret und Elisabeth sowie die Mountbattens und Prinz Philip. Da die Mountbattens in Kürze nach Indien ausreisen und die königliche Familie zwei Tage darauf nach Südafrika abfahren sollten, handelte es sich offenbar um ein familiäres Beisammensein mit emotionaler Bedeutung. Aber Dean, der die Gläser ständig mit Champagner nachfüllte – während der König, wie immer, sich aus der kleinen Whiskykaraffe bediente, die neben ihm hingestellt wurde –, konnte damals keine besonderen Bande zwischen Elisabeth und Philip entdecken.
Diskretion in Gegenwart von Bediensteten, besonders von Bediensteten anderer Leute, war in der königlichen Familie fast schon zu einem angeborenen Instinkt geworden. Gegenüber der alten Freundin ihrer Großmutter, Lady Airlie, die ihr ein Geschenk zum einundzwanzigsten Geburtstag vor der Abreise übergab, rückte Prinzessin Elisabeth etwas mehr mit der Sprache heraus. »Wenn ich zurückkomme«, sagte die Prinzessin, »werden wir eine Feier veranstalten – vielleicht sogar zwei Feiern.«
Die Familie fuhr am 1. Februar 1947 nach Südafrika ab. Es war ein guter Zeitpunkt, der Sonne entgegenzureisen. Der Winter 1946/47 war in Großbritannien der härteste seit Menschengedenken; Dauerfrost und Schneestürme machten den chronischen Treibstoffmangel und die allgemeinen Einschränkungen nach dem Krieg nur um so spürbarer. »Ich mache mir große Sorgen über die zusätzlichen Entbehrungen, die ihr zu Hause bei diesem entsetzlich kalten Wetter ohne Licht und Heizmaterial über euch ergehen lassen müßt«, schrieb der König an seine Mutter. »In vielerlei Hinsicht wünschte ich, ich wäre jetzt bei euch, wo wir doch so viele Belastungen miteinander getragen haben.«
Die Wärme und der Sonnenschein in Südafrika, deren der König dringend bedurfte, verstärkten nur noch das Schuldgefühl bei Georg VI., daß er gerade jetzt nicht zu Hause war. In »seelischen Qualen« setzte er sich mit Cle-

ment Attlee in Verbindung und schlug seine sofortige Rückkehr nach England vor; er ließ sich zur Fortsetzung seiner Tour – die an sich schon anstrengend genug war – nur durch die Überlegung bewegen, daß eine vorzeitige Heimkehr das Ausmaß der Krise in Großbritannien noch vergrößern würde. Diese Reise war die erste, die von der gesamten Königsfamilie unternommen wurde; und an Prinzessin Elisabeths einundzwanzigstem Geburtstag war es das erste Mal, daß die Großjährigkeit eines britischen Thronerben in einem der Dominien begangen wurde. Sie hielt zu diesem Anlaß eine Rundfunkansprache, die dadurch an Bedeutung gewann, daß Indien in diesem Jahr seine Selbständigkeit erlangen sollte. Man hoffte zu einem Zeitpunkt, da so viele offizielle Bande zerrissen wurden, die Krone als gemeinsames Symbol der Verbundenheit zwischen Großbritannien und seinen überseeischen Besitzungen zu stärken; und als die Prinzessin mit ihrer hohen Stimme erklärte, daß sie sich trotz der neuntausend Kilometer Entfernung von dem Lande, in dem sie geboren wurde, auch hier »zu Hause« fühle, drückte sie die nachimperiale Philosophie der britischen Krone aus, der sie seither treu geblieben ist. Grundtenor ihrer Ansprache war das Pflichtbewußtsein. »Ich erkläre vor Ihnen allen«, sagte sie, »daß mein ganzes Leben, mag es lang oder kurz sein, dem Dienst an Ihnen und dem Dienst an unserem Commonwealth gewidmet sein wird, dem wir alle angehören. Aber ich werde nicht die Kraft besitzen, diesen Entschluß auszuführen, wenn Sie mir nicht zur Seite stehen, wozu ich Sie jetzt auffordere; ich weiß, daß ich jederzeit auf Ihre Unterstützung rechnen kann. Gott segne alle, die bereit sind, die Verantwortung mit mir zu teilen.«

Ihr Pflichtgefühl wurde nach der Rückkehr aus Südafrika auf eine harte Probe gestellt. Trotz ihrer Erwartungen weigerte sich ihr Vater hartnäckig, die Verlobung öffentlich bekanntzugeben. »Er hat Prinz Philip stets gemocht und ihn sogar außerordentlich geschätzt«, meint Sir John Wheeler-Bennett. »Aber er konnte immer noch nicht glauben, daß seine älteste Tochter den ersten jungen Mann, den sie kennengelernt hatte, wirklich liebte. Vielleicht fürchtete er auch, sie aus dem engen und glücklichen Familienkreis zu verlieren, der seine Freude und sein Trost seit seiner eigenen Eheschließung gewesen war.«

Der König nahm jedes Problem sehr ernst. Es war die Frage nach Prinz Philips Namen aufgetaucht. Schleswig-Holstein-Sonderburg-Glücksburg, wie er auf seinem neuen britischen Paß genannt war, würde kaum einen guten Eindruck machen. Das Problem wurde dem Heroldsamt unterbreitet. Dort fand man in seinem Stammbaum den alten Namen Oldenburg; dies könnte vielleicht zu »Oldcastle« anglisiert werden.

Vielleicht war den Herren im Heroldsamt nicht klar, daß sie den Namen für einen eventuellen Prinzgemahl auswählen sollten. Aber der Innenminister, Mr. Chuter Ede, war im Bilde. Er war es auch, der den Vorschlag machte, daß der neue britische Staatsbürger auf seinen Familiennamen verzichten und den seiner Mutter annehmen sollte. Sie war eine geborene Battenberg, und ihr Bruder Dickie hatte bestimmt keine Bedenken gegen diesen neuen Familienzuwachs. Es war eine so elegante Lösung, daß damals nur wenige Menschen wußten, daß Prinz Philip kein geborener Mountbatten war, denn seine Mutter hatte ihren Namen nie anglisiert. Es ist übrigens auch kaum bekannt, daß Philip 1947 offiziell den Prinzentitel ablegte, denn nach der Einbürgerung nannte er sich einfach Lieutenant Mountbatten. Erst am 22. Februar 1957 wurde er offiziell zum Prinzen des Vereinigten Königreichs ernannt, als ihm seine Gemahlin diesen Titel in Anerkennung seiner Tätigkeit in den früheren Jahren verlieh.[1]

Außerdem herrschte in Großbritannien noch immer eine gewisse Fremdenfeindlichkeit. Als die Tatsache der Verlobung schließlich veröffentlicht war, wurde durch eine Meinungsumfrage festgestellt, daß 40 Prozent der Befragten deswegen gegen die Eheschließung waren, weil Philip Ausländer sei. Ob Grieche, Deutscher oder Däne, wußte niemand genau. Aber das orthodoxe Gehabe seiner Eltern in der kosmopolitischen Atmosphäre von Monte Carlo schien für sein öffentliches Image nicht förderlich zu sein. So machte man sich vor der Bekanntgabe der Verlobung über die Reaktion der Massenmedien große Sorgen – besonders über die von Lord Beaverbrook, der lange eine Kampagne gegen die Mountbattens geführt hatte.

Deshalb lud Dickie Mountbatten den Vorsitzenden von Lord Beaverbrooks Zeitungsgruppe in die Chester Street zu einem Drink ein, außerdem die Herausgeber des *Daily Express* und *Sunday Express,* Arthur Christiansen und John Gordon. Er erläuterte ihnen das Problem. Wie würde nach ihrer wohlerwogenen Meinung die britische Presse und das Publikum auf die Nachricht reagieren, daß aus Prinz Philip von Griechenland ein Lieutenant Philip Mountbatten, Royal Navy, geworden sei? Die Herren fühlten sich durch Lord Louis' Unsicherheit geehrt und waren von der Bescheidenheit und dem offensichtlich englischen Aussehen des jungen Mannes beeindruckt, der still im Schatten seines Onkels stand. Sie meinten, es gäbe überhaupt keine

[1] Zu diesem Zeitpunkt entdeckte man auch, daß der ganze Einbürgerungsvorgang gar nicht nötig gewesen wäre. Prinz Philips Schwager, der Herzog von Braunschweig, hatte nämlich erfolgreich seinen Anspruch auf die britische Staatsbürgerschaft unter dem Act of Settlement aus dem Jahre 1701 durchgesetzt. Dieses Gesetz, das die katholischen Stuarts nach dem Tod der künftigen Königin Anna von der Thronfolge ausschloß, übertrug die britische Nationalität und den königlichen Status an die Kurfürstin Sophia von Hannover und alle ihre Nachkommen. Da Prinz Philip zu diesem Personenkreis gehörte, war er bereits im Augenblick seiner Geburt eine britische Königliche Hoheit gewesen.

Schwierigkeiten. Als die Nachricht einen Monat später bekanntgegeben wurde, war ihnen der Wind aus den Segeln genommen. Lord Beaverbrook war angeblich »eher erstaunt als empört«, als er hörte, wie ihm seine Waffen aus der Hand geschlagen worden waren.
Auch Georg VI. mußte sich schließlich fügen. Er hatte seine Tochter gezwungen, nach der Rückkehr aus Südafrika noch volle zwei Monate zu warten. Aber schließlich bestand, wie Sir John Wheeler-Bennett es ausdrückt, »keinerlei Zweifel mehr hinsichtlich der Wünsche und Zuneigungen auf beiden Seiten, und die Hartnäckigkeit und Geduld der beiden wurde belohnt.«
Am 10. Juli 1947 wurde vom Buckingham Palace verkündet: »Der König und die Königin geben mit größter Freude die Verlobung ihrer geliebten Tochter, der Prinzessin Elisabeth, mit Lieutenant Philip Mountbatten, Royal Navy, Sohn des verstorbenen Prinzen Andrew von Griechenland und der Prinzessin Andrew (Prinzessin Alice von Battenberg), bekannt. Der König hat dieser Verbindung mit Freuden seine Zustimmung gegeben.«

Heirat

»Eine Fürstenhochzeit ist die hochfeierliche Ausgabe eines landläufigen Ereignisses«, schrieb der Theologe der britischen konstitutionellen Monarchie, Walter Bagehot, in den siebziger Jahren des vorigen Jahrhunderts, »und als solche fesselt sie die Menschheit.« In Großbritannien war 1947 die Stimmung gedrückt. Der strenge Winter, die Rationierungen, der Verlust von Indien und Burma, die Entwicklung des kalten Krieges – all dies waren Gründe für eine allgemeine Niedergeschlagenheit, in die die Nachricht von der Verlobung Prinzessin Elisabeths wie ein helles Licht aus einer anderen Welt fiel. Ein nach Freude hungerndes Volk fand wieder Mut in der Freude des Mädchens, das vor seinen Augen während der letzten zwölf schweren Jahre herangewachsen war. Und ohne diesem jungen Leben, das ohnehin unvorstellbare Privilegien genoß, das zusätzliche Glück der Ehe auch nur im geringsten zu neiden, feierte die Bevölkerung aus vollem Herzen mit.

Das Unterhaus genehmigte 50000 Pfund, damit Clarence House als erstes Heim für das junge Paar renoviert werden konnte. Im Buckingham Palace gab es 600 Zimmer, wie jeder wußte, und es herrschte eine entsetzliche Wohnungsnot. Aber eine Nation, in der so viele jungverheiratete Paare bei ihren Eltern wohnen mußten, wünschte nicht, daß der Gemahl ihrer Prinzessin bei seinen Schwiegereltern einzog. So freute man sich, als der König auch noch Sunninghill Park, einen Besitz der Krone bei Ascot, als Wochenendhaus zur Verfügung stellte. In den sechziger Jahren, als es allen wieder besser ging, sollte das Unterhaus die Ausgaben der Königin Elisabeth II. unter die Lupe nehmen und nur widerwillig einer durch die Inflation bedingten Erhöhung ihrer Bezüge zustimmen. Zur Zeit der Lebensmittelkarten waren die Abgeordneten weniger knauserig. Sie genehmigten 10000 Pfund jährlich für den künftigen Ehemann und 50000 Pfund für seine Braut.

Das Paar zeigte sich in der Öffentlichkeit zum ersten Mal im Juli 1947 auf einem Gartenfest im Buckingham Palace. Lady Airlie war von Prinz Philips Natürlichkeit beeindruckt. »Mir fiel auf, daß seine Uniform abgetragen war – sie zeigte das übliche Nachkriegsbild –, und ich fand es nett, daß er sich für diesen Anlaß keine neue hatte anfertigen lassen, wie es viele Männer getan hätten, um einen guten Eindruck zu machen.« Dies war nicht die einzige Äußerlichkeit, die bei der Verlobung einen völligen Mangel an Planung erken-

nen ließ. Der mit drei Brillanten besetzte Verlobungsring der Prinzessin war zu groß. Philip hatte seine Mutter gebeten, die aus seiner Familie stammenden Steine nach Elisabeths Geschmack neu fassen zu lassen, so daß niemand ahnen konnte, für wen der Ring bestimmt war; schließlich hatte es an Zeit gefehlt, die Größe des Rings genau zu überprüfen.
Ihre Großmutter schenkte Elisabeth Schmuck. »Sie kamen beide nach dem Lunch zu mir und strahlten«, schrieb sie am 10. Juli. Besonders war sie von der gemeinsamen Abstammung der beiden angetan. Sie waren, rechnete sie sich aus, Vetter und Base dritten Grades durch die Abstammung von Königin Viktoria, Vetter und Base zweiten Grades über König Christian IX. von Dänemark und Vetter und Base vierten Grades durch die gemeinsame Abstammung von König Georg III.
Aus aller Welt trafen Geschenke ein. Miss Julie Aloro aus Brooklyn brach ihr Sparschweinchen auf, um Prinzessin Elisabeth als Hochzeitsgeschenk einen Truthahn zu schicken, »denn sie lebt in England, und in England haben die Leute nichts zu essen«. Im Katalog der öffentlichen Ausstellung ihrer Geschenke waren über fünfzehnhundert Posten aufgeführt. General und Mrs. Eisenhower schickten einen silbernen Aschenbecher. Mahatma Gandhi ein Stück Stoff, das aus dem Faden gewebt war, den er selbst auf dem traditionellen indischen Spinnrad auf Anregung von Dickie Mountbatten gesponnen hatte; diesen hatte Mahatma um Rat gefragt, welches Geschenk von einem Mann akzeptabel sei, der allem Weltlichen entsagt habe. Aber Königin Mary war wenig beeindruckt. Sie konnte Gandhi und seine Tätigkeit nicht leiden. Ihrer Meinung nach war seine Gabe eine Beleidigung, ein Lendentuch. Nur Philip wagte, ihr zu widersprechen. Gandhi sei ein großer Mann, sagte er. Königin Mary entfernte sich stumm.
Die Königsfamilie besuchte die Ausstellung am nächsten Tag noch einmal, denn das Haus Windsor weiß Geschenke, wie jeder, der an ihren Weihnachtsfeiern teilgenommen hat, bestätigen kann, außerordentlich zu schätzen. Gandhis Tuch lag noch an der alten Stelle. Als sich Königin Mary näherte, stürzte Prinzessin Margaret, die Gefahr witterte, vor, ergriff den Stein des Anstoßes und versteckte ihn rasch hinter anderen Geschenken.
Der König nahm sich selbst die Mühe, die Titel auszuwählen, die sein neuer Schwiegersohn tragen sollte. Philip machte sich aus Titeln nicht viel. Aber sein Schwiegervater war der Meinung, daß seine Tochter als künftige Monarchin die Gemahlin eines Ebenbürtigen sein und seine Enkelkinder adeliger Geburt sein müßten.
Paradox war, daß in einem Zeitalter, da die geographische Zugehörigkeit bestimmter Adelstitel zu bestimmten Gegenden geringe oder gar keine Besitzrechte enthielt, der Lokalpatriotismus gekränkt werden konnte, wenn

der Ehegemahl der Prinzessin zum Baron, Grafen oder Herzog eines bestimmten Gebiets ernannt worden wäre, woraus man auf eine gewisse Vetternwirtschaft hätte schließen können. So ernannte Georg VI. Philip zum Baron, Grafen und Herzog von Orten, die fein abgewogen über die ganzen britischen Inseln verstreut lagen – Greenwich, Merioneth beziehungsweise Edinburgh. Edinburgh besaß eine Geschichte als »königliches« Herzogtum, ein Titel, der von mehreren Hannoveranern und außerdem von Alfred, dem zweiten Sohn der Königin Viktoria, getragen worden war – dieser war übrigens der englische Prinz gewesen, dem die Griechen 1863 als erstem ihren Thron angeboten hatten, bevor sie sich für das dänische Königshaus entschieden.[1]

Der Aufmarsch der Fürstlichkeiten aus aller Welt bei der Hochzeit im November 1947 erinnerte an die großen Feste aus Königin Marys Jugend. »Eine Woche des Frohsinns, wie ihn der Hof seit Jahren nicht mehr erlebt hat«, schrieb ihre Hofdame. »Es gab Gesellschaften im St. James' Palace zur Besichtigung der Hochzeitsgeschenke, ein Abendessen, das der König für die Angehörigen ausländischer Königshäuser gab, und eine Party im Buckingham Palace, die nach den Jahren der Einschränkungen wie eine Szene aus einem Märchen wirkte.«

So viele Angehörige von Fürstenhäusern, ob regierend oder im Exil, hatten sich in diesem Jahrhundert noch nicht versammelt: Der König und die Königin von Dänemark, die Könige von Norwegen, Rumänien und dem Irak, der König und die Königin von Jugoslawien, die Königin der Hellenen, die Prinzregentin und Prinz Bernhard der Niederlande, der Prinzregent von Belgien, der Kronprinz und die Kronprinzessin von Schweden, der Graf und die Gräfin von Barcelona, Königin Helene von Rumänien, Königin Viktoria Eugenie von Spanien, Prinz Jean und Prinzessin Elisabeth von Luxemburg und die Herzogin von Aosta. Die Tatsache, daß die Größe aller dieser Dynastien der Vergangenheit angehörte, hätte unter anderen Umständen pathetisch wirken können. Aber als sich alle um die junge Prinzessin scharten, die einmal Königin von England sein würde, unterstrich ihr vergangener Ruhm nur den Erfolg, mit dem sich das Haus Windsor einer veränderten Welt angepaßt hatte.

»Sah viele alte Freunde«, schrieb Königin Mary zwei Tage vor der Hochzeit in ihr Tagebuch. »Ich mußte von 9.30 Uhr bis 12.15 Uhr stehen!!! Für achtzig nicht schlecht.«

»Königin Mary machte einen überglücklichen Eindruck«, berichtete Lady

[1] Der heutige Herzog von Edinburgh hat seine Verwandtschaft mit dem früheren Herzog, Prinz Alfred, wie folgt beschrieben: »Er war der Bruder meiner Urgroßmutter... der Schwager der Schwester meines Großvaters, der Großvater meines Schwagers und der Schwiegervater meines Großonkels.«

Airlie, die sie begleitete. »Als Winston Churchill kam, um sie zu begrüßen, hielt sie ihm beide Hände hin, etwas, was ich noch nie an ihr erlebt habe.« Lady Airlie wußte, daß Prinzessin Elisabeth der alten Königin viel mehr bedeutete als nur eine geliebte Enkelin. Sie war die künftige Monarchin, die künftige Träger der Krone zur Welt bringen mußte – eine Erneuerung des Bluts.

Das Programm des Hochzeitszeremoniells am 20. November 1947 nahm keine Notiz von den vielen Titeln, die dem Bräutigam von seinem Schwiegervater verliehen worden waren, denn sie wurden erst am Morgen der Trauung bekanntgegeben. Er wurde deshalb schlicht als Lieutenant Philip Mountbatten RN eingetragen. Eine weitere Überraschung war das Hochzeitskleid der Prinzessin. Der Hof hatte absichtlich bekanntgegeben, daß die Prinzessin, wie auch andere junge Ehefrauen, ein paar zusätzliche Bezugsscheine für ihre Aussteuer erhalten habe. Aber ähnlich wie im Fall der Picknicks, bei denen der Küchenchef von Balmoral »ausgeholfen« hatte, war auch jetzt das Material für das Kleid schon in der Vergangenheit von ihrer Mutter und von Königin Mary besorgt worden, ganz zu schweigen von den Geschenken an Seide, Musselin und Brokat, die aus aller Welt eingetroffen waren[1] – das Ergebnis war ein spektakulärer Erfolg. »Mr. Norman Hartnell hat sich als Meister seines Fachs erwiesen«, erklärte James Laver. »In einem Design, das von den zarten Linien eines Botticelli getragen war, hat er über den elfenbeinfarbenen Satin Girlanden aus weißen York-Rosen verstreut; diese waren in abstehenden Perlen ausgeführt, die mit Kornähren verschlungen waren, die aus winzig kleinen Bergkristallstückchen gestickt waren. Mit Hilfe von Applikationen hatte er Margeriten und Orangenblüten miteinander abwechseln lassen, mal Tüll auf Satin, mal Satin auf Tüll, und das Ganze war von Perlen und Bergkristall überzogen.« Die Seidenraupen, auf die der Stoff zurückging, stammten, wie eigens bekanntgegeben wurde, aus Nationalchina – nicht aus Feindländern wie Italien oder Japan. Eine weitere ausländerfeindliche Geste blieb weitgehend unbekannt. An die Schwestern des Bräutigams, die alle mit Deutschen verheiratet waren, hatte man keine Einladungen verschickt.

Georg VI. empfand eine tiefe Rührung, als er seine Tochter zum Altar geleitete. »Ich war so stolz auf Dich und befand mich in solcher Hochstimmung, als Du so dicht neben mir den langen Weg in der Westminster Abbey ent-

[1] Viele Frauen wußten, daß der Mangel an Nylonstrümpfen während des Wiederaufbaus nach dem Kriege für ein junges Mädchen besonders hart zu ertragen war, deshalb wurden ihr diese zu Hunderten geschenkt. In dem offiziellen Katalog der Hochzeitsgeschenke wurden die einzelnen Dinge wie folgt aufgeführt:
– 351. Mrs. David Mudd. Ein Paar Nylonstrümpfe.
– 352. Miss Ethel Newcomb. Ein Stück alter Spitze.
– 353. Mrs. E. Klarood. Ein Paar Nylonstrümpfe.

langgingst«, schrieb er ihr später. »Als ich Deine Hand dem Erzbischof übergab, hatte ich das Gefühl, etwas sehr Kostbares verloren zu haben. Du warst so ruhig und gefaßt während des Gottesdienstes und sagtest Deine Worte mit solcher Überzeugung.« Der König war mit seiner Tochter den Mittelgang nur Sekunden nach Winston Churchill entlanggeschritten. Dieser hatte sein Eintreffen bis auf die letztmögliche Minute hinausgeschoben. Der Ex-Premier war mit Mrs. Churchill die ganze Länge des Mittelgangs hinuntergewandert – eine eigene Demonstration – und hatte die Ovationen der stehenden Hochzeitsgäste zu beiden Seiten entgegengenommen.

Der Erzbischof erklärte in seiner Predigt, daß diese Zeremonie im Grunde »dieselbe sei, wie sie jedes Bauernmädchen erlebt, das vielleicht heute nachmittag in einer kleinen Dorfkirche irgendwo in den Bergen getraut wird«. Großbritannien feierte die Hochzeit der Prinzessin Elisabeth wie die einer Lieblingstochter – sie war anspruchslos, hübsch und würde bestimmt eine gute Frau sein; in ihrem Glück lag der Lohn für ihr Pflichtbewußtsein und die Hoffnung auf kommende bessere Zeiten. Die Anziehungskraft der Prinzessin lag in ihrer Natürlichkeit, die sie in einer außergewöhnlichen Situation bewies; Elisabeth zeigte sich, wie stets, der Tatsache bewußt, daß ihre Bedeutung ebensosehr in ihrer Position als in ihrer Person begründet war: Sie ließ ihren Brautstrauß auf dem Grabmal des Unbekannten Soldaten niederlegen. König Georg VI. ließ sich von dem Symbolgehalt des Zeremoniells nicht aus der Fassung bringen. Seine erste Reaktion nach der Rückkehr in den Buckingham Palace nach der Trauung war die Frage, warum ein Admiral, den er im Kreis der Anwesenden entdeckt hatte, seinen Degen nicht angelegt hatte. Beim anschließenden Mittagessen wurden kleine weiße, aus Balmoral stammende Heidesträuße neben jeden Teller gesetzt, und die Reden waren kurz. König Georg und Königin Elisabeth hatten noch schmerzliche Erinnerungen an die langen Ansprachen, die während ihres eigenen Hochzeitsempfangs vor fast fünfundzwanzig Jahren gehalten worden waren. Als es dunkel wurde, verließ das neuvermählte Paar im Wagen den Buckingham Palace. Sie wurden mit Papierrosen überschüttet und von den lachenden Gästen bis zum Zaun des Vorplatzes begleitet; draußen brach die versammelte Menge in Begeisterungsrufe aus. Jubel begleitete das junge Paar bis zum Bahnhof, wo ein Zug bereitstand, der sie in die Flitterwochen nach Broadlands, den Landsitz von Onkel Dickie in Hampshire, bringen sollte. Sie führten auf der Fahrt im offenen Wagen zum Bahnhof mehrere Wärmeflaschen mit, die unter den Reisedecken versteckt waren; Elisabeths Lieblings-Corgi, Susan, war auch dabei.

Ein paar Tage darauf erhielt Prinzessin Elisabeth einen Brief von ihrem Vater. »Ich habe Dich in all diesen Jahren mit Stolz heranwachsen sehen«, schrieb der König, »unter der erfahrenen Hand von Mama, die, wie Du weißt, der großartigste Mensch auf der Welt ist. Und ich kann, das weiß ich, immer auf Dich zählen, und jetzt auch auf Philip, daß ihr uns bei unserer Arbeit helft. Deine Abreise hat eine große Lücke in unser Leben gerissen, aber Du darfst nie vergessen, daß Dein altes Zuhause immer für Dich da ist, und komm zu ihm zurück, so lange und so oft wie möglich. Ich kann sehen, daß Du mit Philip überglücklich bist, das ist auch richtig so, aber daß Du uns nicht vergessen mögest, ist der Wunsch Deines

Dich liebenden

Papa.«

Das Ende einer Herrschaft

Knapp ein Jahr nach Prinzessin Elisabeths Hochzeit sammelte sich wieder eine Menschenmenge vor dem Tor des Buckingham Palace. Seit dem frühen Morgen des 14. November 1948 waren Schaulustige durch die Nachricht angelockt worden, daß sich Sir William Gilliatt, der Gynäkologe, im Schloß aufhalte. Schwester Helen Rowe, die Hebamme, war ebenfalls da, und kurz nach Einbruch der Dunkelheit rief sie den Gynäkologen. Es war Zeit, die Prinzessin in den Entbindungsraum zu bringen; er gehörte zu den früheren Kinderzimmern, die in eine Krankenstation umgewandelt worden waren. Der Herzog von Edinburgh zog sich Flanellhosen und einen Rollkragenpullover an und nahm seinen Freund und Stallmeister, Michael Parker, auf eine Runde Squash mit.

Sie hatten das Spiel noch nicht beendet, als dem Herzog gemeldet wurde, er sei Vater eines gesunden Knaben geworden. Er rannte hinauf und fand seine Frau noch in der Narkose vor. Er schüttelte dem König die Hand und ließ sich von der Königin umarmen. Als Prinzessin Elisabeth wieder zu Bewußtsein gekommen war, blickte sie auf einen riesigen Strauß Rosen und Nelken, den ihr strahlender Gatte in der Hand hielt. Es war nicht nötig, ein Bulletin an das Schloßgitter zu heften. Ein Hofbeamter flüsterte einem Polizisten etwas ins Ohr, und dieser gab die Nachricht an die wartende Menge weiter, so daß die Feiern schon voll im Gange waren, als Königin Mary hereinfuhr, um sich ihren ersten Urenkel anzusehen.

Zwölf Stenotypistinnen mußten vorübergehend eingestellt werden, um den Empfang der sackweise eintreffenden Briefe und Geschenke zu bestätigen, die für das Baby im Buckingham Palace ankamen. Seine Mutter fand den Kleinen natürlich entzückend, besonders seine Hände, »hübsch, mit langen Fingern, gar nicht wie meine und bestimmt nicht wie die seines Vaters«, schrieb sie an eine ehemalige Lehrerin. »Ich bin gespannt, wie sie später einmal aussehen werden.«

Königin Mary war von der Ähnlichkeit des Jungen mit dem Prinzgemahl überrascht, und sie blätterte einen ganzen Nachmittag mit Lady Airlie in alten Photoalben mit Bildern von Königin Viktoria und deren Gemahl, um ja alle Ähnlichkeiten zu entdecken. »Ich schenkte dem Baby einen vergoldeten Silberbecher mit Deckel, den Georg III. im Jahr 1780 einem Patenkind ge-

schenkt hat«, berichtet sie in ihrem Tagebuch. »So habe ich 168 Jahre später ein Geschenk meines Urgroßvaters an meinen Urenkel weitergegeben.«
Das Kind wurde auf die Namen Charles Philip Arthur George getauft, und sein Tagesablauf war etwa der gleiche wie der seiner Mutter in diesem Alter. Prinzessin Elisabeth nährte das Baby in den ersten Monaten selbst. Haarbürste, Silberklapper und Kinderwagen waren dieselben, die Nurse Knight damals benutzt hatte. Zwei schottische Kinderschwestern wurden eingestellt. Miss Helen Lightbody – als ältere der beiden mit ›Mrs.‹ angeredet – war Kinderfrau bei den Kindern des Herzogs von Gloucester gewesen. Miss Mabel Anderson – die bis auf den heutigen Tag Miss Anderson geblieben ist – hatte die Stellung durch eine Annonce in einer Fachzeitschrift für Kinderschwestern erhalten. Ihr Reich im Clarence House, wo die Prinzessin seit 1949 mit Gemahl, Sohn und Haushalt wohnte, war das hellblaue Kinderzimmer; hier lagen in Vitrinen jene museumsreifen Spielzeuge, die noch an das Haus 145 Piccadilly erinnerten.
Elisabeth und Philip einigten sich in ihrem neuen Heim auf getrennte, aber nebeneinander liegende Schlafzimmer – eine Anordnung, die sie bis heute beibehalten haben. Das elegant drapierte Doppelbett der Prinzessin zeigte eine an den Behängen befestigte Krone. Die Räume des Herzogs waren spartanischer eingerichtet. Jeden Morgen saßen die beiden an ihren Frisiertischen und plauderten durch die halb offene Verbindungstür miteinander. Bobo half ihrer Herrin dabei, sich für den Tag herzurichten, und wenn der Herzog irgendwo offiziell auftreten mußte, half ihm John Dean beim Ankleiden. Dean war von den Mountbattens übernommen worden. Er fand Bobo wenig entgegenkommend. Bei ihrem ersten Zusammentreffen hatte er ihr gesagt, er hieße bei allen nur John.
»Aha«, erwiderte sie, »aber für mich bleiben Sie immer Mr. Dean. Wir müssen in diesem Haus auf Umgangsformen achten.«
Auch Deans Herr und Meister hatte zunächst gewisse Schwierigkeiten, sich an das Leben bei Hof zu gewöhnen. Der Herzog von Edinburgh ist seit der Thronbesteigung seiner Gemahlin im Jahr 1952 zu einer selbständigen und allgemein anerkannten Persönlichkeit geworden. Aber in der Anfangszeit seines Ehelebens machte ihm die Rolle des königlichen Schwiegersohns noch zu schaffen. Das Hofpersonal fand es manchmal schwierig, mit ihm auszukommen – er war »stachelig«. In Erinnerung an jene Jahre sagen heute manche, er sei »arrogant«, andere, er sei »abweisend« gewesen. Ein zeremonielles Dasein genau einen Schritt hinter seiner Frau war das Gegenteil von dem, worauf ihn seine Erziehung vorbereitet hatte. Er war reif für sein Alter, hatte viel von der Welt gesehen und während des Kriegs seinen Mann gestanden. Als er Herr im eigenen Haus – in Clarence House – war, waren die rauhen

Kanten abgeschliffen. Er veranstaltete gern Filmabende, zu denen sich alle versammelten; er saß dann in der vorderen Reihe neben seiner Gemahlin und ließ gelegentlich Bemerkungen fallen, wie sie bei solchen Anlässen bei der Marine üblich waren. Er war, nach allem, immer noch Offizier der Marine. Einige Zeit war er in der Admiralität tätig und ging jeden Vormittag zu Fuß durch den Park zu seinem Schreibtisch in Whitehall, um »Schiffe herumzuschieben«; dann wurde er zu einem Stabsoffizierslehrgang nach Greenwich abkommandiert. Er blieb die Woche über dort, schlief in Greenwich und kam nur an den Wochenenden nach Hause. Ihm gefiel diese Lösung, diente sie doch der Verwirklichung seines geheimen Wunsches, einmal selbst ein Schiff zu bekommen. Da Georg VI. erst knapp über fünfzig Jahre alt war, konnte der Herzog damit rechnen, daß er sich mindestens ein Jahrzehnt, wenn nicht zwei, um seine Marinelaufbahn kümmern konnte, bevor er offiziell als Prinzgemahl würde auftreten müssen.

Auch Prinzessin Elisabeth ging von ähnlichen Vorstellungen aus. Sie glaubte an eine Existenz, in der offizielle Verpflichtungen erst eine zweitrangige Rolle hinter ihrer Eigenschaft als Mutter und Frau eines Marineoffiziers spielten. Das Thronerbe anzutreten kam frühestens für die sechziger oder sogar siebziger Jahre in Betracht.

Aber im November 1948, als Prinz Charles geboren wurde, registrierte man die ersten Warnzeichen, daß dies nicht der Fall sein würde. König Georg VI. und Königin Elisabeth hatten im letzten April ihre silberne Hochzeit gefeiert. Der König spürte bereits gelegentlich Krämpfe in den Beinen, und die Schmerzen nahmen zu. Im Oktober 1948 war sein linker Fuß den ganzen Tag über gefühllos, und dann wurde sein anderer Fuß betroffen. Er litt an einer Art von Thrombose.

Die Leibärzte untersuchten ihn mehrfach. Die Diagnose lautete auf eine frühe Arteriosklerose – eine Störung der Blutzirkulation in den Arterien der Beine. Der König mußte alle Verpflichtungen absagen und die Ruhe pflegen. Er sollte mindestens den halben Tag über im Bett bleiben.

Die Behandlung tat ihm gut. Nach einer Operation im Frühjahr 1949 wirkte Georg VI. wieder gesünder, obwohl er noch schwach war. Der Herzog von Edinburgh konnte deshalb unbesorgt im Herbst dieses Jahres den Posten als Erster Offizier auf *HMS Chequers,* dem Führerboot der Ersten Zerstörerflottille im Mittelmeer, übernehmen, und seine Gemahlin konnte ihn begleiten. Nie wieder sollte Elisabeth II. ein derart normales Leben führen. Als sie kurz vor Weihnachten 1949 nach Malta flog, war sie zum ersten und letzten Mal in ihrem Leben aller offiziellen Verpflichtungen ledig. Lord Mountbatten war Flaggoffizier des Ersten Kreuzergeschwaders im Mittelmeer, und er lud das junge Paar ein, bei ihm in der Villa Guardamangia, mit Blick auf den Hafen, zu wohnen. Dort konnte man schwimmen, sonnenbaden, tanzen, Picknicks veranstalten und Spaziergänge am Strand unternehmen. Man konnte mit den Marktfrauen feilschen, Einkäufe machen und mit anderen jungen Ehepaaren ganz normale Cocktail- und Dinnerpartys besuchen. Gewiß, stets wurde sie von einem Kriminalbeamten aus diskreter Entfernung beobachtet, und Bobo und Pearce, der Diener, waren ständig in ihrer Nähe. Aber sie war in erster Linie die Frau eines Marineoffiziers, und nicht die Tochter des Königs. Sie lernte hier, abseits zu stehen, ein interessiertes Gesicht zu machen und mit anderen Ehefrauen zu plaudern, während ihr Gatte den Polosport erlernte, der Onkel Dickies Leidenschaft war.

Für ihren Gemahl war manches viel schwieriger. Michael Parker, der Stallmeister des Herzogs, wurde eines Tages zum Oberbefehlshaber, Admiral Sir Arthur John Power, gerufen; der Admiral war über das Prüfungsergebnis verärgert, das Oberleutnant Mountbatten kürzlich nach einem Lehrgang im Torpedoschießen und in der U-Boot-Abwehr erzielt hatte. Der Prüfer hatte ihn durchfallen lassen. Parker gewann den bestimmten Eindruck, daß der Admiral erwog, die Entscheidung für ungültig zu erklären. Er habe sich die Unterlagen selbst durchgesehen, sagte er, und fände, der Oberleutnant habe eigentlich »ganz gut bestanden«. Parker wußte genau, wie auch die kleinste Bevorzugung auf seinen Herrn wirken würde, und er behielt recht. »Wenn man versucht, die Sache hinzubiegen«, sagte Philip, »dann hat mich die Marine gesehen!« Oberleutnant Mountbatten legte das Examen noch einmal ab und bestand.

Im Frühjahr 1950 erwartete Elisabeth wieder ein Kind. Sie kam nach Clarence House zurück, und im Juli flog ihr Gemahl nach Hause und traf gerade rechtzeitig zur Geburt einer Tochter ein. Prinzessin Anne Elizabeth Alice Louise wurde am 15. August 1950 geboren, am selben Tag, an dem der Herzog von Edinburgh zum Kapitänleutnant ernannt wurde. Er hatte erreicht, was er sich seit langem gewünscht hatte: Er hatte ein eigenes Schiff und stürzte sich in seine neuen Aufgaben als Kommandant der *HMS Magpie,* einer zum Mittelmeergeschwader gehörenden Fregatte. Er betrieb die Ausbildung seiner Besatzung mit Nachdruck. Bei der jährlichen Regatta gewann die *Magpie* sechs von zehn Ruderkonkurrenzen, an denen der Herzog aktiv mitwirkte. Sobald Prinzessin Anne entwöhnt war, kam seine Gemahlin wieder zu ihm.

Sie erhielt ein Privileg, das einen gewissen Neid hervorrief (wenn es auch zu keinem undisziplinierten Murren kam) – sie durfte den Aviso des Befehlshabers, die *HMS Surprise,* benutzen. Nach der gemeinsamen Auffassung des Foreign Office und der Admiralität konnten die beiden Schiffe mit dem reizvollen Ehepaar an Bord die britische Flagge nutzbringend in einigen wichtigen Häfen zeigen – besonders in Athen, wo ein begeisterter Empfang durch die Bevölkerung viel für die Verbesserung der oft schwankenden Beziehungen zwischen England und Griechenland tun konnte. Zu den Scherzen, die auch heute noch gern in der königlichen Familie erzählt werden, gehören die Signale, die damals zwischen der *HMS Surprise* und der *HMS Magpie* gewechselt wurden.

Surprise an *Magpie:* »Prinzessin voller Bohnen.«

Magpie an *Surprise:* »Könnt ihr ihr nichts Besseres zum Frühstück vorsetzen?«

Die Prinzessin lernte, wie man Bibeltexte in Funksprüchen verwenden konnte. So gab zum Beispiel ein Schiff durch: »Jesaia 33,23« (Laßt sie ihre Stricke spannen, sie werden doch nicht halten), worauf nach hastigem Blättern in der Bibel die Antwort kam: »1. Buch Samuel 15, 14« (Was ist denn das für ein Blöken der Schafe in meinen Ohren?).

Aber der Spaß fand ein plötzliches Ende. Im Juli 1951 wurde der Herzog von Edinburgh auf unbegrenzte Zeit von der Marine beurlaubt – ein Zustand, der auch heute noch gilt. König Georg VI. war erneut erkrankt. Als er am 3. Mai 1951 das Festival of Britain eröffnet hatte[1], sah man ihm an, daß er müde und nicht gesund war. »Die dauernden Sorgen und Krisen, die wir erleben«, schrieb er an einen Freund, »haben mich zur Strecke gebracht.« Das Problem war jedoch nicht die allgemeine Anspannung. König Georg VI. hatte Krebs.

Zunächst war es nur ein Verdacht bei den Ärzten. Man hatte zuerst lediglich an eine verschleppte Grippe gedacht, die er sich im Mai 1951 zugezogen hatte. Als aber Clement Price Thomas, ein führender Chirurg in Großbritannien und Spezialist für bösartige Geschwülste, zugezogen wurde, stand die Diagnose fest.

König Georg VI. hat nie erfahren, daß er Krebs hatte. Mr. Price Thomas erklärte nach seiner Untersuchung, es handle sich um einen Bronchialverschluß, der die Entfernung eines Lungenflügels notwendig mache. Besondere Besorgnis bereitete den Ärzten die Gefahr einer Thrombose, die schon früher

[1] Absichtlich so geplant, daß das Festival of Britain zeitlich mit der Hundertjahrfeier der von Prinz Albert in Jahr 1851 veranstalteten Great Exhibition zusammenfiel, sollte jetzt, nach dem Krieg und in der Wiederaufbauphase, aller Welt vor Augen geführt werden, daß Großbritannien auch heute noch eine führende Rolle in Technik und Handel spielen konnte. Die eigentliche Ausstellung fand auf dem Südufer der Themse statt, wo auch jetzt noch die Festival Hall steht. Als Königin Mary einen Rundgang durch das Ausstellungsgelände unternahm, meinte sie zu den meisten Ausstellungsstücken: »Wirklich außergewöhnlich und sehr häßlich.« Man kann ihr jedoch kein Vorurteil vorwerfen, denn als sie später im Mai das Viktoria-und-Albert-Museum besuchte, um einige der Originale aus der Great Exhibition von 1851 zu besichtigen, schrieb sie anschließend in ihr Tagebuch: »Das meiste war einfach scheußlich.«

gedroht hatte und die später zum Tode führen sollte. Während der Operation konnte es jederzeit zu einem Koronarversagen kommen; sogar noch einige Tage später bestand diese Gefahr. Und die Notwendigkeit, bestimmte Kehlkopfnerven zu entfernen, erhöhte die Wahrscheinlichkeit, daß König Georg nie wieder, außer flüsternd, würde sprechen können.
Die Gemahlin des Königs, seine Töchter und sein Schwiegersohn wußten, was auf dem Spiele stand.
Prinzessin Elisabeth und ihr Gemahl sollten Anfang Oktober eine Reise durch Kanada und die Vereinigten Staaten antreten; eine Zeitlang schien es so, als ob sie nicht würden fahren können. Ihre Abreise wurde so lange aufgeschoben, bis die Ärzte über den Gesundheitszustand des Königs beruhigt sein konnten.
Die Operation verlief ohne Komplikationen. Prinzessin Elisabeth und Prinz Philip konnten infolgedessen am 7. Oktober 1951 ohne Bedenken ihre Reise antreten. Sie nahmen aber im Gepäck den Entwurf einer Erklärung mit, wie sie bei jeder Thronbesteigung üblich war, außerdem eine Botschaft an beide Häuser des Parlaments. Fünfunddreißig Tage reiste das Paar zweimal quer über den nordamerikanischen Kontinent und legte dabei allein in Kanada fast zehntausend Meilen zurück. In den USA machten sie ein paar Tage lang Schlagzeilen und verdrängten sogar den Krieg in Korea von der ersten Zeitungsseite.
»Wir empfingen soeben den Besuch einer reizenden jungen Dame und ihres eindrucksvollen Gatten«, schrieb Präsident Truman an König Georg VI. »Die ganzen Vereinigten Staaten haben sie in ihr Herz geschlossen… von einem Vater zum anderen – wir können sehr stolz auf unsere Töchter sein. Sie sind mir aber darin voraus – denn Sie haben zwei!«
Der Präsident war bemüht, daß sich seine jungen Gäste als Teil seiner Familie fühlten; deshalb machte er sich die Ausrede zunutze, im Weißen Haus seien die Tapezierer am Werk, und brachte die Prinzessin und ihren Gemahl im Blair House unter, wo seine taube und bettlägerige alte Mutter ein Zimmer im oberen Stockwerk bewohnte. Er bestand darauf, daß sie hinaufgingen, um sie kennenzulernen. Als sie oben angelangt waren, schrie er laut: »Mutter, ich habe Prinzessin Elisabeth mitgebracht!« – worauf Mrs. Truman mit einer Lebhaftigkeit reagierte, die ihr Alter Lügen strafte. Das Ergebnis der britischen Unterhauswahlen war gerade gemeldet worden, und Winston Churchill war mit einer beträchtlichen Mehrheit wieder zum Premierminister gewählt worden. »Ich freue mich so«, sagte Mrs. Truman zu Prinzessin Elisabeth, »daß Ihr Vater wiedergewählt worden ist.«
Der König war sehr stolz auf seine Tochter und seinen Schwiegersohn, und um dies zu zeigen, ließ er sie bei ihrer Rückkehr am 4. Dezember 1951 in den

Kronrat aufnehmen.[1] Georg VI. schien bei guter Gesundheit zu sein, und er konnte sich am 14. November 1951 zum ersten Mal wieder den Photographen stellen, als er an der Feier zum dritten Geburtstag seines Enkels teilnahm. Dies ist die einzige Erinnerung von Prinz Charles an seinen Großvater – eine Gestalt neben ihm auf einem Sofa, während vor ihm ein anderer Mann (der Pressesekretär des Königs, Commander Richard Colville) irgend etwas Glänzendes an einer Uhrkette hin und her baumeln ließ. Das Photo wurde rechtzeitig für die Rückkehr der Prinzessin abgezogen und steht noch heute gerahmt im privaten Salon der Königin.

Die Presse äußerte sich erfreut über die Genesung des Königs. Am Sonntag, dem 2. Dezember, wurden in allen Kirchen des Landes Dankgottesdienste abgehalten. Der König fühlte sich besser als seit langer Zeit und freute sich darauf, seine wiedergefundene Gesundheit darauf verwenden zu können, seine Tochter in die Führung der Staatsgeschäfte einzuweisen. Besondere Sorgen machte er sich über das Alter des neuen Premierministers, denn Winston Churchill war über fünfundsiebzig. Er hatte bereits einen Schlaganfall gehabt, dessen Nachwirkungen man in seiner Sprache und im Nachlassen der Reaktionen spüren konnte. Er sollte, fand Georg VI., Anthony Eden Platz machen, der seit über einem Jahrzehnt sein designierter Nachfolger war. Der König besprach diesen Punkt mit seinem alten Freund und Jagdgefährten »Bobbety«, dem Marquess of Salisbury, der jetzt zu den führenden Persönlichkeiten in der neuen konservativen Regierung gehörte. Keiner von Churchills Kollegen, nicht einmal Salisbury – der sich nicht fürchtete, gegen ihn aufzustehen –, hatte eine Chance, den großen Mann umzustimmen. Nur Georg VI. war dies vielleicht möglich, indem er sich auf die Freundschaft berief, die er mit Churchill während des Krieges geschlossen hatte, und indem

[1] Der Kronrat war in den Tagen der absoluten Monarchie das vom König persönlich ausgewählte Gremium von Beratern und damit die Regierung, die nur dem König persönlich zur Gefolgschaft verpflichtet war. Auch als die Machtbefugnisse an das Parlament übergingen, blieb der Primat des Kronrats theoretisch bestehen, so daß alle Kabinettsmitglieder zuerst als Mitglieder des Kronrats eingeschworen werden mußten. Wer dem Kronrat angehört, gilt als »Rt. Hon.« (Right Honourable); die Ernennung gilt für das ganze Leben. Das heißt, daß es zuweilen zwei- bis dreihundert Kronräte gibt. Es ist aber üblich, daß nur diejenigen, die dem Kabinett nahestehen, an den Sitzungen des Kronrats aktiv teilnehmen. Der Lord Präsident des Kronrats, oft der Vorsitzende der Regierungspartei, bestimmt, wer zugegen sein soll – wie er es auch in Zeiten der absoluten Monarchie zu tun pflegte – und wer ausgeschlossen werden soll. Der Kronrat versammelt sich in voller Stärke nur beim Tod eines Monarchen, um dem Thronfolger Treue zu schwören, aber darauf beschränkt sich nicht der Einfluß des Kronrats. In der Praxis – er tritt etwa ein dutzendmal im Jahr zusammen – übt er die Befugnisse aus, die ihm von Gesetzes wegen übertragen worden sind. Hierzu zählt vor allem das Recht, Krieg zu erklären oder Frieden zu schließen, was formell der »Queen in Council« vorbehalten ist – obwohl die Wirksamkeit solcher Beschlüsse natürlich auf der Tatsache beruht, daß sie zunächst von einem Kabinett beschlossen werden, das über eine parlamentarische Mehrheit verfügt.

er sich die mystische Verehrung zunutze machte, die Churchill für die Monarchie empfand. Deshalb beschloß der König, dieses Thema im neuen Jahr zu erörtern.

Georg VI. feierte seinen sechsundfünfzigsten Geburtstag in aller Stille mit der Familie im Buckingham Palace und fuhr am 21. Dezember mit ihr nach Sandringham. In diesem Jahr brauchte er sich über seine Weihnachtsansprache keine Sorgen zu machen, denn nach den Untersuchungen von Brust und Kehle war er noch heiser. Er ließ seine Rede in verschiedenen Teilstücken vorher auf Band aufnehmen, wie es seine Kräfte gestatteten, und konnte sich nach dem Mittagessen am Weihnachtstag zusammen mit seiner Familie das redigierte Band anhören. Er war eingeladen, im Frühjahr Südafrika einen privaten Besuch abzustatten, um seine Genesung in Wärme und Sonne zu beschleunigen; sein Hofstallmeister, Peter Townsend, erhielt den Auftrag, das Haus zu besichtigen, das die Unionsregierung bei Durban bereitstellte. Die Abreise des Königspaars war für den 10. März 1952 vorgesehen.

Im engsten Familienkreis wußte man aber, daß Georg VI. wahrscheinlich nicht so lange leben würde. Wenn auch die Entfernung eines Lungenflügels den Krebs vielleicht eingedämmt haben mochte, so blieb doch die Gefahr einer Koronarthrombose bestehen. Die Ärzte ließen den König, ohne in Einzelheiten zu gehen, nicht im Zweifel darüber, daß er höchstens noch mit einigen wenigen Jahren werde rechnen können.

Georg VI. war unbesorgt. Es sei töricht, sagte er zu Lady Cynthia Colville eines Abends, Krankheit und Operation als ein und dasselbe anzusehen. »Ich sehe alle meine Ärzte am nächsten Dienstag früh«, schrieb er Königin Mary, »und hoffe, daß sie mit meinen Fortschritten zufrieden sein werden.« Sie waren es. Nach einer Untersuchung am 29. Januar 1952 sprachen sie ihre Zufriedenheit aus.

Am folgenden Abend ging er zum ersten Mal nach seiner Erkrankung ins Theater, um sich mit seiner Familie das Musical *South Pacific* von Rodgers und Hammerstein anzusehen. Es wurde vor vollen Häusern in Drury Lane aufgeführt. Die königliche Familie besuchte eine Vorstellung, sowohl um die Genesung des Königs zu feiern als auch als letztes Zusammensein, bevor sich Prinzessin Elisabeth und der Herzog von Edinburgh in Vertretung des Königs auf eine längere Reise nach Ostafrika, Australien und Neuseeland begaben. Am Vormittag des 31. Januar 1951 winkte König Georg VI. auf dem Flugplatz von London seiner Tochter und seinem Schwiegersohn zum Abschied noch einmal zu; dann fuhr er nach Sandringham zurück, wo er von einem kleinen Freundeskreis erwartet wurde. Der König hatte erst vor kurzer Zeit Freude an den sogenannten »Nachlese«-Jagden gewonnen, Streifzügen durch das Revier, bei denen es darum ging, Wild aufzuspüren, das im Jagdeifer der Hauptsaison entkommen war – Wasserhühner auf den Broads bei Hickling, Hasen bei Sandringham. Pächter, Landarbeiter, Kleinbauern aus der Nachbarschaft, Polizei und Honoratioren der umliegenden Gemeinden schlossen sich an. Der 5. Februar war ein klarer, frischer Spätwintertag mit blauem Himmel und langen Schatten. Die Jagd galt den Hasen. Der König war ein guter Schütze, und am Ende dieses Jagdausflugs, an dem alle Beteiligten ihre Freude gehabt hatten, betrug die Strecke insgesamt zweihundertachtzig Hasen. Nach dem Abendessen zog sich der König befriedigt in seine Gemächer zurück. Ein Kammerdiener brachte ihm eine Tasse heiße Schokolade, und er las noch etwa anderthalb Stunden bis ungefähr um Mitternacht. Zu diesem Zeitpunkt sah ihn vom Garten aus ein Wachtposten, wie er den Riegel seines Schlafzimmerfensters vorlegte. Er hatte die zweihundertachtzig Hasen nicht in sein Jagdbuch eingetragen; diese Seite sollte leer bleiben, denn irgendwann in den frühen Morgenstunden des 6. Februar hörte das Herz Georgs VI. zu schlagen auf.

Teil 4
Königin

Thronbesteigung

Erst als der Kammerdiener Georgs VI. am frühen Morgen des Mittwoch, am 6. Januar 1952, eine Tasse Tee in das Schlafzimmer des Königs trug, wurde bekannt, daß der König gestorben war. Die Ärzte konnten keinen genauen Zeitpunkt für die Koronarthrombose[1] festsetzen, die seit der Krebsoperation immer gedroht hatte. Es vergingen mehrere Stunden, bis Prinzessin Elisabeth, die mehr als fünftausend Kilometer entfernt war, erfuhr, daß sie bereits seit den frühen Morgenstunden Königin war.

Die Prinzessin und ihr Gemahl erholten sich von den zahlreichen offiziellen Empfängen, mit denen sie in den ostafrikanischen Besitzungen Großbritanniens willkommen geheißen worden waren. Im Jahr 1947 hatten sie von den Bewohnern der Kolonie Kenia als Hochzeitsgeschenk ein Jagdhaus am Ufer des Sagana River im Wildreservat von Aberdare Forest erhalten. Dies war die erste Gelegenheit für das Paar, sich dieses Geschenkes zu erfreuen. In der Nähe stand das Treetops Hotel, eine Hütte, die in das Geäst eines riesigen Feigenbaums mit Blick auf ein Wasserloch und eine Salzlecke gebaut worden war; hier verbrachte Elisabeth ihre letzte Nacht als Prinzessin. Künstliches »Mondlicht« lockte das Wild aus dem Dschungel; in der Nacht vom 5. zum 6. Februar 1952 blickte die Prinzessin mit ihrem Gemahl und ihrer Cousine Lady Pamela Mountbatten, die sie als Hofdame begleitete, von hier auf Elefanten, Nashörner und Wasserböcke hinunter. Durch das Fernglas beobachtete sie, wie zwei Böcke auf Leben und Tod miteinander kämpften; die Morgendämmerung zog schon beinahe auf, als sie sich schließlich in ihren Raum auf der Rückseite der Hütte zurückzogen.

Drüben in der Sagana Hunting Lodge bereitete das Gefolge die Abreise vor. Bobo MacDonald und John Dean saßen nebeneinander vor der Tür und putzten Schuhe. Clarke, der Kriminalbeamte, machte ein Photo von ihnen. Und Major Martin Charteris, der 1949 nach einer Karriere in der Armee zum Privatsekretär der Prinzessin ernannt worden war, fuhr gerade von Sagana zum Mittagessen in das Outspan Hotel auf der anderen Seite des Tals. Das Outspan diente als Stabsquartier für die Presse, die über die Besuchsreise be-

[1] Königin Elisabeth II. ist der einzige britische Souverän in der neueren Geschichte, dessen Thronbesteigung zeitlich nicht genau fixiert werden kann, aber mit ziemlicher Sicherheit saß sie im entscheidenden Augenblick gerade in einer Baumkrone.

richtete; als sich Charteris dort zum Parkplatz begab, griff ihm jemand an die Schulter. Er werde am Telephon verlangt. In der Telephonzelle stieß der Major auf einen Journalisten, der ganz weiß im Gesicht war und wie geistesabwesend ein Päckchen Zigaretten ständig zwischen den Fingern herumdrehte. Gerade war ein Kabel von Reuter eingetroffen, daß König Georg VI. verschieden sei.

Charteris war offiziell noch nicht benachrichtigt worden, aber er wußte, daß bei Georg VI. immer die Gefahr eines Herzanfalls bestand. Er rief Michael Parker, den Privatsekretär Prinz Philips, in der Sagana Lodge an. Der britische Rundfunk sendete Trauermusik, brachte aber keine Nachrichten. Verschlüsselte Telegramme häuften sich im Regierungsgebäude von Nairobi; doch der größte Teil des Personals befand sich bereits auf dem Weg nach Mombasa, wo das Flugzeug der Prinzessin Elisabeth am nächsten Tag eintreffen sollte.

Immer mehr Reporter wurden jetzt im Outspan von ihren Zeitungsredaktionen angerufen. Eine offizielle Verlautbarung war in London um 10.45 Uhr erschienen. Charteris fuhr rasch in die Sagana Lodge zurück, während Parker sich bemühte, telephonisch eine offizielle Bestätigung für die Nachricht zu erhalten.

John Dean und Bobo hatten bereits von Clarke gehört, daß etwas in der Luft lag, als die Prinzessin heraustrat, um mit ihnen auf der Türschwelle zu sprechen. Sie war an diesem Morgen zum Fischen gegangen und hatte einen besseren Fang gemacht als ihr Mann. Sie war bester Stimmung. Nach den Sorgen des letzten Winters hatte ihr diese Reise nach Afrika ihr blühendes Aussehen wiedergegeben. Sie hatte sich vorgenommen, am nächsten Morgen noch auszureiten, bevor sie zum Flugplatz fahren mußten. Ob das Personal entsprechende Vorbereitungen treffen könne? Sie nahmen sich zusammen und sagten, sie würden dafür sorgen.

Innen im Wohnraum des Jagdhauses konnte Elisabeth nicht sehen, daß Michael Parker heimlich auf dem Rasen herumschlich, um durch das breite Fenster die Aufmerksamkeit ihres Gemahls auf sich zu lenken. Der Herzog ging hinaus, um nachzusehen, was los sei; als er erfuhr, daß die Nachricht bestätigt sei, trat er ins Haus zurück, um Prinzessin Elisabeth Alexandra Mary zu sagen, sie sei jetzt Königin von Großbritannien, den Dominien und den Besitzungen in Übersee. Es war 14.45 Uhr Ortszeit, 11.45 Uhr Londoner Zeit. Parker hatte den Eindruck, daß den Herzog von Edinburgh die Nachricht härter getroffen habe als seine Gemahlin. »Er sah aus, als ob der Himmel über ihn eingestürzt wäre«, erinnert er sich. »Mir hat in meinem ganzen Leben noch niemand so leid getan.«

Aber Königin Elisabeth II. schien absolut Herrin der Situation zu sein. Sie mußte sich vor ihren Hofbeamten und Bediensteten als Königin zeigen, und sie ließ sich nichts anmerken. Wenn eine Privatperson schwarze Trauerkleidung auf eine Reise ins Ausland mitnimmt, weil vielleicht der Vater sterben könnte, denkt jeder gleich an Berechnung. Für Prinzessin Elisabeth gehörte diese Vorsorge zu ihrer Funktion. Und ihre Gefaßtheit angesichts der Öffentlichkeit umgab sie wie ein Panzer, den sie ständig mit sich trug.

Sie begann sofort mit der Arbeit. Telegramme mußten nach Australien und Neuseeland, wo sie erwartet wurde, gesandt werden. Sie formulierte den Entschuldigungstext persönlich. Außerdem mußte sie den Namen bestimmen, den sie als Königin tragen würde, denn es war keineswegs selbstverständlich, daß sie ihren Taufnamen beibehalten würde.[1] Aber sie hatte auch daran schon gedacht. »Oh, meinen eigenen Namen – was sonst?«

Inzwischen befaßte sich Prinz Philip mit den Plänen für die Heimreise. »Wir setzten uns schon nach einer Stunde in Marsch«, erinnert sich Parker. Entebbe war der nächstgelegene Flugplatz, den ein Langstreckenflugzeug anfliegen konnte.

Während alles eingepackt wurde, erledigte Elisabeth II. noch die Aufgaben, die bei allen Besuchen von Angehörigen des Königshauses anfallen. Wie üblich mußte die Kiste mit den Gastgeschenken ausgepackt werden. Sie enthielt Photographien mit Widmung und kleine Geschenke für alle Angehörigen der Reservatsverwaltung – Feuerzeuge, Manschettenknöpfe, Aschenbecher, Füllfederhalter. Afrikaner säumten schweigend den Weg zum Flugplatz unter den Flaggen und Spruchbändern, die für das Abschiedszeremoniell des nächsten Tages angebracht worden waren. Um Mitternacht hatte sie Entebbe erreicht und war sogleich zum sechstausend Kilometer langen Rückflug nach London via Libyen gestartet. Ihre Reaktionsfähigkeit ließ sie nicht einen Augenblick im Stich. Als sie beim Einsteigen in das Flugzeug, das sie aus Ostafrika fortbringen sollte, auf der obersten Stufe angelangt war, drehte sie sich kurz um, winkte und rang sich ein Lächeln ab.

Auf dem Londoner Flugplatz erwarteten sie drei Premierminister – der frühere, jetzige und künftige – neben ihrem Onkel, dem Herzog von Gloucester, in der kalten Abendluft. Clement Attlee, Winston Churchill und Anthony Eden neigten das Haupt vor ihrer neuen Königin.

Sie kam am Donnerstag, dem 7. Februar, um vier Uhr nachmittags in Clarence House an; um 4.30 Uhr fuhr eine Limousine langsam aus Marlborough House heraus. In ihr saß Königin Mary. »Ihre alte Großmutter und Untertanin«, sagte sie, »muß ihr als erste die Hand küssen.«

[1] Die Vornamen der britischen Prinzen und Prinzessinnen haben in neuerer Zeit die Thronbesteigung oft nicht überlebt. Königin Viktoria war auf den Namen Alexandrina getauft worden, König Eduard VII. hieß ursprünglich Albert – ebenso wie Georg VI.

Harold Macmillan fand, daß die Kronräte, die sich zur Huldigung im Accession Council versammelt hatten, in ihren auf Bezugsschein gekauften Anzügen ziemlich »schäbig« aussahen. Die graue Atmosphäre von London entsprach der allgemeinen Stimmung, als man Georg VI. im Februar 1952 Lebewohl sagte. Etwa dreihunderttausend Menschen zogen langsam am Sarg des toten Königs vorbei, als er in der Westminster Hall aufgebahrt war. Im ganzen Land herrschte zwei Minuten Schweigen, als sein aus Sandringhamer Eiche gezimmerter Sarg unter dem Klang dumpfer Trommelwirbel in Windsor in die Erde gesenkt wurde.

Während des Trauergottesdienstes stand eine kleine Silberschüssel auf einem dunklen Hocker neben Elisabeth II.; als der Sarg hinabgelassen wurde, zog man das über die Schüssel gebreitete Leinentüchlein weg und Elisabeth nahm eine Handvoll roter Erde heraus und streute sie über den Sarg ihres Vaters, während der Haushofmeister seinen Stab erhob, ihn entzweibrach und die beiden Hälften ins Grab legte.

Elisabeth II. sah unter ihrem Schleier angegriffen und bleich aus. Sie hatte die feierliche Aufbahrung am voraufgegangenen Abend gesehen und fast unbemerkt unter einem dunklen Torbogen gestanden, während die Trauernden vorbeizogen. Sie hatte die ganze Woche versucht, ihrer Gefühle Herr zu werden. »Mein Herz ist zu voll«, sagte sie in ihrer Erklärung zur Thronbesteigung, »als daß ich Ihnen heute mehr sagen könnte als dies: Ich werde stets arbeiten, wie es mein Vater tat.« Und als sie nach Clarence House zurückfuhr, übermannte sie der Kummer. Sie brach zusammen und weinte im Fond des Wagens. Ihr Gemahl mußte ihr Trost spenden.

Ihre Großmutter fühlte sich zu schwach, um selbst an dem Begräbnis teilzunehmen. Für Königin Mary war Georg VI. der vierte Monarch und der dritte ihrer eigenen Söhne, den sie zu betrauern hatte. Elisabeth II. würde der sechste Souverän sein, der zu Marys Lebzeiten regierte.[1] Sie blieb in Marlborough House, bei ihr war ihre Freundin, Lady Airlie. Die beiden alten Damen saßen da und schauten gemeinsam in das trübe Februarwetter hinaus und schwiegen. Schließlich kam der lange Trauerzug auf der Mall ins Blickfeld, ganz vorn die Lafette mit dem Sarg. »Hier kommt *er*«, flüsterte Königin Mary, und Lady Airlie, die ähnlich wie die alte Königin jenseits des Sargs einen schüchternen, stotternden kleinen Knaben im Matrosenanzug zu sehen

[1] Zu Lebzeiten der Königin Viktoria geboren, sah Königin Mary die Regierungszeit von Eduard VII., Georg V., Eduard VIII. und Georg VI. Sie erlebte noch das zweite Regierungsjahr der Königin Elisabeth II. Ihr Sohn John starb 1919, Georg, Herzog von Kent, im Jahr 1942, und Bertie, Georg VI., 1952. Überlebt wurde sie von ihrem ältesten Sohn, dem Herzog von Windsor, der 1972 starb, von ihrem dritten Sohn, Harry, Herzog von Gloucester, der 1974 starb, und von ihrer einzigen Tochter, Prinzessin Mary, der Princess Royal, ihrem dritten Kind, die im Jahr 1965 starb.

vermeinte, schnürte es die Kehle zu. Sie konnte nicht sprechen. Aber die alte Königin weinte nicht. Sie blickte unverwandt in das nebelige Grau hinaus. Ihre Züge blieben unbewegt wie immer.

Königin Mary wußte, daß sie als nächste würde gehen müssen. Sie machte ein neues Testament und stellte einen neuen Katalog ihrer sogenannten »interessanten Sachen« zusammen, um sicherzustellen, daß ihre Enkelin, der neue Souverän, alles sauber geordnet übernehmen konnte. »Ich werde allmählich vergeßlich«, sagte sie zu Oberst Sitwell. »Aber ich bekomme mein Gedächtnis schon wieder zurück.« Gelegentlich nahm sie noch Einladungen zum Dinner an und erschien dann mit einem Lakaien, der zwei halbe Flaschen deutschen Schaumweins mitführte. Er öffnete eine der Flaschen ausschließlich für die alte Dame und kümmerte sich während des Essens nur um sie. Erhielt er den Auftrag, auch die zweite Flasche zu öffnen, wußten die Gastgeber, daß sich die Königin bei ihnen wohl gefühlt hatte. Königin Mary studierte die Details von Königin Viktorias Krönungsgewändern, die ihrer Meinung nach als Vorlage für die Robe der neuen Königin dienen sollten. Sie bestand vor allem darauf, daß ihr eigener Tod, wenn er ihr schon die Freude nähme, Lilibets Krönung mitzuerleben, unter keinen Umständen einen Schatten auf das Ereignis werfen dürfe, weder für die Königin noch für die ganze Nation. Sie habe dem Thron im Leben gedient und wolle ihm auch im Tode dienen, denn sie wisse, daß nach der Ordnung der Dinge die Trauer um die ehemalige Gemahlin eines Königs die Krönung eines neuen Souveräns nicht beeinträchtigen dürfe.

Als das Ende kam – am 24. März 1953 –, wurde ihr Wunsch geachtet. Ihr Trauerzug mit den Regimentern, die feierlich durch die abgeschirmten Straßen marschierten, wirkte fast wie eine Generalprobe für die noch eindrucksvollere Prozession, die weniger als drei Monate später stattfinden sollte. Sie wurde neben ihrem Gemahl, König Georg V., in der St. George's Chapel zu Windsor beigesetzt. Etwas mehr als ein Jahr nach dem Tod ihres Vaters stand Königin Elisabeth II. wieder hier und sagte der Frau Lebewohl, die nach ihren Eltern den entscheidendsten Einfluß auf die Bildung ihres eigenen Wesens ausgeübt hatte.

Sie stand jetzt ziemlich allein auf der Bühne. Ein Mitglied der vergangenen Generation war es, das keinen Zweifel daran hegte, daß sie der ihr zugewiesenen Rolle gerecht werden würde. »Ich«, erklärte Winston Churchill, »der ich meine Jugend in dem erhabenen, nie in Frage gestellten und unwandelbaren Glanz der viktorianischen Ära verlebt habe, darf heute einem Gebot des Herzens folgen und das Gebet und die Hymne anstimmen: *God Save the Queen.*«

Krönung

Die Krönung Königin Elisabeths II. am 2. Juni 1953 wurde von fast einem Viertel aller auf der Erde lebenden Menschen gefeiert.[1] Die Bewohner Großbritanniens und des Commonwealth zählten fast 650 Millionen; ein repräsentativer Querschnitt von ihnen schien sich damals in London eingefunden zu haben. Hotels und Pensionen waren überfüllt. Alle Sitzplätze auf den Tribünen waren schnellstens ausverkauft, sobald der Vorverkauf begonnen hatte. Auf dem schwarzen Markt wurden Plätze für 40 bis 50 Pfund gehandelt. Balkone, von denen aus der Zug zu sehen war, kosteten noch mehr (3500 Pfund für 50 Personen, einschließlich Champagner). Außerhalb der Hauptstadt organisierte man die Aufteilung der Bevölkerung auf die gerade in den Handel gekommenen Fernsehapparate. Überall ruhte die Arbeit. Man verkaufte Bierkrüge, Teller und Abzeichen mit dem Union Jack. Einem uneingeweihten Besucher hätte man den Irrtum verzeihen müssen, wenn er damals London mit Moskau verwechselt hätte, so bepflastert waren Fenster und Laternenpfähle mit Bildern, die in Massen produziert worden waren. Das diamantbesetzte Diadem, die Schärpe und der Hosenbandorden üben in aller Welt eine magische Kraft aus. Am Vorabend des Krönungstags machten sich die Herausgeber der Zeitschrift *Time* Gedanken, welche Persönlichkeit dem Geist der Zeit – trotz Korea – im Sinne der Hoffnung am besten Ausdruck verleihen könne. Da war Captain Carlsen, der in schwerem Sturm tagelang auf seinem sinkenden Schiff, der *Flying Enterprise,* ausgeharrt hatte, oder der eben erst entdeckte Filmstar Marilyn Monroe oder Dwight Eisenhower, der gerade gegen Adlai Stevenson die Präsidentschaftswahlen gewonnen hatte. Da waren Staatsmänner wie Churchill oder Adenauer, oder

[1] Die Zeitspanne von sechzehn Monaten zwischen Elisabeths Thronbesteigung und Krönung war nicht ungewöhnlich lang. Das kurze Intervall zwischen Thronbesteigung und Krönung bei ihrem Vater ergab sich durch die Abdankung Eduards VIII. Georg VI. übernahm den Krönungstermin, den sein Bruder fast anderthalb Jahre zuvor festgesetzt hatte. Georg V. bestieg den Thron am 6. Mai 1910 und wurde am 22. Juni 1911 gekrönt. Die Länge des Intervalls wird durch verschiedene Faktoren bestimmt. Die Hoftrauer spielte ebenso eine Rolle wie der Umstand, daß die große Prozession möglichst im Sommer stattfinden sollte. Hinzu kommt die Einberufung und Finanzierung eines Stabes, dem unter anderem der Bau kilometerlanger Tribünen obliegt – schließlich der Wunsch, ausländischen Gästen Gelegenheit zu geben, das Datum mit ihren eigenen Terminen in Einklang zu bringen.

Elisabeth II. Porträt von Pietro Annigoni.

Elisabeth und ihr erster Sohn, Prinz Charles, Dezember 1948.

Prinz Charles an seinem dritten Geburtstag, mit seinem Großvater, Georg VI., 14. November 1951.

Neulinge wie Nagib in Ägypten oder Batista auf Kuba. Alle wurden sie von der neuen Königin Elisabeth II. überragt. Sie gewann, meinte *Time,* in internationalem Maßstab jene geheimnisvolle Macht zurück, die den Herrschern in alten Zeiten zu eigen war, »um die Sehnsüchte des kollektiven Unterbewußtseins zu verkörpern, auszudrücken und darzustellen«.
Die Zuschauerrekorde, die der Film *A Queen Is Crowned* in New York, Boston und Detroit erzielte, bestätigten die globale Ausstrahlungskraft, die Elisabeth II. besaß. Die ganze Welt war plötzlich königstreu. In England gab es natürlich besondere Gründe für die starke Anteilnahme, mit der die Krönung des neuen Souveräns begangen wurde. In spontanen Tanzpartys auf den Straßen und in Gottesdiensten konnten die Menschen jenen im Kriege lebendig gewesenen Gemeinschaftsgeist zurückgewinnen, der in den Jahren der Entbehrungen nach dem Krieg verlorengegangen war. Die Krönung selbst nahm nur einen einzigen Tag in Anspruch, aber die freudige Erwartung hielt die Bevölkerung schon ein ganzes Jahr vorher in Atem – länger, als jeder Publizist anzunehmen gewagt hätte – und hinterließ noch lange danach ein Gefühl innerer Wärme.
Man freute sich wieder der klingenden Münze im Geldbeutel, als die Regierung Churchill das System des sozialistischen Wiederaufbaus demontierte. Lebensmittelkarten und Bezugsscheine hatten dem Festival of Britain als Symbol der nationalen Wiedergeburt geschadet. Jetzt erschien das erste gute Geschirr aus Staffordshire auf dem Markt, und die Regierung nutzte diese Gelegenheit weidlich aus, denn in Wirklichkeit waren die Zeiten nicht wesentlich besser geworden. »Hast du Jimmys neuen Anzug gesehen?« fragte Dick Bentley in *Take It From Here.* »Es ist ein konservativer Schnitt – genauso wie ein sozialistischer Schnitt, nur wirkt er jetzt eleganter.«
Irgendwie faßte man wieder Fuß. Alle hatten Anteil an der Krönung dieser Königin – seit der Zeit, da der Kopf der kleinen Prinzessin bei der Krönung ihres Vaters gerade über dem Balkongeländer zu sehen war, seit das Bild von der ernsten, verschmierten Mechanikerin in der Uniform des Kriegshilfsdienstes durch die Presse gegangen war, bis zu dem Zeitpunkt, da man sie als romantische Braut eines ausländischen Prinzen erlebt hatte.
Oder war es nur der *Wunsch,* wieder Fuß fassen zu können – das Gefühl der Unsicherheit in einer sich wandelnden Welt, das 1953 in Großbritannien so überschwenglich das Heraufkommen eines neuen elisabethanischen Zeitalters verkündete? »Alles spricht für eine Große Wiedergeburt«, versprachen Artikel von gelehrten Historikern, die nachweisen wollten, wie das Rad der Geschichte zurückgedreht werden könne. Im *Daily Express* erschien eine Bildseite »moderner Elisabethaner« mit Margot Fonteyn in Krinoline, Sir Frank Whittle (Erfinder des Düsentriebwerks) in Wams und Kniestrümpfen

und T. S. Eliot mit Halskrause. Der Platz für fünf Gesichter war freigelassen, und die Leser wurden aufgefordert, diejenigen Persönlichkeiten zu nennen, die ihrer Meinung nach die neue Renaissance verkörpern könnten.

Derselbe Geist nationalen Interesses konzentrierte sich auf die zahlreichen, fremdländisch anmutenden Titel und Ämter, die plötzlich aus der Versenkung hervorzutreten schienen – den Großzeremonienmeister, den Lord Great Chamberlain[1], den Oberstallmeister, die Mistress of the Robes (Erste Kammerfrau der Königin). Es waren uralte Titel, die zum Teil auf höchste Stellungen im Land zurückgingen, jetzt aber kam ihnen die Rolle von Ministranten und Impresarios bei den Nationalfeiern zu.

Der Großzeremonienmeister war der Choreograph und die letzte Instanz in Garderobefragen. Er hatte zum Beispiel zu entscheiden, ob anstelle von Hermelin auch Kaninchenfelle zum Besatz verwendet werden durften. Er entschied in positivem Sinn. Es gehört zu den typischen Widersprüchlichkeiten der britischen Verfassung, daß diese Position einer Familie römisch-katholischer Herzöge vorbehalten ist; diese erhält dadurch die uneingeschränkte Macht, ein protestantisches Zeremoniell in der Hochburg der anglikanischen Kirche, der Westminster Abbey[2], zu organisieren. Die Hintergründe für die Beteiligung des Lord Great Chamberlain, des Marquess of Cholmondeley, waren ähnlich bizarr. Sein Familienname wurde »Chumley« ausgesprochen – nach derselben Logik, wie die Mainwarings »Mannerings«, Cokes »Cooks«, Menzies »Mingies« und die Leveson-Gowers »Looson-Gores« ausgesprochen werden –, und wie Bernard Marmaduke, dem sechzehn-

[1] Das Amt des Lord Great Chamberlain, der vor allem zeremonielle Funktionen hat, darf nicht mit der Stellung des Lord Chamberlain (Haushofmeister) verwechselt werden. Im Jahr 1953 besaß der Lord Chamberlain außerdem die Funktion des Zensors für alle öffentlich aufgeführten Theaterstücke; er mußte damals etwa vierzehnhundert Stücke im Jahr zensieren. Diese Funktion, die Gegenstand häufigen Ärgers war und später abgeschafft wurde, ging auf Proteste zurück, die in der Regierungszeit Elisabeths I. von Puritanern gegen die Londoner Theater erhoben worden waren. Karl II. gab seinem Lord Chamberlain erhöhte Zensurbefugnisse, jedoch nicht aus moralischen Gründen, sondern um die gegen ihn geführten politischen Angriffe mundtot zu machen.

[2] Obwohl die Zeremonien in der Westminster Abbey in neuerer Zeit zum Kernstück der Krönungsfeierlichkeiten geworden sind, bildeten sie ursprünglich nur eine Randerscheinung, die deshalb in der Abbey stattfand, weil diese für das Hauptereignis günstig gelegen war; dieses bestand darin, daß der König von seinen Peers im Palace of Westminster auf den Thron gehoben wurde. In ganz früheren Zeiten war dies ein Fest, das im großen Saal des Palastes einen ganzen Tag lang dauerte (die heutige Westminster Hall ist als einziger Teil von dem ehemaligen Gebäude übriggeblieben). Wenn die Gäste sich vom Feiern ausruhen wollten, nahmen sie die Einladung der Geistlichkeit an, in Prozession, in der die königlichen Insignien mitgeführt wurden, die Abbey zu betreten und mit dem König einen Gottesdienst beizuwohnen. Das letzte Krönungsbankett fand 1831 unter Wilhelm IV. statt. Doch das ausgelassene Zechgelage erregte unter der Bevölkerung so viel böses Blut, daß man bei der Krönung der Königin Viktoria auf diesen Brauch verzichtete; er wurde seither nicht wieder aufgegriffen.

ten Herzog von Norfolk, wurde ihm sein Amt nicht verliehen, sondern er hatte es geerbt. In seinem speziellen Fall jedoch war dieses Erbe komplizierterer Art. Das Amt des Lords Great Chamberlain war ursprünglich den de Vere, Earls of Oxford, verliehen worden. Sie waren aber 1626 in der männlichen Linie ausgestorben, und Abkömmlinge aus der weiblichen Linie beanspruchten das Amt, bis das Oberhaus im Jahr 1902 entschied, daß der Anspruch der Cholmondeleys am begründetsten sei. Sie durften die Stellung unter den verschiedenen Souveränen bekleiden; so war es 1953 Lord Cholmondeley, der zu entscheiden hatte, ob Peers zu der Zeremonie Sandwiches in ihren Krönchen mitnehmen durften. Es sei zwar nicht wünschenswert, erklärte er, aber verzeihlich.

Die von den Würdenträgern bei der Krönung getragenen farbenprächtigen Uniformen vervollkommneten den Märchencharakter ihrer Funktion. Aber dies schien niemanden zu kümmern. Das Krönungszeremoniell schlug auch die größten Skeptiker in seinen Bann. Wegen des Öls, mit dem der Erzbischof von Canterbury die neue Königin salben würde, gab es Probleme. Schon Königin Elisabeth I. hatte sich darüber beklagt, daß das Öl, mit dem sie gesalbt wurde, »eine abscheuliche Schmiere gewesen sei und übel gerochen habe«. Karl I., der noch empfindlicher war, ließ sich sein Öl nach einem besonderen Rezept herstellen, das Orangenblüten, Rosen, Zimt, Jasmin, Sesam, Moschus, Zibet und Ambra vorschrieb; und es war Sitte geworden, von dieser ausgeklügelten Mixtur gleich eine so große Menge herzustellen, daß das Öl für mehrere Krönungen reichte – doch blieb Königin Viktoria so lange auf dem Thron, daß der Vorrat körnig wurde und eine neue Mixtur für König Eduard VII. und Georg V. hergestellt werden mußte. Das für Eduard VIII. im Jahr 1936 hergestellte und auch von König Georg VI. verwendete Öl war in der Sakristei der Westminster Abbey aufbewahrt worden. Durch Bombenangriffe während des Zweiten Weltkriegs war der Glasbehälter jedoch zerbrochen; jetzt stellte man plötzlich fest, daß die Apotheke, die die Mischung seit Viktorias Krönung herzustellen pflegte, ihre Pforten geschlossen hatte. Es dauerte einige Zeit, bis man einen älteren Verwandten des Apothekers ausfindig machte, der sich aus sentimentalen Gründen ein paar Unzen der ursprünglichen Mischung aufgehoben hatte. In die Bresche sprang jetzt J. D. Jamieson, ein Apotheker aus der Bond Street. Er stellte ein neues Quantum Öl nach einer Formel her, die etwa der entsprach, die bei der Krönung Karls I. verwendet worden war; die ganze Nation zollte ihm Beifall, und zwar nicht nur wegen seiner Fachkenntnisse, sondern auch wegen des Opfers, das er gebracht hatte; es wurde nämlich bekannt, daß er, um seinen Geruchssinn zu verbessern, einen ganzen Monat vor Beginn der Arbeit das Rauchen aufgegeben hatte.

Die zentrale Figur dieser vergnüglichen Aufregungen improvisierte auf eigene Art. Elisabeth II. ließ sich ein Bettlaken an die Schultern heften, um ihre lange Krönungsschleppe zu imitieren. Sie spielte sich Schallplatten von der Krönung ihres Vaters vor und probte das Zeremoniell jeden Tag durch, zuerst im Weißen Salon im Schloß, dann im Ballsaal, der mit besonderen Pfosten und Bändern markiert worden war. Sie ging auch mehrere Male in die Abbey, um die Herzogin von Norfolk zu beobachten. Diese, eingewiesen durch ihren Gatten, führte alle Bewegungen aus, die von der Königin erwartet wurden, denn man hielt es für ein Sakrileg, wenn die Königin persönlich im voraus alle rituellen Handlungen geübt hätte, die sie an dem großen Tag würde ausführen müssen.

Aber es gab eine Passage, die ihr Sorgen bereitete: Wenn sie nach der Krönung vom Thron herabsteigen, Krone, Szepter und Stab dem Lord Great Chamberlain übergeben und dann niederknien mußte. Bei ihrem zweiten Besuch in der Abbey übte sie diesen Teil und setzte einige Tage später die Probe mit der schweren St.-Edwards-Krone fort. Es waren mehrfach Bedenken geäußert worden, diese außerordentlich große, aus massivem Gold bestehende Krone würde zu schwer sein; sie solle statt dessen die Imperial Crown of State (Staatskrone) tragen; diese war leichter und eigens für die Krönung der Königin Viktoria angefertigt und seitdem von den Königen bei den üblichen feierlichen Anlässen, wie zum Beispiel bei der Eröffnung des Parlaments, benutzt worden.

Die St.-Edwards-Krone ist jedoch die offizielle englische Königskrone, mit der der Souverän gewöhnlich gekrönt wird. Elisabeth II. entschied, sie werde keine andere tragen.[1]

[1] Am eigentlichen Krönungstag trug Königin Elisabeth II. auf dem Weg zur Westminster Abbey das Diadem der Königin Viktoria. Dieser flache, ursprünglich für Georg IV. angefertigte, mit Diamanten besetzte Reif zeigte das Georgskreuz und die Embleme der anderen Teile des Vereinigten Königreichs. Sie hatte schon vor der Krönung dieses Diadem auf dem Briefmarkenbild getragen; es ist auch bei späteren Markenausgaben von den Graphikern bevorzugt worden. In der Westminster Abbey wurde sie dann mit der St.-Edwards-Krone gekrönt. Diese war 1661 für Karl II. angefertigt worden und ersetzte die Krone von Eduard dem Bekenner, die nach dem Bürgerkrieg mit den anderen Kroninsignien vernichtet worden war. Die in massivem Gold gearbeitete und mit Perlen und Edelsteinen besetzte Krone läßt sich besonders leicht durch ihre weit ausladenden Bögen erkennen.

Beim Verlassen der Abbey haben die Souveräne in neuerer Zeit diese Krone gegen die Staatskrone ausgetauscht, deren silberne Bögen weniger barock wirken. Diese Krone trug Königin Elisabeth II. während der gesamten Krönungsprozession und mit ihr ist sie am 2. Juni 1953 am häufigsten photographiert worden, obwohl sie mit ihr tatsächlich nicht gekrönt worden ist. Als »Gebrauchskrone«, die sie während ihrer Regierungszeit in der Regel trug, wurde sie schon bald nach der Thronbesteigung umgearbeitet, damit sie ihr genau paßte. Ebenso wie die St.-Edwards-Krone ruht sie oben und an den Seiten auf einem dicken Samtkissen, dessen hermelinbesetzter Rand unter dem Edelmetallrahmen herausragt.

Sie hatte alle Details ihres Krönungsgewandes genau durchdacht. Norman Hartnell wurde angewiesen, eine Robe aus weißem Satin im selben Schnitt wie ihr Hochzeitsgewand zu entwerfen. Er legte insgesamt neun Entwürfe mit Blüten-Emblemen vor – mit der englischen Rose, der schottischen Distel, dem irischen Kleeblatt und dem Lauch von Wales. Aber Elisabeth II. entschied, daß sie die Embleme Großbritanniens nicht ohne die der übrigen Commonwealth-Länder tragen wollte. So wurden in den Saum auch der Lotos von Ceylon, die Proteusblüte aus Südafrika, die australische Akazie, für Pakistan Weizen und Jute und entsprechende Motive für die anderen Länder aufgenommen. Sie fand nichts daran, sich zur Genugtuung ihrer Untertanen wie eine bunte Puppe zu kleiden. Sie sah darin ihre Aufgabe. Die in magische Roben gekleidete heilige Puppe ging auf die Uranfänge vorgeschichtlicher Herrschervorstellungen zurück.

Königin Elisabeth II. hatte im Sommer 1953 über ihre Funktionen gewisse mystische Vorstellungen. Schon in frühester Jugend hatte sie miterlebt, wie ernst es ihren Eltern um diese Dinge gewesen war, und jetzt gab sie sich ihrer neuen Aufgabe mit ähnlichem Eifer hin. »Beten Sie für mich an jenem Tag«, bat sie in ihrer ersten Weihnachtsbotschaft im Dezember 1952. »Beten Sie, daß Gott mir Weisheit und Stärke geben möge, die feierlichen Verpflichtungen einzulösen, die ich eingehen werde.« Der Erzbischof von Canterbury, Geoffrey Fisher, hatte ihr als Vorbereitung für die Zeremonie ein Programm mit täglichen Bibellesungen und Meditationen ausgearbeitet, und am entscheidenden Tag, berichtete Dermot Morrah, der als Herold in der Nähe des Thrones stand, »ging von ihr eine geistige Ausstrahlung aus, die fast mit Händen zu greifen war«.

Am Vorabend der Krönung drängten sich dreißigtausend Menschen, zwölf Reihen tief, auf der Mall. Sie hatten Bettzeug mit Hockern, Spirituskochern, Radios, Decken und Zeltplanen mitgebracht. Es regnete die ganze Nacht. Als die Morgenzeitungen herauskamen, las man unerwartete Schlagzeilen. Der Mount Everest war zum ersten Mal in der Geschichte bestiegen worden, und zwar von einer britischen Mannschaft unter Captain John Hunt. Edmund Hillary, ein Imker aus Neuseeland, hatte mit seinem Sherpa Tensing Norkhay als erster den Gipfel erreicht. Diese Tat galt als besseres Omen als das Wetter, das während des ganzen Tages Regen brachte – trotz der Vorhersage der Meteorologen, die den 2. Juni als erfahrungsgemäß wettersichersten Tag im Kalender ausgewählt hatten.

Um acht Uhr begannen die Auffahrten, als der Lord Mayor von London in seiner Karosse von sechs Grauschimmeln, begleitet von seinen Lakaien und einer Wache von Pikenieren, zur Westminster Abbey gefahren wurde. Die »jüngeren« Mitglieder der königlichen Familie fuhren in Autos zur Abbey –

die Harewoods, die Mountbattens, die Cambridges[1] –, dann folgten weitere Pferde-Karossen: die Prinzen und Prinzessinnen der Königsfamilie, der Sprecher des Unterhauses mit seinem Amtsstab, die Königinmutter und Prinzessin Margaret sowie die Wagen mit den Kolonialherrschern, Premierministern und Häuptern der Staaten des Commonwealth.[2]

Um elf Uhr fuhr Königin Elisabeth II. mit ihrem Gemahl in der Staatskarosse vor. Die überreich vergoldete und von Cipriani mit barocken pastoralen Szenen geschmückte Karosse war 1761 für Georg III. gebaut worden. Sie wurde von königlichen Leibgardisten in rot-goldenen Röcken und Vorreitern begleitet.

»Ich frohlockte, als sie zu mir sagten, wir werden in das Haus des Herrn eintreten«, ertönten die ersten Klänge der Eröffnungshymne, und Elisabeth II. schritt feierlich durch das Mittelschiff der Kathedrale.

»Ihr Herren, ich zeige euch hier Königin Elisabeth, eure unbestrittene Königin«, rief der Erzbischof von Canterbury und bot sie den vier Ecken des Kirchenraumes dar – nach Osten, Süden, Westen und dann nach Norden, wo die Vertreter der Auslandspresse saßen.

Diese »Anerkennung« war nur für die Untertanen der Königin in der Kirche bestimmt, aber die Atmosphäre riß auch die Fremden so mit, daß die ausländischen Pressevertreter in die lauten Rufe: »God Save Queen Elizabeth« miteinstimmten.

Während »Zadok the Priest and Nathan the Prophet« in der Vertonung von Händel in der Kathedrale widerhallte – ein Text, der bei jeder Krönung in England seit König Edgar dem Friedfertigen im Jahr 973 rezitiert wird, wurden der Königin von ihren Ehrenjungfrauen Schmuck und Robe Stück für Stück abgenommen. Ihre Schleppe lag wie eine große rote Wolke auf dem ausgestreckten Arm des Oberkammerherrn, und Elisabeth II. stand da, ihres Prunks entkleidet, bereit zum Empfang der Weihe.

»Deine Hände seien mit dem heiligen Öl gesalbt, deine Brust sei mit dem heiligen Öl gesalbt, dein Haupt sei mit dem heiligen Öl gesalbt«, sprach der Erzbischof von Canterbury, »so wie die Könige, Priester und Propheten gesalbt worden sind.«

[1] Cambridge war der Familienname, den die Familie Teck der Königin Mary 1917 annahm. Ihr Bruder Adolphus wurde Marquess of Cambridge, ihr Bruder Alexander George Earl of Athlone.

[2] Als erstes Staatsoberhaupt traf Königin Salote von Tonga vor der Westminster Abbey ein. Sie trug eine lange rote Feder am Hut. Ihr gegenüber im Wagen saß ein zarter, weißgekleideter kleiner Mann, der Sultan von Kelantan. »Wer ist denn *der*?« fragte einer der jungen Männer neben Noël Coward, der die Wagenauffahrt beobachtete. Der Meister blickte die kleine Gestalt gegenüber der monumentalen polynesischen Dame prüfend an. »Ihr Frühstück«, meinte er kurz und bündig.

Thronend auf dem King Edward's Chair[1] und symbolisch in ein schlichtes Gewand aus weißem Leinen gekleidet, empfing Elisabeth II. die kunstvoll gearbeiteten Zeichen ihres verantwortungsvollen Amtes, mit denen sie jetzt bekleidet wurde: die Weltkugel – »Gedenke, daß die ganze Welt der Macht und dem Reiche Christi untertan ist« –, das Szepter mit dem Kreuz, Sinnbild der Macht und Gerechtigkeit; den Stab der Gnade sowie den Königsring mit Saphir und Rubinkreuz – »den Ehering Englands«. Dann kam der Augenblick der Krönung selbst, als der Erzbischof die funkelnde St.-Edwards-Krone hoch emporhob. Elisabeth II. neigte ihr Haupt, und langsam senkte sich die Krone auf sie herab.

Bis zu diesem Augenblick hatten die Peers barhäuptig im Zentrum der Abbey dagestanden. Jetzt setzten sie alle gleichzeitig ihre Kopfbedeckungen und Krönchen auf – wobei die Herzoginnen, fand »Chips« Channon von seiner Nische in der Galerie aus, wie Schwäne wirkten, als sie mit ihren Armen nach oben griffen. »God Save the Queen«, ertönte es von allen Seiten, und die gesamte versammelte Menschenmenge brach immer wieder in diesen Ruf aus, während Trompetenstöße ertönten, die Kirchenglocken läuteten und Salutschüsse über ganz London zu hören waren.

Angeführt von Prinz Philip, der vor seiner Gemahlin niederkniete, traten die Peers – die Herzöge, Marquesses, Earls, Viscounts und Barone – nacheinander vor und brachten ihre Huldigung dar, während der Chor sang. Und dann, nach dem Abendmahl, trat die Königin aus der Westminster Abbey heraus, um sich ihrem Volk zu zeigen.

Später, als alles vorüber war, versuchten zwei Soziologen zu erklären, was geschehen war. In der *Sociological Review* vom Dezember 1953 befaßten sich Professor Edward Shils und Michael Young, der eine Amerikaner, der

[1] Dieser schlichte, kunstvoll geschnitzte Eichenstuhl mit seiner hohen Rückenlehne war im Auftrag König Eduards I. entstanden (er regierte 1272–1307) und ist nicht zu verwechseln mit St. Edward, Eduard dem Bekenner, der von 1042–1066 regierte). Er umschloß den Stein des Schicksals, auf dem die schottischen Könige bei ihrer Krönung zu sitzen pflegten, und Eduard hatte ihn im Jahr 1296 aus seinem Aufbewahrungsort in der Abtei von Scone entwendet. Nach der Legende war der Stein das Kissen, auf dem Jakob geschlafen hatte, und die Könige von England saßen nach 1296 auf diesem Stein, um ihren Machtanspruch über Schottland zu dokumentieren – ein Ärgernis für schottische Nationalisten, die den Stein am Weihnachtstag 1950 aus der Westminster Abbey stahlen und ihn mehrere Monate versteckt hielten. King Edward's Chair ist jedoch nicht der Thron der britischen Monarchen; der Thron befindet sich auch nicht im Buckingham Palace, und es gibt in der Tat kein spezielles historisches Möbelstück, dem diese Funktion zukäme. Die Krone, insbesondere die St.-Edwards-Krone, gilt als das eigentliche Symbol der Königwürde. Aber die jedes Jahr von der Königin gehaltene Ansprache an das Parlament in Gegenwart der Lords, Unterhausabgeordneten, Bischöfe und Richter heißt »Thronrede«; der Sessel, auf dem sie dabei im Oberhaus sitzt, repräsentiert in vollem Umfang den »Sitz der Regierung«, »the Queen's Bench«, von dem aus die höchsten Gesetzesentscheidungen verkündet werden.

andere Mitglied der Labour Party und erklärter Skeptiker bezüglich der Monarchie, mit den verschiedenen Daten und Fakten des Krönungsjahres. Sie zogen auch die Polizeistatistiken heran, aus denen hervorging, daß es trotz der großen Menschenansammlungen auf den Straßen am 2. Juni weniger Taschendiebstähle und außerdem bedeutend weniger Einbrüche als an einem normalen Tag in London gegeben habe. »Es kann keine Gesellschaft geben«, erklärten sie im Sinne von Durkheim, »die nicht das Bedürfnis spürte, in regelmäßigen Abständen die kollektiven Gefühle und Ideen nach außen hin zu bestätigen, die ihre Einheit und ihr inneres Wesen ausmachen.«

Die Krönung, fanden sie, »bildet genau jene Art von Zeremoniell, bei dem sich die Gesellschaft ihrer moralischen Werte bewußt wird, die sie als Gesellschaft konstituieren«. Die Intellektuellen mögen höhnisch lachen, weil sie »eine Aversion gegen alle Gefühle und Gebräuche, die mit der Religion verbunden sind, empfinden«, und vielleicht auch deshalb, weil sie nur ungern »die Existenz dieser irgendwie beunruhigenden Gefühle in sich selbst« zugeben wollen. Aber die Tatsache bleibt bestehen, daß »die Krönung zum damaligen Zeitpunkt und praktisch für die gesamte Gesellschaft einen so innigen Kontakt mit dem Geheiligten herbeiführte, daß wir uns berechtigt fühlen, im Krönungsakt ein Ereignis nationaler Kommunion zu sehen«.

Die Königin und Mr. Churchill

Unter den neuen Elisabethanern waren wenige so engagiert wie Premierminister Winston Churchill. Für ihn bildeten die Ereignisse ein großartiges Crescendo, mit dem er seine politische Karriere abrunden konnte – die neue Ära, für die er während des ganzen Krieges gekämpft hatte – und einige ihm nahestehende Persönlichkeiten fragten sich, ob er nicht sogar ein wenig in die neue Königin verliebt sei. Als ein Photograph der Fleet Street jene Aufnahme machte, die für Elisabeth II. die ganzen Jahre hindurch typisch geblieben ist – die Königin mit der flachen Tiara, aus dem Wagenfenster heraus lächelnd und den linken Arm leicht zum Gruß erhoben –, bestellte er eine Vergrößerung, ließ diese einrahmen und hängte sie über dem Kopfende seines Bettes auf, wo sie bis zu seinem Todestag blieb.[1]

Zu Beginn der Regierungszeit des neuen Souveräns hatte der Premierminister jedoch seine Zweifel gehabt. Der Tod Georgs VI. hatte ihn erschüttert. Als die Nachricht kam, brach er in Tränen aus. Er war so niedergeschlagen, daß er sich nicht überwinden konnte, die Rede zu schreiben, die er zu halten hatte. »Ich kenne sie gar nicht«, sagte er seinem Privatsekretär Jock Colville. »Sie ist doch noch ein Kind. Den König kannte ich sehr gut.« Colville beruhigte ihn. »Sie werden feststellen, daß sie alles andere als ein Kind ist«, sagte er, und Colville mußte es wissen. Er hatte ihr von 1947 bis 1949 als Privatsekretär gedient.

Colville war bei Ausbruch des Krieges Privatsekretär Neville Chamberlains gewesen, hatte dann denselben Posten bei Churchill übernommen und war 1947 von Georg VI. als Mentor für seine Erbin ausgesucht worden, als diese zum ersten Mal mit den Regierungsgeschäften in Berührung kam. Die öffentlichen Auftritte einer jungverheirateten Prinzessin vorzubereiten mußte damals in Colvilles Augen, der in seiner Laufbahn im Auswärtigen Dienst weit vorangekommen war, zunächst wie ein totes Gleis erscheinen. Aber Churchill hatte darauf bestanden, daß er diesen Posten übernahm – »Es gibt keine Widerrede, wenn es um den Thron geht« –, und Colville merkte schon bald, daß diese Jahre mit der jungen Prinzessin ihm mindestens ebensoviel abverlangten wie seine Zeit als Diplomat.

[1] Das Bild kann auch jetzt noch in seinem Schlafzimmer in Chartwell besichtigt werden.

Kurz nach der Hochzeit Elisabeths im Winter 1947 erhielt er einen Brief von Sir Stafford Cripps, dem Schatzkanzler, in dem dieser den Vorschlag machte, das Hochzeitskleid der Prinzessin zur britischen Exportwerbung auf eine Rundreise nach Nordamerika zu schicken. Colville fand den Gedanken zwar merkwürdig, dachte aber nicht weiter darüber nach und unterbreitete die Idee der Prinzessin.

»Halten Sie dies für eine gute Idee?« fragte sie.

»Wenn die Regierung dies wirklich tun will«, sagte Colville, »glaube ich nicht, daß es schaden könnte.«

»Schön«, sagte die Prinzessin, damals einundzwanzig Jahre alt, ohne zu zögern, »ich könnte an fünf sehr gute Gründe denken, die dagegen sprechen.« Und sie entwickelte ihm auf der Stelle ihre fünf Argumente.

Colville kann sich heute nicht mehr im einzelnen erinnern, welches diese Gesichtspunkte waren. Woran er sich aber noch erinnert, ist sein Erstaunen, wie stichhaltig sie waren und wie überzeugend sie spontan vorgetragen wurden. Verblüfft ging er in sein Zimmer zurück und brachte die fünf Punkte zu Papier. Ein paar Tage später erhielt er die handschriftlich mit roter Tinte geschriebene Antwort des Schatzkanzlers, in der dieser erklärte, er habe den ihm ursprünglich vorgelegten Brief unterzeichnet, ohne über das ganze Projekt näher nachzudenken. Indem er vorbehaltlos seinen Vorschlag zurückzog, erklärte er, er wolle ausdrücklich sein Einverständnis mit jedem der von Prinzessin Elisabeth erhobenen Bedenken zum Ausdruck bringen.[1]

Jetzt, bei Beginn der Regierungszeit Elisabeths II., war Churchill von diesem gesunden Menschenverstand gleichermaßen beeindruckt. »Was für eine reizende und intelligente junge Frau«, bemerkte er gelegentlich, wenn er von seiner Audienz nach Downing Street zurückkam.

»Wir haben jetzt, was wir wollen«, pflegte er zu seinem Schatzkanzler R. A. Butler zu sagen, und mit der Offenheit, die seinen besonderen Charme ausmachte, erinnerte er an sein Eintreten für Eduard VIII., das ihm 1936 eine politische Demütigung eingebracht hatte. »Gott sei Dank, daß ich mich geirrt hatte. Gott sei Dank. Wir hätten bestimmt keinen besseren König bekommen können – und jetzt diese Königin.«

Colville, der jetzt wieder bei Churchill tätig war, fiel auf, wie sich die Audienzen des Premierministers jeden Dienstag im Buckingham Palace immer mehr in die Länge zogen. Sie hatten mit weniger als einer halben Stunde begonnen.

[1] In den Jahren zwischen den beiden Weltkriegen war Cripps ein erklärter Kritiker der Monarchie gewesen und hatte sich düster über die Obstruktion geäußert, die vom Buckingham Palace im Fall einer sozialistischen Regierung erwartet werden konnte. 1947 aber sagte er zu Colville: »Dieses Land kann von Glück reden, daß es als künftiges Staatsoberhaupt eine Persönlichkeit besitzt, die, wie man sieht, über ein gesundes Urteilsvermögen verfügt.«

Aber bald wurden sie doppelt so lang, so daß sich der Premierminister häufig beim Abendessen verspätete.
»Worüber haben Sie denn gesprochen?« pflegte Colville dann Churchill zu fragen.
»Oh – über Rennen«, antwortete Churchill unbestimmt.
Aber es ging nicht nur um Rennen. In der letzten Phase seiner Karriere war Churchill, der nun fast achtzig Jahre alt war, sprunghafter geworden. Als er 1951 wieder in Downing Street eingezogen war, hatten ihm seine Mitarbeiter die kleinen Schildchen »Noch heute zu bearbeiten«, die er für dringende Akten während des Krieges verwendet hatte, auf den Tisch gelegt; man hatte sie liebevoll für den Tag seiner Rückkehr aufgehoben. Aber während seiner letzten Amtszeit von 1951 bis 1955 wurden sie nie wieder gebraucht. Seine Freunde Beaverbrook und Brendan Bracken versuchten, ihm die Tugenden eines »faulen Premierministers« nahezubringen, und zu den Aufgaben, denen er sich besonders nachlässig widmete, gehörte die Lektüre der Telegramme seines Auswärtigen Dienstes.
Es war Colvilles Aufgabe, die wichtigsten für ihn auszusortieren, damit man sicher sein konnte, daß er sie überhaupt las. Eines Tages, während einer Krise im Nahen Osten, trafen zwei besonders wichtige Meldungen vom britischen Botschafter in Bagdad ein. Colville legte sie ganz oben auf die Papiere, die der Premierminister dringend lesen müßte.
Aber Churchill fuhr am nächsten Dienstag in den Buckingham Palace, ohne sich die Telegramme angesehen zu haben.
»Ich fand dieses Telegramm aus Bagdad außerordentlich interessant«, sagte die Königin. Dann fuhr sie in ihrer gewohnten Art fort, die verschiedenen Einzelpunkte zu erwähnen, die ihre Aufmerksamkeit erregt hatten.
Churchill murmelte etwas vor sich hin und versuchte, sich den Anschein zu geben, als habe er die Telegramme gelesen. Dann fuhr er wütend nach Downing Street zurück. »Sie hätten mich zwingen müssen, das Zeug zu lesen«, fuhr er Colville an. Danach las er tatsächlich jedes einzelne Telegramm, bevor er zur Audienz fuhr.
Nichts konnte jedoch die Tatsache verschleiern, daß sein Stern im Sinken war. Er hatte 1948, als er sich mit Beaverbrook am Cap D'Ail aufhielt, einen Schlaganfall erlitten, und Anfang 1952 stellte sein Arzt, Charles Moran, einen arteriellen Krampf fest, nachdem Churchill vorübergehend die Kontrolle über seine Sprache verloren hatte. Aus Morans Tagebüchern geht hervor, wie schwankend die Arbeitskraft Churchills Anfang der fünfziger Jahre war. Sein Arzt hatte den Eindruck, daß Churchill mürrischer und apathischer war. Immer häufiger klagte der Premierminister gegenüber Colville, daß seine Ideen nicht mehr so brillant seien wie früher.

Drei Wochen nach der Krönung hatte der Premierminister am Mittwoch, dem 24. Juni 1953, gerade eine geistreiche kleine Tischrede nach einem Abendessen zu Ehren des italienischen Ministerpräsidenten gehalten, als er in seinem Sessel in sich zusammensackte. Seine Worte wurden undeutlich. Sein linker Mundwinkel hing herunter. Er konnte seinen Gästen gerade noch auf Wiedersehen sagen, ohne sich zu erheben; und sein Schwiegersohn Christopher Soames mußte ihm zusammen mit Jock Colville ins Schlafzimmer hinaufhelfen. Am nächsten Tag stellte Moran wieder eine Durchblutungsstörung im Gehirn fest und erklärte, der Premierminister könne an der Kabinettssitzung nicht teilnehmen.
In seinen Memoiren scheint Moran des Glaubens zu sein, daß Churchill seinen Rat befolgte. Aber Colville erinnert sich, daß er Churchill in das Konferenzzimmer begleitete und dabei sicher war, daß der herunterhängende Mundwinkel und die undeutliche Sprache keinen Zweifel daran lassen würden, was sich ereignet hatte. Dem Schatzkanzler R. A. Butler fiel auf, daß der Premierminister unnatürlich still blieb und verschiedene Teile des Besprechungsprogramms mit einer Handbewegung den Ressortministern überließ; aber niemand vermutete irgend etwas Schlimmes, und noch am selben Nachmittag fuhr Churchill nach Chartwell hinaus.
Am nächsten Vormittag, Freitag, dem 26. Juni 1953, arbeitete Colville gerade in der Bibliothek von Chartwell, als Moran eintraf. Der Premierminister, sagte er, werde vielleicht die nächsten Tage nicht mehr erleben. Seine Lähmung habe bereits die eine Körperseite vollkommen erfaßt.
»Ich halte es für durchaus wahrscheinlich«, sagte der Arzt, »daß er während des Wochenendes sterben wird.«
Die Nachricht war schlimmer, als es zunächst den Anschein hatte. Die Gefahr, daß Churchill sterben konnte, war schon ernst genug. Aber Anthony Eden, Churchills designierter Nachfolger seit Anfang der vierziger Jahre, ließ sich gerade an jenem Tag in der Lahey Clinic in Boston, Massachusetts, an der Galle operieren; es würde mehrere Monate dauern, bis er wiederhergestellt war. Er konnte unmöglich von der Königin den Auftrag übernehmen, bei Churchills Tod eine neue Regierung zu bilden.
Hätte sich Morans Diagnose als richtig erwiesen, wäre Königin Elisabeth II. in ein noch nie dagewesenes politisches und verfassungsrechtliches Dilemma geraten. Wenn sie im Falle von Churchills Tod gezwungen gewesen wäre, einen neuen Premierminister zu bestimmen, hätte es mit Sicherheit nicht Anthony Eden sein können. Aber wer stand sonst zur Verfügung? Es gehört zur königlichen Prärogative, als Premierminister denjenigen Mann auszuwählen, der über eine Mehrheit im Unterhaus verfügt – und es war Eden, den die Konservativen zum Nachfolger Churchills machen wollten.

Schatzkanzler R. A. Butler galt allgemein als Nummer drei in der Regierungsmannschaft. Aber es gab keine verfassungsrechtliche Handhabe, einen einstweiligen Premierminister, gewissermaßen als Statthalter, zu ernennen. Und wäre Butler überhaupt bereit, als Statthalter zu fungieren? Es konnte für ihn persönlich schwierig werden, am Ende von Edens Rekonvaleszenzzeit sang- und klanglos wieder abzutreten. Nachdem er die Stellung drei oder vier Monate innegehabt hatte, konnte sich die politische Situation so verändert haben, daß alles gegen seinen Rücktritt sprechen würde. Er konnte sich in Downing Street 10 so profilieren, daß es Eden schwerfallen würde, ihm sein Amt streitig zu machen.

Butler stand zu sehr im Mittelpunkt des Geschehens. »Das einzige«, erinnert sich Colville, »was die Königin hätte tun können, war, jemanden kommen zu lassen, den sie gut kannte – jemanden, von dem sie erwarten konnte, daß er Eden das Feld räumen würde, sobald dieser wieder gesund war.« Eine ältere politische Persönlichkeit, die nicht so sehr im Rampenlicht stand, war vonnöten: Robert Arthur James Gascoyne-Cecil, fünfter Marquess von Salisbury, der Lord Präsident des Kronrats, bot sich dafür an.

Salisbury war der letzte Sproß der Familie Cecil, ein Enkel des großen Premierministers der viktorianischen Zeit (des dritten Marquess, Premierminister 1885, 1886 bis 1892 und 1895 bis 1902), und konnte auf eine Ahnenreihe zurückblicken, die direkt auf Robert Cecil zurückging, der die Thronbesteigung Jakobs I. bewerkstelligt hatte, und auf Lord Burghley, den Staatsminister von Königin Elisabeth I. Seinerzeit Unterstaatssekretär in Chamberlains Regierung, war Salisbury gemeinsam mit Eden, der ebenfalls in Eton erzogen worden war, als Protest gegen die Entspannungspolitik im Jahr 1938 zurückgetreten und hatte danach als prominentes Mitglied dem Kriegskabinett Churchill angehört. Er war einer der wenigen gewesen, die sich trauten, Churchill zu widersprechen, und hatte bei den Konservativen seither eine führende Rolle gespielt. Er war fest davon überzeugt, daß die britische Politik am besten in Händen der großen Familien aufgehoben sei – der Cecils, Devonshires, Derbys –, und er hielt diese Tradition bemerkenswert lange, bis in die Regierungszeit Elisabeths II., lebendig.

Elisabeth II. kannte Salisbury gut. Seit ihrer Kindheit war er ein Freund der Familie. Es konnte kein Zweifel daran bestehen, daß er sofort zurücktreten würde, sobald Eden aktionsfähig war. Es gab außerdem noch ein Sicherheitsventil, wenn ihm der Ministerpräsidentenposten angeboten worden wäre. Damals konnten Peers auf ihren Titel noch nicht verzichten, und er hätte als Premierminister vom Oberhaus aus sowieso nur vorübergehend fungieren können.

»Man kann sich nur schwer vorstellen, daß wir einen Peer als Premiermini-

ster haben sollen«, dachte Colville damals, »aber ich glaube, daß man ihn akzeptieren würde, weil es sich nur um eine Übergangslösung handelt.«
Auch Butler ist heute dieser Meinung. »Zum damaligen Zeitpunkt, wenn auch nicht sein ganzes Leben hindurch, war Salisbury populär. Wenn man der Partei den Plan eingehend erläutert und dabei darauf hingewiesen hätte, daß Anthony Eden zurückkommen würde, wäre die Ernennung, glaube ich, auch akzeptiert worden.«
Es war Colville, der mit Butler über dieses Problem sprach.
»Aha, es geht offenbar um Anthony«, sagte der Schatzkanzler, als er über den Plan unterrichtet wurde, der ihm, wie noch dreimal in den nächsten zehn Jahren, den Weg nach Downing Street 10 versperren sollte. Eden rangierte zwar in der Parteihierarchie der Konservativen vor ihm, aber es war eine Streitfrage, ob man dem kranken Mann bei der Beurteilung der politischen Realitäten nicht zu viel Vorschußlorbeeren eingeräumt hatte – obwohl man sagen muß, daß Lord Butler noch nicht einmal heute deutlich werden läßt, ob er 1953 tatsächlich bereit gewesen wäre, nur als Statthalter des Premierministers zu fungieren, und danach zurückgetreten wäre.
Churchill indessen überlebte nicht nur seinen Schlaganfall, sondern erholte sich rasch und wurde dabei anscheinend durch die persönlichen und politischen Kontroversen, die seine Krankheit hervorgerufen hatte, beflügelt. Butler nahm inzwischen die Funktionen des Premierministers wahr, und Salisbury fungierte als Außenminister, während sich Churchill und Eden im Sommer 1953 erholten. Die ungewöhnliche Tatsache, daß die beiden führenden Persönlichkeiten der Regierungsmannschaft bis zum Herbst handlungsunfähig blieben, schien keine allzu große Rolle gespielt zu haben. Die Regierungsgeschäfte waren im Sommer sowieso nicht so drängend, und die allgemeine Euphorie über die Krönung dauerte noch mehrere Monate an und wurde durch eine Reihe von Reisen, Paraden und Besichtigungen gefördert, die Elisabeth II. in Großbritannien unternahm.
Lange bevor sich die Königin im Winter 1953/54 auf ihre große Rundreise durch das Commonwealth begab, war Churchill wieder so weit hergestellt, daß er die Zügel der Regierung fest in die Hand nehmen konnte. Er liebte es, politische Entscheidungen beim Abendessen zu treffen, und der damalige Wohnungsbauminister Harold Macmillan sah mit Staunen, wie Churchill ein Dutzend Austern, Suppe, Hühnerpastete und Vanille- und Erdbeereis mit Sahne mit größeren Mengen Mosel und Brandy im Buck's Club hinunterspülte. Macmillan war jedoch entsetzt, als er feststellte, daß der Premierminister seinen Hörapparat zu Hause gelassen hatte, denn dies hieß, daß auch die vertraulichsten Angelegenheiten der Regierungspolitik »einer größeren Anzahl von Klubmitgliedern« genauestens bekannt wurden.

Group Captain Peter Townsend

Zu den letzten Entscheidungen, die Winston Churchill im Juni 1953 vor seinem Schlaganfall zu treffen hatte, gehörte eine delikate Angelegenheit, die die königliche Familie betraf. Die Sache wurde ihm wegen eines Vorfalls, der sich nach dem Krönungsgottesdienst ereignet hatte, vorgetragen.
Elisabeth II. war gerade gekrönt worden, und neben dem Eingang zur Westminster Abbey machten sich die Gäste für die Rückfahrt zum Buckingham Palace bereit. Draußen regnete es pausenlos. Die Zeremonie war strapaziös gewesen. Alle hatten schon vor Morgengrauen aufstehen müssen, und der Tag war erst zur Hälfte vorbei. Die meisten Anwesenden unterhielten sich in gedämpftem Ton, während sie auf ihre Wagen warteten. Die einzige Ausnahme bildete die Schwester der Königin, Prinzessin Margaret. Sie schien bei bester Laune zu sein, lachte und plauderte und sprudelte vor Temperament fast über. Der Mann, der es ihr offenbar angetan hatte, war der Administrator des neuen Haushalts ihrer Mutter in Clarence House, Group Captain Peter Townsend DSO (Distinguished Service Order = Verdienstmedaille) DFC (Distinguished Flying Cross = Fliegerkreuz). Margaret zupfte ihm spielerisch ein Fädchen von der Brusttasche seiner Uniform und strich dann stolz mit ihrer weißbehandschuhten Hand über seine Ordensschnallen, denn sie war in Peter Townsend verliebt, und es war ihr gleich, was die Leute darüber dachten.
Es war eine Begleiterscheinung zur Krönung. Einige Wochen vor der Zeremonie hatte Prinzessin Margaret ihrer Mutter und ihrer Schwester mitgeteilt, sie und Townsend wollten heiraten. Seit dem Zeitpunkt mußte sich Elisabeth II. mit diesem Problem auseinandersetzen – denn abgesehen von der Tatsache, daß der Group Captain schon von der Herkunft her nicht dem entsprach, was man bisher für den Ehemann einer Prinzessin als selbstverständlich angenommen hatte, war er auch sechzehn Jahre älter als Prinzessin Margaret, und er war geschieden.
Dies war das eigentliche Problem. Alter und Geburt waren weniger wichtig. Doch die Tatsache der Scheidung stellte Elisabeth II. gleich zu Anfang ihrer Regierungszeit vor dasselbe Dilemma, das 1936 so ausschlaggebend gewesen war – persönliche Zuneigung gegenüber offizieller Verpflichtung. Der Konflikt belastete sie doppelt, weil sie nicht nur das Glück ihrer Schwester suchte,

sondern weil sie Peter Townsend auch selbst sehr sympathisch fand. Wenn sich alles so entwickelt hätte, wie es der neuen Königin persönlich am liebsten gewesen wäre, dann hätte Prinzessin Margaret Anfang der fünfziger Jahre den Mann ihres Herzens geheiratet – ein besonders schmerzliches Kapitel in der Regierungszeit Elisabeths II. wäre vielleicht dadurch vermieden worden. Die Königin kannte Peter Townsend seit fast einem Jahrzehnt. Sie bewunderte ihn. Er war in den Buckingham Palace gekommen, als Georg VI. gegen Ende des Krieges besonderen Wert darauf legte, als Stallmeister nur solche Männer einzustellen, die Fronterfahrung besaßen. Townsend, der 1944 dreißig Jahre alt war, wurde von der Luftwaffe als Kampfflieger wegen seiner Leistungen und persönlichen Vorzüge für eine vorübergehende Abkommandierung in den Buckingham Palace vorgeschlagen. Aus diesem vorübergehenden Kommando wurde bald eine Dauereinrichtung. Townsend, der aus Erfahrung wußte, wie man mit kampferprobten Piloten, ihrer aufbrausenden Art und gelegentlichen Unvernunft umzugehen hatte, verstand es, diese Fähigkeiten auch bei Georg VI. zum Tragen zu bringen. Er wurde für den König bald unentbehrlich; er war diskret, stets gefügig und führte die Weisungen seines Souveräns, ohne zu fragen, aus. Dies sicherte ihm nicht nur die Dankbarkeit und Freundschaft des Königs, sondern auch dessen Gemahlin, die den zuverlässigen Begleiter ihres Gemahls als Administrator in ihren eigenen Haushalt übernahm, als sie Witwe wurde; und zwar ungeachtet der Tatsache, daß sich Townsend damals von seiner Frau scheiden ließ – ein Umstand, der bis dahin jeden unweigerlich vom Dienst bei der königlichen Familie ausgeschlossen hätte.
Peter Townsends unglückliche Ehe war der einzige dunkle Punkt auf seiner weißen Weste – obwohl gerade der Dienst für die königliche Familie einer der Gründe war, warum seine Ehe in die Brüche ging. Townsend hatte Rosemary Pawle, die Tochter eines Brigadegenerals, während der kurzen Urlaubstage geheiratet, die er sich im Juli 1941 während der pausenlosen Kämpfe hatte verschaffen können. Sie heirateten, einer augenblicklichen romantischen Eingebung folgend, und konnten wegen des Kriegseinsatzes kaum näher zusammenfinden. Dann kam die Abkommandierung in den Buckingham Palace. Die Tätigkeit als königlicher Stallmeister brachte einen vierzehntägigen Schichtdienst in der Umgebung des Königs mit sich; in dieser Zeit aß und schlief er, wo er sich gerade befand; und wenn dieser vierzehntägige Zyklus zu Ende war, ließ ihn Georg VI. oft noch bei sich bleiben, besonders in Sandringham oder Balmoral. So konnte sich Townsend seiner Familie nur sporadisch widmen, je nachdem, wie es der Dienst bei Hofe ermöglichte; seine Ehe kam dabei zu kurz.
Ein typisches Beispiel solcher Abwesenheitsphasen war Townsends Reise mit

Georg VI. auf einer Veranstaltung der British Legion im Hyde Park, 1951. Rechts: Group Captain Peter Townsend.

Group Captain Peter Townsend und Prinzessin Margaret mit der königlichen Familie während des Staatsbesuchs in Südafrika, 1947.

Die königliche Familie in Windsor. Gemälde von James Gunn.

der königlichen Familie 1947 nach Südafrika. Hier nahm sein Verhältnis mit Prinzessin Margaret festere Formen an. Sie war damals sechzehn, und Townsend – hochgewachsen, schlank, mit graublauen Augen, leicht gewelltem Haar und einer überraschend poetischen Ausdrucksweise – besaß alle Eigenschaften, die ein junges Mädchen faszinieren konnten.

König Georg VI. leistete dieser Entwicklung Vorschub. Zu den Gründen, warum er die frühe Eheschließung der Prinzessin Elisabeth bedauert hatte, gehörte auch die Vereinsamung, die sich daraus für seine jüngere Tochter ergeben mußte. Margaret hatte sich bereits als besonders lebhaft erwiesen und brauchte offenbar einen menschlichen Anschluß. Peter Townsend bot ihr nicht nur Freundschaft, sondern auch eine feste Hand. Während der langen Reise durch das Dominion ritten sie häufig zusammen und genossen dies. Als Georg VI. zu kränkeln begann, schloß sich Peter Townsend der königlichen Familie noch enger an. Er wurde im August 1950 vom Stallmeister zum Stellvertretenden Haushofmeister befördert. Und während sich Elisabeth zur Zeit der letzten Krankheit ihres Vaters an Philip halten konnte, war es für ihre Mutter und ihre Schwester Peter Townsend, der den männlichen Schutz bot. Er fuhr mit ihnen während der Feiertage aufs Land und kümmerte sich um die Picknicks, während Georg VI. auf Jagd ging. Niemand fand etwas dabei, daß er mit Prinzessin Margaret allein ausritt. Ihre Schwärmereien schienen sich auf den Kreis gleichaltriger, junger Freude zu konzentrieren, die weitgehend aus Georgs VI. »Leibwache« stammten – Simon Phipps, Sohn eines Freundes des Königs aus seiner Marinezeit, Billy Wallace, Offizier bei der Garde, und Colin Tennant, der während des Kriegs in Eton gewesen war und die Prinzessinnen bei dem ausgelassenen Treiben kennengelernt hatte, aus dem sich die in Windsor aufgeführten Pantomimen entwickelt hatten. Diese Freunde bildeten den Kern eines Kreises, den Ende der vierziger Jahre die britischen Zeitungen mit »Prinzessin-Margaret-Set« bezeichneten. Es waren Söhne wohlhabender Familien, die es sich gutgehen ließen, und ihre Eltern freuten sich, daß es ihrer Tochter so viel Spaß machte. Georg VI. war seiner jüngeren Tochter immer gewogen gewesen und hielt es auch jetzt nicht für notwendig, ihr irgendwelche strengen Vorschriften zu machen – wenn sie nur glücklich war, ihn umsorgte und ihrer Mutter Gesellschaft leistete.

Aber gerade hierin lag das Problem. Während Elisabeths Rolle als künftige Monarchin genau festgelegt war, blieb die Position ihrer jüngeren Schwester vage, und zwar um so mehr, als durch die Geburt von Prinz Charles und Prinzessin Anne die Thronfolge gesichert war – dies erschwerte es für Prinzessin Margaret, sich zu einer eigenen Persönlichkeit zu entwickeln. Sie sah den Weg, den sie gehen mußte, nur undeutlich vor sich. »Sie ist bereits eine Figur des öffentlichen Lebens geworden«, sinnierte »Chips« Channon, als er ihr, die damals achtzehn war, in Ascot begegnet war. »Und ich frage mich, was einmal aus ihr werden soll. Sie hat schon jetzt etwas von Marie Antoinette an sich.«

Ihrer Schwester zu einer klar umrissenen Aufgabe im Leben zu verhelfen hat stets zu den persönlichen Anliegen der Königin Elisabeth II. gehört. In den Monaten kurz nach dem Tod Georgs VI. verlor auch ihre Mutter etwas von ihrer Zielstrebigkeit. Sie erlitt bei dem Verlust des Mannes, dem sie ihr ganzes Leben gewidmet hatte, schwere Depressionen. Aber schon bald erhielt ihr ganzes Leben einen neuen Sinn, weil Elisabeth II. ihr eine Rolle bot, die sie als Großmutter für eine neue Generation der königlichen Familie übernehmen konnte; außerdem setzte sie neue Maßstäbe für die Königinmutter[1] – sie trat weniger herrisch, dafür anpassungsfähiger und heiterer als Königin Mary auf.

Aber Prinzessin Margaret fehlte die innere Substanz ihrer Mutter. Von der Familie war sie immer verwöhnt worden, man hatte ihrer Jugend und temperamentvollen Art vieles nachgesehen. *»Espiègle«*, war Königin Marys Wort dafür – schelmisch. »Sie ist so wahnsinnig komisch, daß man ihr einfach nicht böse sein kann.« Und als sich die Prinzessin in Peter Townsend verliebte, stieß sie überall auf Verständnis, um so mehr bei ihrer Schwester Elisabeth. Aber die Scheidung Peter Townsends, die im Dezember 1952 gerichtlich entschieden wurde, ließ sich vor der Öffentlichkeit nicht ungeschehen machen. Obwohl Townsend wegen des Ehebruchs seiner Frau unschuldig geschieden wurde, war dies für Elisabeth II. keine große Hilfe. Ihr Vater und Großvater hatten sich als Oberhaupt einer Kirche, die gegen Scheidungen viel unerbittlicher eingestellt war als gegen jede andere Art menschlicher Sünde, in dieser Hinsicht noch viel eindeutiger festgelegt als die Bischöfe. Das *Honours Committee* mißbilligte oder verzögerte zumindest die Verleihung von Ehrentiteln an Geschiedene. Obwohl der Souverän es nicht vermeiden konnte, daß ihm auf Reisen Geschiedene vorgestellt wurden, so konnten schuldig Geschiedene niemals zu gesellschaftlichen Veranstaltungen in Schlösser der königlichen Familie eingeladen werden – und die königliche Jacht galt in dieser Beziehung auch als Schloß. Als Georg V. die Bestimmung aufhob, nach der

[1] »Königinmutter« ist kein Titel, den die Witwen verstorbener Könige in England besonders zu schätzen pflegten. Weder Königin Alexandra noch Königin Mary führten diese Bezeichnung unter ihren Titeln, obwohl man gelegentlich im unpersönlichen Bereich auf sie als »Königinmutter« Bezug nahm. Der Umstand, daß die Witwe Georgs VI. und seine Tochter dieselben Vornamen hatten, machte die Verwendung dieses Titels jedoch erforderlich, damit Verwechslungen vermieden wurden. Aber im Familienkreis wird diese Bezeichnung tunlichst vermieden. Wer diesen Titel benutzt, zeigt damit, daß er dem inneren Kreis der königlichen Familie nicht angehört, denn für die engsten Familienangehörigen ist die Königinmutter stets »Königin Elisabeth«, während ihre Tochter einfach die »Queen« ist.

unschuldig Geschiedene auf der königlichen Tribüne in Ascot nicht Platz nehmen durften, hielt man ihn für besonders fortschrittlich.
Dies waren Protokollfragen, die Elisabeth II. lockern konnte, was sie im Verlauf ihrer Regierungszeit auch tat. Aber der Wunsch ihrer Schwester, Peter Townsend zu heiraten, war etwas ganz anderes. Nach dem Royal Marriages Act von 1772, der nach einem Eheskandal im Hause Hannover zustande kam, bedürfen die in der Thronfolge verzeichneten Angehörigen der königlichen Familie der Genehmigung des Souveräns, wenn sie zu heiraten wünschen, bevor sie das Alter von fünfundzwanzig Jahren erreicht haben. Nach fünfundzwanzig mußten sie zwar auch noch um Genehmigung nachsuchen, aber das Veto des Souveräns war nicht mehr absolut. Nach einem Jahr waren sie frei.
Dieses Gesetz, das Mitglieder der königlichen Familie davon abhalten sollte, Ehen mit ungeeigneten oder fragwürdigen Partnern einzugehen, war an sich bereits fragwürdig. Es dürfte die Regierungszeit Elisabeths II. kaum überdauern. Zum gegebenen Zeitpunkt wird einer ihrer Premierminister das Parlament bitten, das Gesetz abzuschaffen – ohne viel Aufhebens –, denn es kann sowieso niemanden daran hindern, das zu tun, was er will, und verdoppelt nur die Sanktionen, die sowieso bestehen – daß nämlich ungeeignete Persönlichkeiten von der Thronfolge ausgeschlossen bleiben.
Aber im Jahr 1953 bildete eine Scheidung im Lebenslauf einer Persönlichkeit des öffentlichen Lebens ein wesentliches Faktum. Da der Royal Marriages Act ein Gesetz wie jedes andere war, war Elisabeth II. verpflichtet, auf den Rat ihres Premierministers zu hören. Sie besprach Margarets Wunsch mit Winston Churchill. Mitte der sechziger Jahre war Harold Wilson bereit, Nachsicht bei der Scheidung ihres Vetters, des Earl of Harewood, zu empfehlen. Aber im Krönungsjahr hielt Churchill eine Ehe zwischen der einzigen Schwester der Königin und einem geschiedenen Hofbediensteten für unmöglich. Sie würde einen unheilvollen Beginn für ihre Regierungszeit bedeuten. Margaret würde in zwei Jahren fünfundzwanzig sein. Sie solle sich über ihre Gefühle klar werden und dann, wenn sich an ihrer Liebe nichts geändert hätte, könnte man die Angelegenheit erneut prüfen. Churchill fand, Townsend müsse Clarence House verlassen; Tommy Lascelles ging sogar noch weiter. Er war 1943 bei der Pensionierung Alex Hardinges Privatsekretär Georgs VI. geworden und war jetzt die letzten Monate im aktiven Dienst. Er führte die neue Königin in ihre Aufgaben ein, bevor er sein Amt an seinen bisherigen Stellvertreter, Michael Adeane, übergab. Er stand auf dem Standpunkt, daß der Group Captain unter allen Umständen sofort ins Ausland geschickt werden müsse.
Elisabeth II. konnte sich dazu nicht entschließen. Als ihre Schwester sich ihr

wegen Townsend anvertraut hatte, hatte sie zunächst mitfühlend reagiert. Sie mochte Townsend persönlich gut leiden, und sie liebte Margaret. Die Vorstellung, sie könnte ihrem Glück im Wege stehen, war für sie unerträglich. Ihre Schwester hatte ihr Trost zugesprochen und moralische Kraft gegeben, als sich die Trauung mit Philip immer wieder hinauszögerte. Jetzt erwiderte sie diese Hilfe. Sie hatte sich verfassungsrechtlich der Empfehlung ihres Premierministers zu beugen, soweit es um das Gesetz von 1772 ging. Aber sie sah keine Notwendigkeit, Townsend von Margaret zu trennen, geschweige denn, ihn ins Exil zu schicken. Sie bestand darauf, daß er in Clarence House blieb, und ihre Mutter war einverstanden. Townsend müsse mit all dem Respekt behandelt werden, der jedem zustehe, der in Liebe mit einem Mitglied der Familie verbunden sei. Er war ein Mann, der Picknicks mit seiner künftigen Schwiegermutter vorbereitete und Squash mit dem Mann spielte, der vielleicht sein Schwager werden würde. Minister und Beamte waren befugt, das Leben der Königin zu gängeln, solange das öffentliche Interesse davon betroffen würde, aber weiter konnten sie nicht gehen.

Margarets indiskretes Verhalten bei der Krönung machte ihrer Schwester allerdings einen Strich durch die Rechnung. Mehr war nicht nötig, um die seit Wochen in London zirkulierenden Gerüchte zu bestätigen. Der *New York Journal-American* brachte die Story als erster, und binnen weniger Stunden folgten ihm die anderen in London tätigen amerikanischen Korrespondenten. Die britische Presse hielt sich zunächst noch zurück. Aber am 14. Juni, knapp vierzehn Tage nach der Krönung, entschloß sich die Zeitung *The People,* das Schweigen in klassischer Manier zu brechen: Sie brachte die Zeitungsmeldungen der ausländischen Presse in allen Einzelheiten, erklärte sie jedoch gleichzeitig für frei erfunden. »Es ist ganz undenkbar, daß eine königliche Prinzessin, die zudem noch in der Thronfolge an dritter Stelle steht, auch nur in Erwägung ziehen könnte, einen Mann zu heiraten, der vor dem Scheidungsrichter gestanden hat.«

Lascelles war empört. Ein Skandal schien bevorzustehen. Commander Richard Colville, der Pressesekretär im Buckingham Palace, pflichtete ihm bei. Am Montag, dem 15. Juni 1953, sprachen Lascelles und Colville mit Elisabeth II. Und noch am selben Nachmittag suchte Lascelles Winston Churchill in Downing Street 10 auf. Der Premier schloß sich der Meinung des Privatsekretärs an, daß Peter Townsend gehen müsse. Er erklärte sich bereit, bei der Königin in der für den nächsten Tag angesetzten Audienz das Thema zur Sprache zu bringen.

Elisabeth II. stand, nicht ganz einen Monat nach ihrer Krönung, vor einem grausamen Dilemma. Sie wollte persönlich nur das Glück ihrer Schwester und wußte, daß eine erzwungene Trennung, auf der ihr Premierminister jetzt

bestand, schmerzlich für zwei junge Leute sein mußte, die ihr – wenn auch in verschiedenem Maße – lieb und wert waren. Aber ihre Pflicht war klar. Die Pflicht ihrer Schwester war klar. Und Townsends Pflicht, die er als loyaler Diener der Krone zu erfüllen hatte, war ebenso offenkundig – was Townsend persönlich nie in Abrede stellte. Schon vor der Krönung hatte er den Vorschlag gemacht, man möge ihn ins Ausland schicken. Er besaß zweifellos alle Qualifikationen, die ein Luftwaffenattaché bei einer britischen Botschaft im Ausland haben mußte: Er konnte die Royal Air Force mit der Geschliffenheit repräsentieren, die er sich bei Hofe angeeignet hatte, und er besaß jene scharfe Beobachtungsgabe, die ihn in die Lage versetzte, über wesentliche Entwicklungen auf dem Gebiet der Militärluftfahrt nach London zu berichten – die eleganteste und vordergründige Form der Spionage.
Im Jahre 1953 waren die Posten des Luftwaffenattachés in Singapur, Johannesburg und Brüssel zufällig unbesetzt. Da Townsend nahe bei Margaret bleiben wollte, entschied er sich für Brüssel. Weder Elisabeth II. noch ihre Mutter erhoben Einwände dagegen, und sie waren damit einverstanden, daß die beiden eine regelmäßige Korrespondenz aufrechterhielten und oft miteinander telephonierten. Die einzige Auflage, die sie für notwendig hielten, war die, daß sich das Paar ein Jahr nicht sehen sollte, und danach nur unter Beachtung äußerster Diskretion. Es ging den beiden Königinnen Elisabeth dabei nicht um die Liebe, sondern um die Vermeidung eines Skandals. Nach Ablauf von zwei Jahren würde es sich erweisen, wie groß diese Liebe wirklich sei.

Königliche Reisen

Durch Film und Fernsehen war Elisabeth II. der erste britische Souverän, der tatsächlich, wie es heißt, »im Angesicht des Volkes« gekrönt wurde; und die Weltreise, die sie im darauffolgenden Winter 1953/54 unternahm, bildete eine Fortsetzung dieses Ereignisses auf anderer Ebene. Es war das erste Mal, daß ein regierender britischer Monarch um die Welt reiste, und Winston Churchill zog einen Vergleich mit der Zeit Elisabeths I.: »Es mag durchaus sein«, erklärte er, »daß die Reise, die die Königin zu unternehmen im Begriff ist, weniger fruchtbar sein wird und die Schätze, die sie zurückbringt, weniger ins Auge fallen als damals, als Drake zum ersten Mal ein englisches Schiff um die Erde segelte.« Elisabeth II. stand ganz unter dem Eindruck dieses Unternehmens. Auf Photos hatte sie Tränen in den Augen, als sie am 12. November der Menge zuwinkte, während sie an einem nebligen Abend zum Londoner Flugplatz fuhr.

Sie besuchte Bermuda, dann Jamaika. »Die stärksten Bande«, sagte sie, »sind diejenigen, die sich nicht in Dokumenten, sondern in den Herzen der Menschen niederschlagen, die denselben Glauben und dieselben Ziele haben« – dies sollte der Grundtenor nicht nur dieser Reise, sondern ihrer gesamten Regierungszeit werden. Elisabeth II. sieht ihre besondere Aufgabe darin, die Ideale des Commonwealth hochzuhalten, und ihre Minister haben festgestellt, daß diese Ideale, unter besonderer Berücksichtigung der bewaffneten Streitkräfte, für die Königin seither ein größeres Gewicht besessen haben als beispielsweise für manchen Politiker oder Pressekommentator in Westminster. Ein Grund für ihre Meinungsverschiedenheiten mit Edward Heath in den siebziger Jahren war seine Abneigung gegen bestimmte Aspekte des Commonwealth – obwohl sie als konstitutioneller Monarch seine Empfehlungen peinlich genau befolgte. Sie hatte mit Harold Wilson vereinbart, daß sie die Konferenz der Premierminister des Commonwealth, die 1971 in Singapur abgehalten werden sollte, besuchen und mit der königlichen Jacht dort eintreffen würde. Aber Heath siegte in den Wahlen von 1970 und war gegenteiliger Meinung. Königin Elisabeth II. blieb zu Hause.

Ende 1953 reiste sie an Bord der *Gothic,* eines Dampfers der Shaw Savill, den sie beim Tod ihres Vaters nicht mehr hatte besteigen können. Das Schiff erwartete sie jetzt in Jamaika; es war mit einem Fernmeldesystem ausgerüstet,

das einen ständigen Kontakt mit der Regierung und ihren Kindern in London ermöglichte. Sie fuhr durch den Panamakanal und weiter auf die Fidschi-Inseln, dann nach Tonga, wo Königin Salote die Königin und den Herzog mit einem Londoner Taxi erwartete, das sie während der Krönungsfeierlichkeiten bestellt hatte. Zu Weihnachten befand sich das königliche Paar in Neuseeland. »Ich möchte zeigen, daß die Krone nicht nur ein abstraktes Symbol unserer Einheit ist«, sagte Elisabeth II. in der ersten Weihnachtsansprache, die von außerhalb Großbritanniens über den Rundfunk verbreitet wurde, »sondern ein persönliches und lebendiges Band zwischen Ihnen und mir.« Sie war der erste regierende Souverän, der Neuseeland besuchte. Und als sie am 3. Februar 1954 in Australien eintraf, betonte sie, daß sie alle Dominien nicht als Königin von England, sondern als Königin eben dieser Dominien besuche. »Ich bin in der Tat stolz darauf«, sagte sie als Königin von Australien, »an der Spitze einer Nation zu stehen, die so viel geleistet hat.« Innerhalb von zwei Monaten legte sie bei ihrer Rundreise durch Australien 4000 Kilometer mit der Bahn, 1450 im Wagen und 16000 mit dem Flugzeug zurück. Sie hielt 102 Reden, hörte 200 weitere Reden an – wobei mindestens 162mal die Nationalhymne gespielt wurde – und hatte knapp sechseinhalb Tage frei. »Es ist mein fester Entschluß«, erklärte sie, als sie das australische Parlament eröffnete und dabei ihre Krönungsrobe trug, die eigens zu diesem Zweck aus London herangeschafft worden war, »daß ich vor Gott nicht nur herrschen, sondern dienen werde. Dies ist nicht nur die Tradition meiner Familie. Es umschreibt, glaube ich, das moderne Wesen der britischen Krone.«
Die Königin und ihr Gemahl besuchten die Kokosinseln, Ceylon, Aden und reisten dann mit dem Flugzeug weiter nach Uganda, um jenen Besuch nachzuholen, der Anfang 1952 abgesagt worden war. Ihre Kinder, Charles und Anne, blieben in dieser Zeit bei den Mountbattens auf Malta. In Nordafrika kam es dann zu einem großen Familientreffen in Tobruk, denn die Hofdame der Königin während der Reise war Lady Pamela Mountbatten, die jüngere Tochter von Onkel Dickie. Als Befehlshaber der Mittelmeerflotte hielt er eine große Flottenparade ab und führte seine Schiffe so dicht an der Königin vorbei, daß diese zu ihrem Entzücken naßgespritzt wurde, während sie zum ersten Mal an Deck der neuen königlichen Jacht *Britannia*[1] stand. In London

[1] Es hat seit dem siebzehnten Jahrhundert verschiedene königliche Jachten gegeben. Die Besatzung stammte immer aus der Royal Navy. Königin Viktorias letzte Jacht, die *Victoria and Albert,* wurde bis zum Zweiten Weltkrieg benutzt. Aber im Jahr 1936 hielt Eduard VIII. eine neue Jacht für notwendig, und Georg VI. änderte später die Baupläne so ab (der Bau wurde allerdings bis nach dem Krieg zurückgestellt), daß mehr Unterkunftsmöglichkeiten für die Familie gegeben waren und die Jacht notfalls als Hospitalschiff mit zweihundert Betten eingesetzt werden konnte. Aber die Kosten stießen auf Kritik (1882334 Pfund im Jahr 1972/73, einschließlich eines Umbaus). Auf den Laien wirkt die *Britannia* eher wie ein kleiner Ozeandampfer, kaum wie eine

zurück, erwartete die *Britannia* ein begeisterter Empfang, als sie unter der Tower Bridge hindurchfuhr. Elisabeth II. war 173 Tage unterwegs gewesen. Königin Elisabeth II. ist stolz darauf, von allen Souveränen der britischen Geschichte am meisten gereist zu sein. Bis zu ihrem silbernen Regierungsjubiläum im Jahr 1977 hatte sie über fünfzig Auslandsreisen unternommen und dabei weit über hundert Länder besucht. Hierbei kamen ihr natürlich die Fortschritte in der Entwicklung des Verkehrswesens zugute – so war es 1973 beispielsweise möglich, übers Wochenende nach Australien zu fliegen, um in Sydney das Opernhaus zu eröffnen. Aber Elisabeth II. hat sich diese Reisen nicht leicht gemacht. Sie war sogar unterwegs, als sie in den sechziger Jahren ihren zweiten und dritten Sohn erwartete, denn sie ist sich im klaren darüber, welche Rolle sie in der Welt für den Export Großbritanniens spielen kann – und sie sieht sich selbst als ein Symbol höherer Werte. 1956 beim Besuch in Nigeria, das damals noch die größte britische Kolonie war, besuchte sie eine Leprakolonie, wo sie sich unter die Insassen mischte und auf diese Weise das moderne Gegenstück zum alten Handauflegen durch den Souverän, das sogenannte King's Evil[1], bot. »Der Besuch der Königin wird mehr zur Überwindung der Furcht und des Hasses gegenüber der Seuche unter den Menschen tun als irgendeine andere Tat, die ich mir vorstellen könnte«, sagte der Leiter der Kolonie. »Die Menschen auf der ganzen Welt werden lesen, daß die Königin und der Herzog eine Leprasiedlung betreten haben; dies wird sie, wie kaum ein anderer Umstand, davon überzeugen, daß ihre Angst vor der Krankheit weitgehend unbegründet ist.«

Solchen Reisen gingen in den fünfziger Jahren umfangreiche Vorbereitungen voraus. Der Privatsekretär der Königin, Sir Michael Adeane, ließ allen Gastgebern im voraus ein Dokument zugehen, das aus sechstausend Worten bestand und die besonderen Wünsche der Königin erläuterte. »Die Königin legt gewöhnlich keinen Grundstein. Der Herzog von Edinburgh tut dies nur selten. Ihre Majestät und Seine Königliche Hoheit ziehen es vor, Einrichtungen zu besuchen, die bereits voll in Betrieb sind.« Elisabeth II. hatte jedoch nichts dagegen, Bäume zu pflanzen.

Jacht; und das Prestige, welches mit diesem Schiff verknüpft ist, rechtfertigt nach Ansicht der Regierung auch die Betriebskosten. Königin Elisabeth II. legt keinen so großen Wert auf die Jacht, wie manchmal angenommen wird. Sie fährt nicht gern zur See.

[1] King's Evil war der landläufige Name für die Skrofulose, eine häßliche Hautkrankheit mit eitrigen Geschwüren und Narbenbildung, die dazu führte, daß die Betroffenen wie Leprakranke behandelt wurden. Im Mittelalter hielt man die Berührung durch den gesalbten König von England oder Schottland für das einzige Heilmittel, und der Monarch veranstaltete regelmäßig Zeremonien, bei denen er die Kranken berührte. Heinrich VIII. und Elisabeth I. setzten diese Praxis fort, und bis in die Regierungszeit Karls II. und Jakobs II. legte die Bevölkerung großen Wert darauf. Königin Anna (702–14), die dem jungen Samuel Johnson die Hand auflegte, war der letzte britische Souverän, der die Krankheit auf diese Weise zu heilen versuchte.

Das Papier enthielt detaillierte Weisungen. Weder der Gemahl noch die Königin selbst konnten irgendwelche Handelswaren als Geschenke annehmen, weil daraus später eventuell Kapital geschlagen werden könnte. Auch waren Geschenke in Magentarot nicht erwünscht, da es ein Farbton war, den die Königin nicht schätzte, und das Geschenk daher nicht zu ihrer Garderobe paßte. Aber »ganz kleine Geschenke von rein sentimentalem Wert, wie sie von Kindern, Kriegsveteranen usw. überreicht werden, würden angenommen, wenn eine Ablehnung als Kränkung aufgefaßt würde«. Hierzu gehören verderbliches Obst, Lebensmittel und Blumen – vorausgesetzt, diese enthalten keine Drähte und können zur Freude der Königin bei ihren Gastgebern oder in einem Krankenhaus in eine Vase gestellt werden. Tiere seien wenig erwünscht, erklärte Adeane. Aber seine Warnung wurde nicht immer beachtet. 1961 während ihrer Reise durch Gambia wurde der Königin ein kleines Krokodil in einer Keksdose überreicht. Es mußte die Nacht in der Badewanne von Sir Martin Charteris zubringen.

Bei Gottesdiensten sollten sich die Kirchendiener nicht scheuen, den Klingelbeutel auch der Königin hinzuhalten, und »der Herzog von Edinburgh ist zuweilen bereit, den Bibeltext aus dem Neuen Testament vorzulesen«. Samstage sollten wie normale Arbeitstage eingeplant werden, so daß die Menschen an den Wochenenden Gelegenheit haben, die königlichen Besucher zu sehen; aber der Sonntag sollte so frei wie möglich sein, auch der Montag sollte als zweiter Ruhetag möglichst ruhig bleiben. Kurze Benachrichtigungen, die im voraus den Stellen zugehen, die die Königin besuchen wird, sollten ihr gleich vorgelegt werden.

Elisabeth II. hat immer ihre eigenen Auffassungen, wer ihr während einer Reise vorgestellt werden sollte und wer nicht. Als der pensionierte General, der von der australischen Regierung zum Reisemarschall ernannt worden war, 1969 eine Gästeliste vorlegte, die sich wie ein Auszug aus dem *Who's Who* las, wurde ihm vom Buckingham Palace kurz und bündig bedeutet, Streichungen bei den Damen der Melbourner Gesellschaft vorzunehmen. Statt dessen sollte der »schwerarbeitende australische Mann mit den schwieligen Händen« zum Zuge kommen.

Auch über den Zeitplan hat sie ihre eigenen Vorstellungen. Lange Mittagessen hält sie für Zeitverschwendung. Fünfzig Minuten oder höchstens eine Stunde sind an einem arbeitsreichen Tag lang genug, meinte Sir Michael Adeane in seinen Empfehlungen der fünfziger Jahre. Und am Abend sollte das Essen nicht länger als eindreiviertel Stunden dauern – »Tischreden inbegriffen. Das Königspaar sei bei Speisen und Getränken nicht heikel. Die Königin sei mit einem Glas Rot- oder Weißwein zu den Mahlzeiten durchaus zufrieden, dazu vielleicht noch etwas Orangensaft, während ihr Gemahl vor dem Essen auch einen Gin-Tonic oder ein Glas Bier akzeptiere. Bei den Lebensmitteln bildeten Austern, Hummer und Schalentiere das einzige Tabu. Dies war mehr eine Frage der Sicherheit, weniger des Geschmacks. In den Frauenzeitschriften wird immer wieder mit stereotyper Gleichmäßigkeit behauptet, die Königin »möge keine Schalentiere«. Richtig daran ist lediglich die Tatsache, daß die Königin beim Auftreten in der Öffentlichkeit auch ihren Speiseplan den Verpflichtungen anpassen muß, die sie zu erfüllen hat. Das gilt auch für die oft erwähnten Flaschen mit Malvern-Quellwasser, die sie um die ganze Welt (zusammen mit einem elektrischen Wasserkessel) begleiten für die Zubereitung der obligaten Tasse Tee – eine Vorsorge gegen verdorbenen Magen.

Zur Standardausrüstung auf ihren Reisen gehören eine Wärmflasche, besondere Federkissen und Malzbonbons, die sie vor jeder Rede lutscht. In seinem Bericht über den Besuch der Königin in Brasilien 1968 erwähnt Andrew Duncan einige interessante Einzelheiten: Mitgeführt wurden drei Büchsen Dundee-Kekse, sechs Pakete Butterkuchen, je drei Gläser mit Tiptree-Himbeermarmelade und Erdbeermarmelade Marke ›Chivers‹, drei Flaschen Pfefferminzsauce und acht Schachteln After Eight. Sein Inventarverzeichnis erregte allerdings den Ärger der königlichen Familie, denn aufgeführt waren auch eine Marinekapelle und eigens mitgeführter Wein, als handele es sich hier um eine persönliche Extravaganz. Gewissen Anstoß erregte eine belanglose Kleinigkeit. Mit Schokolade überzogene Pfefferminzplätzchen sind in der Tat eine Schwäche der Königin, aber wenn sie auch gelegentlich ein After Eight nicht verschmäht, so stellen diese keineswegs ihre Lieblingsmarke dar. Die acht Schachteln zeigten lediglich die Geschmacksrichtung der Royal Air Force, die sie in der Maschine verstaute.

Duncan führt auch die 1968 überreichten Geschenke auf und zeigt, wie genau die Abstufung von der Gattin des Staatsoberhaupts bis hinunter zu den Reinemachefrauen der britischen Botschaft eingehalten wurde:

Manschettenknöpfe (A)	Gold, Monogramm auf beiden Knöpfen. Rotes Etui mit Prägung.
Manschettenknöpfe (B)	Gold, oval mit Monogramm. Rotes Etui mit Prägung.
Manschettenknöpfe (C)	Gold, mit gerundeten Ecken. Monogramm in blauem Email. Etui in Königsblau.
Brieftasche (A)	Schweinsleder mit Monogrammprägung. Ungeprägtes Etui.
Brieftasche (B)	Braun, Seehundleder, mit Goldecken. Monogrammprägung. Schlichtes Etui.

Bilderrahmen (A)	Blaues Leder mit Kordelrand und Monogrammprägung.
Bilderrahmen (B)	Blaues Leder mit flachem Rand. Ungeprägt.
Bilderrahmen (C)	Blaues Leder mit schlichtem Rand. Keine Prägung.

Die Mitführung der Weine und Lebensmittel ergibt sich aus dem Wunsch der Königin, die empfangene Gastfreundschaft auf der Stelle zu erwidern. Sie gibt die üblichen Gegeneinladungen gewöhnlich in der jeweiligen britischen Botschaft. Als sie 1969 die Bundesrepublik Deutschland besuchte, wurde sie dort in einem umgebauten Hotel untergebracht. Aus diesem Anlaß ließ sie größere Mengen Silbergeschirr und Kristall einfliegen, um ihre Gastgeber stilgerecht bewirten zu können. Diese Geste stieß im Unterhaus auf Kritik. Aber man warf ihr nicht so sehr Extravaganz vor. Es ging um das Land, das sie besuchte. »Es sind noch genau dieselben Menschen«, klagte der *Daily Express*, »die uns das Messer an die Kehle gesetzt haben.«

Aber gerade dies war der Grund, warum Elisabeth II. die Bundesrepublik Deutschland besuchte – als erster britischer Souverän nach zweiundsechzig Jahren –, denn der Besuch sollte eine offizielle Versöhnungsgeste nach zwei Weltkriegen sein. Während in den deutschen Zeitungen Anleitungen erschienen, wie der Hofknicks auszuführen sei, und eine Schallplattenfirma den »Queen-Elisabeth-Foxtrott« herausbrachte, verlebte sie elf Tage in Deutschland, legte fast zweitausend Kilometer zurück, um zehn Großstädte zu besuchen, und setzte sich über einige innenpolitische Schwierigkeiten hinweg. In Deutschland standen Bundestagswahlen bevor, und Willy Brandt, Oberbürgermeister von Berlin, war gleichzeitig Vorsitzender der SPD, die Bundeskanzler Erhard ablösen wollte. Erhard beanspruchte für sich das Recht, die Königin nach Berlin und in Berlin zu begleiten, aber Brandt erklärte, er als Oberbürgermeister müsse neben ihr im Wagen sitzen, und erst nach langem Hin und Her kam ein Kompromiß zustande. Beide Herren – deren Feindschaft so weit ging, daß sie nicht einmal miteinander sprachen – saßen zwar im Wagen der Königin, aber mit dem Gesicht nach rückwärts, und zwar nebeneinander auf kleinen Notsitzen. »Königin Elisabeths Stärke«, sagte Michael Stewart, der sie als britischer Außenminister begleitete, »ist die Tatsache, daß sie sich nicht aus der Ruhe bringen läßt.«

Dies machte auch ihre Begegnung mit den schandbaren Betonblöcken der Berliner Mauer so eindrucksvoll. Ihr Wagen hielt kurz an. Sie blickte kühl und unbewegt auf die Mauer – und fuhr weiter.

Ihre Reaktionen waren menschlich motiviert. Auf dem Platz, wo Kennedy

seinen berühmten Ausspruch getan hatte: »Ich bin ein Berliner!«, rief eine riesige Menschenmenge im Chor: »E–li–sa–beth!« So etwas hatte Elisabeth noch nicht erlebt. Sie war sichtlich aus der Fassung gebracht und hielt ihre Ansprache, wie Douglas Brown im *Sunday Telegraph* berichtete, »im Tone eines Menschen, der eine große Wohltätigkeitsveranstaltung eröffnet«.
Aber Brown meinte, sie sei damit der Situation besser gerecht geworden als Kennedy mit seiner Rhetorik, denn die Menschen wußten nur zu genau, daß ihre Stadt zum politischen Spielball geworden war; sie ließen sich von den Redekünsten eines Politikers nicht überzeugen, der vielleicht schon in der nächsten Woche vor einem anderen Publikum anders reden würde. Brown verglich die Stadt mit einem Patienten in einem Krankenhaus. Kennedy hatte als berühmter Chirurg bei der Visite seine Diagnose verkündet. Elisabeth II. war, weniger theatralisch, »als Freund gekommen, hatte Trauben und etwas leichte Lektüre mitgebracht: Sie plauderte freundlich von der Außenwelt und vom Sonnenschein, der draußen herrschte, oder von ihren Vettern und Tanten (sie und Prinz Philip hatten über vierhundert deutsche Verwandte), sie sprach vom Schüleraustausch und von Stipendien des British Council – kurz gesagt, sie redete über die Gesundheit.«
»Dafür sind Königinnen da«, fuhr Brown fort. »Sie können unmenschliche Situationen vermenschlichen. Sie wirken Wunder.«
Das war wirklich ein bißchen herablassend ausgedrückt, denn nur wenige Jahre zuvor hatte Elisabeth II. bewiesen, daß sie auch andere Töne anschlagen konnte. Im September 1961, kurz vor dem geplanten Staatsbesuch in Ghana, war es zu Streiks und Massendemonstrationen gekommen. Gegen den Präsidenten, Kwame Nkrumah, wurden Drohungen laut, und er reagierte darauf mit der Verhaftung von fünfzig Oppositionellen; er stellte sie vor ein Sondergericht und warf ihnen »Verbrechen gegen den Staat« vor. Es kam zu Bombenattentaten.
Aber Elisabeth II. ließ sich nicht im geringsten beirren. In einem gewissen Sinne kennt sie keine Furcht. Die Königin in ihr kann sich ein solches menschliches Gefühl nicht leisten. Und wenn sie dennoch Besorgnis empfunden haben sollte, so ließ sie es sich nicht anmerken; auch nicht bei der Reise durch die französischen Provinzen in Kanada, als 1964 gezielte Attentatsdrohungen geäußert worden waren. Es kommt ihr einfach nicht in den Sinn, daß irgend jemand den Wunsch verspüren könnte, sie zu ermorden; und wenn Sicherheitsfragen zur Sprache kommen, reagiert die Königin unmißverständlich. Zu viele Maßnahmen zum Schutze ihres Lebens würden ein wesentliches Element ihrer Arbeit vernichten – den Kontakt mit dem einfachen Volk.
Vor jeder Auslandsreise ergeht die Weisung, daß die Königin nicht wünscht, daß ihre Wagenkolonne von Motorradfahrern flankiert wird. Diese bedeu-

ten eine Barriere und lassen ihre menschliche Ausstrahlung nicht zur Wirkung kommen. Ihre Verwundbarkeit ist etwas, das sie nicht verlieren möchte.

Deshalb setzte sie sich 1961 über die von Churchill und Eden erhobenen Bedenken hinweg, denn beide rieten ihr von der Ghana-Reise ab. Es bestand die ernste Gefahr, daß eine Kugel, die für Nkrumah bestimmt war, sie treffen könnte. Sollte ihr Leben aus politischen Gründen aufs Spiel gesetzt werden? Elisabeth II. hörte sich, wie immer, ruhig alle Argumente an; dann erklärte sie, nur ein absolutes Veto von seiten des Kabinetts könne sie von der Reise abhalten. »Wenn ich den Besuch jetzt absage«, meinte sie, »lädt Nkrumah vielleicht Chruschtschow dafür ein, und das wäre der Regierung doch sicher nicht recht, oder?«

Also unternahm sie die Reise, und der Staatsbesuch wurde zu einem riesigen Erfolg. »Die Königin blieb fest bei ihrem Entschluß«, schrieb Harold Macmillan in sein Tagebuch. »Sie wird immer unwirsch, wenn man sie als *Frau*, wie einen Filmstar oder ein Maskottchen, behandelt. Sie besitzt in der Tat ›das Herz und den Mut eines Mannes‹...«[1]

»Wenn man sie zu stark unter Druck setzt«, schrieb er bei der Analyse ihrer Weigerung, sich wie ein zerbrechliches Porzellanpüppchen behandeln zu lassen, »und wenn die Regierung und das Volk entschlossen sein sollten, sie in ihrer Aktivität einzuschränken (wozu auch gewisse kalkulierbare Risiken gehören), dann, glaube ich, könnte sie der Versuchung unterliegen, überhaupt abzutreten... Sie liebt ihre Pflicht und will eine Königin sein und keine Marionette.«

[1] Anm. d. Ü.: Aus einer Ansprache der Königin Elisabeth I., gehalten in Tilbury beim Herannahen der spanischen Armada.

Die Königin bei der Arbeit

Der Erfolg der ersten und längsten Reise von Königin Elisabeth II. während des Winters 1953/54 war zum großen Teil der noch lebendigen Erinnerung an die Krönung zuzuschreiben. Aber die Wurzeln ihres Symbolgehalts reichten tiefer. Die Reise war gewissermaßen ein verspäteter Epilog auf den Zweiten Weltkrieg. Sie war die internationale Siegesparade, die Georg VI. wegen seiner Krankheit nicht über Südafrika hinaus hatte ausdehnen können – die Besuche bildeten den Dank Großbritanniens an das Empire, das dem Mutterland in seinen dunkelsten Stunden zu Hilfe gekommen war. Fast sechs Monate hindurch machte die große Besuchsreise der Königin Schlagzeilen im ganzen Commonwealth. In den Wochenschauen wurde an prominenter Stelle berichtet. Immer neues Bildmaterial für die Zeitschriften wurde geliefert, denn diesem menschlichen Triumph lag die Absicht zugrunde, die vergangenen Beweise der Gemeinsamkeit zu feiern. Die Völkerfamilie Elisabeths II. hoffte, in ihr die Repräsentantin einer besseren Zukunft feiern zu können, doch klatschte man in mancherlei Hinsicht nur der Vergangenheit Beifall.

Während sie unterwegs war, fand Churchill, er müsse ihr schreiben. In den Anfangstagen seiner Regierungszeit war dies jeden Tag geschehen – persönliche Briefe des Premierministers an den Souverän. Aber er schrieb jetzt selten mit eigener Hand. Die Nachwirkungen seiner Schlaganfälle machten sich bemerkbar; er hatte es sich zur Gewohnheit gemacht, nicht nur seine Reden, sondern auch die Briefe und Bücher einem Sekretär zu diktieren. Jock Colville stellte für ihn lange Entwürfe her und ließ sie ihm jede Woche zur Unterschrift zugehen; der Premier prüfte die Texte genau und korrigierte sie notfalls.

Elisabeth II. pflegte auf seine Briefe stets handschriftlich zu antworten. Weder damals noch heute diktierte sie Briefe gern. Sie sagt ihrem Privatsekretär in groben Zügen, was sie zum Ausdruck bringen möchte, und der Sekretär schreibt oder diktiert den Text dann selbst und unterschreibt ihn auch – nur gelegentlich bespricht er das Schriftstück mit der Königin, wenn es sich um etwas besonders Wichtiges handelt. Persönliche Briefe schreibt sie selbst, nach der Tradition ihres Vaters, der die Geschäfte von Sandringham aus handschriftlich erledigte. Churchill geriet in Verlegenheit, als er die Handschreiben seiner Königin empfing. Demgegenüber mußten seine diktierten Schreiben unhöflich erscheinen, und dies machte ihm zu schaffen. Er sorgte sich wegen dieses Problems so sehr, daß er mit seinen Mitarbeitern darüber sprach, und Colville dachte daran, einen Mitarbeiter des Hofes zu gewinnen, Churchill einen Brief zu schreiben, in dem zu lesen stand, wie entsetzt die Königin sei, wenn sich ihr Premierminister eine solche Last aufbürden sollte.

Bei der Rückkehr der königlichen Jacht hielt es Churchill für angemessen, daß er neben der Königin auf der Brücke stand, wenn das Schiff die Themse hinauffuhr. Deshalb begab er sich mit Colville und seinem Kammerdiener nach Southampton, um an Bord der *Britannia* zu gehen. Elisabeth II. hieß ihn willkommen und ließ – als Unterhaltung für ihren Premierminister – einen Spielfilm vorführen. Aber die Erfrischungen, die bei Tisch und in der Mannschaftsmesse ausgiebig geboten wurden, wirkten sich bei Churchills Kammerdiener übel aus. Der Mann betrank sich, und der Premierminister war verzweifelt. So durfte sich sein Diener an Bord der königlichen Jacht nicht benehmen. Außerdem mußte der Premierminister seinen Kammerdiener zum ersten Mal seit Jahren persönlich zu Bett bringen. So endete der Abend auf der *Britannia* damit, daß Churchill und Colville den Kammerdiener verstohlen entkleideten und in die Koje brachten – »wobei ihn Churchill mit vielen Ermahnungen ins Bett steckte«.[1]

Zu dieser Zeit stand Elisabeth II. nicht mehr in Churchills Bann, wie es in den ersten Monaten ihrer Regierungszeit der Fall gewesen war. Sie wunderte sich zwar immer noch über die beinahe religiöse Verehrung, mit der er sie behandelte; sie belustigte sich über den Gehrock, den er jedesmal anzog, wenn er ins Schloß zu ihr kam, und sie sorgte sich wegen seiner Beharrlichkeit, trotz Alters und Krankheit den langen Weg nach Balmoral zurückzulegen, um nach alter Tradition als Premier dem Souverän dort Vortrag zu halten. Er machte es sich in einem Sessel bequem, während das Familienleben um ihn herum seinen Gang nahm; und er erhob sich wieder mühsam, um die Ponys der Kinder zu bewundern oder den Herzog von Edinburgh und die anderen Jagdgäste bei der Rückkehr von den Hochmooren zu begrüßen. Aber die Frage seines Rücktritts wurde zu einem ernsten Problem. Und es war Elisabeths verfassungsmäßige Pflicht, dieses Thema mit ihrem Premierminister zu erörtern, wenn sie den Eindruck hatte, daß seine Gebrechlichkeit dem Wohl des Landes schadete. Das Problem war nicht nur in Churchills Gesundheitszustand zu sehen. Der ewige Kronprinz zu sein bedeutete für Eden eine Last.

[1] Der Kammerdiener wurde nicht entlassen. Colville kann sich auch nicht erinnern, daß ihm dieser Vorfall später noch einmal zum Vorwurf gemacht worden wäre, denn Churchill hatte den Mann gern und mußte befürchten, daß Lady Churchill, wenn die Geschichte herausgekommen wäre, auf der Entlassung des Mannes bestanden hätte.

Seine Magenoperation war ernster Natur gewesen. Obwohl er sich durch sein diplomatisches Geschick während des kalten Krieges den Rang eines führenden Staatsmanns der westlichen Welt bewahrte, spürten seine Kollegen, daß seine Nerven durch Churchills Unentschlossenheit über Gebühr strapaziert wurden.

Aber niemand konnte den Alten umstimmen. Nicht, daß er sich geweigert hätte, über seinen Abschied zu sprechen. Er tat dies dauernd, mit seinem Arzt, seinen Mitarbeitern, seinen Kabinettsmitgliedern. Als er 1951 die Wahlen gewann, hatte er davon gesprochen, ein Jahr später zurückzutreten. Dann veranlaßte ihn der Tod Georgs VI., noch bis zur Krönung Elisabeths im Amt zu bleiben. Die Weltreise der Königin schien kein richtiger Zeitpunkt zu sein, einen Nachfolger einzuarbeiten. Und dann befaßte er sich während des Jahres 1954 mit einem Thema, das ihn die letzten Monate seines Lebens in Bann hielt: Er wollte unter allen Umständen noch vor seinem Tod zu einem allgemeinen Ausgleich mit den Sowjets kommen. Er sah die Notwendigkeit, seinem Nachfolger einen aufgeräumten Schreibtisch zu hinterlassen. Mit seinem ausgeprägte Sinn für geschichtliche Zusammenhänge sprach er in dunklen Andeutungen von den Tagen Balfours und Campbell Bannermans und von den Schwierigkeiten, denen eine Regierung gegenüberstehe, die zu kurz im Amt sei, um etwas Positives zu leisten, und zu lang, um sich die Qualitäten eines neuen Führers zunutze zu machen. Er wollte, daß Eden das Amt des Premierministers übernahm, sein Kabinett umbildete und dann sofort mit seiner neuen Mannschaft vor die Nation trat. »Ich möchte im letzten Augenblick gehen«, sagte er zu Kollegen wie Butler. Eden schlug er vor, er solle den Wahltermin vor der Ernennung zum Premierminister festsetzen, damit die Machtübergabe nach Terminplan ablaufen könne. Der Herbst 1956 war der letztmögliche Termin. Aber Eden lehnte ab. Er könne sich nicht auf einen Wahltermin festlegen, sagte er, bevor er nicht Premierminister sei und über alle Einzelheiten genau orientiert sei. Churchill mußte dies akzeptieren. Er selbst konnte begreiflicherweise, nun über achtzig Jahre alt, nicht in überzeugender Weise ins Land hinausgehen und ein neues Mandat für die nächsten fünf Jahre erhoffen. Also begann er Anfang 1955, mit der Königin die Einzelheiten seines Abgangs zu besprechen. Der Gedanke, als erster Premierminister den Souverän zu einem Essen nach Downing Street einzuladen, faszinierte ihn, und für den 5. April war im Terminkalender der Königin noch ein Abend frei.

So wurde als Tag seines Rücktritts der 6. April 1955 festgesetzt. Nachdem er Elisabeth II. seinen Rücktritt angeboten hatte, bat er sie, mit der Berufung von Eden als seinem Nachfolger noch etwas zu warten. Es sei ihr Vorrecht, den Premierminister zu bestimmen, und diese Tatsache würde noch unter-

Die neue Königin bei der Rückkehr nach London unmittelbar nach dem Tod ihres Vaters, am 7. März 1952.

Drei Königinnen – Königin Elisabeth II., ihre Großmutter, Königin Mary (Mitte); und ihre Mutter, Königin Elisabeth, erwarten die Ankunft des toten Königs zur Aufbahrung in Westminster Hall, am 11. März 1952.

Der Augenblick der Krönung: Der Erzbischof von Canterbury setzt der Königin am 2. Juni 1953 die St.-Edwards-Krone auf das Haupt.

Die *Britannia* passiert die Tower Bridge; an Bord Königin Elisabeth II., die von ihrer Weltreise 1953/54 zurückkehrt.

strichen, wenn sie sich etwas Zeit dabei ließe. Diese Prärogative mochte bei der unbestrittenen parlamentarischen Mehrheit der Regierungspartei akademisch wirken, aber die Rolle der Königin konnte durch einen weniger geordneten Abgang und eine verhältnismäßig ungeklärte parlamentarische Situation um so wichtiger erscheinen, denn wenn das Problem der Nachfolge an einem toten Punkt angelangt sein sollte, gäbe es niemand anderen, der verfassungsrechtlich zur Lösung befugt sei.

Anthony Eden zog in Downing Street ein, stellte sein neues Kabinett einige Wochen nach der Amtsübernahme vor und konnte bei den Wahlen am 26. Mai 1955 die Mehrheit der Konservativen im Unterhaus noch dazu vergrößern.

Elisabeth II. war jetzt seit mehr als drei Jahren auf dem Thron. Der Ablauf ihres normalen Arbeitstages war Routine geworden, an der sich bis heute eigentlich wenig geändert hat. Sie steht kurz nach acht Uhr auf. Ein Lakai bringt eine Kanne Tee an das königliche Schlafzimmer. Bobo übernimmt den Tee und trägt ihn hinein. Männlichem Personal ist der Eintritt verboten. Sie liest Briefe von Freunden; die Umschläge tragen einen besonderen Vermerk, um sie von der übrigen Post zu unterscheiden. Neben ihr werden alle Zeitungen auf dem Bett ausgelegt, und gewöhnlich fängt sie mit der Rückseite des *Daily Telegraph* an, um das schwierigere der beiden Kreuzworträtsel zu lösen. (Ihrer Schwester war das Rätsel in *Country Life* lieber, und sie gewann tatsächlich mehr als einmal den Preis von drei Guineen.)

Danach kleidet sie sich an und setzt sich zum Frühstück nieder. Sie hört sich die BBC-Nachrichten an, die oft mit Kommentaren ihres Gemahls gewürzt sind, der sich gern persönlich zu den Weltereignissen äußert. Dann spielt der Musikmeister Macdonald der Argyll and Sutherland Highlanders eine Viertelstunde draußen vor dem Fenster auf dem Dudelsack. Er hält dieses Morgenständchen jeden Tag, wenn sich die Königin in einem ihrer Schlösser befindet; und wenn sich Prinz Philip auch seine eigenen Gedanken über diese auf Königin Viktoria zurückgehende Tradition machte, so behielt er seine Meinung für sich.

Die Kinder kamen aus ihren Zimmern im oberen Stockwerk heruntergelaufen, wo sie mit ihren Kinderfrauen gefrühstückt hatten, so wie es die kleinen Prinzessinnen im Haus 145 Piccadilly zu tun pflegten, und tollten mit den Eltern eine halbe Stunde herum.

Die Arbeit begann um zehn. Michael Adeane oder Martin Charteris brachte ihr die Post herein und verneigte sich kurz an der Tür. Briefe mit politischem oder administrativem Inhalt wurden an die zuständigen Regierungsstellen weitergeleitet, Briefe von Kindern, die meistens rührend sentimental abgefaßt waren, gingen zur Beantwortung an eine der Hofdamen. Es gab Standardantworten auf Standardgesuche – Tee bei der Königin (ausgeschlossen), Genehmigung zum Besuch der Hofstallungen (für das Publikum zweimal wöchentlich – am Mittwoch und Donnerstag nachmittags geöffnet), und dann gab es Tausende von Ersuchen, die Königin möge Schulen, Krankenhäuser, Kirchen, Rathäuser, Regimenter, Fabriken, Jahrmärkte, Landwirtschaftsausstellungen, Sportwettkämpfe, Empfänge, Abendessen, Theater, Ausstellungen, Premieren, Waisenhäuser, Altersheime usw. besuchen. Die Liste war – und ist – ohne Ende, und nur einige hundert Einladungen konnten angenommen werden.

Jeden Morgen kam von Whitehall – klipp-klapp – der kleine Pferdewagen mit dem Königswappen die Mall herunter und brachte einen Stapel Aktenkoffer, in grünem, schwarzem, blauem oder rotem Leder. Der Koffer des Foreign Office enthielt die geheimen Telegramme, die zu den Ereignissen gehörten, über die die Königin in den Morgenzeitungen gelesen hatte, der Koffer des Innenministeriums enthielt hauptsächlich Anweisungen und Ernennungsurkunden, die unterzeichnet werden mußten, zuweilen auch interessantere Dinge, wie zum Beispiel eine Empfehlung für einen königlichen Gnadenerweis – eine dramatische Angelegenheit in den Zeiten der Todesstrafe[1]. Eine weitere Unterbrechung der gewöhnlichen Routine war die Zeremonie des *Pricking the list of Sheriffs*[2].

Mindestens einmal im Monat hält sie im großen Ballsaal des Buckingham Palace eine Investitur ab. Dabei verleiht sie Adelsprädikate, DBEs, CBEs, OBEs, MBEs, GCVOs, KCVOs CVOs, MVOs und alle die anderen Titel, Auszeichnungen und Ehrungen, die zu dem überaus komplizierten britischen Ordens-

[1] Das königliche Begnadigungsrecht wird in neuerer Zeit ausschließlich auf Empfehlung des Innenministers ausgeübt. Dieser prüft persönlich die Akten, erwirkt routinemäßig das Einverständnis des Souveräns und gibt dann seine Entscheidung dem Parlament bekannt. Vor der Abschaffung der Todesstrafe in Großbritannien versuchte Georg VI. in mindestens zwei Fällen, seinen Einfluß zur Umwandlung von Todesurteilen in lebenslängliche Haft zum Tragen zu bringen, aber der Innenminister, Herbert Morrison, sah sich außerstande, seine Argumente zu akzeptieren, und die Hinrichtungen fanden statt.

[2] Das *Pricking of the Sheriffs' Roll* (das Lochen der Vorschlagsliste zum Sheriff) stammt angeblich aus der Zeit der Königin Elisabeth I., die eines Tages mit einer Näharbeit im Garten saß, als ihr die Vorschlagsliste zum Abhaken vorgelegt wurde. (Sheriff ist ein hoher Verwaltungsbeamter in England und Schottland). Da sie weder Gänsekiel noch Tinte zur Hand hatte, stach sie mit einem kleinen Pfriem Löcher neben die Namen, die ihr genehm waren. An dieser Legende scheint etwas Wahres zu sein, denn frühere Listen tragen als Genehmigungsvermerk kleine schwarze Punkte, während alle späteren durchlöchert sind. Die Zeremonie wird heute von der Königin im Kronrat ausgeführt; das Pergamentblatt wird auf einem kleinen Rolltisch hereingebracht, und sie drückt mit einem Pfriem kleine Löcher neben die Namen. Mehr einem Türknopf als einem Nähutensil ähnelnd, von dem dieses Instrument angeblich herrührt, hat der königliche Pfriem einen runden Messinggriff und einen fast zehn Zentimeter langen Dorn. In den Griff ist das Wappen des Kronrats eingraviert.

system gehören[1]. Pünktlich um elf Uhr stimmt die Musikkapelle auf der Galerie die Nationalhymne an, und die Königin schreitet hinter drei oder vier Gardesoldaten, von ihren Gemächern kommend, den Gang entlang. Die Handtasche der Königin wird hinter dem 1947 aus Delhi geretteten Kaiserthron versteckt; dann beginnt sie, mit freundlichem Lächeln die Orden und Ehrenzeichen den Empfängern, die ihr nacheinander vorgestellt werden, anzuheften oder umzuhängen; gelegentlich schlägt sie mit gekonntem Schwung jemanden zum Ritter. Die meisten sind ältere Leute, viele in Uniform, ab und zu ist eine Oberschwester oder Angehörige der freiwilligen Wohlfahrtspflege unter den Ausgezeichneten. Während die lange Kette – etwa zwei Personen pro Minute – an ihr vorbeizieht, spielt die Kapelle pausenlos ein Potpourri aus nichtmilitärischen Melodien, wie sie bei Militärkapellen beliebt sind – »Who Wants to Be a Millionaire?«, »If I were a Rich Man« und besonders beliebte Passagen aus *The Sound of Music*. In späteren Jahren erfreuten sich Stücke aus *Butch Cassidy and the Sunddance Kid* besonderer Beliebtheit.
Nach einer Stunde, während die Königin aufrecht gestanden und pausenlos gelächelt hat, wird ihre Handtasche hinter dem Thron hervorgeholt, was das Zeichen für das Ende des Zeremoniells ist. Die Empfänger der Auszeichnungen begeben sich dann hinunter und stellen sich den Photographen.
Elisabeth II. hat das Ordenswesen nicht mit derselben Humorlosigkeit wie ihre Vorfahren betrachtet. Sie hat sich damit begnügt, die in ihre eigene Zuständigkeit fallenden Verleihungen mit Sorgfalt zu prüfen und mit philosophischer Gelassenheit die Fälle von Bestechungen, Begünstigungen und Übervorteilungen zu dulden, wie sie in der viel längeren Liste der Regierung, bei aller Würdigung wirklicher Verdienste, ab und zu vorkommen. Als ein Page einmal die Auszeichnungen verwechselte und Cecil Day Lewis, der Hofdichter, voller Stolz mit einem edelsteinbesetzten Kreuz an silberner

[1] DBE – Kommandeur des Ordens des Britischen Empire (nur für Damen); CBE – Kommandeur des Ordens des Britischen Empire; OBE – Offizier des Ordens des Britischen Empire; MBE – Mitglied des Ordens des Britischen Empire; GCVO – Ritter (oder Dame) des Großkreuzes des Viktoriaordens; KCVO – Komtur des Viktoriaordens; CVO – Kommandeur des Viktoriaordens; MVO – Mitglied des Viktoriaordens. Dies sind nur ein paar Beispiele aus der komplizierten Hierarchie der Auszeichnungen, die eigentlich nur von Kennern und den Beamten verstanden wird, die für die Vorschlagslisten, die Überprüfung der Ordensempfänger und deren Einverständnis verantwortlich sind. Es gibt im großen und ganzen zwei verschiedene Kategorien: Auszeichnungen, die im Ermessen der Regierung liegen (hierzu gehört zum Beispiel der Orden des Britischen Empire), eine Mischung aus Belohnung für treue Staatsdienste, politische Hilfe, Dienste an der Gemeinschaft oder zugunsten des Handels (der Grund, warum die Beetles den OBE erhielten); zur anderen Kategorie gehören die in die alleinige Zuständigkeit der Königin fallenden Auszeichnungen (z. B. der Viktoriaorden), die im allgemeinen den Hofbediensteten aller Klassen verliehen werden. Die Verleihung beider Arten von Auszeichnungen wird von der Königin gewöhnlich im Buckingham Palace vorgenommen.

Kette in einem schwarzen, mit Samt ausgeschlagenen Etui davonschritt, das eigentlich für Lord de Lisle and Dudley bestimmt gewesen war – der zu seiner Überraschung leer ausging –, war sie höchst amüsiert. Georg V. und Georg VI. hätten dies bestimmt nicht komisch gefunden – obwohl Elisabeth II. die Verleihung militärischer Auszeichnungen nicht weniger ernst nimmt als ihre Vorgänger. Beim Ausbruch der Unruhen in Ulster Ende der sechziger Jahre war sie die treibende Kraft bei der Schaffung einer besonderen Auszeichnung für dort geleistete Dienste, und zwar trotz politischer Bedenken. Sie las persönlich alle aus Tapferkeitsgründen erfolgten ehrenvollen Erwähnungen – wie sie es bei militärischen Auszeichnungen seit jeher getan hat. Die Premierminister waren bei Audienzen mit der Königin immer wieder überrascht, wie genau sie über herausragende Leistungen und Taten Bescheid wußte, von denen sie gerade gelesen hatte.

Im Mai 1956 führte Elisabeth II. eine neue Methode ein, verschiedene Menschen zu zwanglosen Mittagessen im Buckingham Palace zu empfangen. Die Gästeliste umfaßte etwa ein halbes Dutzend Personen – so zu Beginn den Herausgeber der *Times*, den Bischof von London, den Geschäftsführenden Direktor des Wembley-Stadions, den Direktor von Eton und den Vorsitzenden der Nationalen Kohle-Behörde. Sie hatte die Absicht, auf diese Weise einen gewissen Querschnitt der Bevölkerung persönlich kennenzulernen, obwohl einige den Eindruck hatten, daß sich die Personenauswahl zu sehr auf die obersten Schichten beschränkte; unbestritten ist aber, daß alle ihre Gäste aus ganz verschiedenen Bereichen kamen. Die Gäste selbst gewannen von der Königin den Eindruck einer freundlichen, überraschend gut informierten und unterhaltsamen jungen Frau. Es fiel ihnen auf, wie wenig Interesse sie am Essen zeigte, wie sie und ihr Gemahl lachten, miteinander plauderten und sogar »wie jedes andere Ehepaar« verschiedener Meinung waren (stets die größte Überraschung). Auch die Bedeutung der Handtasche entging ihnen nicht. Sie wurde offenbar unter dem Tisch an einem Haken aufgehängt, und wenn sie wieder auftauchte, war es das Zeichen zu gehen.

Verpflichtungen am Nachmittag erforderten häufig eine andere Garderobe. Sich rasch umzuziehen gehört ebenso wie die Fähigkeit, stundenlang zu stehen, zu den Eigenschaften, die Elisabeth II. schon früh in ihrem Leben entwickelt hat.[1]

Inzwischen sind am Garteneingang zwei Rolls-Royce vorgefahren. Ein Stallmeister, eine Hofdame und daneben meist auch einer der Privatsekretäre warten neben den Wagen; sie unterhalten sich und lachen miteinander. Jeder

[1] Der Herzog von Windsor hat einmal gesagt, der beste Rat, den ihm sein Vater gegeben habe, sei der gewesen, niemals eine Aufforderung zum Hinsetzen auszuschlagen.

hat ein mit Maschine geschriebenes und photographisch verkleinertes Programm in der Tasche, auf dem alle Einzelheiten des Besuchsablaufs (in Abständen von fünf Minuten) einschließlich des Namens und des Titels aller Personen verzeichnet sind, die der Königin an diesem Nachmittag vorgestellt werden sollen.

Beim Erscheinen des Königspaares tritt Stille ein, alle verneigen sich leicht, und die Wartenden steigen in den zweiten Rolls-Royce, um hinter der Königin herzufahren. Die Route ist vorher durch Scotland Yard freigemacht worden. Polizeibeamte stehen an allen wesentlichen Kreuzungen und Engpässen. Sie haben Walkie-Talkies bei sich und erhalten stets die Weisung, den Verkehrsstrom erst im allerletzten Augenblick aufzuhalten – teilweise aus Sicherheitsgründen, hauptsächlich aber deshalb, weil der Herzog von Edinburgh auf dem Standpunkt steht, daß es kein schneller wirkendes Mittel gibt, die Zuneigung des Durchschnittsengländers gegenüber der Monarchie zu verspielen, als ihn wegen der Durchfahrt einer Wagenkolonne des Hofes in einen Verkehrsstau zu verwickeln.

Der Besuch an diesem Nachmittag kann darin bestehen, alle Stationen eines Krankenhauses aufzusuchen, Werkstätten für Behinderte oder die verschiedenen Abteilungen einer Fabrik oder eines Regiments bei der Arbeit zu inspizieren. Der Schwerpunkt liegt immer auf dem Kontakt mit den Menschen und darauf, lieber nacheinander von wenigen aus nächster Nähe als von großen Menschenmengen aus der Ferne gesehen zu werden.

Es gibt keine sichtbare Hast. Am Ende von anderthalb Stunden hat sie eine Menge verschiedener Eindrücke gesammelt und mit vielen Menschen gesprochen – das Ergebnis sorgfältiger Vorbereitung. Jeder Besuch in jedem einzelnen Raum ist zeitlich genau berechnet, jeder, der ihr vorgestellt werden soll, ist vorher genau bestimmt, damit sichergestellt ist, daß auch Reinemachefrauen und Sekretärinnen ebensoviel Zeit erhalten wie ihre Vorgesetzten; und die Königin schreitet lächelnd durch die Menge, schüttelt Hände, stellt Fragen und hört sich aufmerksam die Antworten an. Unmittelbar hinter ihr folgt ihr Gemahl, der sich im Gespräch weniger zurückhält und meist auch lauter lacht. Und wenn der Zeitplan durcheinandergerät, was gelegentlich vorkommt, dann erscheint der Herzog von Edinburgh plötzlich neben seiner Gemahlin, lacht und macht seine Scherze, nimmt aber die Unterhaltung fest in die Hand, so daß sie sich wieder frei bewegen kann.

Gewöhnlich kommt Elisabeth II. um fünf Uhr nachmittags wieder zurück, zieht sich die Schuhe aus, und ein Lakai bringt ihr ein Tablett mit drei Schüsseln ins Zimmer, die separat gekochtes Fleisch, Soße und Hundekuchen enthalten. Auf dem Teppich wird ein weißer Plastiküberzug ausgebreitet, auf den die Schüsseln gestellt werden. Anschließend verteilt Königin Elisabeth II.

mit silberner Gabel und Löffel den Schüsselinhalt an ihre Corgis, wobei sie jedem der Hunde das zuteilt, was er am liebsten hat.
Dies war der zweite Teil ihres Tages, der für die Familie reserviert ist – allerlei Späße und Spiele und zum Schluß ein lustiges Geplansche im Bad.
Dienstags, am späten Nachmittag, empfing sie ihren Premierminister in Audienz. An den Tagen, an denen Parlamentssitzungen waren, erhielt sie vor dem Dinner einen kurzen, zusammenfassenden Bericht über die Debatten. Früher hatte es zu den Aufgaben des Premierministers gehört, diesen Bericht zusammenzustellen. Aber Stanley Baldwin, der zum Ärger Randolph Churchills »nie etwas selber tat, was auch ein anderer für ihn tun konnte«, delegierte diese Verantwortung. Heute ist es der Vizekämmerer des Hofs, der diesen Bericht verfaßt; übrigens ein rein politisches Amt, ohne die Aufgaben bei Hof, die man aufgrund der Bezeichnung annehmen könnte; es ist eine der zahlreichen Positionen im »politischen Haushalt«[1]. Jeden Abend setzt sich dieses jüngere Mitglied der Regierung in die Bibliothek des Unterhauses und faßt in wenigen hundert Worten die Hauptereignisse und Reden des Tages zusammen, bringt den Text dann ins Postamt des Unterhauses, von wo aus er telephonisch in den Buckingham Palace durchgegeben wird. Wenn sich die Königin in Windsor, Sandringham oder Balmoral aufhält, wird der Text telephonisch an einen Sekretär übermittelt.
Schon zu Beginn ihrer Regierungszeit beschloß Königin Elisabeth II., grundsätzlich keine Einladungen zum Abendessen anzunehmen. Schweres Essen, Zigarrenrauch und Tischreden gehören zu den Dingen, die sie am wenigsten schätzt; sie überließ dies mit Vergnügen ihrem Gemahl. Die Teilnahme an bestimmten Galaveranstaltungen und Premieren war jedoch nicht zu umgehen; und da außerdem der Inhalt der Aktenkoffer durchgesehen werden mußte, war ein ruhiger Abend zu Hause, so sehr sie ihn liebte, etwas Seltenes. An den Wochenenden, wenn Freunde bei ihr waren, zeigte sie gelegentlich Filme. In späteren Jahren ließ sie sich *Yellow Submarine* von den Beatles viermal vorspielen. Oder sie saß vor dem Fernseher – und hatte ihren Spaß an Dudley Moore, *Dad's Army* oder *Kojak*. Wenn sie einen ganzen Tag damit verbracht hatte, sauber gewaschenen, geschniegelten und manierlichen Menschen die Hand zu schütteln, konnte sie durch das Fernsehen der Wirklichkeit und den Verhaltensweisen ihrer Untertanen näherkommen.

[1] Die anderen Titel, die gewöhnlich an verdiente Regierungsvertreter verliehen werden, sind Schatzmeister und Administrator des Hofs. Alle übrigen Posten im Buckingham Palace sind rein unpolitischer Natur; sie reichen von ganztägiger Verwaltungsarbeit bis zu Protokollaufgaben; die Gehälter entsprechen im großen und ganzen den in der Verwaltung üblichen. Das gewöhnliche Dienstpersonal des Hofes gehört allerdings zu einer der Beamtengewerkschaften, die für sie die Entlohnung und die Arbeitsbedingungen aushandelt.

Oder sie las in Zeitschriften. Mit größerem Vergnügen, als ihre Pressesekretäre zugeben wollen, las sie Geschichten über sich selbst – aber in den fünfziger Jahren gab es hiervon eine Ausnahme: Geschichten, die von ihrer früheren Erzieherin, Marion Crawford, stammten. Crawfie hatte die königliche Familie bald nach ihrem Ausscheiden aus dem Dienst bei Hofe dadurch entsetzt, daß sie Enthüllungen über ihre zwölfeinhalb Jahre bei den »Kleinen Prinzessinnen« in einem Buch dieses Titels veröffentlichte. Es war das erste und beste aus einer ganzen Reihe von Publikationen zu diesem Thema. Nicht, daß sie sich über irgendwelche peinlichen Dinge geäußert hätte – durchaus nicht. Es war der Vertrauensbruch, der die königliche Familie schockierte, denn absolute Diskretion ist die Voraussetzung für jede wie auch immer geartete Tätigkeit in einer der königlichen Haushaltungen. Denn Crawfie schrieb nicht nur Bücher. Ihre wöchentlichen Ergüsse in den Spalten der Zeitschrift *Woman's Own* befaßten sich in entwürdigender und entstellender Weise mit der Arbeit, die Elisabeth II. zu tun bestrebt war.

Im Jahr 1955 fiel die ehemalige Erzieherin jedoch in eine Grube, die sie sich selbst gegraben hatte, denn die Zeitschrift, für die sie schrieb, ging bereits einige Zeit vor dem Ereignis in Druck, über das Miss Crawford sich auszulassen beabsichtigte – und nicht zufrieden damit, Hintergrundinformationen zu geben, hatte sie sich auch noch als Augenzeugin aufgespielt. »Die würdevolle Haltung der Königin bei der Abnahme der Flaggenparade in der letzten Woche«, schrieb sie in *Woman's Own* vom 16. Juni 1955, »rief Bewunderung unter den Zuschauern hervor...«

Leider wurde die Parade im Jahr 1955 wegen eines Eisenbahnerstreiks abgesagt, und Royal Ascot, das berühmte Rennen, verschoben. So sorgte Crawfies schillernde Beschreibung des grünen Rasens, der weißen Barrieren und offenen Kutschen – »In Ascot herrschte dieses Jahr eine Hochstimmung, wie man sie in dieser Form noch nicht erlebt hat« – für eine Sensation, die sie nicht beabsichtigt hatte. Sie beschloß ihre Laufbahn als Schriftstellerin rascher als ihre Tätigkeit bei Hof.

Prinzessin Margaret

Am 21. August 1955 vollendete Prinzessin Margaret ihr fünfundzwanzigstes Lebensjahr, und sie wollte noch immer Peter Townsend heiraten. Theoretisch konnte sie jetzt den Kronrat offiziell von ihrer Heiratsabsicht unterrichten und sich öffentlich, nach den Bestimmungen des Royal Marriages Act, mit dem Mann ihrer Wahl verloben.

In der Praxis hatte sich aber seit 1953 nichts geändert. Damals hatte man es für unziemlich gehalten, wenn eine Prinzessin des Königshauses einen geschiedenen Mann heiraten würde, und zwei Jahre später bestanden dieselben Bedenken noch immer. Prinzessin Margaret konnte sich an den Buchstaben des Gesetzes halten, würde aber dessen Sinn verfälschen, wenn sie, als Mrs. Peter Townsend, weiterhin ihren Platz in der Thronfolge beibehielt und aus öffentlichen Mitteln 6 000 Pfund pro Jahr bezog – ganz zu schweigen von den 15 000 Pfund, auf die sie nach den Bestimmungen der Zivilliste bei ihrer Verehelichung Anspruch hatte. Eine öffentliche Kontroverse war unvermeidlich. Außerdem wurden im Kabinett gewichtige Stimmen laut, die diese Ehe unter gar keinen Umständen dulden wollten und mit Rücktritt drohten, falls es dazu kommen sollte.

Prominentester Vertreter dieser Richtung war der Marquess of Salisbury. Er wußte besser als jeder andere im Kabinett, wie aktuell die Möglichkeit einer Heirat zwischen Prinzessin Margaret und Peter Townsend geworden war, denn er gehörte zu den Wochenendgästen, die von der Witwe des verstorbenen Königs regelmäßig eingeladen wurden. Er war stolz darauf, als Politiker seinen Prinzipien treu geblieben zu sein. Als er 1938 mit Eden zurücktrat, erregte er zum ersten Mal die Aufmerksamkeit der Öffentlichkeit, und 1957, als er aus Harold Macmillans Kabinett ausschied, beschloß seine Prinzipientreue gleichzeitig auch seine offizielle Karriere. Jetzt, im Jahr 1955, drohte er im Falle einer Heirat Prinzessin Margarets mit seinem Rücktritt. Mochte sie auch die Tochter seines ältesten Freundes sein, so war er doch als überzeugter Anglikaner und Verfechter der Würde der Monarchie überzeugt, er würde seine eigene Arbeit und die seiner Familie seit vier Jahrhunderten kompromittieren, wenn er sich nicht zur Wehr setze.

Salisbury wußte, daß Königin Elisabeth, die Königinmutter, derselben Meinung war. Sie war Margaret in Liebe zugetan und mit Townsend ebenso freundschaftlich verbunden wie bisher, aber sie hatte Zeit genug gehabt, alle Konsequenzen einer Eheschließung durchzudenken. Tatsache war, daß der Vater der Prinzessin, Georg VI., nie seine Einwilligung gegeben hätte. Härte gegenüber ihren eigenen Kindern lag nicht im Wesen der Königinmutter – und vielleicht spürte Lord Salisbury gerade deshalb die Notwendigkeit, daß jemand anderer diese Härte zeigen müsse. Sie konnte sich nicht bereit finden, Margarets Wunsch ausdrücklich zu billigen, und hoffte, daß die Prinzessin selbst zu der Einsicht gelangen würde, ein Opfer bringen zu müssen.

Auch Elisabeth II. hoffte auf eine derartige freie Entscheidung. Die von Salisbury eingenommene Haltung bestätigte ihre eigenen Instinkte. Vom Standpunkt der Öffentlichkeit aus betrachtet war die Heirat ganz offensichtlich unerwünscht. Aber die Gefühle ihrer Schwester waren ihr ebenso wichtig, und Elisabeth II. wollte, daß ihre Schwester glücklich würde. Sie schreckte vor der Möglichkeit zurück, dem Glück ihrer Schwester im Wege stehen zu müssen.

Für ihren Vater oder Großvater wäre die Lösung einfach gewesen – sie hätten Margaret verboten, Townsend zu sehen und eine Heirat mit ihm auch nur in Erwägung zu ziehen. Es gab Leute, die fanden, die Königin hätte diesen Weg einschlagen sollen. Dadurch wäre die ganze Hysterie und Publizität vermieden worden, die aus der Townsend-Affäre eine der am wenigsten erfreulichen Episoden ihrer Regierungszeit gemacht haben. Eine solche Haltung hätte den Eindruck vermittelt, sie sei Herrin der Lage, was sie tatsächlich nicht war.

Aber die Königin weigerte sich, Druck auf ihre Schwester auszuüben. Margaret sollte ihren eigenen Weg gehen und sich so oft mit Townsend treffen, wie sie es wünschte. Dies sei der einzig faire und humane Weg, wie sich die beiden über ihre Zukunft klarwerden könnten. Elisabeth II. hatte erlebt, was mit dem Beharren auf moralischen Grundsätzen im Jahr 1936 angerichtet worden war, und sie hatte keine Lust, eine neuerliche Spaltung der Familie heraufzubeschwören. Townsend konnte aus Belgien zurückkehren.

Die Königin sprach mit ihren Freunden. Seit ihrer Thronbesteigung hatte sie einen Bekanntenkreis um sich versammelt, der mit ihr die Vorliebe für das Landleben teilte. Ihre Häuser in London und auf dem Lande schienen ideale Möglichkeiten für Townsend und ihre Schwester zu bieten, sich zu treffen. Zwei Familien, deren Freundschaft noch auf die ersten Nachkriegsmonate in Windsor zurückging, die Nevills und die Willses, waren auch mit dem jungen Paar befreundet; sie bereiteten eine Reihe von Dinnerpartys und Wochenenden für die Zeit nach Townsends Rückkehr vor.

Aber die Sensationslust der Weltpresse machte die Taktik der Königin zunichte. Sie hatte nicht mit der Atmosphäre gerechnet, die von vierzig oder fünfzig Reportern und Kameraleuten geschaffen wurde, die durch die Straßen eilten und sich draußen vor normalen Wohnhäusern versammelten, wo überraschte Dinnergäste von ihnen kaum anders behandelt wurden als ein Staatsmann, der aus der Tür von Downing Street 10 trat. Nachträglich betrachtet, wäre es viel besser gewesen, wenn sich das Paar in geeigneter Begleitung auf Balmoral oder Sandringham aufgehalten hätte. Dort hätten mehrere tausend Hektar zwischen ihnen und dem nächsten Teleobjektiv gelegen, und es wäre nicht dazu gekommen, daß sie immer neuen Anlaß zu Presseberichten gegeben hätten. Aber es war Elisabeths Wunsch, daß die Romanze ihrer Schwester ein menschliches und nicht ein Hofproblem bleiben solle. So war die Ausgangslage für die Lösung eines Dilemmas geschaffen, das schon seit der Zeit vor der Krönung Elisabeths II. über der königlichen Familie gehangen hatte.

Peter Townsend selbst hatte sich bemüht, seit dem Verlassen Englands möglichst wenig in Erscheinung zu treten. Er hatte in dem kleinen Büro auf der Rückseite des Botschaftsgebäudes in Brüssel fleißig gearbeitet und sich an dem gesellschaftlichen Leben des diplomatischen Korps in der Absicht beteiligt, diejenigen Kontakte zu knüpfen, die für seine Tätigkeit wichtig waren. Aber er ging mit Vorbedacht allen Einladungen aus dem Wege, die ein britischer Luftwaffenattaché normalerweise nicht erhalten würde, und lehnte entschieden die Beantwortung aller Fragen ab, die ihm ständig von Reportern hinsichtlich seines Privatlebens gestellt wurden. Aber dies schien deren Appetit nur noch anzuregen. Sie folgten ihm fast überallhin und bildeten ein riesiges Gefolge, als er im Oktober 1955 die Rückreise nach England antrat.

Es bestand der Plan, daß er in Lowndes Square, Knightsbridge, in der Etagenwohnung des Marquess of Abergavenny, Lord Rupert Nevills Bruder, wohnen sollte, und am Donnerstag, dem 13. Oktober, am Tag nach seiner Rückkehr, wurde er von Mrs. John Lycett Wills, einer Cousine der Königin und der Prinzessin Margaret, zum Essen aufgesucht. Dann fuhr sie mit ihm zu Besorgungen in die Stadt. Er suchte den alten Schneider Georgs VI. in der Bury Street auf, um sich einen Anzug machen zu lassen, fuhr dann zu einem anderen Schneider in der Conduit Street wegen Reithosen und ging schließlich in Chelsea in eine Konditorei, um eine Schachtel Pralinen zu kaufen, die er auf der Heimfahrt im Auto auf den Knien hielt – alle diese Details standen, ebenso wie ein zweistündiger Besuch im Clarence House am selben Abend, am nächsten Morgen in der Boulevardpresse. Menschen, die sich zur Orientierung lediglich auf die *Times* und BBC verließen, hatten keine Ahnung, warum die Fahrt vom Lowndes Square zum Clarence House im Oktober 1955 eine größere Rolle spielen sollte als zuvor; aber für die Mehrheit der

Zeitungsleser in Großbritannien und auf der ganzen Welt machten Peter Townsend und Prinzessin Margaret wieder Schlagzeilen – und Elisabeth II. mußte sich eingestehen, daß ihre Pläne durchkreuzt waren.
Commander Richard Colville gab eiligst eine Erklärung ab. »Der Pressesekretär der Königin ist zu der Erklärung befugt, daß im Augenblick keine Verlautbarung hinsichtlich der persönlichen Zukunft der Prinzessin Margaret erwogen wird.«
Aber diese Erklärung steigerte die Aufregung nur noch. Was konnte »im Augenblick« heißen? Mrs. Wills und ihr Gatte hatten sich bereit gefunden, die Prinzessin und Peter Townsend in ihrem Zwanzig-Zimmer-Landhaus in Binfield, Berkshire, aufzunehmen – ab Freitagabend, 14. Oktober, lebten sie in einer Art Belagerungszustand. Ihr fünfundzwanzig Hektar großer Besitz war von Reportern und mit Teleobjektiven bewaffneten Photographen umzingelt, die den Versuch machten, über Mauern zu klettern und durch Hecken zu brechen, um einen Blick auf das Haus werfen zu können. Polizei stöberte die Eindringlinge mit Spürhunden auf, während sechs Streifenwagen und zahlreiche mit Funk ausgerüstete Motorradfahrer der Polizei unter dem Befehl des Polizeichefs von Berkshire das gesamte Areal umkreisten. Eine französische Zeitschrift wollte dem Butler der Familie Wills 1000 Pfund für vertrauliche Informationen zahlen.
Aber in Wirklichkeit gab es gar keine Informationen. Prinzessin Margaret und Peter Townsend freuten sich über das Wiedersehen wie jedes andere Liebespaar, das länger als zwei Jahre getrennt gewesen ist. Sie waren im Augenblick nicht Herr ihres Schicksals. Prinzessin Margaret hatte der Regierung über ihre Schwester ihren Wunsch mitgeteilt, Peter Townsend zu heiraten; jetzt mußte sie die Reaktion abwarten. Eden erkundigte sich bei seinen engsten Mitarbeitern, was er der Königin bei der Audienz am 18. Oktober sagen solle. In das Protokoll der Kabinettssitzungen wollte er das Problem der Heirat der Prinzessin nicht aufnehmen lassen. Nur wenige teilten den Glaubenseifer des Marquess of Salisbury, aber niemand war bereit, gegen ihn aufzutreten, und dies war das Dilemma. Viele Minister und Unterhausabgeordnete hatten keinerlei Interesse, dem persönlichen Glück einer jungen Frau im Wege zu stehen, aber keiner wollte das Risiko eingehen, einen Feldzug zugunsten der Prinzessin Margaret zu starten. Man sah keinerlei Vorteile darin. Wenn sie auf der Durchführung ihrer Pläne bestand, würde sie freiwillig auf ihre Thronfolgerechte und auf alle Ansprüche aus der Staatskasse verzichten müssen. Denn wenn sie sich nicht aus freien Stücken ins Privatleben zurückzog, würden sicher einige Abgeordnete das Parlament dazu bewegen, sie zu einem solchen Schritt zu zwingen. Vielleicht würde es gelingen, eine Mehrheit für die Heirat Townsend–Prinzessin Margaret zusammenzubringen,

aber damit würde bestimmt viel politisches Porzellan zerschlagen. Die Regierung hatte schon Probleme genug. Es lohnte den Einsatz nicht.
Anthony Eden suchte Elisabeth II. an diesem Abend auf, um die verfahrene Situation mit ihr zu besprechen. Weder Eden noch einer seiner Kollegen hatte es ausgesprochen, aber allen war klar, daß Prinzessin Margaret, wenn sie Townsend tatsächlich heiratete, das Land würde verlassen müssen, mindestens für mehrere Jahre. Die Dinge strebten ihrem Höhepunkt zu, und am 24. Oktober 1951 brach die *Times* mit einem umfangreichen Leitartikel das Schweigen.
Das Blatt übte keine Kritik an Peter Townsend. Es beschrieb ihn als »tapferen Offizier, gegen den nichts einzuwenden sei, außer daß seine geschiedene Frau noch lebte«. Die Zeitung kritisierte auch nicht das öffentliche Interesse an der Liebe der Prinzessin zu dem Group Captain. »Die innere Anteilnahme der Bevölkerung an den jüngsten Ereignissen ist an sich eine völlig gesunde Reaktion... Sie ist Zeichen einer echten Zuneigung zur königlichen Familie, die diese auch wirklich verdient und die eine wesentliche Gewähr für die Stabilität des Vereinigten Königreichs und des Commonwealth bildet.«
Interessanterweise überging der Artikel die Stellung der Königin als Oberhaupt der Kirche und meinte, dieser Umstand »sei nur für den südlichen Teil des Vereinigten Königreichs von Bedeutung, in dem die anglikanische Kirche zu Hause sei«. Dies bedeute, meinte die *Times*, für die überwältigende Mehrheit der Menschen im ganzen Commonwealth nur wenig.
Aber, und hier lag der Hase im Pfeffer, die überwältigende Mehrheit des Commonwealth machte sich durchaus Gedanken darüber, ob Prinzessin Margaret nun Peter Townsend heiraten würde oder nicht, und zwar aus höchst bedeutsamen Gründen. Ob sie es wollte oder nicht, Prinzessin Margaret war nun einmal die Schwester der Königin, »in der die Menschen ein Spiegelbild ihres besseren Selbst erblicken. Und da das Familienleben zu ihren Idealen gehört, spielt auch die Familie der Königin in dieser Angelegenheit eine entscheidende Rolle. Falls die Eheschließung, über die jetzt so viel geredet wird, zustande kommt, ist es unvermeidlich, daß sich dieses Image verzerrt. Die Prinzessin will eine Verbindung eingehen, die in den Augen zahlreicher Untertanen ihrer Schwester, die alle nur ihr Glück wollen, mit gutem Gewissen nicht als eine Ehe angesehen werden kann.«
»Aus der Logik dieser Situation gibt es kein Entrinnen«, hieß es im Leitartikel weiter. »Wenn die Prinzessin schließlich, nach reiflichem Überlegen, zu dem Schluß kommen sollte, daß sie nicht in der Lage ist, dieses Opfer zu bringen... dann hat sie ein Recht darauf, sich einer Last zu entledigen, die zu schwer für sie ist.« Aber, meinte die *Times*, dies wäre ein Schlag gegen alle Grundsätze, die die königliche Familie bisher hochgehalten habe. Die Zei-

tung fuhr gefühlsbetont fort: »Der Königin würde unser tiefstes Mitgefühl gehören, denn sie würde noch einsamer in ihrem unwandelbaren Dienst an der Gemeinschaft dastehen, wo sie die Unterstützung gerade ihrer nächsten Familienangehörigen am dringendsten braucht.« Und zum Schluß hieß es scharf: »Welche Entscheidung Margaret auch treffen mag, ihre Landsleute werden ihr jedes nur mögliche Glück wünschen – dabei aber nicht vergessen, daß wahres Glück ein Zustand der Seele ist und nur im Gefühl erfüllter Pflicht erreicht werden kann.«

Dies war ein massiver Angriff. Und auch wenn der *Daily Mirror* am nächsten Tag zurückschlug und erklärte, die *Times* mache sich zum Sprecher »einer verstaubten Welt und eines vergessenen Zeitalters«, und durchblicken ließ, dem Herausgeber wäre wahrscheinlich nichts lieber, als daß die Prinzessin »eine der geistlosen Kreaturen heirate, mit denen sie in den vergangenen Jahren häufig gesehen worden ist«, wurde der Leitartikel vom 24. Oktober 1955 zu einem Wendepunkt. Daß die *Times* so reagieren würde, war vorauszusehen gewesen. Die eigentliche Bedeutung des Leitartikels lag jedoch darin, daß zum ersten Mal auf den wirklichen Ernst der Lage hingewiesen wurde. *Punch* hatte Karikaturen gebracht – »Klempner, Schneider, Soldat, Group Captain« –, und ein Kabarettist hatte sogar im BBC eine Nummer gebracht: »Heute haben sie wieder zusammen Tee getrunken.« Bis zur Stellungnahme der *Times* waren viele Menschen überzeugt gewesen, daß die Krise nur das Machwerk der Massenmedien sei. Auch wenn Prinzessin Margaret sich mit Peter Townsend traf – und die *Times* hatte häufig über seine Besuche im Clarence House berichtet –, so schien das vielen Leuten eine reine Privatangelegenheit zu sein, denn sie konnte doch nicht ernsthaft eine Ehe in Erwägung ziehen, durch die sie in Konflikte mit der Lehre der Kirche und der traditionellen Einstellung des Hofes zum Ehegelübde geraten würde. Jetzt jedoch wurde offenkundig, daß sie gerade dieses beabsichtigte. Der Vorsitzende der Methodistenkonferenz, Dr. Leslie Weatherhead, hielt die Zeit für gekommen, sich im Namen der Kirche zu äußern. »Prinzessin Margaret und Group Captain Townsend sind zwei junge Menschen, die sich lieben«, erklärte er. Aber auch wenn die Prinzessin auf ihr Einkommen und die Thronfolge verzichten sollte, so »macht es ihr Beispiel für viele Menschen nicht leichter, das Ideal einer christlichen Ehe in einem Lande hochzuhalten, in dem man die Scheidung bereits auf die leichte Schulter nimmt, Familien leichtfertig zerstört werden und Kinder gedankenlos der sicheren Heimat zweier in Liebe verbundener Elternteile beraubt werden – eine Sicherheit, die mit Gewißheit zu Gottes Plan gehört«.

Als sich der Augenblick der Entscheidung näherte, stand Margaret in Kontakt mit ihrer Schwester. Einige behaupteten, die Königin sei wütend auf die

Prinzessin gewesen, aber hierfür gab es keinen Beweis. Elisabeth II. wußte vielmehr nicht, was sie tun sollte. Sie besaß gewisse Befugnisse, sich über die Entscheidungen ihrer Regierung hinwegzusetzen. Aber niemand war der Meinung, daß sie die königliche Prärogative in diesem Fall aufs Spiel setzen sollte. Die Königin hatte sich entschlossen, ihrer Schwester nicht im Wege zu stehen, aber andererseits besaß sie auch nicht die Macht, Margaret ihren Willen aufzuzwingen. Sie konnte lediglich auf die verschiedenen Möglichkeiten hinweisen und es Margaret überlassen, wozu sie sich entscheiden wollte. Sie konnte darauf bestehen, daß diese Entscheidung schnell fallen mußte, denn die Kontroverse in der Öffentlichkeit war bereits vierzehn Tage im Gange.

Am Mittwochabend, dem 26. Oktober 1955, sprachen Prinzessin Margaret und Peter Townsend anderthalb Stunden im Clarence House miteinander. Beiden war bewußt, daß sie jetzt lange genug die Bereitschaft der Königin strapaziert hatten und zu einer Entscheidung kommen mußten. Gewiß war auch ein Druck auf sie ausgeübt worden, aber das lag in der Natur der Sache. Und gerade wegen der Situation, die sich ergeben hatte, kam Prinzessin Margaret zu dem Entschluß, daß sie Peter Townsend doch nicht heiraten könne. Sie sagte es sogleich ihrer Mutter und gleich anschließend auch ihrer Schwester. Sie habe diesen Entschluß freiwillig gefaßt. Ihre einzigen Bedingungen, die sie an den Verzicht auf die Heirat knüpfte, seien, daß sie jederzeit Townsend wiedersehen könne, wenn sie es wünschte, und daß sie eine öffentliche Erklärung abgeben dürfe, in der sie auseinandersetzen möchte, warum es ihr unmöglich gewesen sei, den Mann ihrer Wahl zu heiraten.

Am nächsten Tag suchte sie den Erzbischof von Canterbury auf, um ihm ihren Entschluß mitzuteilen. Die Szene spielte sich in der blühenden Phantasie eines Randolph Churchill wie folgt ab. »Der Erzbischof«, schrieb Churchill, »glaubte, sie sei gekommen, um seinen Rat einzuholen. Deshalb hatte er alle seine Bücher mit sorgfältigen Einmerkungen versehen und um sich herum ausgebreitet. Als Prinzessin Margaret eintrat, sagte sie – und die Worte sind einer Königin Elisabeth I. würdig: »Exzellenz, Sie können Ihre Bücher weglegen. Ich habe mich bereits entschlossen.«

Dr. Fisher war in der Tat überrascht, daß die Entscheidung der Prinzessin bereits gefallen war, und freute sich, daß sie den Weg der Pflicht beschritten hatte. Noch überraschter war er jedoch, als er Mr. Churchills Bericht über die entscheidende Begegnung las, denn er hatte, wie er später seinem Biographen, William Purcell, sagte, »überhaupt keine Bücher herumliegen. Die Prinzessin kam, und ich empfing sie in meinem eigenen Arbeitszimmer, wie ich es bei jedem anderen Besucher getan hätte. Sie hat nicht gesagt: ›Sie können die Bücher weglegen‹, denn da waren gar keine Bücher, die ich hätte weglegen können.«

Prinzessin Margarets Erklärung wurde am Montag, dem 31. Oktober 1955, veröffentlicht. »Ich möchte hiermit bekanntgeben, daß ich mich entschlossen habe, Group Captain Peter Townsend nicht zu heiraten«, sagte sie. »Es ist mir klar, daß ich, nach Verzicht auf meine Rechte in der Thronfolge, eine Zivilehe hätte eingehen können. Aber eingedenk der kirchlichen Lehre, daß die Ehe unauflösbar sei, und eingedenk meiner Pflichten gegenüber dem Commonwealth, habe ich diese Rücksichten an die erste Stelle gesetzt.
Ich bin ganz allein zu diesem Entschluß gekommen und bin darin bestärkt worden durch die unerschütterliche Zuneigung von Group Captain Peter Townsend. Ich danke aus tiefstem Herzen all denjenigen, die mein Glück in ihre Gebete eingeschlossen haben. Margaret.«
Die BBC unterbrach ihr Programm, um die Erklärung zu verlesen. »Dies ist ein großes, persönliches Opfer«, schrieb Harold Nicolson in seinem Tagebuch, »und unser Land wird sie deswegen um so mehr lieben und bewundern. Ich bin gerührt.« Die meisten Leitartikel des 1. November 1955 lagen auf der gleichen Linie. »Alle Völker des Commonwealth werden ihr dafür dankbar sein, daß sie den selbstlosen, einer Prinzessin würdigen Weg gewählt hat, was sie im stillen auch erwartet haben«, erklärte die *Times*.
Aber der *Daily Mirror* wollte nicht mit in die Bravorufe einstimmen, und der *Manchester Guardian* prophezeite, daß ihr Entschluß, der offensichtlich unter sanftem Druck zustande gekommen sei, von der Masse des Volkes für unnötig und vielleicht sogar für falsch gehalten werden wird. »Auf lange Sicht«, erklärte das Blatt, »wird diese Lösung gewiß nicht das Ansehen derjenigen erhöhen, die am hartnäckigsten der Prinzessin dieselbe Freiheit abgesprochen haben, deren sich alle ihre Mitbürger erfreuen.«
Was hat Prinzessin Margaret bewogen, dieses Opfer zu bringen? Man hat häufig Parallelen gezogen mit der Abdankung von 1936. Aber Prinzessin Margaret war nicht der Souverän. Es bestand auch wenig Wahrscheinlichkeit, daß sie jemals den Thron besteigen würde. Andererseits besaß Peter Townsend Qualitäten, die bei der Bevölkerung von Großbritannien und dem Commonwealth mehr Anklang fanden als die einer Wallis Simpson. Wie Eduard VIII. hatte auch Prinzessin Margaret ihre Fehler, und ebenso wie ihr Onkel wollte sie für sich selbst nur dasselbe Glück, das man allen übrigen Menschen zubilligt.
Was stand ihr im Weg? Im Jahr 1936 munkelte man, es habe eine Kabale gegeben, die sich verschworen habe, Eduard VIII. zu stürzen. Im Jahr 1955 hatte eine solche Interpretation noch weniger Glaubwürdigkeit für sich als damals bei der Abdankung. Die königliche Familie mußte in einer sich wandelnden Welt natürlich für die Aufrechterhaltung bestimmter Werte eintreten, aber wer über diese Werte entschied, war nicht klar. Vertreter der Kir-

che, Politiker und die Massenmedien haben 1955 alle eine gewisse Rolle gespielt, aber diese rührte in keinem Falle an die Wurzel der gesellschaftlichen Kräfte, die aus einer etwas komplizierten Liebesaffäre eine Frage von nationaler Bedeutung gemacht hatten. Wenn sich Elisabeth II. mit der feindseligen Einstellung, die diese Kräfte an den Tag legten, identifiziert hätte, wäre sie vielleicht zum Schmied eines moralischen Konsensus auf nationaler Ebene geworden. Aber sie hatte eine weniger kritische Haltung eingenommen und gehofft, ihre Schwester könne trotz allem noch etwas Glück aus der Situation für sich retten – und diese Hoffnung hat sich für die Königin ebensowenig erfüllt wie für die Prinzessin.

Königin Elisabeth und Prinz Philip bei der Flaggenparade – der offiziellen Geburtstagsparade der Königin.

Königin Elisabeth bei der Arbeit im Buckingham Palace. Neben ihr einer ihrer Corgis.

Acht Jahre nach dem Skandal: Königin Elisabeth mit John Profumo.

Königliche Prärogative

Elisabeth II. hat sich konsequent bemüht, nicht in politische Auseinandersetzungen hineingezogen zu werden. Von Sir Henry Marten lernte sie Bagehots historische Definition der Rolle, die der Monarch gegenüber dem Premierminister zu spielen habe – konsultiert zu werden, zu ermuntern und (gelegentlich) zu warnen –, und sie hat nie die Neigung verspürt, dieses dreifache Recht auf andere Bereiche auszudehnen. Getreu dem Vorbild ihres Großvaters hat sie sich stets mit besonderer Hingabe dem im wesentlichen symbolischen Studium der Akten in den »Koffern« gewidmet (»konsultiert zu werden«). Sie erkannte aus der engen persönlichen Beziehung ihres Vaters zu Churchill während des Krieges die Wichtigkeit, einen oft in Bedrängnis geratenden Premierminister zu unterstützen (»zu ermuntern«). Und dem gelegentlichen Murren von Politikern ist zu entnehmen, daß sie auch ab und zu von ihrem Recht Gebrauch macht, vor den Gefahren einer von der Regierung beabsichtigten Politik zu warnen. Hierbei hat sie sich sogar manchmal, wenn das Für und Wider ausgeglichen war, durch die Überzeugungskraft ihrer Argumente durchgesetzt.

Im Jahrzehnt nach Winston Churchills Rücktritt im Jahr 1955 sah sich Elisabeth II. auf eine Art und Weise in die politischen Auseinandersetzungen hineingezogen, die weder sie noch irgend jemand anderer hatte voraussehen können. Einige Beobachter sahen darin eine verhängnisvolle Überschreitung der königlichen Prärogative. In Wirklichkeit trat dabei aber eher die scheue Zurückhaltung einer Frau zutage, die durch ihre Erziehung besser auf ihre repräsentativen als auf irgendwelche exekutiven Aufgaben vorbereitet worden war. Ihre Eltern hatten sie nicht in der Wahl von Premierministern ausgebildet, ganz im Gegenteil – und dies entsprach auch ihrer Veranlagung. Als ihr ein Kabinettsminister einmal den Vorschlag machte, Prinz Charles möge einige Zeit im Foreign Office tätig sein, lehnte sie ab. Die Diplomatie, meinte sie, sei eine Beschäftigung, die »für Angehörige des Königshauses zu politisch« sei.

Das eigentliche Problem lag in der Tatsache, daß die Konservative Partei über keinen Mechanismus zur Wahl ihres Führers verfügte. »Emergence« (ein automatisches Zutagetreten), wodurch man sich auf fast geheimnisvolle Weise auf den richtigen Mann für diesen Posten einigte, war ein Prozeß, der

bis zur Thronbesteigung Elisabeths II. und auch noch in den ersten Jahren ihrer Regierungszeit gut funktioniert hatte, denn Anthony Eden war 1955 der erklärte Nachfolger Churchills. Doch die Notlösungen, die die Königin im Juni 1953 zu prüfen hatte, zeigten die Schwäche des Systems. Wäre Churchill zum damaligen Zeitpunkt gestorben, hätte es bei der Ernennung von Salisbury oder Butler zum Führer eines Übergangskabinetts – oder wegen der Entscheidung, ob überhaupt eine Übergangsregierung berufen werden sollte – unweigerlich Kontroversen gegeben. Verfassungsrechtlich bestand kaum ein Grund, warum die Krone in die Sache hineingezogen werden sollte – und es gibt mehrere überzeugende Argumente, warum sich die Krone nicht mit irgendeiner bestimmten Persönlichkeit identifizieren und sich dadurch der Gefahr aussetzen sollte, durch die unvermeidlichen parteiinternen Kämpfe an Ansehen zu verlieren. Besser wäre es, am Ende der Auseinandersetzung dem Sieger den Lorbeerkranz zu überreichen, als für den einen oder anderen der Gladiatoren Partei zu ergreifen. Hätte Churchill im Juni 1953 eine Koalitionsregierung gebildet oder hätte sich die Partei gespalten, wie es 1940 bei den Konservativen oder 1931 bei den Sozialisten geschah, dann wäre ein außenstehender Unparteiischer vonnöten gewesen, der eine Lösung hätte vorschlagen müssen, über die das Parlament hätte befinden können. Aber die Konservativen verfügten im Parlament über die absolute Mehrheit. Als politisches Instrument mußte die Partei einen Führer wählen, der das Vertrauen der ganzen Partei und ihrer Wählerschaft besaß.
Das Eingreifen der Königin in einer solchen Situation hätte vom Standpunkt der siebziger Jahre aus gesehen, wo sich alle größeren britischen Parteien ihre eigenen Führerpersönlichkeiten selbst wählen, als ein Verzicht auf politische Verantwortung und Unabhängigkeit interpretiert werden können. Aber in den fünfziger Jahren wurden alle Vorschläge, die Konservative Partei solle auf demokratischem Wege zu einem Entschluß kommen, wie es in der Labour Party schon immer üblich war, als würdelos, sozialistisch und an Demagogie grenzend abgelehnt. »Emergence«, ein undefinierter Prozeß, bei dem undefinierte Persönlichkeiten undefinierte Sondierungen bei undefinierten Gruppierungen innerhalb der Partei vornahmen, wurde beibehalten. Und weil dieser Vorgang zweimal, 1957 und 1963, notwendig wurde, um die in der Partei vorherrschende Meinung auszuloten, wurde Elisabeth II. unmittelbar in den politischen Zwist hineingezogen – und ging genau so wenig ungeschoren aus ihm hervor wie andere Beteiligte.
Ursache für die Auseinandersetzungen im Jahr 1957 war die Suez-Krise. Ende Juli 1956 befand sich die Königin bei den Rennen in Goodwood. Dort legte man ihr in der Loge des Herzogs von Richmond den Text einer Proklamation für die Einberufung der Reservisten vor. Sie unterzeichnete das

Schriftstück am nächsten Tag auf einer Sitzung des Kronrats, der eiligst nach Arundel Castle, dem Schloß des Herzogs von Norfolk, einberufen worden war, wo sie während der Rennen wohnte. England stand für den Krieg mit Ägypten Gewehr bei Fuß.

Am 27. Juli 1956 hatte Oberst Nasser als Vergeltung für die amerikanische Weigerung, den Bau des Assuandamms zu finanzieren, den Suezkanal verstaatlicht. In Großbritannien wurde dieser Schritt, wie die *Times* es ausdrückte, als »ein Akt internationalen Banditentums« mit großer Empörung aufgenommen. Die Hälfte des im Vereinigten Königreich verbrauchten Öls wurde durch den Kanal verschifft, und es schien mit Anthony Edens Worten unerträglich, daß ein Mann wie Nasser »uns jederzeit den Hahn abdrehen kann«. Die Entrüstung ging quer durch das gesamte politische Spektrum. »Das Ganze ist wirklich nichts Neues«, sagte Hugh Gaitskell, der erst vor kurzem als Nachfolger Attlees zum Führer der Labour Party gewählt worden war. »Es ist genau dieselbe Lage, in der wir uns in den Jahren vor dem Krieg mit Hitler und Mussolini befanden.« Und dies wurde zur allgemeinen Sprachregelung. »Die Zeit für eine Verständigung um jeden Preis ist vorbei«, mahnte die *Daily Mail*. »Wir müssen Nasser ein ›Halt!‹ zurufen, wie wir es auch bei Hitler hätten tun sollen.«

Israel und Frankreich fühlten sich durch Nassers Vorgehen in gleicher Weise bedroht, und so wurde ein Vergeltungsplan geschmiedet: Israel würde in Ägypten einmarschieren, und Großbritannien und Frankreich würden dann als ehrliche Makler »intervenieren«, um die Kämpfenden zu trennen.

Aber hier ergibt sich bereits das erste Fragezeichen. Es steht nämlich nicht genau fest, ob Anthony Eden die Königin im voraus über alle Einzelheiten dieses Handstreichs unterrichtet haben kann, der von den meisten Außenstehenden als eine Verschwörung angesehen worden sein muß, um unter dem Deckmantel einer selbstlosen Intervention Rache zu üben. Unmittelbar danach schien Elisabeth II. bei Freunden und Verwandten sichtlich überrascht gewesen zu sein, was im Laufe des Oktober und November 1956 alles in ihrem Namen geschehen war. Diese Überraschung wurde auch von anderen geteilt. Der britische Botschafter in Kairo, Humphrey Trevelyan, erfuhr von der Intervention erst in dem Augenblick, als ihm gemeldet wurde, Bomben fielen auf Ägypten – britische Bomben –, während Gladwyn Jebb, der britische Botschafter in Paris, keineswegs aus London erfuhr, daß Frankreich in Suez einmarschiere, und zwar gemeinsam mit dem Land, das er zu repräsentieren hatte. Die entscheidenden Verhandlungen mit Frankreich und Israel hatten notwendigerweise unter strikter Geheimhaltung geführt werden müssen. Die entscheidende Besprechung fand in aller Stille in einer Villa in einem Vorort von Paris statt, und Selwyn Lloyd, Edens Außenminister, hat seine

Teilnahme an dieser Besprechung lange Zeit geleugnet, trotz anderslautender Aussagen der teilnehmenden französischen und israelischen Minister – die Königin kann nichts davon gewußt haben, da ihre Hauptinformationsquelle die Telegramme des Außenministeriums sind. Es lag in der Natur des Präventivschlags, daß diese Telegramme einen irreführenden Eindruck vermitteln mußten. Deshalb mußte Königin Elisabeth II. entweder die strategische Täuschung der Außenwelt – einschließlich Amerikas – mitmachen, oder sie wurde wie alle anderen »hereingelegt«. Viele Geheimnisse, die mit der Suezaktion verbunden waren, sind inzwischen enthüllt worden, aber dieses bleibt bestehen.

Im Gespräch mit dem Verfasser sagte Sir Anthony Eden, der spätere Lord Avon, im April 1976 zum Thema Suez, daß die Königin »wohl gewußt hat, was wir vorhatten«. Dieser Satz läßt freilich verschiedene Deutungen zu. Avon betonte, sie habe die Operation keineswegs mißbilligt, aber »ich möchte andererseits auch nicht behaupten, daß sie pro-Suez gewesen sei«. Ihre Haltung sei, soweit er sich erinnern könne, absolut verfassungsgemäß und unparteiisch gewesen, und es wäre ganz und gar ungehörig, wenn er mehr darüber sagte.

Dies räumt jedoch nicht den Verdacht eines seiner Kabinettskollegen aus, daß Eden der Königin eine überarbeitete Version seiner Verhandlungen mit den Franzosen vorgelegt habe – und auch dies erst nach den Ereignissen. Es war innerhalb des Rahmens einer normalen Audienz, wie sie am Dienstagnachmittag stattfanden, kaum möglich, das Hin und Her, das schließlich zum Einmarsch in Ägypten führte, genauer als nur in groben Umrissen darzustellen. Und wenn sich auch Edens damaliger Privatsekretär, Sir Frederick Bishop, zu erinnern glaubt, daß die Audienzen während der fünf Monate nach Nassers Verstaatlichung der Suezkanalgesellschaft »mindestens ebenso lang, wenn nicht gelegentlich wesentlich länger als sonst üblich« gewesen seien, sind im Hofkalender für den entscheidenden Monat Oktober 1956 nur zwei Zusammenkünfte zwischen Königin und Premierminister verzeichnet. Falls einige nicht erwähnt sein sollten, so mag dies nicht absichtlich geschehen sein, aber es war kaum möglich, daß Eden der Königin die ganze komplexe Geschichte in diesem begrenzten Rahmen vorgetragen haben könnte, schon deshalb nicht, weil er im Herbst 1956 die übermenschlichen Anstrengungen praktisch ganz allein zu tragen hatte und wegen seiner ohnehin anfälligen Gesundheit einen völligen Zusammenbruch befürchten mußte.

Der Zusammenbruch kam vierzehn Tage nach Englands Einmarsch in die Kanalzone. Die Operation wurde schon knapp einen Tag nach Beginn der Aktion durch die amerikanische Weigerung zum Stehen gebracht, das Pfund gegen die Spekulationen zu schützen, die es in Gefahr brachten, als die Nachricht von der englischen Handlungsweise bekannt wurde. Anthony Eden hatte sich von der Gallenoperation 1953 nie ganz erholt. Unter dem Druck der Ereignisse flammten die alten Beschwerden wieder auf. Sein Arzt erklärte, wenn er nicht sofort eine Ruhepause einlegte, sei ein Zusammenbruch unvermeidlich; am 23. November 1956 flog Eden daher zur Erholung nach Jamaika. Er wohnte im Goldeneye bei seinem Freund Ian Fleming, dem Verfasser der James-Bond-Romane – obwohl nichts James-Bond-Artiges in der Art und Weise zu entdecken war, wie sich der Premierminister mit seiner Regierung in London in Verbindung setzte. Die Königin und das Kabinett konnten ihn nur telegraphisch über den britischen Gouverneur von Jamaika erreichen. Dieser mußte dann einen Boten über schlechte Landstraßen bis zu Flemings Villa schicken und auf dessen Rückkehr warten.

Eden wurde während seiner Abwesenheit, wie auch schon 1953, von R. A. Butler vertreten. Man war lange der Ansicht, daß er eines Tages Edens Nachfolger werden würde. Er war fünf Jahre jünger als der Premierminister und acht Jahre jünger als Harold Macmillan, der bereits Anfang sechzig war und bis zu seinem energischen Eintreten für das Suezabenteuer nicht als ernsthafter Bewerber für die Führung der Konservativen Partei gegolten hatte. Aber außerhalb des Kabinetts hatte Butler Zweifel über das Unternehmen geäußert. Bestimmte Beobachter gewannen den Eindruck, er hielte die Anwendung von Gewalt für ziemlich lächerlich; dadurch seien einige seiner draufgängerischen Kollegen ein wenig aus dem Gleichgewicht geraten. Seine Haltung wäre weniger zweideutig gewesen, wenn er den Mut gehabt hätte, seine Argumente im Kabinett zur Sprache zu bringen. Dies hat ihm der rechte Flügel der Konservativen nie verziehen.

In Großbritannien machte man sich in den Wochen nach Suez bittere Selbstvorwürfe. Der Herzog von Edinburgh war zu der Zeit außer Landes. Er eröffnete die Olympischen Spiele in Australien und sollte dann auf der königlichen Jacht eine längere Rundreise durch die südliche Hemisphäre antreten. Es sei ganz gut, meinte seine Gemahlin leichthin zu einem Familienmitglied, daß er jetzt nicht zu Hause sei. Er wäre wahrscheinlich unausstehlich gewesen.

Eden sah fit und braungebrannt aus, als er am 14. Dezember 1956 aus Jamaika zurückkam. Aber die Fieberanfälle, die ihm seit der Operation zu schaffen gemacht hatten, verschlimmerten sich. Anfang Januar 1957, knapp einen Monat nach seiner Rückkehr, hatte er die entscheidende Aussprache mit seinem Arzt. Es war vom ärztlichen Standpunkt aus nicht mehr realistisch anzunehmen, daß er durch eine kurze Ruhepause wieder zu Kräften kommen könne; auch konnte er sich eine längere Abwesenheit politisch nicht mehr leisten.

Elisabeth II. hielt sich in Sandringham auf und erholte sich ihrerseits von den Belastungen der vergangenen Monate. Die plötzliche Feuereinstellung und der anschließende Rückzug hatten sie in ihrem Stolz verletzt. Sie stand ihrer Aufgabe und ihrem Lande loyal gegenüber. Sie empfand aber auch, daß sie sich sehr mit dem Wohl und dem Ruf ihrer Nation identifizierte. Es war eine Art mystische Personifizierung mit der ganzen Nation, die auch Elisabeth I. empfunden hatte, als die spanische Armada 1588 den Ärmelkanal hinaufsegelte.

Am 8. Januar 1957 traf Eden in Sandringham ein, um der Königin das Urteil seines Arztes mitzuteilen. Am Tag darauf fuhr sie nach London, um seinen Rücktritt entgegenzunehmen. Man hat behauptet, er habe ihr bezüglich seines Nachfolgers keinen Vorschlag unterbreitet, sie habe aber darum gebeten und sei dann seinem Vorschlag gefolgt, daß Lord Salisbury beauftragt werden solle, unter den Kabinettsmitgliedern inoffizielle Sondierungen vorzunehmen.

»Sie waren alle bestürzt«, erinnerte sich Macmillan. »Eden sprach kurz und mit großer Würde. Die Entscheidung der Ärzte sei unwiderruflich. Er müsse zurücktreten. Salisbury sprach – tief bewegt, fast unter Tränen – von ihrer langen Freundschaft. Butler sprach als nächster – der Situation angemessen. Ich sagte ein paar Worte – dann war alles vorbei.«

Macmillan verließ den Sitzungssaal des Kabinetts und begab sich durch den kleinen Verbindungsgang, der den Amtssitz des Premierministers mit dem des Schatzkanzlers verbindet, nach Downing Street 11. Kurz darauf ging auch Butler. Die übrigen Kabinettsminister mußten jetzt entscheiden, wen sie als Edens Nachfolger haben wollten. Lord Salisbury übernahm die ihm zugewiesene Rolle und begann gemeinsam mit Lord Kilmuir, dem Lordkanzler, die Minister der Reihe nach zu befragen. Selwyn Lloyd, der Außenminister, erhob Einwände dagegen, daß diese Befragung von zwei Peers vorgenommen werde. Seine Bedenken wurden jedoch von niemandem geteilt. Salisbury und Kilmuir handelten im Auftrag der Königin. Sie hatten die beiden höchsten Posten im Kabinett inne – den des Präsidenten des Geheimen Staatsrates und den des Lordkanzlers. Sie galten allgemein nach Churchill als die angesehensten älteren Staatsmänner der Konservativen Partei und wurden in dieser Rolle gerade deshalb akzeptiert, weil sie keine Ansprüche auf die Führung der Partei erhoben.

Die beiden Peers begaben sich in Lord Salisburys Zimmer in den Geschäftsräumen des Kronrats, wo die Kabinettsminister, einer nach dem anderen, vor ihnen erschienen – eine Szene, die Lord Kilmuir sehr anschaulich geschildert hat.

»Es fiel sofort das erlösende Wort, denn jeder meinte beim Eintreten gleich:

›Dies ist ja so, als ob man zum Schuldirektor gerufen wird‹, worauf Bobbety (Salisbury) jedesmal sagte: ›Na, was ist – Wab oder Hawold?‹«[1]
Nach Kilmuir sprach sich die »überwältigende Mehrheit« für Harold aus. Die gleiche Einstellung vertrat Oliver Poole, der Vorsitzende der Konservativen Partei, sowie deren Fraktionsvorsitzender Edward Heath. Er war in den letzten Wochen unermüdlich tätig gewesen, um seine Partei geschlossen zur Unterstützung der Regierung zusammenzuhalten, und hatte aus erster Hand eine gewisse Abneigung gespürt, die vom rechten Flügel der Partei, die unter dem Namen Suezgruppe lief, gegenüber Butler zum Ausdruck gebracht wurde. Und als Major John Morrison, Vorsitzender des Komitees 1922[2], telephonisch konsultiert wurde, bestätigte er, daß eine Wahl Butlers die Einheit der Partei schwer belasten würde.
Lord Butler pflichtet heute dieser Lagebeurteilung bei. »Gerade in dem Augenblick, in dem ein neuer Regierungschef gesucht wurde, war ich irgendwie suspekt«, sagte er im Mai 1976 in einem Gespräch mit dem Verfasser. »Es besteht kein Zweifel, daß das Kabinett mit Mehrheit für Macmillan stimmte. So schwer war die Wahl gar nicht.« Oder wie der politische Korrespondent der *Times* damals schrieb: »Der Eindruck hat sich verstärkt, daß die Gegner Butlers, falls dieser Premierminister geworden wäre, mit größerer Wahrscheinlichkeit Unruhe gestiftet hätten als die kleinere Anzahl der Konservativen, die sich vielleicht der Ernennung Macmillans widersetzt haben.«
Aber im Januar 1957 war so viel Verständnis für die konservative Psychologie eine Ausnahme. Sobald Edens Rücktritt bekannt wurde, nahm man außerhalb des Parlaments allgemein an, daß Butler die Nachfolge antreten würde. Die Presse förderte diesen Eindruck noch. Seine Unentschlossenheit – ein schwerer Nachteil in den Augen mehrerer Kabinettskollegen – war draußen wenig bekannt. Dagegen galt Harold Macmillan als antiquiert. Daß sich hinter seiner zur Schau gestellten Schläfrigkeit ein erhebliches Maß an Agilität und Wendigkeit verbarg, wurde übersehen. Die Morgenzeitungen von Donnerstag, dem 10. Januar 1957, erklärten übereinstimmend – mit Ausnahme der *Times*, die sich nicht festlegte –, daß R. A. Butler in den Buckingham Palace gerufen und mit der Regierungsbildung beauftragt werden würde.
Um elf Uhr desselben Vormittags fuhr Lord Salisbury ins Schloß, um der Königin das Ergebnis seiner Sondierungen im Kabinett, beim Parteivorsitzen-

[1] Anm. d. Ü.: Die undeutlich ausgesprochenen Vornamen von Butler und Macmillan, Rab und Harold.
[2] So genannt nach dem Jahr seiner Gründung. In der Praxis die Gesamtheit aller konservativen Unterhausabgeordneten, die nicht der Regierung oder dem Schattenkabinett angehören.

den, dem Fraktionsvorsitzenden und dem Vorsitzenden des Komitees 1922 mitzuteilen. Ihr Privatsekretär, Lascelles' früherer Stellvertreter, Sir Michael Adeane, setzte sich mit zwei einflußreichen konservativen Peers, den Lords Chandos und Waverley, sowie mit Winston Churchill in Verbindung, die auf Wunsch der Königin im Buckingham Palace erschienen.

Nach der Krise stellte Butler an Churchill die Frage, was für einen Rat er der Königin gegeben habe. »Tja, Sie alter Esel«, antwortete Churchill, »Sie sind gar nicht so übel. Sie haben sich um mich gekümmert, als ich krank war. Aber ich habe ihr geraten, den Älteren zu nehmen. Harold ist zehn Jahre älter als Sie.«

Inzwischen erwartete Macmillan (in Wirklichkeit nur acht Jahre älter als Butler) im Amtssitz des Schatzkanzlers, Downing Street 11, die Entscheidung. »Ich verbrachte den Vormittag unten im Salon, wo ich das Bild von Mr. Gladstone wieder hatte aufhängen lassen. Ich las *Pride and Prejudice* – eine sehr beruhigende Lektüre. Gegen Mittag rief Sir Michael Adeane an und bat mich, um zwei Uhr im Buckingham Palace zu erscheinen. Die Entscheidung war also gefallen.«

Überraschung und Betroffenheit herrschten allenthalben. Man erging sich in dunklen Andeutungen, warum die Königin diese unerwartete Wahl getroffen habe. Sie habe sich, munkelte man, von Bobbety, dem alten Freund ihrer Eltern, um den Finger wickeln lassen. Es handle sich um dieselben dunklen Machenschaften, wie sie zur Zeit der Cecils üblich waren. Man wies besonders darauf hin, daß sich gerade R. A. Butler im Jahr 1938 nach Salisburys Rücktritt bereit erklärt habe, dessen Posten zu übernehmen.

Hätte sie den Lordkanzler in den Buckingham Palace gerufen, wäre jedem klar gewesen, daß sie die Ansichten der Kabinettsmitglieder hatte feststellen lassen. Kilmuir bekleidete eines der höchsten Ämter, und Butler betrachtete ihn als Freund, dem er Vertrauen entgegenbrachte. Hätte sie Macmillan nach Beratung mit Kilmuir kommen lassen, wäre nicht so leicht der Verdacht aufgekommen, sie habe sich von den Machenschaften der alten Adelsfamilien, die Salisbury, ohne ein Hehl daraus zu machen, repräsentierte (Macmillan war mit einer Cavendish verheiratet), gängeln lassen. Hätte sie sich mit dem aus dem bürgerlichen Lager stammenden Teil der Konservativen, etwa mit Edward Heath, beraten, wäre ihre unparteiische Einstellung deutlicher zutage getreten. Sie hätte außerdem für alle sichtbar bewiesen, daß sie ihre Entscheidung aufgrund breit angelegter Sondierungsgespräche getroffen hatte.

So wie die Dinge lagen, mußte sich Elisabeth II. den Vorwurf der Günstlingswirtschaft gefallen lassen. Die Prärogative der Krone wurde, ob sie es wollte oder nicht, mit der Ablehnung Butlers in die politischen Auseinandersetzungen hineingezogen, und die Tatsache, daß es dem politisch klugen Macmillan als Premierminister gelang, seine Partei zu einem geschlossenen Block zu formen, der die Wahlen von 1959 mit großer Mehrheit gewann, versöhnte seine politischen Gegner keineswegs. Die Krone erlitt eine Einbuße, denn man identifizierte sie mit dem sogenannten »Establishment«, einer der Hühnerjagd frönenden und konservativ wählenden Oligarchie, die die alleinige Schuld an der nationalen Malaise trage – wie in den zahlreichen politischen Satiren, die aus der Ernüchterung nach Suez entstanden waren, immer wieder behauptet wurde.

Aber als politische Kraft war R. A. Butler noch keineswegs am Ende seiner Laufbahn. Harold Macmillans Regierungsstil, zu dem längere Auslandsreisen auf der Suche nach dem Weltfrieden im Sinne Churchills gehörten, führte dazu, daß Butler die Königin fast ebensooft wie in den Sommermonaten 1953 sah. Bei den Audienzen fiel ihm ihre bemerkenswerte Fähigkeit auf, sich nicht aus der Reserve locken zu lassen. Sie reagierte nie im Überschwang des Augenblicks. Sie wählte jedes Wort mit Vorbedacht. Sie äußerte nie ihre eigene Meinung schon zu Anfang des Gesprächs, sondern hörte sich zunächst aufmerksam alle seine Argumente an.

Harold Macmillan war von ihrer Sachkenntnis beeindruckt. »Ich war erstaunt«, schrieb er nach einem Amerikabesuch Anfang 1960 in sein Tagebuch, »wie genau Ihre Majestät im einzelnen über die Zusammenhänge im Bilde war, die in den verschiedenen Berichten und Telegrammen zum Ausdruck gekommen waren.« Weil er wußte, daß sich Königin Viktoria immer darüber beklagt hatte, daß Mr. Gladstone, wenn er ihr Vortrag hielt, »so redete, als halte er eine öffentliche Ansprache«, schickte er der Königin vor den Audienzen jeweils eine Liste der Punkte, die er zu erörtern wünschte, und er fühlte sich immer erleichtert, wenn er zum Sitzen aufgefordert wurde, denn »dies kam der Ungezwungenheit des Gesprächs« zugute.

Es gab keinerlei Förmlichkeiten. Michael Adeane sah es gern, wenn der Premierminister hinterher noch kurz in das Büro des Privatsekretärs kam, um ein paar Worte über die politische Lage mit ihm zu wechseln. Er traf ihn aber auch schon früher, wenn er den Premierminister nach oben führte, wo er in einem Vorraum wartete, bis der Oberstallmeister sein Kommen angekündigt hatte. In ein normales Tagesgewand gekleidet, begrüßte ihn die Königin lächelnd und sagte: »Bitte, nehmen Sie doch Platz.« Premierminister und Monarchin setzten sich dann hin und unterhielten sich eine halbe Stunde, oft auch länger. Am Schluß stand die Königin einfach auf und gab ihm die Hand. Macmillan war der erste Premierminister, mit dem sie zu einem richtigen Arbeitsverhältnis gelangen konnte. In den ersten Jahren nach der Thronbesteigung hatte sie sich noch nicht ganz sicher gefühlt. Churchill hatte sich großväterlich gegeben, Edens Amtszeit war kurz und durch Spannungen belastet gewesen. Die Ruhe, die von Macmillan ausging, tat ihr wohl, und die Gespräche mit ihm erweiterten ihren Erfahrungsschatz. Seine siebenjährige Amtszeit von 1957 bis 1963 war die längste ununterbrochene Zeitspanne, die sie mit einem ihrer Premierminister zusammenarbeiten konnte.[1] Die Tätigkeit nahm sie gefangen. »Da Eure Majestät ein so großes Interesse an dem Privatbrief bekundet haben, den Mr. Chruschtschow mir geschickt hat«, schrieb ihr Macmillan im April 1959, »werde ich eine Kopie anfertigen und übersenden lassen.«

Als Butler ihn vertrat, war er über die Vielzahl der Themen überrascht, für die sich die Königin interessierte. Sie schien vom Parlament fasziniert zu sein – wessen Stern war gerade im Steigen oder im Fallen? »Wie alle klugen Frauen interessierte sie sich für Persönlichkeiten.« Und abgesehen vom nationalen Interesse verfolgte sie mit Aufmerksamkeit, in welchem Maße die Regierung Rückschläge in Kauf nehmen mußte oder Boden wiedergutmachen konnte. Sie wußte den persönlichen Ehrgeiz als Triebfeder im politischen Leben voll zu würdigen und war fasziniert von der Art und Weise, wie mancher Politiker seinen eigenen Vorteil auf Kosten anderer wahrzunehmen wußte.

Auch Macmillan beobachtete die Neigung – ihr Interesse an den neuesten Geschichten, ihre Bereitschaft, allem auch eine komische Seite abzugewinnen. Er fand, daß dies in überraschendem Gegensatz zu dem feierlich-ernsten Gesicht stand, das sie meist in der Öffentlichkeit zeigte. Er machte im Gespräch mit einem Angehörigen der königlichen Familie eine diesbezügliche Bemerkung. Wie könnte man die Königin dazu bewegen, häufiger zu lächeln?

Als Elisabeth II. davon erfuhr, war sie erstaunt. Sie hatte immer angenommen, man erwarte von ihr, daß sie in der Öffentlichkeit einen ernsten Eindruck mache. Es war Tradition, auch ihr Vater und ihr Großvater hatten sich so der Welt präsentiert. Wie diese war sie Souverän und Verteidiger des Glaubens. Sie mußte einen würdevollen Eindruck machen. Es lag weder in ihrem Wesen noch in ihrer Funktion begründet, sich wie ein Filmstar beliebt zu machen. Und wenn man sich in der Geschichte umsieht, auch die Königinnen Viktoria, Anna, Elisabeth I. oder Mary Tudor waren nicht dafür bekannt gewesen, daß sie viel gelächelt hätten. Im Zeitalter des Fernsehens, wo

[1] Da Harold Wilson nach seinem Wahlsieg im Jahr 1974 zum vierten Mal Premierminister wurde, hatte er bei seinem Rücktritt im Jahr 1976 Macmillan in der Gesamtlänge seiner Amtszeit überflügelt – er war übrigens auch, was seiner Eitelkeit schmeichelte, länger im Amt als mancher der großen Premiers aus der viktorianischen Zeit. Aber in ununterbrochener Folge war Macmillan am längsten Premier gewesen.

man sich an allerlei Grimassen auf den Bildschirmen gewöhnt hatte, konnte feierlicher Ernst nur eine Tugend sein.

Harold Macmillan war unbewußt auf eine der zentralen Widersprüchlichkeiten bei Königin Elisabeth II. gestoßen. Mehr als es bei ihren Vorgängerinnen der Fall gewesen war, mußte sie ihre monarchische Funktion vor Kameras und Mikrophonen ausüben, und ihr Bild wurde von den Massenmedien über die ganze Welt verbreitet. Aber im Mittelpunkt dieser gewaltigen Theatermaschinerie stand eine Frau, die keine Schauspielerin sein wollte.

Ihr Gemahl kultivierte in der Öffentlichkeit eine Jovialität, die ihm den Ruf natürlicher Gelassenheit einbrachte. Ihre Mutter tat auf ihre Art das gleiche, indem sie eine Gesellschaft, in der Gleichmacherei, sexuelle Emanzipation und Rassenvermischung gepredigt wurden, von ihrer Aufrichtigkeit überzeugte, wenn sie die modernen Formen des menschlichen Zusammenlebens nachsichtig belächelte. Aber Elisabeth II., die aufmerksamer zuzuhören verstand und sich gewissenhafter ihrer Umwelt anzupassen versuchte, konnte sich nicht dazu bereit finden, wie eine Schauspielerin aufzutreten. Sie weigerte sich, ihr angeborenes Darstellungstalent in ihren öffentlichen Reden zum Tragen zu bringen. Sinn für Humor und eine spontane Reaktionsfähigkeit waren durchaus vorhanden, wie ihre Minister feststellen konnten. Aber sie hatte das Gefühl, Verrat an ihrem Wesen zu üben, wenn sie sich – bildlich gesprochen – auf die Theaterbühne stellte.

R. A. Butler fiel auf, daß sie sich stets wie eine normale Frau benahm. Sie erkundigte sich nach Preisen und war Anfang der sechziger Jahre über die hohe Inflationsrate tief besorgt. Bei jemandem, der nicht selbst zum Einkaufen ging, kam ihm dies höchst merkwürdig vor. Die Finanzbeamten des königlichen Haushalts hätten ihm sagen können, daß Elisabeth II. in mancher Beziehung ebenso zur Sparsamkeit neigte wie ihre Großmutter, Königin Mary. Ihr Wesen strahlte so viel Mütterlichkeit aus, daß Macmillan trotz des Altersunterschieds das Gefühl hatte, er könne ihr manchmal sein Herz ausschütten. So schrieb er ihr nach dem Fehlschlag der Pariser Gipfelkonferenz vom Mai 1960: »Ich kann nicht den Schock und die Enttäuschung verheimlichen, die ich empfinde.« Er hatte gerade den Aufruhr miterlebt, den der Abschuß des amerikanischen Aufklärungsflugzeuges U-2 über der Sowjetunion verursacht hatte, und fand bei seiner Rückkehr »eine reizende und mitfühlende Botschaft der Königin« auf seinem Schreibtisch vor.

Aber sie konnte auch hart sein. Bei der Kabinettsumbildung im Herbst 1961 wollte Macmillan Iain Macleod zum Vorsitzenden der Konservativen Partei und Führer des Unterhauses machen. Und um R. A. Butler für den Verlust dieser bisher von ihm bekleideten Ämter zu entschädigen, überlegte sich Macmillan, ob er ihn nicht zum Stellvertretenden Premierminister ernennen sollte. Aber Elisabeth II. wollte diese Amtsbezeichnung nicht genehmigen. »Die Königin hat mit Recht darauf hingewiesen, daß es einen solchen Posten offiziell nicht gibt«, vermerkte Macmillan in seinem Tagebuch. »Ich darf mich nicht dem Vorwurf aussetzen, selbst meinen Nachfolger bestimmen zu wollen und dadurch die königliche Prärogative zu verletzen.«

Zwei Jahre darauf sollte dieser letzte Satz einen ironischen Beigeschmack erhalten, denn Macmillan hinterließ 1963 eine Nachfolgekrise, die um vieles komplizierter war als die damalige, während der er selbst zum Premierminister ernannt wurde – und wieder einmal war die königliche Prärogative zum Nachteil der Krone beteiligt. Die Profumo-Krise[1], die zum Sturz Macmillans führte, hätte freilich nicht so verheerende Folgen haben brauchen, wenn John Profumo, sein Kriegsminister, nicht ursprünglich die Unwahrheit über seine Beziehungen zu einem Callgirl gesagt hätte und wenn er nicht auch noch gerichtlich gegen Behauptungen vorgegangen wäre, die sich später als wahr herausstellten; freilich auch nicht, wenn sich Macmillan wenigstens einmal persönlich mit seinem Minister ausgesprochen hätte. Aber der Premierminister lehnte es ab, seinen auf Abwege geratenen Minister zu sehen, auch dann noch, als die Krise beigelegt war. Diese Haltung ärgerte das Kabinett, weil es auf dem Standpunkt stand, dadurch werde die ganze Regierung in Gefahr gebracht. Und die schlechte Figur, die Macmillan bei den hitzigen Parlamentsdebatten im Sommer 1963 machte, bestätigte die Auffassung vieler Minister, daß der alte Mann die Partei bei den Wahlen des nächsten Jahres, wo er über siebzig sein würde, nicht mehr führen könne.

Zu diesen Ministern gehörten vor allem zwei Peers: Quintin Hogg, Lord Hailsham, Präsident des Geheimen Staatsrats, der als Wahlmanager mit seiner überschäumenden Energie die Konservativen bei den Wahlen von 1959 zum Siege geführt hatte, und der vierzehnte Earl of Home, ein hagerer, stiller, in Eton erzogener Mann mit Vorliebe für Cricket, den Macmillan aus einer relativ unbedeutenden Tätigkeit im Commonwealth Office hervorgeholt und 1960 zum Außenminister gemacht hatte. Hailsham wollte im nächsten Wahlfeldzug wieder eine prominente Rolle übernehmen. Der pflichtbewußte und zurückhaltende Home besaß keinen persönlichen Ehrgeiz. Aber auch er

[1] Eine wenig bekannte Fußnote zur Profumo-Affäre ist folgende: Im Juni 1963 wurde im Buckingham Palace eine kleine Zeremonie vorbereitet, bei der der Kriegsminister offiziell und persönlich sein Amtssiegel der Königin hätte zurückgeben können, wie es beim Rücktritt eines Ministers üblich ist. Aber ein Protest des konservativen Abgeordneten John Cordle aus Bournemouth, eine derartige Audienz sei »ein Affront gegen das christliche Gewissen der Nation«, führte dazu, daß sich Profumo entschuldigte und sein Siegel durch Boten überbringen ließ. Elisabeth II. dankte Mr. Profumo schriftlich für die Arbeit, die er als Minister geleistet habe, und drückte ihr Bedauern über die unglücklichen Umstände aus, unter denen seine Laufbahn ein Ende gefunden habe.

war der Überzeugung, daß Macmillans Abgang im Interesse der Partei liege. Er stand auf dem Standpunkt, daß das Ausweichen des Premierministers vor Profumo nicht das Verhalten eines Gentleman gewesen sei.

In seinen Memoiren beschreibt Macmillan, wie er sich gegen den Druck zur Wehr setzte, der ihn zum Rücktritt zwingen sollte. In der Nacht vor der Kabinettssitzung, wo er sich dazu äußern wollte, am 7. Oktober 1963, heißt es da: »...sah ich mich außerstande, Wasser zu lassen, und empfand bei dem Versuch einen peinigenden Schmerz. Ich wurde von schrecklichen Krämpfen geschüttelt.« Während der Sitzung am nächsten Morgen hatte er immer noch Schmerzen, so daß er zweimal den Raum verlassen mußte. Noch am selben Abend waren seine Ärzte übereinstimmend der Auffassung, er müsse sofort wegen einer Entzündung der Prostatadrüse operiert werden, »die auf einen gutartigen oder bösartigen Tumor zurückzuführen sei«.[1] Er begab sich sofort ins Krankenhaus. In den langen Tagen, in denen er noch unter den Nachwirkungen der Operation – in seinen Memoiren geht er ausführlich auf alle ärztlichen Maßnahmen ein – zu leiden hatte, beschloß der Premierminister nach vielen Gesprächen, unter anderem auch mit Home und Hailsham, daß er zurücktreten würde. Sein Nachfolger solle schnellstmöglich bestimmt werden, und er selbst würde so lange im Amt bleiben, bis dieser Auswahlprozeß erfolgreich abgeschlossen sei.

Die jetzt folgenden verwickelten und bitteren Intrigen haben der Konservativen Partei nur geschadet – sie hielt damals ihren Jahreskongreß in Blackpool ab –, und sie haben in keiner Weise dem Ansehen der Monarchin gedient, die ihr Siegel unter die Entscheidung der Partei setzen mußte. Gleich zu Beginn der Krise ließ Elisabeth II. bei Macmillan keinen Zweifel darüber, daß sie seinem Rat folgen würde, und sie handelte schließlich auf seinen Rat allein. Sie verließ sich, ebenso wie ihr Vater, am liebsten auf einen kleinen Kreis von Beratern, besonders dann, wenn es sich um Menschen »ihrer Art« handelte, was bei Macmillan und dessen Protegé Home mit Sicherheit der Fall war. Ihr Privatsekretär Adeane riet ihr nicht, selbständig weitere Sondierungen vorzunehmen – auch nicht, daß sie die heiße Kartoffel an die Konservative Partei zurückgeben und darauf beharren müsse, daß die Partei erst einmal im eigenen Hause Ordnung schaffte. Denn wenn eine Prostataoperation auch schmerzhaft sein mag, im Jahr 1963 wurde sie von den Ärzten nicht mehr als gefährlicher Eingriff betrachtet. Macmillan hätte im Amt bleiben und ein oder zwei Monate die Geschäfte weiterführen können, wie es Churchill während seiner Krankheit 1953 so erfolgreich getan hatte. Inzwischen hätte sich die Partei über einen Nachfolger einigen können.

[1] Der Tumor erwies sich nicht als bösartig.

Adeane ging davon aus, daß sich die Krone aus Tradition in die Führungsprobleme der Konservativen Partei einschalten müsse, während Elisabeth II. die königliche Prärogative wesentlich enger auslegte – sie wollte nur sicher sein, daß ihr Premierminister über eine Mehrheit im Parlament verfügen könne. Unter normalen Umständen wäre damit die Funktion des Souveräns erfüllt gewesen, die darin besteht, keinerlei persönliche Neigungen hinsichtlich der Persönlichkeit des Premierministers zum Zuge kommen zu lassen. Aber im Jahr 1963 gab es mehrere führende Konservative, die eine Mehrheit im Parlament auf ihrer Seite gehabt hätten. Da sich die Partei jedoch weder für den einen noch für den anderen entscheiden konnte, fiel ihr die Aufgabe zu, der Partei diese Entscheidung abzunehmen. Im Jahr 1957 hatte sie vor ihrem Entschluß mehrere Persönlichkeiten konsultiert, 1963 verließ sie sich in ihrer Rolle als Unparteiische auf einen einzigen, kranken und parteiischen alten Mann. Man kann geteilter Meinung darüber sein, ob die Königin damit der Verantwortung gerecht wurde, die der Krone übertragen war. Elisabeth II. empfing im Buckingham Palace keinerlei Ratgeber, sondern suchte statt dessen Harold Macmillan an seinem Krankenbett auf und traf auf der Grundlage eines einzigen Gesprächs mit ihm unverzüglich ihre Entscheidung.

»Sie kam allein herein«, schrieb Macmillan, »mit festem Schritt und mit den leuchtenden Augen, die einen Teil ihrer Schönheit ausmachen. Sie schien gerührt, ebenso wie ich.« Sie bat um seinen Rat. »Ich bat um die Erlaubnis, ein Memorandum verlesen zu dürfen, das ich gestern geschrieben und heute früh auf den neuesten Stand gebracht hatte... Ich erklärte, ich fühlte mich nicht stark genug, ohne einen vorbereiteten Text zu sprechen.«

Im Memorandum wurden Macmillans Sondierungen der letzten Tage erläutert. Im Unterhaus gab es zwei führende Kandidaten, R. A. Butler und Reginald Maudling, während Iain Macleod eine starke dritte Position einnahm – Macmillan persönlich gab ihm den Vorzug –, als Außenseiter kam noch Edward Heath dazu. Macleod, der Parteivorsitzende, besaß einen schärferen Verstand als Maudling und hatte sich in komplizierten Kolonialfragen eindrucksvolle Verdienste erworben. Edward Heath, der Lordsiegelbewahrer, hätte eine stärkere Stellung gehabt, wenn nicht seine Verhandlungen über den Eintritt Großbritanniens in den Gemeinsamen Markt erst kürzlich von de Gaulle durchkreuzt worden wären. Butlers Einfluß war fast so groß wie der Macmillans. Er führte die Geschäfte des Premierminister während dessen Abwesenheit, aber sein Ruf innerhalb der Partei war nie so unbestritten gewesen wie bei den Massenmedien. Die bitteren Vorwürfe gegen ihn, die 1956 und 1957 erhoben worden waren, standen immer noch im Hintergrund; und wenn Vergleiche zwischen ihm und seinem umgänglicheren, wesentlich jüngeren Widersacher, Reginald Maudling, der vor kurzem zum Schatzkanzler ernannt worden war, gezogen wurden, zog er den kürzeren.

Und dann die Lords.[1] Macmillans Sohn Maurice und sein Schwiegersohn Julian Amery hatten sich in Blackpool hinter den Kulissen für Hailsham eingesetzt, und auf ihn war ursprünglich die Wahl des Premierministers gefallen. Aber Hailshams Verlautbarung in der Öffentlichkeit, er beabsichtige, seinen Adelstitel abzulegen, hatte seine Chancen verringert. Im Bestreben, seine Kandidatur im Stile amerikanischer Präsidentschaftswahlen zu betreiben, hatte er den Rat von Butler und Home in den Wind geschlagen – jener beiden Männer, auf deren Unterstützung er bei einer Regierungsbildung angewiesen gewesen wäre, und er mußte dafür büßen.

So blieb nur Home übrig. Macmillan sagte Elisabeth II., er habe nach dem Gespräch mit den meisten seiner Kabinettskollegen im Krankenzimmer den Eindruck gewonnen, daß praktisch »alle diese Minister... ob sie ursprünglich für Hogg oder Butler oder Maudling gewesen seien, übereinstimmend die Meinung ausgedrückt hätten, daß, falls Lord Home den Posten des Premierministers übernähme, das ganze Kabinett und die ganze Partei mit Freuden hinter ihm stehen würden«.

Wie schon 1957, war dieses Ergebnis für die gesamte Außenwelt und die Massenmedien überraschend. Dies spielte an sich ja keine Rolle. Aber anders als 1957 konnte man jetzt nicht behaupten, es habe schon vorher eine starke Parteimehrheit zugunsten des Überraschungskandidaten gegeben. Nach Macmillans eigener Beurteilung waren von den neunzehn Kabinettsministern neun gegen Home. Er berichtete der Königin: »Zehn für Home; drei für Butler; vier für Maudling; zwei für Hailsham.«

Ein ähnliches Verhältnis ergab sich für den Premierminister nach Befragung von dreihundert Unterhausabgeordneten: »Die größte Gruppe war für Home, wenn die Mehrheit auch nicht sehr groß war.« Hieraus ging klar hervor, daß Home nicht die ganze Partei hinter sich haben würde. Wäre dies der Fall gewesen, hätte Macmillan es gesagt. Und abgesehen davon, daß sich ein großer Teil der Abgeordneten gegen Home entschieden hatte, blieb immer noch offen, wie gründlich und unparteiisch die »Sondierungen« gewesen waren. Viele Abgeordnete der damaligen Zeit können sich lediglich erinnern, daß sie vom Assistenten des Fraktionsvorsitzenden angerufen worden seien, der anscheinend nur darauf hinweisen wollte, daß Home als Kandidat aufgestellt worden sei.

[1] Im Anschluß an den Fall Lord Stansgate, dem späteren Anthony Wedgewood Benn, hatte der Hof am 31. Juli 1963 ein Gesetz gebilligt, das es den Peers gestattete, auf ihre Titel zu verzichten und auf diese Weise im Unterhaus zu bleiben.

Die Lords, konnte Macmillan der Königin berichten, waren »zwei zu eins für Home«. Aber er mußte zugeben, daß in den Wahlkreisen, wie der Außenapparat der Partei ermittelt hatte, die Sympathien sechzig zu vierzig zwischen Hailsham und Butler geteilt waren. Home habe überhaupt keine Unterstützung gefunden, weil man draußen nicht wußte, daß er überhaupt als Kandidat in Frage kam. Sobald dies bekannt wurde, »waren Mrs. S. und Lord C.[1] sicher, daß sich alle hinter ihn stellen würden«.

Dies war kein überzeugendes Mandat für den vierzehnten Earl. Aber kein anderer Kandidat konnte sich auf eine größere Anhängerschaft berufen, jedenfalls nicht aufgrund der Sondierungen, wie sie Elisabeth II. vorgetragen wurden, als sie am 18. Oktober 1963 allein auf einem Stuhl neben dem Krankenbett im Hospital saß. Macmillan wies deshalb darauf hin, daß Lord Home die meisten Stimmen für sich haben würde, und bat, daß das Memorandum, in dem er alles niedergelegt hatte, zu den Akten im königlichen Archiv genommen werde – »zur vollen Rechtfertigung des Entschlusses, den sie auf meinen Ratschlag hin treffen würde«.

Die Königin brachte keine Gegenargumente vor. »Sie sprach mir ihre Dankbarkeit aus und sagte, sie halte es nicht für notwendig und beabsichtige auch nicht, außer dem meinigen noch den Rat eines anderen einzuholen.« Sie kannte Alec Home gut. Er war seit langer Zeit zu den Jagden der königlichen Familie eingeladen worden und galt als enger Freund ihrer Onkel bei den Bowes-Lyons. Sie pflichtete Macmillan bei, daß »er am wahrscheinlichsten die Unterstützung der Mehrheit erhalten würde. Außerdem sei er wirklich der beste und stärkste Charakter.«

Ihre einzige Frage betraf den von den übergangenen Kandidaten in der letzten Nacht organisierten Gegenangriff. Als die Nachricht von Homes wahrscheinlicher Ernennung durchsickerte, waren Macleod und Maudling mit anderen Konservativen völlig konsterniert ins Haus von Enoch Powell gekommen. Sie glaubten nicht, daß ein wenig profilierter schottischer Lord die geeignete Persönlichkeit sei, die Partei bei den kommenden Wahlen zum Sieg zu führen. Darüber sprachen sie mit Home auch ganz offen. Sie riefen Butler an und sagten ihm ihre Unterstützung zu, falls er die nächste Regierung führen sollte.

Macmillan setzte sich über den Protest hinweg, den er für »ziemlich geschmacklos« hielt. Er wertete die Tatsache, daß so viele Kabinettsmitglieder mit der Wahl Homes nicht einverstanden waren, als bedeutungslos. »Wenn man ihre ausgesprochenen Rivalitäten in den letzten Wochen bedenkt, lag fast etwas Mittelalterliches in ihrer Haltung.«

[1] Mrs. Margaret Shepherd und Lord Chelmer, die für den Parteiapparat sprachen.

Aber dies sollte anscheinend nur dazu dienen, sich selbst – und der Königin – Mut zu machen. Der Zorn der anderen war ernst zu nehmen, denn er saß tief.

Macleod ging in seiner Prinzipientreue so weit, zurückzutreten und sich zu weigern, unter Home einen Regierungsposten zu übernehmen. Enoch Powell tat dasselbe. Sie hatten nichts gegen Home persönlich, aber sie konnten nicht die Art akzeptieren, wie sich Macmillan bei der Wahl seines Nachfolgers einseitig für einen Vertreter des Hochadels ausgesprochen hatte. Dies entsprach nicht ihren Grundsätzen und paßte ihrer Meinung nach nicht in das Konzept, dem eine fortschrittliche Konservative Partei folgen sollte. Wären Butler oder Hailsham zum Kampf entschlossen gewesen, hätte Macmillans Strategie Schiffbruch erlitten.

Aber Macmillan war von der Königin an seinem Krankenlager aufgesucht worden. Es war wenig wahrscheinlich, daß Hailsham und Butler öffentlich gegen ihre Entscheidung revoltieren würden, sobald diese bekannt geworden war. Deshalb gab ihr Macmillan den Rat, schnell zu handeln. »Ich drückte die Hoffnung aus, sie würde Lord Home unverzüglich zu sich rufen – sofort nach ihrer Rückkehr in den Buckingham Palace.« Elisabeth II. war einverstanden. Aber da nicht mehr mit Sicherheit damit gerechnet werden konnte, daß Home die für eine Mehrheit notwendige Unterstützung finden würde, riet Macmillan der Königin, sowohl mündlich als auch im zweiten Teil seines Memorandums, »Home nicht schon bei der ersten Audienz zum Premierminister zu ernennen, sondern die ältere Formel anzuwenden und ihn zunächst mit der Aufgabe zu betrauen, eine Regierung zu bilden«.

Die Königin gab Macmillan die Hand und verließ mit seinem Memorandum den Raum.

Ihr Privatsekretär Michael Adeane wartete vor der Tür, und als er den Umschlag übernahm, fiel er angesichts von dessen Größe »aus allen Wolken«, wie Macmillan feststellte. Der Premierminister verzichtete in seinen Memoiren jedoch darauf, auf eine kleine Nebenerscheinung dieser bedeutsamen Konsultation einzugehen, nämlich auf die Tatsache, daß er ins Erdgeschoß verlegt worden war, so daß er die Königin nicht in seinem eigenen Krankenzimmer zu empfangen brauchte. Die Oberschwester hielt es für besser, Königin und Premierminister nicht den Launen des altersschwachen Fahrstuhls im Hospital auszusetzen.

Wieder im Buckingham Palace, ließ Elisabeth II. Lord Home sofort zu sich kommen. Er erklärte sich damit einverstanden, zunächst zu sondieren, auf eine wie große Unterstützung er würde rechnen können. Persönlich war er gar nicht glücklich dabei. Er teilte Macmillan telephonisch seine Bedenken mit. »Er betrachte sich nur als Kompromißkandidat. Am liebsten gebe er den

Auftrag zurück.« Aber Macmillan erinnerte ihn an sein Pflichtgefühl. »Wenn wir jetzt nachgeben, gibt es ein Chaos.«
Die Empörung hielt am 18. Oktober 1963 den ganzen Tag über an. Aber gegen Abend legte sich bei Hailsham der Zorn, und Maudling mußte feststellen, daß »sich die Wogen allmählich glätteten«. Home war von der Königin mit der Regierungsbildung beauftragt worden. Er sprach mit verschiedenen Ministern in Downing Street 10. Trägheit und der stark ausgeprägte konservative Instinkt für die Geschlossenheit der Partei wirkten sich aus. Außerdem wurde Home von Butler als anständiger und ehrenwerter Mann geschätzt; beide waren sich in wesentlichen politischen Fragen vollkommen einig. Der einzige Punkt, an dem er Anstoß nehmen konnte, war die Art und Weise, wie Home der Königin vorgeschlagen worden war. Wenn er sich auf diesen Punkt versteifte, konnte man ihm vorwerfen, nur aus persönlichem Ehrgeiz zu handeln. So siegte das Gefühl, die Einheit wahren zu müssen. Alec Home konnte in den Buckingham Palace zurückfahren, um der Königin zu melden, daß sich Butler bereit erklärt habe, in seinem Kabinett den Posten des Außenministers zu übernehmen. Er hege deshalb die Zuversicht, die ganze Konservative Partei hinter sich zu haben. Aber diese Einigkeit kostete auch ihren Preis. Zu den politischen Ironien der Regierungszeit Elisabeths II. gehört die Tatsache, daß gerade diejenige Partei, die der königlichen Prärogative die größte Achtung entgegenbringt, auch diejenige gewesen ist, die das Ansehen der Krone durch die Verquickung mit den politischen Auseinandersetzungen am meisten geschädigt hat. In der Labour Party sind zwar Kräfte vertreten, die der monarchischen Idee negativ gegenüberstehen, die Nachfolge Mr. Wilsons, der sich im Frühjahr 1976 zum Rücktritt entschloß, lieferte ein Musterbeispiel dafür, wie ein solcher Vorgang mit Anstand über die Bühne gehen kann.
Nicht, daß Elisabeth II. bei ihren politischen Entscheidungen 1957 oder 1963 die Situation falsch beurteilt hatte. Wenn über die Frage, wer die Partei führen solle, offen abgestimmt worden wäre, hätte Macmillan 1957 ziemlich sicher gewonnen, und es hätte durchaus die Möglichkeit bestanden, daß Lord Home 1963 den Sieg davongetragen hätte, da er unter den gegebenen Umständen als der geeignetste Kompromißkandidat galt. Die Nützlichkeit einer pragmatischen Entscheidung solcher Art wurde jedoch von der Königin bei der Ausübung ihres Rechts nicht berücksichtigt. Sie wurde eher verschleiert. So wurde ein Prozeß, der allen Beteiligten eigentlich hätte geläufig sein sollen, nämlich das Zählen von Stimmen, mit einem Mantel des Geheimnisvollen umgeben. In ihrem Bestreben, sich nicht in politische Auseinandersetzungen hineinziehen zu lassen, geriet Elisabeth II. erst recht zwischen die Mühlsteine. Es war nicht ihre Schuld, daß das für den Notfall bestehende

Recht königlicher Intervention in die Tagespolitik gezerrt wurde. Aber nachdem sie nun einmal in die Krise hineingezogen war, handelte sie nur mit halbem Herzen. Sie brachte nicht die Fähigkeiten zum Tragen, die sie bei Audienzen an den Tag gelegt hatte. Man hatte nicht den Eindruck, daß sie unabhängig handelte. Zahlen verliehen Sicherheit, aber sie verließ sich bei der Wahrnehmung ihrer Pflichten offenbar auf Persönlichkeiten, die mit dem Vorwurf persönlicher Vorurteile stark belastet waren – so Lord Salisbury und Harold Macmillan.
In einem Brief, den Harold Macmillan am 26. August 1976 an den Verfasser richtete, wies Macmillan den Vorwurf der Parteilichkeit zurück. »Ich folgte keiner ›Strategie‹, sondern ich war lediglich entschlossen, der Königin ein objektives und, soweit möglich, präzises Bild über die Auffassungen (a) des Kabinetts, (b) der konservativen Unterhausabgeordneten, (c) der konservativen Peers und (d) der Konservativen Partei hinsichtlich der Wahl meines Nachfolgers zu geben.« Aber ein wie hohes Maß an Objektivität und Präzision war vom Krankenhausbett aus möglich? Die Situation war gespannt und komplex. Elisabeth II. war befugt, auch anderen Rat einzuholen, denn sie war bei dem Hospitalbesuch am 18. Oktober 1963 verfassungsmäßig nicht an Macmillan gebunden. Kein Premierminister kann seinen Nachfolger bestimmen. Und Macmillan hatte ihr um 9.30 Uhr an diesem Vormittag schriftlich seinen Rücktritt angeboten.
Sein Ratschlag konnte also nicht bindend sein. Er besaß konstitutionell kein Gewicht. Es gehörte sogar zu den besonderen Pflichten des Souveräns, sich darüber klar zu werden, wieweit die Vorschläge des Premiers von persönlichen Motiven beeinflußt waren – denn persönliche oder politische Rücksichten müssen bei derartigen Vorschlägen des bisherigen Premierministers oder eines anderen Ratgebers unweigerlich eine gewisse Rolle spielen. Elisabeth II. hatte insofern Glück, als der nach 1957 auch 1963 geschlagene große Mann bereit war, sich mit den Geschehnissen abzufinden. R. A. Butler gab seinen Widerstand auf und diente sowohl seiner Königin als auch seiner Partei in loyaler Weise, indem er sich einem Mechanismus unterwarf, der ihn immer wieder vom höchsten Amt im Staate ausgeschlossen hatte.
Es war dieser Mechanismus, der verbessert werden mußte; und wenn Butler der Königin einen entscheidenden Dienst erwies, so stand ihm Lord Home darin nicht nach. Nach seiner kurzen (einjährigen) Amtszeit trat er von der Parteiführung zurück – aber erst, nachdem er sich vergewissert hatte, daß seine Nachfolger nicht in der gleichen Manier wie er in diese Führungsposition berufen werden konnten. Am 25. Februar 1965 wurde das bis dahin abgelehnte »Verfahren zur Wahl des Führers der Konservativen und (nordirischen) Unionspartei« öffentlich bekanntgegeben. Die Führerpersönlichkei-

ten der Konservativen Partei würden in Zukunft durch die konservativen Unterhausabgeordneten in geheimer Abstimmung gewählt. Diese Abstimmungen sollten nicht durch das Führungsgremium, sondern durch die Hinterbänkler durchgeführt werden, nämlich durch das Komitee 1922. Die Hinterbänkler gaben jedem Premierminister der Konservativen Partei den Rückhalt im Unterhaus. Es war nur logisch, daß diese demokratische Funktion auch auf demokratische Weise anerkannt werden sollte. In Zukunft sollte die königliche Prärogative nur noch dann zum Zuge kommen, wenn ein echtes Patt erreicht wurde, das nur durch die Einschaltung einer übergeordneten Instanz, die fair, entschlossen und unabhängig handelte, gelöst werden konnte.

Lord Altrincham

Im Jahr 1957 war die Augustausgabe der Zeitschrift *National and English Review* dem Thema »Die moderne Monarchie« gewidmet. Beiträge lieferten bekannte Monarchisten wie Dermot Morrah, und der Tenor der Artikel war im großen und ganzen positiv. Der Herausgeber und Besitzer der Zeitschrift jedoch, ein junger Lord mit Namen Altrincham, hatte sich entschlossen, auch ein paar persönliche Gedanken beizusteuern.

Er fand, daß Königin Elisabeth II. von ihrer Umgebung schlecht beraten sei. »Diese«, schrieb er, »setzt sich fast ausnahmslos aus Vertretern des Landadels zusammen.« Der Hof »hat in beklagenswerter Weise den Anschluß an die moderne Zeit verloren. Während das monarchische System ›volkstümlich‹ geworden ist und viele Rassen in sich vereint, ist der Hof eine in sich geschlossene kleine Enklave englischer Ladys und Gentlemen geblieben.« Es sei deren Schuld, meinte er, daß die Königin so schlechte Reden halte. »Das Persönlichkeitsbild, das sich aus den Äußerungen, die man ihr in den Mund legt, ergibt, ist das eines affektierten Schulmädchens, der Spielmacherin einer Hockeymannschaft, einer Musterschülerin und einer Konfirmandin.«

Lord Altrincham betonte ausdrücklich seine Loyalität, aber er fand, daß eine Kritik nur im Interesse der Königin liegen könne. »Wie ihre Mutter kann sie anscheinend nicht einmal einige wenige Sätze ohne einen vorgeschriebenen Text aneinanderreihen«, schrieb er. »Wenn sie ihre Jugendfrische verloren hat, wird der Ruf der Königin in weit höherem Maße, als es jetzt der Fall ist, von ihrer Persönlichkeit abhängen. Dann wird sie sich nicht mehr damit begnügen können, sich lediglich an das Zeremoniell zu halten. Sie wird Dinge sagen müssen, die den Leuten im Gedächtnis haften bleiben, und sie wird aus eigener Initiative Dinge tun müssen, die den Leuten auffallen. Aber vorläufig deutet wenig darauf hin, daß eine solche Persönlichkeit in Erscheinung treten wird.«

Es war ein ziemlich langweiliges Wochenende, und für Fleet Street kam die *National and English Review* wie ein Gottesgeschenk. Die Reporter stürzten sich auf Lord Altrincham und waren hocherfreut, als er bereit war, noch mehr zu sagen. »Die Leute haben keine Phantasie, sie sind zweitklassig, es fehlt ihnen an Einfällen«, sagte er vom Hofstaat, und er nannte sogar Namen: den Earl of Scarbrough, der Haushofmeister war (und gleichzeitig der

Vetter seiner Frau), Sir Michael Adeane, Privatsekretär der Königin, und den Herzog von Beaufort, den Oberstallmeister.
Es kam natürlich sofort zu empörten Reaktionen. »Der junge Altrincham ist ein Flegel«, explodierte der Earl of Strathmore (Motto: Auf Dich, o Herr, vertraue ich). »Er sollte erschossen werden.« »Ich möchte sehen, daß der Mann gehängt und gevierteilt wird«, erklärte der Herzog von Argyll, Haushofmeister in Schottland (Motto: Nie vergessen). Die einzigen Leute, die sich mehr zurückhielten, waren diejenigen, die namentlich in der Kritik erwähnt worden waren, der Earl of Scarbrough (Motto: Ein reines Gewissen ist ein gutes Ruhekissen) – »Lord Altrinchams Ansichten sind mir gleichgültig« – und der Herzog von Beaufort (Motto: Ich lasse mich nicht aus der Ruhe bringen), der darauf hinwies, daß er den größten Teil seiner Zeit auf der Jagd in Gloucestershire zugebracht habe und sein einziger Einfluß im Buckingham Palace darin bestanden haben müsse, daß er sich »für bestimmte Pferde der Königin« interessiert habe. Sir Michael Adeane äußerte sich überhaupt nicht.
Als Lord Altrincham vor den Fernsehkameras von einem vierundsechzig Jahre alten Vertreter der *League of Empire Loyalists* geohrfeigt wurde, machte die Geschichte Schlagzeilen. Der *Observer*, für den Altrincham einige Artikel über fortschrittlichen Konservativismus geschrieben hatte, nahm keine weiteren Ergüsse von ihm mehr an. Ebenso distanzierten sich »die gewählten Vertreter der Steuerzahler unserer alten Stadt Altrincham« (Cheshire) von ihm. Von dieser Stadt hatte James Grigg, der erste Lord Altrincham und frühere Gouverneur von Kenia, Mitglied des Unterhauses und Minister, seinen Titel abgeleitet, als er 1945 von Churchill in den Adelsstand erhoben wurde. Jetzt wünschten die Steuerzahler, mit seinem Sohn »nichts mehr zu tun zu haben«. »Keine Stadt steht der Krone loyaler gegenüber als der Borough of Altrincham« (Einwohnerzahl 50000).
Die *Daily Mail* mußte zu ihrem Entsetzen feststellen, daß die Altersgruppen zwischen sechzehn und vierunddreißig überwiegend mit Lord Altrincham einer Meinung waren (im Verhältnis 47 : 39) und daß alle Alterklassen der Meinung waren, die Umgebung der Königin am Hofe sollte erweitert werden (Verhältnis 55 : 21). Aber die Leute, die für ihn eintraten, schlossen sich nicht organisatorisch zusammen, und der Sturm lieferte wenigstens eine Antwort auf den Vorwurf, der ganz allgemein gegen die Kritiker der Königin erhoben wurde, daß sie öffentlich nicht antworten konnte. Sie hatte es offenbar nicht nötig, da es so viele Menschen für sie taten.
Lord Altrincham, der 1963 John Grigg wurde – nachdem das Gesetz in Kraft getreten war, demzufolge Peers auf ihre Titel verzichten konnten –, macht heute für die Entrüstung des Jahres 1957 »die schintoistische Atmosphäre

der Zeit nach der Krönung« verantwortlich... »Es bestand eine Tendenz – die unserer nationalen Tradition fremd war –, jede Kritik am Monarchen als Hochverrat zu betrachten, wie loyal und konstruktiv diese auch gemeint sein mochte.«

Aber es waren noch andere Faktoren für die Entwicklung entscheidend. Die Suezkrise hatte sich als ein massiver Schlag gegen die nationale Selbstachtung erwiesen. Soweit die Krone betroffen war, hatten der Nachgeschmack der Townsend-Affäre und das schlechte Gefühl über die Behandlung der Nachfolgefrage bei Anthony Eden eine gewisse Ernüchterung hervorgerufen. Plötzlich war die Ernüchterung Mode geworden. Am Vorabend der Uraufführung seines Stückes »Blick zurück im Zorn« am Broadway im Oktober 1957 äußerte sich John Osborne zur britischen Monarchie. »Es langweilt mich, es betrübt mich, daß es so viele leere Köpfe und so viele leere Menschenleben in Großbritannien gibt, die diesen albernen Rummel am Leben erhalten«, schrieb er in einem Artikel, der, wie er sagte, schon sechs Monate zuvor abgefaßt worden war. »Ich bin deshalb gegen das königliche Symbol, weil es tot ist. Es ist eine Goldfüllung in einem Mund voll fauler Zähne. Wenn die Menschenmassen auf der Mall nach vorn drängen, spielen sie mit im letzten Zirkus einer Kultur, die den Glauben an sich selbst verloren hat und einem glänzenden Nichts nachläuft.«

Osborne war so sehr bemüht, als Englands »Zornigster Junger Mann« zu gelten, daß die meisten Zeitungen seine Attacke herunterspielten. Aber im selben Monat schrieb Malcolm Muggeridge, der ehemalige Herausgeber von *Punch*, Fernsehkommentator und neuester Verfechter eines christlichen Lebensstils, für die *Saturday Evening Post* eine längere Analyse dessen, was er »das königliche Schmierentheater... eine Art von Ersatzreligion« nannte. Er wiederholte Altrinchams Kritik an der Hofhierarchie: »Sogar ihr Pressesekretär muß zu den oberen Zehntausend gehören – ein Umstand, der erst recht die Unfähigkeit dieser Leute deutlich macht.«

Tendenziöse Berichterstattung erhöhte noch den Unwillen in England. Muggeridge hatte in der *Saturday Evening Post* geschrieben, daß man »im Vergleich mit den Kosten von Atom-U-Booten und Lenkraketen den Hof nicht als besonders aufwendig bezeichnen könne, obwohl vielen der prunkvolle Lebensstil in Windsor oder im Buckingham Palace nicht gefällt«. Dieser Satz wurde im *Sunday Express* wie folgt umschrieben: »Er (Mr. Muggeridge) sagt, sie (die Königin) führe ein prunkvolles Leben im Buckingham Palace und in Windsor, was den meisten nicht gefällt.« Von Georg VI. schrieb Muggeridge: »Seine Weihnachtsansprachen hatten trotz der Grabesstimme, in der sie gehalten wurden, dasselbe positive Echo wie die seines Vaters. Während der dunklen Kriegsjahre spielte er die ihm übertragene Rolle mutig und

würdevoll.« *The People* verkürzte diesen Satz in: »Mr. Muggeridge bezeichnet alle Weihnachtsansprachen (Georgs VI.) – die unter großer Behinderung gesprochen waren – als ›Grabreden‹.«
Muggeridge durfte nicht mehr bei BBC auftreten, und seine wöchentliche Kolumne, die er gerade beim *Sunday Dispatch* begonnen hatte, wurde plötzlich wieder abgesagt. Als er sich beim Presserat über den Schaden beschwerte, der ihm durch die falschen Wiedergaben entstanden sei, antwortete man ihm wenig trostreich: »Der Presserat ist der Meinung, daß der Grundtenor des Artikels (in der *Saturday Evening Post*) vom *Sunday Express* und von *The People* korrekt wiedergegeben wurde und daß diese Zeitungen ein Recht hatten, darauf hinzuweisen, daß der Artikel eine Anzahl unfairer, unzeitgemäßer und verletzender Behauptungen über die königliche Familie enthielt.«
Elisabeth II. ist sich der Ressentiments durchaus bewußt, die ihre Sonderstellung und ihr Lebensstil bei den übrigen Menschen hervorrufen können.
»Ich kann Sie durchaus verstehen, Madam«, sagte sie einmal, als ihr Wagen auf einer schmalen Straße bei Sandringham eine Frau mit Dreck bespritzt hatte.
»Hm?« sagte der Herzog. »Was hat sie gesagt, Darling?«
»Sie sagte: ›Halunken!‹« antwortete die Königin.
Als Altrincham und Muggeridge ihre Vorwürfe erhoben, war sie bereits dabei, etwas frischen Wind in den Buckingham Palace hereinzulassen – wenn auch langsam. Sie hatte ihre neue Art von Mittagessen eingeführt und 1955, quasi als Unterstreichung des neuen Stils, beschlossen, das Debütantenzeremoniell abzuschaffen, bei dem sie stundenlang hatte dasitzen müssen, während Hunderte junger Damen ehrfurchtsvoll an ihr vorbeidefilierten – eine Einführung in die Gesellschaft, die in der zweiten Hälfte des zwanzigsten Jahrhunderts nicht nur sinnlos geworden war, sondern auch dem Vorwurf ausgesetzt blieb, Geld spiele dabei die Hauptrolle. Im November 1957 wurde bekanntgegeben, daß die Vorstellungen bei Hof in der kommenden Saison die letzten sein würden.
Ebenfalls im November 1957 verkündete die Königin in ihrer Thronrede bei der Eröffnung des Parlaments: »Ich bitte Sie ferner, einer Maßnahme zuzustimmen, die die Erhebung von Männern und Frauen in den nichterblichen Adelsstand mit dem Recht, im Oberhaus einen Sitz mit vollem Stimmrecht einzunehmen, ermöglicht.« Obwohl dieser Gedanke, das erbliche Element in der zweiten Kammer zu reduzieren, von Harold Macmillan stammte, bildete er doch eine Reform, die von Elisabeth II. begrüßt wurde. Sie hatte außerdem den Vorteil, daß auch Frauen in das Oberhaus einziehen konnten.
Eine weitere Demokratisierung ergab sich aus dem Entschluß, die ausge-

bombte Kapelle im Buckingham Palace zu einer Gemäldegalerie auszubauen, in der die Öffentlichkeit alle Kunstschätze bewundern konnte, die bisher nur der königlichen Familie und einigen bevorzugten Gästen zugänglich gewesen waren. Seit dem Jahr 1962 kann sich jeder die Bilder gegen Entrichtung von ein paar Pfennigen ansehen. Diese Einnahmen sowie die Eintrittsgelder, die im Schloß Windsor und den Anlagen von Sandringham und Balmoral erhoben werden, kommen der Wohlfahrt zugute.

Es war auch nicht ganz fair, die Königin für die Gemeinplätze verantwortlich zu machen, die ihr nicht so sehr von ihren Beratern, sondern von der Regierung in den Mund gelegt wurden. Prinz Philip kann gepfefferte Reden halten, denn er ist nicht der Souverän. Aber Elisabeth II. drückt sich meist in umschreibenden Bildern aus. Wenn sie eine Rede halten will, wird das Rohmaterial von der Institution, um die es geht, ihren Privatsekretären zugesandt; diese müssen zunächst bei der zuständigen Regierungsbehörde rückfragen, ob die offizielle Regierungspolitik betroffen ist. Irgendeine Schule hofft vielleicht, von Whitehall etwas zu erhalten, was sie sonst nicht bekommen kann, oder sie versucht etwas abzuwenden, was man ihr angedroht hat. Das Ergebnis ist also meist nichtssagend. Und wenn man das Problem von Tonhöhe und Sprechweise berücksichtigt, das offenbar allen Frauen, die in Großbritannien im öffentlichen Leben stehen, zu schaffen macht – von Barbara Castle bis Margaret Thatcher –, so nimmt es nicht wunder, wenn man auch bei Elisabeth II. an Dr. Johnsons Vergleich von der Frau und dem Hund denkt: »Sie bringt einem Hund bei, auf den Hinterbeinen zu laufen. Er macht seine Sache nicht gut, aber man ist überrascht, daß er es überhaupt kann.«

Im Jahr 1957 fand Harold Nicolson, es lägen Anzeichen dafür vor, daß sich Stimme und Sprechweise der Königin gebessert hätten. »Sie war ganz deutlich zu verstehen«, schrieb er über ihre Weihnachtsansprache jenes Jahres, »und sie sprach mit einer Eindringlichkeit, wie man sie in den Tagen vor Altrincham an ihr nicht gewohnt war.« Dies lag wohl zum Teil daran, daß die Rede vom Fernsehen übertragen wurde, denn Elisabeth II. hatte sich entschlossen, ihre Weihnachtsansprache künftig stets durch dieses Medium verbreiten zu lassen. Im Juli wurde Miss Sylvia Peters, eine Ansagerin bei BBC, in verschiedenen Posen gefilmt, vom Ablesen des Textes mit gesenktem Kopf bis zum Sprechen in ein Rundfunkmikrophon mit seitlich gedrehtem Kopf. Elisabeth II. entschied sich für das Sprechen eines auswendig gelernten Textes mit dem Gesicht zur Kamera, und zwar in ihrem eigenen Arbeitszimmer. Da aber die Qualität der Fernsehaufzeichnungen zur damaligen Zeit, vor Erfindung des Magnetbandes, außerordentlich schlecht war, mußte die Ansprache live gesendet werden. Sie saß am Weihnachtstag beim Mittagessen und wußte, daß sie um drei Uhr vor einem größeren Zuschauerkreis als je zuvor in ihrem Leben erscheinen mußte. Die Art, wie sie ihrem Gemahl hinterher erleichtert zulächelte, als sie glaubte, daß die Kameras abgeschaltet seien, bot Stoff für tausend Artikel über das Thema »Monarchie«.

War die Kritik, sie umgebe sich ausschließlich mit Vertretern des Landadels, berechtigt? Gewiß ist es schwierig zu glauben, die herrschende Klasse sei völlig ausgestorben, wenn man sich die Liste ihrer Premierminister ansieht. »Winston, Anthony, Harold, Alec«, in dieser Reihenfolge – und dann, wie zu erwarten, »Wilson«. Aber es ist nicht nur eine Angelegenheit politischer Präferenz, denn wer kommt nach Wilson?

»Heath« und ihre beiden Privatsekretäre, Sir Michael Adeane und Sir Martin Charteris (der 1972 Nachfolger von Adeane wurde, nachdem er zwanzig Jahre als dessen Stellvertreter tätig gewesen war), können auf bemerkenswert ähnliche Karrieren zurückblicken – beide gingen in Eton zur Schule, beide sind ausgezeichnete Schützen bei der Hühnerjagd, beide sind Oberstleutnante (Adeane bei der Garde, Charteris beim King's Royal Rifle Corps), und beide haben künstlerische Ambitionen, Adeane malt Aquarelle, Charteris bildhauert – seine Werke kann man bei Aspreys auf der Bond Street käuflich erwerben (ein Bronze-Pinguin von Charteris kostet bei Aspreys z. B. 400 Pfund).

Wenn man sie persönlich kennenlernt, kann man sich des Eindrucks nicht erwehren, daß sich Elisabeth II. mit Ratgebern von besonderer Liebenswürdigkeit, gesundem Menschenverstand und unwiderstehlichem Charme umgibt – diese Tatsache hat wohl am besten Basil Boothroyd beschrieben. Während er die Biographie von Prinz Philip schrieb, hatte er ein Arbeitszimmer im Buckingham Palace erhalten. Er ging eines Tages hinaus und sprach Sir Michael Adeane, den Privatsekretär, an, der dem Ausgang zustrebte. Adeane hörte sich geduldig das Problem an, das Boothroyd Kopfzerbrechen bereitete, bis der Autor den Eindruck gewann, der andere habe es irgendwie eilig. Aber es vergingen noch weitere Minuten, bevor Adeane sagte: »Hoffentlich werden Sie mir verzeihen, aber ich habe gerade gehört, daß mein Haus brennt. Es wäre mir ja einerlei, aber da es zum St. James Palace gehört…«

In den fünfziger Jahren ging die Kritik an den Beratern der Königin jedenfalls am Kern der Sache vorbei. Elisabeth II. hat bei ihrer Thronbesteigung den Personalbestand des Hofes nicht im geringsten verändert und alle Bediensteten ihres Vaters übernommen. Dies lag zum Teil an ihrer Jugend, zum Teil aber auch an der Tatsache, daß sie bei ihrer Erziehung von der Außenwelt weitgehend abgeschirmt war. Sie ist ihr eigener Herr, was man bereits an der Behutsamkeit erkennen kann, mit der ihre »Berater« ihr Vorschläge unterbreiten – so ließen sich ihre Kritiker entweder durch die Jugend der Königin oder durch ihren eigenen Respekt täuschen, als sie ihre Umgebung für alles

Negative verantwortlich machten, das sie im Image der Königin zu entdekken glaubten. Sie war nun einmal so, und so wollte sie auch sein.
Hauptzielscheibe der Kritik war ihr Pressesekretär, Commander Richard Colville, der 1947 in den Dienst ihres Vaters getreten war und bis zu seiner Pensionierung im Jahr 1968 bei Elisabeth II. blieb. Colville war gewiß ein schwieriger Charakter. Als ihn ein kanadischer Journalist einmal ganz unschuldig fragte, ob er sich im Buckingham Palace ein wenig umschauen dürfe, richtete sich Colville zu seiner vollen Höhe auf und sagte: »Ich bin nicht das, was man bei Ihnen in Nordamerika einen Public Relations Officer nennen würde.«
Wenn Colville sagte, daß irgend etwas zu irgendeinem Zeitpunkt an irgendeinem Ort geschehen würde, dann geschah es auch. Er beantwortete alle Briefe postwendend. Wenn aber ein Journalist von ihm mehr wissen wollte als die Zusammensetzung des Blumenstraußes, den die Königin gerade trug, dann war er plötzlich sehr zugeknöpft. Im Grunde mißtraute er allen Massenmedien und machte nur bei der BBC eine gewisse Ausnahme. Er sah seine Hauptaufgabe darin, das Privatleben der Königin vor den Medien zu schützen.
Dies führte zu einer gewissen Spannung im Verhältnis zwischen Presse und Hof, die von Colvilles Nachfolgern, die alle über Presseerfahrungen verfügten, nur mit Mühe abgebaut werden konnte. Elisabeths Bereitschaft, über sich selbst und ihre Familie offener zu sprechen, ist erst eine Entwicklung späterer Jahre. Colville handelte zu Beginn ihrer Regierungszeit auf ihre ausdrückliche Weisung, ihr Privatleben abzuschirmen, und sie faßte diesen Begriff sehr eng. Als im Januar 1959 ein ehemaliger Verwalter von Windsor Castle in einer Sonntagszeitung Einzelheiten über die Wirtschaftsführung und Sparsamkeit im königlichen Haushalt preisgab, zum Beispiel die Tatsache, daß zerschlissene Bettlaken geflickt wurden, wurde gegen diesen Vertrauensbruch eine einstweilige Verfügung erlassen. Es war das erste Mal, daß die königliche Familie vor Gericht ging, seit sich im Jahr 1911 der Fall Edward Mylius abgespielt hatte.[1] Die Königinmutter erhielt die Weisung, eine ebenso feste Haltung einzunehmen, als einer ihrer Lakaien 1960 dasselbe

[1] Im Jahr 1910, bei Beginn der Regierungszeit Georgs V., verbreitete ein Journalist namens Edward Mylius das Gerücht, der neue König habe als junger Marineoffizier im Jahr 1890 auf Malta mit einer der Töchter des Admirals Culme-Seymour die Ehe geschlossen und vor seiner Eheschließung mit Prinzessin May, der späteren Königin Mary, ein Kind mit ihr gezeugt. Es wurde beschlossen, Mylius wegen Verleumdung vor Gericht zu stellen. Während des Prozesses wurde zweifelsfrei festgestellt, daß sich der Prinz zwischen 1888 und 1901 zu keinem Zeitpunkt auf Malta befunden habe. Ferner, daß die eine Tochter des Admirals ihm niemals begegnet war und die andere ihn nur zweimal getroffen hatte – das erste Mal, als sie acht Jahre alt war, und das zweite Mal, als sie beide bereits verheiratet waren. Mylius wurde für schuldig befunden und zu

versuchte.[2] Und als 1963 ein Verwandter zwei Briefe zum Verkauf anbot, die die Prinzessinnen Elisabeth und Margaret in den vierziger Jahren an ihre alte Musiklehrerin Mabel Lander (»Goosey«) geschrieben hatten, wurden diese – für mehrere hundert Pfund – vom britischen Botschafter in New York, wo sie schließlich in einem Schaufenster gelandet waren, wieder aufgekauft.

Die Empfindlichkeit, mit der Elisabeth II. ihre Privatsphäre nach außen abschirmte, war die natürliche Reaktion auf die Anforderungen, die durch ihr Amt an sie gestellt wurden – und dies bereits in relativ jugendlichem Alter. Wäre ihr Vater nicht so früh gestorben, hätte sie Ende der fünfziger Jahre noch ein ruhiges Familienleben führen können. Ihr Gemahl, der nur ungern den vorzeitigen Abbruch seiner Marinelaufbahn hingenommen hatte, fand ein Ventil in langen Fahrten auf der *Britannia*, wie beispielsweise seine Expedition über den Südatlantik im Winter 1956/57, als er die Mühsal seiner Rolle als Prinzgemahl dazu ausnutzen konnte, etwas von der Atmosphäre seiner sorglosen Zeit bei der Marine zurückzugewinnen. Seine Gemahlin zog sich ins Familienleben und in den kleinen Kreis guter Freunde zurück, und wenn sie ihr Pensum an Arbeit für die Allgemeinheit erledigt hatte, wachte sie eifersüchtig darüber, nicht gestört zu werden.

Sie schirmte ihre Kinder nach außen ab. Prinz Charles und Prinzessin Anne waren der Neugier der Öffentlichkeit bedeutend weniger ausgesetzt, als sie und Margaret in ihrer Kindheit, und dies nicht etwa deshalb, weil die Presse kein Interesse mehr gehabt hätte. Als Charles 1957 in die Schule seines Vaters, nach Cheam, geschickt wurde, erschienen in den Zeitungen der Fleet Street an achtundsechzig der achtundachtzig Tage seines ersten Schulabschnitts Geschichten über ihn, und Colville mußte die Herausgeber der Lon-

zwölf Monaten Gefängnis verurteilt. Aber Königin Marys Hoffnung, die Geschichte sei damit ein für allemal erledigt, erwies sich als trügerisch. Der Prozeß hielt die Legende nur um so länger am Leben, und zwar zusammen mit dem anderen Gerücht, die Flecken im Gesicht des Königs deuteten auf Trunksucht hin. Ganz abgesehen davon, daß er während des Ersten Weltkriegs aus Prinzip keinen Tropfen Alkohol anrührte, blieb er auch später sehr enthaltsam, und die Flecken waren die Nachwirkungen von Typhus und gelegentlicher Verdauungsstörungen.

[2] Eine Kontrolle der Auslandspresse ließ sich jedoch nicht so leicht durchführen, und im Jahr 1972 stellte das Pariser Organ *France Dimanche* nach einer Analyse der in seinem Archiv aufbewahrten Artikel über die britische Königsfamilie folgendes fest: Im Laufe der letzten vierzehn Jahre waren in Frankreich 63 Berichte über eine Abdankung von Königin Elisabeth II. erschienen, ferner 73 Berichte über eine bevorstehende Scheidung von Prinz Philip, 115 Berichte über Streitereien mit Lord Snowdon, 17 Berichte über abfällige Bemerkungen gegenüber anderen Monarchen, wie zum Beispiel der Fürstin Gracia von Monaco, und 92 Berichte, Elisabeth II. erwarte ein Kind. Zwei der letzteren Artikel erwiesen sich später als korrekt. *France Dimanche* zählt zur leichteren Lektüre der Königin. Die britische Botschaft in Paris schickt das Blatt gelegentlich in den Buckingham Palace, und seine Fabeln über das Haus Windsor werden der Königin regelmäßig vorgelegt, Elisabeth II. hat im Freundeskreis oft ihre Bewunderung für die Erfindungsgabe der französischen Journalisten zum Ausdruck gebracht.

doner Zeitungen in den Buckingham Palace zitieren. Er drohte, die Königin werde Charles von der Schule nehmen und von Privatlehrern unterrichten lassen, wenn die Belästigungen nicht sofort aufhörten – und später erwies sich die Abgeschiedenheit von Gordonstown für die höhere Schulbildung ihres Sohnes als besonders vorteilhaft. Eton war von Windsor aus zwar bequem zu erreichen – aber auch von der Fleet Street aus.

Als Mutter legte sie entscheidenden Wert darauf, daß ihre Kinder so normal wie möglich aufwuchsen. Erst mußten beim Tee die belegten Brote aufgegessen sein, bevor der Kuchen drankam, Säume wurden ausgelassen, Ellbogen geflickt, als Taschengeld gab es 2/6d die Woche, und die Diener waren angewiesen, die Kinder mit dem Vornamen und nicht mit »Eure Königliche Hoheit« anzureden, solange diese noch klein waren. Ihr Gemahl war ebenso darauf bedacht, daß Charles sein Bett selbst machte und jeden Morgen pünktlich beim Frühstück erschien. Wie würde der Junge sonst, pflegte der Herzog zu fragen, später mit dem Leben fertig werden, das ihm bevorstand? Als Charles eine Hundeleine in Sandringham verlor, schickte ihn seine Mutter am nächsten Tag hinaus, um sie zu suchen. »Hundeleinen«, sagte sie, »kosten Geld.«

Auch ihre Freunde boten ihr eine Zuflucht, wo sie vor den Augen der Öffentlichkeit Schutz fand. Beim Besuch ihrer Landsitze an den Wochenenden besuchte sie Sonntag früh gewöhnlich den Gottesdienst, aber die übrigen Kirchgänger hielten ihre Anwesenheit für ein Geheimnis, das bewahrt werden müsse. Sie gaben den Lokalzeitungen keinen Tip. Die englische Angewohnheit, absichtlich nicht hinzuschauen, mag auch ihre Nachteile haben, aber für Elisabeth II. und ihre Gastgeber war sie einer Batterie von Kameras am Kirchentor durchaus vorzuziehen.

Die Familie Rupert Nevill und die Willses, die schon Prinzessin Margaret während der Townsend-Affäre bei sich aufgenommen hatten, gehörten zu ihren engsten Freunden. Sie hatte Rupert Nevill in Windsor kennengelernt, als er zur »Leibwache« Georgs VI. gehörte.[1] Als Mitglied der Börse half er Elisabeth II. bei der Regelung ihrer persönlichen Finanzen, wurde Schatzmeister und ist jetzt Privatsekretär des Herzogs von Edinburgh. Die Königin und ihr Gemahl fuhren gern zu ihm und seiner Frau nach Uckfield hinaus und besuchten an den Samstagabenden manchmal eine Theatervorstellung im nahegelegenen Brighton.

Die Willses auf ihrem Landsitz Binfield in Berkshire waren von Windsor mit

[1] In doppelter Hinsicht. Ihm war der kugelsichere Wagen anvertraut, mit dem der König im Fall einer Invasion in Sicherheit gebracht werden sollte, und er war auch der Partner der Prinzessin auf dem ersten Wohltätigkeitsball, den sie besuchte.

dem Wagen bequem zu erreichen, und Elisabeth II. fuhr gern in einem einfachen Rover ohne Chauffeur zu ihnen hinüber. Bei ihrem Onkel Harry, dem Herzog von Gloucester, der damals eine Vaterfigur in der Familie darstellte, fand sie ungestörte Gastfreundschaft in Barnwell Manor, Northamptonshire, und eine noch größere Rolle spielte in dieser Beziehung Onkel Dickie Mountbatten. Sein Haus in Broadlands gehörte zu dem halben Dutzend von Privathäusern, in denen sich die Königin gern aufhielt; dasselbe galt für das Landhaus seiner Tochter Patricia in Mersham le Hatch in Kent. Patricia war mit John Knatchbull, dem siebten Baron Brabourne und Produzenten des Films *Sink the Bismarck!*, verheiratet; ihre Freundschaft mit der Königin ging noch auf die Girl-Scouts-Zeit im Buckingham Palace zurück. Patricia, zwei Jahre älter, war damals Fähnleinführerin gewesen, und Elisabeth II. hat sich einen Rest der damals für Patricia empfundenen Bewunderung bewahrt, besonders seit diese später zu den wenigen Menschen gehörte, die es auf hitzige Wortgefechte mit Prinz Philip ankommen ließen. »Los, Patricia, gib's ihm!« rief dann die Königin lachend über den Tisch, wenn sich die beiden in die Haare gerieten.

Weitere gute Freunde waren Lady Zia Wernher – verwandt mit der Königin, mit den Mountbattens und noch näher mit Zar Nikolaus – und die Lords Porchester und Westmoreland, die sich besonders für Pferderennen interessierten, ein Thema, das in Elisabeths Freundeskreis eine große Rolle spielte. Ihre Pferdeliebe geht bis auf die Kindheit zurück, und als sie beim Tod ihres Vaters den königlichen Rennstall erbte, wurde die Rennbahn zu dem Rahmen, in dem sie am leichtesten ihrer Passion frönen konnte.

Das Image der Königin Elisabeth II. ist untrennbar mit der Rennbahn verbunden. Aber wäre sie 1952 nicht gezwungen gewesen, den königlichen Rennstall zu übernehmen, hätte sich ihr Enthusiasmus vielleicht gleichmäßiger verteilt. Sie hatte immer ein großes Interesse am Springreiten gehabt und der britischen Olympiamannschaft von 1956 sogar ihr eigenes Springpferd, »Countryman«, geliehen. Sie ließ alle Reiter in Windsor wohnen, so daß sie beim Training zuschauen konnte. Als sie nach Stockholm reiste, um die Wettbewerbe zu sehen, formte sie mit den Lippen stumm das Kommando zu den verschiedenen Figuren der Dressur, denn sie selbst war – und ist auch heute noch – eine Reiterin von internationalem Rang. Die Reitkünste ihrer Tochter Anne sind in aller Munde gewesen, die Königin hätte jederzeit dieselben Erfolge erringen können, wenn sie sich an Wettbewerben beteiligt hätte. Ihre Sportlichkeit gehört zu ihren weniger bekannten Eigenschaften – sie erklärt vielleicht ihr Durchhaltevermögen bei ihren öffentlichen Auftritten. Sie ist stets vier- bis fünfmal die Woche ausgeritten – mit leichtem Sattel, und sie hatte das Pferd absolut unter Kontrolle. Sie hat den Reitsport nach neuesten wissenschaftlichen Methoden betrieben, die Bedeutung von Stimme, Gewichtsverteilung und die exakte Verwendung von Beinen und Händen studiert, und dieses Fachwissen hat ihrer Tochter als Vorbild gedient. Kräftig, entschlossen und völlig furchtlos, besitzt Elisabeth II. alle Voraussetzungen, um sich bei einer Military auszuzeichnen, eine Sportart, durch die Prinzessin Anne berühmt geworden ist. Sie sah ihrer Tochter bei den Olympischen Spielen in Montreal 1976 zu, so wie sie seit Jahren zu Ostern das Reitturnier von Badminton besucht hat, und zwar nicht so sehr als Zuschauerin, sondern vielmehr als aktiver Teilnehmer, der nur durch die Umstände gezwungen ist, auf der Tribüne zu sitzen.

Diese Umstände gaben Elisabeth II. im Jahre 1952 die Verantwortung für den königlichen Rennstall – ein Erbe, das bis in die Regierungszeit Jakobs I. Anfang des siebzehnten Jahrhunderts zurückreicht. König Georg VI. hatte den Stall zwar weitergeführt, aber das Rennen langweilte ihn, und seine Gemahlin und die ältere Tochter konnten ihn nur mit Mühe überreden, ihnen Gesellschaft zu leisten, als sie sich nach dem Zweiten Weltkrieg für diesen Sport zu interessieren begannen.

Lord Mildmay, ein erfolgreicher Amateurjockey, war häufig Gast in Windsor. Er brachte Mutter und Tochter dazu, gemeinsam auf Monaveen zu setzen, ein Pferd, das beim Hürdenrennen mehr als 3 000 Pfund einbrachte. Als Mildmay durch einen Unglücksfall ertrank, kauften die beiden Frauen spontan zwei seiner Pferde. Sie errangen mit ihnen mehrere Siege, wobei Mutter und Tochter nicht nur Interesse am Rennen überhaupt, sondern auch an der Pferdezucht bekamen.

Heute führt Königin Elisabeth II. genau Buch über die Rennerfolge in den Zuchtbucheintragungen ihrer Pferde, denn gerade die genaue Kenntnis der Abstammung vermittelt ihr die tiefe Genugtuung, die sie beim Rennen empfindet. Es ist gewissermaßen eine Parallele zu Königin Marys Vorliebe für die genealogischen Verästelungen der Fürstenhäuser, nur mit anderem Vorzeichen, und sie besitzt den Blick ihrer Großmutter für Rasse. Man könnte in diesen Kenntnissen einen unfairen Vorteil gegenüber nicht dem Königshaus angehörenden Rennstallbesitzern sehen, aber es wäre auch der einzige Vorteil, den Elisabeth II. besitzt – und hierin liegt auch die tiefe Befriedigung, die sie aus der Leitung ihres eigenen Rennstalls gewinnt. Dies ist wohl das einzige Gebiet, wo man unmöglich sagen kann, sie verdanke den Erfolg ihrer Stellung. Der Respekt, den sie in einer Welt genießt, in der nur der wirkliche Fachmann etwas gilt, ist durch harte Arbeit, Menschenkenntnis, Einfühlungsvermögen in das Tier und den gleichbleibenden Erfolg des echten Profis errungen worden. Als der Jockey Brian Taylor gerügt wurde, weil er behauptete, ihr Pferd, »Hopeful Venture«, habe das seinige in Longchamps gefoult, und die Königin damit um den ersehnten Sieg brachte, wurde sie sehr zornig. Es sei Taylors Pflicht, im Interesse des Besitzers Beschwerde gegen jedes Pferd zu führen, das ihn behindert habe, ob es der Königin gehöre oder nicht. Sie wünsche für sich keine Bevorzugung.

Mit ihren Pferden ist die Königin ganz sie selbst – nur ein Mensch und keine Monarchin. Dann kann sie ihre Stellung so weit vergessen, daß sie wie jeder andere Enthusiast herumspringt, ruft und winkt, um ihr Pferd auf der Bahn anzutreiben. Wenn es gewonnen hat, erscheint auf ihrem Gesicht wieder das alte, breite Lächeln, wie wir es von ihren Kindheitsphotos kennen. Auf dem Rennplatz kommt sie dem Traum, als gewöhnlicher Sterblicher oder doch wenigstens als Gleiche unter Gleichen behandelt zu werden, am nächsten. Sie spricht mit ihren Pferden, liebkost sie und kann sich ganz dem Zauber hingeben, der von der unerforschlich aristokratischen Haltung dieser Tiere ausgeht. Sie steht mit Begeisterung bei Morgengrauen auf und läßt die Pferde auf dem noch vom Tau bedeckten Geläuf in vollem Galopp an sich vorbeidonnern; dann geht sie in die Stallungen, streichelt die glänzenden Flanken und fachsimpelt mit den braungebrannten kleinen Männern, die derselben Faszination verfallen sind. »Wenn da nicht mein Erzbischof von Canterbury wäre«, hat sie einmal gesagt, »würde ich jeden Sonntag in meiner Maschine nach Longchamps fliegen.«

In einem Leben ohne wirkliche Ferien konnte Elisabeth II. eine echte Entspannung nur aus sich selbst gewinnen, und ihre Liebe zu den Tieren hat dieses Wunder auf eine Weise bewirkt, wie es durch Beschäftigung mit geistigen Dingen, die von ihren Kritikern verlangt wurden, nie möglich gewesen wäre. Ein Corgi kann schließlich keine Memoiren veröffentlichen. Dieses kleine reizbare Tier ist zu einem ihrer Attribute geworden – die Narben an den Fußgelenken der Wachtposten, das Aufblitzen des Unterrocks bei der Fütterung, der kleine, in Sandringham stehende Grabstein mit der Inschrift »Der treuen Freundin der Königin, Susan« – aber diese Tierliebe ist auch der Talisman bei ihrem ständigen Bemühen, ein normales Leben zu führen. Sie kümmert sich persönlich um ihre Hunde, sie füttert sie, entfloht sie und herrscht sie an, wenn sie sich schlecht benehmen. Und, wie bei ihren Pferden, konnte sie auch hier nicht der Versuchung widerstehen, ganze Arbeit zu leisten. In den fünfziger Jahren errichtete sie in Sandringham einen Zwinger für Labrador-Hunde. Hier züchtete sie diese Rasse selbst und bildete die Hunde zu Jagdhunden aus, so daß sie in der Folgezeit bei großen Konkurrenzen höchste Preise errungen haben.

Sie ist ein Mensch, der das Leben in der freien Natur liebt, denn es hat seit jeher zur Tradition ihrer Familie gehört, dem Leben in der Metropole, sooft es nur ging, zu entfliehen. Sie sind Landmenschen. Jagen, Schießen, Fischen,

Oben: Mit Winston Churchill und Lady Churchill (links), 1955.
Unten: Anthony Eden (rechts) und der Marquess of Salisbury, 1951.

Alec, 14. Earl of Home.

Harold Macmillan und R. A. Butler (links).

Harold Wilson.

Pirschen – das ist der Boden, in dem Elisabeth II. verwurzelt ist, und sie schämt sich dessen nicht. Sie gibt gern zu, ein »Mädchen vom Lande« und eine »Pferdenärrin« zu sein. Es gibt eine große Anzahl von Menschen in England, von denen man dasselbe sagen könnte – sie bilden das Rückgrat der Grafschaften und Landgemeinden. Elisabeth ist aufgewachsen wie sie, und sie teilt ihre Vorliebe für lange Märsche in dicken Socken und festen Schuhen – gewöhnlich bei schlechtem Wetter. Es ist ihr nie schwergefallen, ihre Ferien bei Regenwetter zu verleben, und ihr Volk scheint sie deswegen nur um so mehr ins Herz geschlossen zu haben. Die Reisen Eduards VIII. und Prinzessin Margarets in den sonnigen Süden haben deren Ansehen in der Öffentlichkeit kaum erhöht.

Wenn Elisabeth II. nicht Königin wäre, hätte sie sich sicherlich auf dem Lande niedergelassen, Hunde gezüchtet und wahrscheinlich einen großen Teil ihrer Zeit wohltätigen Zwecken gewidmet – dem Frauenwerk und dem Roten Kreuz. Sie hätte vermutlich einen Sohn für die Marine erzogen und einer Tochter die Vorliebe für Pferde eingeimpft, aber sie hätte bestimmt keinen von beiden in die örtliche Einheitsschule geschickt, und dies jetzt nur deshalb zu tun, weil sie Königin war, wäre auf Unverständnis gestoßen. Außerdem tat beiden das Internatsleben gut. »Auf *diesen* Betten wirst du wenigstens nicht herumspringen können«, hörte man sie ihrem Sohn sagen, als er durch den Schlafsaal in Cheam geführt wurde.

Den von ihr nach Windsor eingeladenen Gästen fiel die Natürlichkeit ihres Lebensstils auf. Freunde und Ehrengäste trafen sich hier für das Rennen in Ascot und fuhren jeden Tag in offenen Wagen vom Schloß zum Rennplatz hinunter. Die hier nur für kurze Zeit versammelte, ein paar Dutzend Personen zählende Gemeinde bot ein Bild, das einem Hofleben im traditionellen Sinn in der zweiten Hälfte des zwanzigsten Jahrhunderts noch am nächsten kam; die Gästeliste wurde von ihrem Stellvertretenden Haushofmeister, Lord Plunket, zusammengestellt, der bis zu seinem Tod im Jahr 1975 auch ihre offiziellen Veranstaltungen arrangierte. Aber der Tagesablauf entsprach den Wochenendgewohnheiten eines normalen Landsitzes. Während sich die Königin am Vormittag mit ihren Aktenkoffern beschäftigte und ausritt, spielten die Gäste entweder Tennis oder gingen zum Einkaufen in den Ort Windsor. Man spielte Scrabble und Mühle. Romane von Agatha Christie lagen für diejenigen herum, die im Haus bleiben wollten, oder man konnte Schallplatten hören. Zur Plattensammlung gehörten die Alben von Louis Armstrong, Ella Fitzgerald, Lena Horne, Oscar Peterson und auch die populäre Klassik mit Schuberts »Unvollendeter« oder Mahlers »Das Lied von der Erde«. Keine atonale Musik.

Englands Umweltschützer wissen wahrscheinlich gar nicht, daß Königin

Elisabeth II. viel stärker als die meisten ihrer Untertanen unter der Lärmbelästigung leidet. Nur wenige Meilen vom Londoner Flugplatz entfernt liegt Schloß Windsor direkt unter der Einflugschneise. Als Ende der fünfziger Jahre der Krach startender und landender Düsenmaschinen immer schlimmer wurde, erkannte Elisabeth II. bereits am Fluggeräusch, ob sich der Wind gedreht hatte oder ob der Flugplan geändert worden war. Bei Tisch konnte sie sich in langen Monologen über die Unzuverlässigkeit der Zeitpläne von Heathrow ergehen – obwohl sie sich als Königin nie und nimmer beschweren konnte; während ihre persönlichen Erfahrungen mit der Geräuschkulisse des technischen Symbols ihrer Regierungszeit, die Erfahrungen mit der »Concorde«, wirklich repräsentativ genannt werden können.

Ihre Gäste in Windsor konnten dem Flugverkehr nachschauen, während sie im Swimming-Pool Erholung suchten, auf dem Badmintonplatz herumlagen oder, wenn sie zu den besonders Privilegierten gehörten, sich auf das komplett gesattelte Pony-Modell des Herzogs von Edinburgh setzen durften, um Bälle gegen ein stramm gespanntes Netz zu schlagen. Drinnen gab es die Spazierstockwand zu bewundern, jene große Sammlung von Spazierstöcken aller Art, die im Lauf der Jahre dem Souverän offiziell zum Geschenk gemacht worden waren, oder den riesigen, kreisförmigen Familienstammbaum, vom Herzog von Edinburgh persönlich geschrieben. Er ist unglaublich verzweigt und reicht bis auf Philipp den Großmütigen, Landgraf von Hessen-Kassel, 1504–1567, zurück. Dann war da die Bilderkammer mit ihrem seltsamen Sammelsurium – Van Dycks neben bunten Darstellungen Kaiser Wilhelms II. Elisabeth und ihr Gemahl zogen diese Schätze immer wieder ans Tageslicht und probierten aus, in welchen Zimmern das eine oder andere Stück aufgehängt werden konnte. Die Gäste waren oft erstaunt, wenn sie unter all diesem prächtigen Bilderschmuck plötzlich auf Modelleisenbahnen, Spielzeugautos, Schaukelpferde und große Gummibälle stießen, die von den Kindern auf den Gängen liegengelassen worden waren.

Nach der Rückkehr vom Rennen war für Unterhaltung gesorgt. Die Gesellschaft ging entweder in das kleine Zimmertheater am Ort und sah sich ein Lustspiel an, oder die Königin führte ihre Gäste persönlich durch die Staatsgemächer und die Bibliothek. Wenn auch der Bibliothekar unvermittelt hinter einem Bücherschrank hervortrat, so war es Elisabeth II., die persönlich ihren Gästen aufgrund großer Sachkenntnis alle Schätze genauestens erklärte.

In gelockerter Stimmung liebte es die Königin vor allem, mit ihren Gästen »The Game« zu spielen. Zwei Mannschaften saßen sich an den Enden des Raumes gegenüber, ein Schiedsrichter stand in der Mitte und hielt eine Liste mit Begriffen und Phrasen in der Hand, die von den Mitwirkenden mimisch

dargestellt werden mußten – »Forever Amber« oder sogar »Elle trouvait dans l'adultère toutes les platitudes de mariage – Sie fand im Ehebruch dieselben Gemeinplätze wie in der Ehe«. Die Spieler stürzten in die Mitte, erhielten ihre Aufgabe, und wenn sie den Sinn mit Erfolg dargestellt hatten, trat der nächste aus ihrer Mannschaft an. Eleanor Roosevelt hat dieses Gesellschaftsspiel miterlebt, als sie gegen Ende des Zweiten Weltkriegs Windsor besuchte, und sich über den unverhohlenen Abscheu geäußert, den dieses Spiel bei einem anderen Gast, Winston Churchill, hervorgerufen hatte. Aber Elisabeth II. knüpfte an alte Traditionen an. Diese Gesellschaftsspiele hatten zur Unterhaltung der Oberschicht um die Jahrhundertwende gehört.
Ihr Vertrauen in die Homöopathie war ein weiteres Anzeichen für ihren Sinn für Tradition und einen einfachen Lebensstil. Sir John Weir hatte die königliche Familie in den zwanziger Jahren mit seinen Hausmitteln bekannt gemacht, und nach seiner Pensionierung wurde Margerie Blackie, ebenfalls Homöopathin, zur Leibärztin der Königin ernannt. »Durch bloßen Händedruck kann man über den Patienten schon eine Menge erfahren«, hat Dr. Blackie zur Erläuterung ihrer homöopathischen Diagnosen geschrieben. »Die eine Hand ist kalt und trocken, also typisch für einen Menschen, der auf *Arsenicum* anspricht; oder die Hand ist kalt und feucht, was für *Hepar sulph.* sprechen würde. Ist die Hand hart und schwielig mit eingewachsenen Fingernägeln, denkt man sofort an *Silica.*« Die homöopathische Behandlung von Stirnhöhleneiterungen – an denen Elisabeth II. trotz ihrer sonst guten Gesundheit gelegentlich leidet – erfordert Arsen, bei Niesen und Schnupfen gibt es Zwiebeln, und bei Katarrh Nachtschattengewächse.
Läßt sich aus alldem eine Berechtigung für die heftigen Angriffe herleiten, die Ende der fünfziger Jahre gegen Elisabeth II. und die Monarchie überhaupt geführt wurden? In der Rückschau fällt an der Kritik eines Altrincham, Osborne und Muggeridge vor allem eines auf: Sie stieß auf taube Ohren in einem England, in dem man immer wieder hörte: »Mir geht es prima, Jack« und »Hab's noch nie so gut gehabt.« Ihre Besessenheit war in mancherlei Hinsicht ebenso unausgeglichen wie die Einstellung der Leute, die sich von Crawfies Machwerken blenden ließen. Was war schon von einer Diagnose zu halten, die ein paar Gartenfeste, Gouvernanten und ein halbes Dutzend Hofbeamte für die Schwierigkeiten eines ganzen Landes verantwortlich machte? Bernard Shaw hat einmal gesagt, daß die britischen Radikalen immer dem Fehler verfallen, das ins Auge springende, aber nicht das wirkliche Übel zu attackieren.
Schlicht, einfach und ungerührt, wenn man sie für altmodisch hielt, hatte Königin Elisabeth II. wenig für den Modekult übrig, der Großbritannien Ende der fünfziger Jahre heimsuchte und in den sechziger Jahren seinen Hö-

hepunkt erreichte. Die Begeisterung der Leute für das Allerneueste und Allerverrückteste sagte ihr wenig. Als dann Anfang der siebziger Jahre die Seifenblase platzte, stellte sich heraus, daß sie die ganze Zeit über den Werten treu geblieben war, die auch den meisten ihrer Untertanen am Herzen lagen; denn diese fühlten sich letzten Endes am glücklichsten unter einem Souverän, der das Normale dem Irrsinn, das Konventionelle dem Extravaganten und einen Tag beim Pferderennen einem Konzert mit atonaler Musik vorzog. Elisabeth II. hat jene Familieninstinkte ererbt und gepflegt, die den extravagantesten Monarchen des zwanzigsten Jahrhunderts, König Faruk, zu der Prophezeiung veranlaßten, am Ende des Jahrhunderts würden nur noch fünf königliche Häuser übrig sein – Treff, Karo, Herz, Pik und Windsor.

Teil 5

Majestät

Neue Familie

Am 19. Februar 1950 kam Königin Elisabeths drittes Kind, Andrew, auf die Welt.

Die Geburt war für alle Außenstehenden eine Überraschung, aber es war seit langem der Wunsch der Königin gewesen, eine große Familie zu haben – nicht nur deshalb, weil es ihr persönlicher Wunsch war, sondern auch deshalb, weil sie es für ihre Kinder für gut hielt, und sie war nur durch ihre unerwartet frühe Thronbesteigung bislang daran gehindert worden.

Die Ähnlichkeit ihrer eigenen Familie mit dem kleinen Kreis bei ihren Eltern war eine Zufälligkeit gewesen, die sie jetzt mit der Geburt des Prinzen Andrew und am 10. März 1964 mit der Geburt ihres dritten Sohnes Edward berichtigte.

Die Thronfolge war jetzt mehr als gesichert.

Elisabeth II. war glücklich, sich von ihren öffentlichen Verpflichtungen in die Rolle als Mutter zurückziehen zu können – obwohl ihr dies nur bis zu einem gewissen Grad gelang. Schon wenige Stunden nach Andrews Geburt saß sie im Bett und studierte Akten. Aber ihre junge Familie blieb im Privatleben ihre eigentliche Freude. Sie war besonders glücklich, wenn Mabel ihren freien Abend hatte, denn dann konnte sie in Abwesenheit der Kinderfrau selbst ihre Kinder baden, umziehen und ins Bett bringen. Sie war es, nicht die Kinderschwestern, die den Kleinen das Alphabet beibrachte. Das Gefühl der Zufriedenheit zeigte sich nach außen in größerer Gelassenheit und außerdem in einem mütterlichen Ausdruck. Man begann, ihren Stil in negativer Weise mit dem Glanz einer Jackie Kennedy oder der Brillanz von Grace Kelly, der Fürstin von Monaco, zu vergleichen. Aber Elisabeth II. ließ sich nicht beirren. Abgesehen von ihren persönlichen Neigungen und ihrem Gefühl dafür, was ihre Völker ansprach, hatte sie ihre jüngere Schwester, die eine derartige Rolle übernehmen konnte.

Die sechziger Jahre boten Prinzessin Margaret einen neuen Start. Ihre Beziehungen zu Peter Townsend hatten nach ihrer offiziellen Erklärung 1955, daß sie ihn nicht heiraten würde, noch eine Weile weiterbestanden. Er hatte eine Laufbahn als Schriftsteller eingeschlagen und war 1958 von einer Weltreise nach England zurückgekehrt, wo er sich mehrmals heimlich mit ihr getroffen hatte. Als die Presse dahinterkam, drohte eine Neuauflage der Belästigungen des Jahres 1955. Aber Peter Townsend zog sich auf den Kontinent zurück und heiratete dort im Jahr 1959 Marie-Luce Jamagne, eine zwanzigjährige Belgierin und Erbin eines Tabakunternehmens – während Prinzessin Margaret bereits einen jungen Photographen kennengelernt hatte, der von Prinz Charles und Prinzessin Anne Photostudien anfertigen sollte: Tony Armstrong-Jones.

Am 26. Februar 1960, eine Woche nach der Geburt von Prinz Andrew, gaben die Prinzessin und Armstrong-Jones ihre Verlobung bekannt. Zu ihrer größten Genugtuung war es ihnen gelungen, ihre zweijährige Freundschaft vor der Presse und fast der ganzen Außenwelt geheimzuhalten. Obwohl Armstrong-Jones Ende der fünfziger Jahre häufig in den Gesellschaftsspalten der Zeitungen auftauchte, war er nie in den Verdacht geraten, ein besonderes Interesse an Prinzessin Margaret zu haben. Wenn man ihn in ihrer Umgebung sah, ging man automatisch davon aus, daß er als Photograph erschienen sei – ganz zu schweigen von seiner Abstammung, die ihn als Gemahl einer Prinzessin wenig geeignet erscheinen ließ. Sein Vater war Anwalt in Wales und dreimal verheiratet, während seine Mutter, die Schwester des Designers Oliver Messel, einen Angehörigen des irischen Hochadels, den Earl of Rosse, geheiratet und mit ihm eine Familie gegründet hatte.

Armstrong-Jones selbst war in Eton und Cambridge gewesen, wo er 1950 als Steuermann das siegreiche Boot bei der traditionellen Regatta geführt hatte. Aber er hatte sein Architekturstudium nicht zu Ende gebracht. »Er war ein sehr angenehmer Mensch«, sagte sein Professor später, »aber er studierte nicht so fleißig wie die anderen jungen Leute und besaß offenbar keine Begabung für das Studium der Architektur.« Er gründete in London ein Photoatelier und machte sich einen Namen als Zeitschriftenphotograph; er übernahm Porträtaufträge und etablierte sich als Modephotograph. Er hatte angenehme, gepflegte Umgangsformen und besaß Talent. Da er aber der kosmopolitischen Halbwelt von Theater-Designern, Choreographen und Künstlern entstammte, mußte seine Qualifikation für eine Einheirat in die königliche Familie – sogar nach Auffassung des *New Statesman* – »mit einer Toleranz betrachtet werden, die noch wenige Jahre zuvor als undenkbar gegolten hätte«.

Als im März 1976 die sechzehnjährige Ehe zwischen Prinzessin Margaret und Tony Armstrong-Jones (der 1961 als Lord Snowdon in den Adelsstand erhoben worden war) auseinanderging, hörte man in der königlichen Familie gelegentlich die Bemerkung, sie hätte eigentlich doch Peter Townsend heiraten sollen, einen älteren und dominierenden Mann, mit dem sie länger als zehn Jahre befreundet gewesen war. Hinterher glaubt man immer, klüger zu sein. Denn als so imponierend hatte sich auch Townsend nicht erwiesen. Die Art, wie er Publicity während seines schwierigen Verhältnisses zur Prinzessin machte, war wenig glücklich gewesen. Und im Jahr 1960 schien Tony Armstrong-Jones über Qualitäten zu verfügen, die ihn der königlichen Familie nahebrachten und die ihm eine Popularität eintrugen, die Townsend nie besessen hatte.

Armstrong-Jones hatte einen Sinn für Humor, der seltsamerweise dem der Königin sehr ähnlich war. Sie lachten über dieselben Witze und besaßen dasselbe Talent für Schauspielerei. Er war ein sportlicher Typ. Die Königin freute sich, daß er auf ihre Schwester einen solchen Eindruck machte. Die beiden waren offensichtlich hingerissen voneinander, sie liebten sich und waren außerdem schon lange miteinander befreundet. Sie teilten das Interesse für das Unkonventionelle und eine gewisse Vorliebe für das Hintergründige, Außergewöhnliche. Elisabeth II. hätte durch diesen letzteren Aspekt vielleicht gewarnt werden sollen, wenn Margaret durch das Trauma der Townsend-Affäre nicht derartig gezeichnet worden wäre. Aber im Jahre 1960 glaubte man, eine neuerliche Wartezeit, ganz zu schweigen von einem Veto, käme jetzt nicht in Frage.

Unter anderen Umständen hätte man jedoch Prinzessin Margarets Eheschließung einer genaueren Prüfung unterzogen. Lord Snowdon machte in späteren Jahren gern die Unterscheidung: »Ich bin kein Mitglied der königlichen Familie. Ich bin mit einer Angehörigen der königlichen Familie verheiratet.« Aber diese Bemerkung traf nicht den Kern dessen, was eine Einheirat in die königliche Familie mit sich brachte. Im Jahr 1961 hatte Miss Katharine Worsley, die Tochter eines Landedelmanns aus Yorkshire, die Situation viel klarer erkannt. Sie wartete lange, bis sie den Vetter der Königin, Edward, Herzog von Kent, heiratete, und zwar wegen der Verpflichtungen, die eine Verbindung mit dem Thron zur Folge haben würde; aber dann entschloß sie sich, wie die Königinmutter und Prinz Philip, die unvermeidlichen öffentlichen Verpflichtungen auf sich zu nehmen. Die andere Alternative wäre eine fast völlige Anonymität gewesen. Als sich Angus Ogilvy 1963 mit Edwards Schwester, Prinzessin Alexandra, verheiratete, bestand er darauf, daß dieser Bund im wesentlichen privater Natur bleiben müsse – seine Frau würde weiterhin ihren offiziellen Verpflichtungen nachkommen und er würde Geschäftsmann bleiben und in der Öffentlichkeit nur in solchen Fällen mit ihr gemeinsam auftreten, in denen es für Ehepaare allgemein üblich war.

Tony Armstrong-Jones wählte ein Mittelding zwischen diesen beiden Lösungen. Zunächst einmal versuchte er, seine Gattin bei der Wahrnehmung ihrer offiziellen Funktionen zu begleiten. Anfang der sechziger Jahre trat das Paar als das verkleinerte Abbild der Königin und des Prinzen Philip auf. Es besuchte Amerika, verlieh Jamaika die Unabhängigkeit und besuchte die Fabriken in Mittelengland – und Armstrong-Jones nahm einen Titel an, was Ogilvy abgelehnt hatte. Aber das Leben in der Öffentlichkeit allein war dem Earl of Snowdon noch nicht genug. Sein Hang zum Photographieren blieb bestehen und bewirkte für Elisabeth II. eine Spannung neuer Art. Es gehörte natürlich irgendwie zum Lebensstil der neuen Zeit, daß sich ihr Schwager den Lebensunterhalt selbst verdiente. Es war typisch für ihre Lebensauffassung, daß sie als erster Souverän seit fünfhundert Jahren einen Bürgerlichen in den engeren Kreis ihrer Verwandtschaft aufzunehmen bereit war[1], und zum Zeitpunkt der Verlobung wurde darauf hingewiesen, daß das erste Kind aus der Ehe, der fünfte Anwärter auf den Thron, lediglich Mr. oder Miss Jones sein würde. Obwohl die Verleihung der Earl-Würde diese Ungereimtheit etwas übertünchte, sollte der Verlauf der Ehe zeigen, daß sich andere Widersprüchlichkeiten nicht so einfach lösen ließen.

Viele von ihnen ergaben sich aus dem Wesen von Prinzessin Margaret selbst. Ähnlich wie ihrem Onkel David fiel es auch ihr schwer, ein moderner Mensch in einer alten Institution zu sein. Um mit der Bibel zu sprechen, Margaret war die Maria und ihre Schwester die Martha. In den Augen der Öffentlichkeit bildete der Fall eine Mahnung, daß die Gesellschaft, wie im Falle der Windsors, die ruhelos von Ritz zu Ritz wanderten, ihren Preis dafür forderte, daß jemand den Vorteil hatte, ihr anzugehören. Eine einfache Erklärung für ihre Entscheidung, Peter Townsend im Jahr 1955 nicht zu heiraten, war die gewesen, daß sie im tiefsten Herzen am allerliebsten eine Prinzessin war. Aber was wollten ihre Kritiker von einer Prinzessin in der zweiten Hälfte des zwanzigsten Jahrhunderts überhaupt erwarten? Elisabeth II. löste das Dilemma ihrer königlichen Abkunft dadurch, daß sie sich im wesentlichen auf die bewährten, alten Grundsätze Georgs V. und sogar der Königin Viktoria verließ, die sie sehr bewunderte. Aber Margaret zog es vor, dem Zug der Zeit zu folgen, und darin verkörperte sie die innere Unsicherheit ihrer Zeitgenossen.

Auch die Wahl ihres Mannes gehörte dazu, war er doch jemand, der mehr oder weniger auf gut Glück aus der Scheinwelt der Reklame, Modeschöpfer, Innenarchitekten und Popmusiker herausgeholt war – lauter Berufe,

[1] »Es gibt in der neueren Geschichte«, formulierte die *Times* mit besonderer Vorsicht, »keinen Fall einer Eheschließung eines dem Thron so nahestehenden Mitglieds der königlichen Familie mit einer Person, die nicht einem Fürstenhaus oder dem britischen Hochadel angehört hätte.«

die in den *Swinging Sixties* in den Rang des Professionellen, ja sogar der Kunst, erhoben worden waren. In einem solchen Milieu hielt man Margarets Gespür für das Übermorgen für ein Talent, ihre Rastlosigkeit und der Mangel an inneren Werten galten als Zeichen schöpferischer Begabung. Viele Propheten haben es sich bequem gemacht und die sechziger Jahre als Morgenrot eines neuen Zeitalters für Großbritannien begrüßt. Vor diesem Hintergrund wurde Margarets Eingehen auf den Lebensstil der Zeit ebenso willkommen geheißen, wie die Zurückhaltung der Königin bedauert wurde. Aber mißgünstigere Beobachter glaubten, in den Auflösungserscheinungen um sie herum einen Anflug von Weimar, ja sogar von Rom à la Gibbon zu sehen, und nach dieser Analyse gerieten Prinzessin Margaret und ihre Freunde notwendigerweise in eine Sackgasse.

Die Schwierigkeiten dieser neuen Situation wurden Elisabeth II. und ihrer Familie schon vor der Trauung der Prinzessin Margaret mit Tony Armstrong-Jones im Mai 1960 bewußt. Der Bräutigam benannte natürlich als seinen Trauzeugen einen guten Freund. Aber dann stellte es sich heraus, daß dieser im Jahr 1952 wegen Homosexualität rechtskräftig verurteilt worden war. Eiligst wurde eine Konferenz einberufen, um einen Ersatzmann zu finden. Von den fünf vorgeschlagenen Herren wurde Dr. Roger Gilliatt, der Sohn des Gynäkologen der Königin, ausgewählt, obwohl er zugeben mußte, nicht zum engsten Freundeskreis des Bräutigams zu gehören. In der königlichen Familie fragte man sich, ob es wirklich ein so glückliches Zusammentreffen sei, daß der künftige Schwiegervater der Prinzessin Margaret von der Weltpresse gerade in Bermuda aufgespürt worden war, wo er mit der dritten Mrs. Armstrong-Jones, einer ehemaligen Stewardeß, seine Flitterwochen verlebte. Die Lage entsprach nicht ganz den Vorstellungen, die man sich in den Königshäusern des Kontinents von einer Fürstenhochzeit machte. Die Anzahl der Absagen überstieg weit das gewohnte Maß.

Aber für die meisten Menschen existierten diese Vorbehalte nicht. Die Trauung der Prinzessin mit einem Bürgerlichen war die erste größere Festlichkeit im Königshaus seit der Krönung. Sie wurde auf der ganzen Welt im Fernsehen übertragen. Die Mall war von einem Ende zum anderen von Menschenmassen blockiert, und Tausende schliefen über Nacht auf der Straße, um sich einen guten Platz zu sichern, so wie sie es dreizehn Jahre zuvor bei der Hochzeit von Prinzessin Elisabeth getan hatten. Die Namensträger Jones waren besonders stolz. Ein gewisser Sidney Jones, Geschäftsmann aus Edinburgh, regte an, daß die fünfhunderttausend Träger dieses Namens in Großbritannien je einen Shilling als Hochzeitsgeschenk oder Wohlfahrtsspende beisteuern sollten. Auch Spenden von Jones' mit Doppelnamen und Bindestrich seien unter den gegebenen Umständen akzeptabel[1], obwohl die angestrebten 25 000 Pfund nie erreicht wurden, ergaben sich rein zufällige Vorteile für andere Familien. »Auf dem Friedhof von Highgate wurde gestern ein seit langem vernachlässigtes Grab neu hergerichtet«, berichtete der *New Statesman* in der Wiedergabe eines Artikels aus der *Daily Mail.* »Der Londoner Kaufmann Roland Stagg, gestorben 1860, ist dort mit seiner Frau, Jane Armstrong, begraben. Die Pflege des Grabes wurde angeordnet, als sich herausstellte, daß die beiden die Ururgroßeltern von Mr. Armstrong-Jones waren.«

Der 6. Mai 1960 war ein klarer und sonniger Frühlingstag. Die letzte rote Rose wurde auf der Mall in dem zwanzig Meter hohen Blumenbogen zurechtgerückt, und zwischen einer Straße aus weißen Stangen mit den verschlungenen Monogrammen M und A fuhr die Prinzessin neben Prinz Philip zur Kirche. Das Brautpaar hatte sich gemeinsam für die Ehegelübde aus dem Gebetbuch von 1662 entschieden, und anstelle einer Predigt sollten die Seligpreisungen aus der Bergpredigt verlesen werden.

Mrs. Armstrong-Jones wurde auf dem Rückweg zum Buckingham Palace und dann auf der langen Fahrt durch die City zum Tower von den Menschen umjubelt. Auf der königlichen Jacht *Britannia* sollten sie ihre Hochzeitsreise antreten. Ihr Eheleben sollte in der Karibik seinen Anfang nehmen, und zwar auf einer Insel der Grenadinen, die der alte Freund der Prinzessin, Colin Tennant, gekauft hatte und wo er dem jungen Paar einen Baugrund zur Verfügung stellen wollte, auf dem sie sich ein eigenes Heim – Mustique – bauen konnten.

Achtzehn Monate darauf wurde ein Sohn, David Albert Charles, Viscount Linley, geboren, und fast vier Jahre nach ihrer Trauung eine Tochter, Sarah Frances Elizabeth. Dem Beispiel der Königin Elisabeth II. folgend, kam es Anfang der sechziger Jahre bei Hof zu einem größeren Kindersegen. Der Herzog und die Herzogin von Kent, die im Juni 1961 geheiratet hatten, bekamen 1962 einen Sohn George, Earl of St. Andrews, und 1964 eine Tochter, Lady Helen Windsor[2]. Prinzessin Alexandra und Angus Ogilvy, die 1963 geheiratet hatten, bekamen 1964 den Sohn James und 1966 die Tochter Marina. Diese Vermehrung der königlichen Familie erzeugte, zusammen mit der steigenden Zahl von Kindermädchen und Erzieherinnen, logistische Probleme, denn in Zukunft konnte sich die ganze Familie nicht

[1] Der Name Jones, der in Wales weit verbreitet ist, hat denselben Ursprung wie Johnson und Johanson, das heißt Sohn des John. In den Vereinigten Staaten steht dieser Familienname in der Häufigkeit an sechster Stelle, hinter den Smiths (am weitesten verbreitet), den Johnsons, Browns, Williams' und den Millers.

[2] Den Kents wurde 1970 ein drittes Kind, Lord Nicholas Windsor, geboren.

mehr zum traditionellen Weihnachtsfest in Sandringham versammeln. Als Ausweichlösung wurde Windsor gewählt.
Aber diese allen Altergruppen angehörenden Neuzugänge stellten für Elisabeth II. eine Truppe dar, die sie überall einsetzen konnte. Die Vergrößerung ihrer Familie schuf ein jederzeit verwendbares Team von Einzelpersonen, die einen Teil ihrer Tätigkeit in England und im Ausland übernehmen und außerdem dabei helfen konnten, einen vielgestaltigen Hof zu bilden, der die verschiedenen Altersgruppen, Geschlechter, Bevölkerungsschichten und Interessengruppen ansprach. Elisabeth II. unterschied sich von Königin Viktoria insoweit, als sie nicht den Ehrgeiz besaß, ihre Verwandtschaft herumzukommandieren. Ein weiterer Vorteil dieser vielschichtigen Form der Zusammenarbeit war der, daß, falls sich ein einzelner zu weit in eine bestimmte Richtung vorwagte oder eventuell für die Wahrnehmung bestimmter Aufgaben ausfiel, mehrere Ersatzleute zur Verfügung standen, die das Interesse der Öffentlichkeit auf sich ziehen konnten.

lisch: Prince Consort, in der Schreibweise mit großem C – erhielt). Er hatte sich vorgenommen, die Monarchie aus der Verflechtung mit dem politischen Tagesgeschehen zu lösen und in eine repräsentative Rolle hineinzuführen, wie sie später von Georg V., zwar weniger bewußt, zur Vollkommenheit weiterentwickelt wurde. Er identifizierte die Monarchie mit den bürgerlichen Idealen häuslicher Tugend, guter Werke und emsiger Betriebsamkeit.

Der Prinz stellte die Finanzen des Hofs auf eine feste Grundlage, straffte das Management der Hofhaltung und der königlichen Liegenschaften, und er war es auch, der die moderne Form der Konsultation zwischen Regierung und Krone einführte und die laufende Orientierung des Souveräns durch die inzwischen berühmt gewordenen »Aktenkoffer« anordnete, an deren Bearbeitung er sich übrigens persönlich beteiligte. Im Jahr 1861, kurz vor seinem Tod, bestand Albert darauf, daß der Ton einer Note, die an die amerikanische Regierung wegen der *Trent*-Affäre[1] abgesandt werden sollte, abgemildert wurde. Er schrieb den Text persönlich um, so daß die Krise gebannt und die Gefahr eines Krieges beseitigt werden konnte.

Prinz Philip hat heute keine Schlüsselstellung inne. Er strebt auch den Titel, den sein Ururgroßvater geführt hat, nicht an. Seine Gemahlin beschäftigt sich allein mit den Akten. Und wenn sie diese Arbeit mit jemandem teilen will, wird es Prinz Charles sein, der nach der Verfassung in diesen Prozeß eingeschaltet wird. Das ist wichtiger für die Zukunft; Prinz Philip hat übrigens immer die Auffassung vertreten, er könne auf anderen Gebieten nützlichere Arbeit leisten.

Er folgt dem Vorbild des Prinzen Albert und übernimmt die Schirmherrschaft für die wissenschaftliche und technische Forschung. Albert hatte gegen erhebliche Opposition für die Große Ausstellung im Jahr 1851 zu kämpfen, und obwohl Philip auf Triumphe dieser Art nicht zurückblicken

[1] Die *Trent*-Affäre war eine diplomatische Krise, zu der es 1861 zwischen England und den Vereinigten Staaten während des amerikanischen Bürgerkriegs gekommen war. Die *Trent* war ein britisches Schiff, das am 8. November 1861 von der *USS San Jacinto* aufgebracht wurde. An Bord der *Trent* befanden sich zwei Vertreter der Südstaaten, James Mason und John Slidell, die vom amerikanischen Kommandanten, Captain Charles Wilkes, verhaftet wurden. Die öffentliche Meinung in England betrachtete die Aufbringung als einen Bruch der Neutralitätsrechte auf hoher See. Lord Palmerston, der britische Außenminister, gab der Empörung in seinem Lande Ausdruck, als er in einer Note volle Entschädigung verlangte. Prinz Albert meinte jedoch, den Nordstaaten sollte die Chance zum Einlenken ohne Gesichtsverlust gegeben werden. Er beschwor Palmerston, ihn selbst den Text der Note in einem versöhnlicheren Ton neu fassen zu lassen. Daraufhin setzte der amerikanische Außenminister die beiden Südstaatler im Dezember 1861 in Freiheit, und zwar mit der offiziellen Begründung, Captain Wilkes habe versäumt, seine Prise in einen Hafen zu bringen und dort auf einen richterlichen Spruch zu warten.

Elisabeth II. und die Königinmutter in Epsom, 1965.

Die Königin und ihre Pferde.

Prinz Philip, die Herzogin von Windsor und Königin Elisabeth II. im Pariser Heim des Herzogs und der Herzogin, 1972.

6. Mai 1972. Die Herzogin von Windsor, in Trauer, beobachtet, wie die Königin zur Flaggenparade das Schloß verläßt. Die Parade galt dem Andenken an König Eduard VIII., der zwei Tage später beigesetzt wurde.

kann, hat er seinen Einfluß zum Tragen gebracht, um auf konstruktive Weise zahlreiche, zeitgemäße Projekte zu fördern. In dem Vierteljahrhundert seit seiner Ernennung zum Präsidenten der »Britischen Vereinigung zur Förderung der wissenschaftlichen Forschung« im Jahr 1951 ist er immer wieder auf die Themen zurückgekommen, die ihm wichtig erscheinen: daß Laboratorien, die insgeheim um des Profites willen arbeiten, dem Wohl des Volkes schaden; daß der Mensch bei der wissenschaftlichen Forschung nicht zu kurz kommen dürfe, denn »wir können entweder die Welt von Hunger, Angst und Seuchen befreien oder das Leben selbst vernichten«; außerdem betont er immer wieder die Wichtigkeit, das Leben der wilden Tiere auf der ganzen Welt zu schützen – diesem Anliegen widmete er sich ganz besonders, hat man gelegentlich behauptet, weil eine gewisse Verbindung zu der Tatsache bestehe, daß auch das Königtum vom Aussterben bedroht sei.

Er hat einen bissigen Humor. In einem Brief an seinen Freund Sir Solly Zuckerman, damals wissenschaftlicher Berater des Kabinetts, regte er eine Untersuchung an, wie durch öffentliche Mittel bestimmte, historisch bedeutsame Schiffe konserviert werden könnten. Als Antwort erhielt er nur den Vorschlag, man könne auch Schiffsmodelle hierfür verwenden.

»Lieber Solly«, schrieb der Herzog und dachte dabei an den Umstand, daß Zuckerman auch Ehrenvorsitzender der Zoologischen Gesellschaft war: »Ich verstehe Deinen Hinweis auf Modelle. Wie würdest Du auf den Vorschlag reagieren, daß man die Unterhaltungskosten eines Zoos dadurch senken könne, daß man nur ausgestopfte Tiere ausstellt?«

Er zögerte nicht, seine Stellung für jede Sache zu nutzen, wenn er es für nötig hält – zum Beispiel als Anreiz dafür, daß Gewinner seines im Jahr 1956 gegründeten *Award Scheme* für junge Leute in den Buckingham Palace eingeladen und ihm vorgestellt werden, oder auch in Form eines ziemlich massiven Drucks, wie zum Beispiel in dem Fall, als er den Eindruck hatte, daß das Marinemuseum in Greenwich, zu dessen Treuhändern er gehörte, keinen angemessenen Teil der für solche Einrichtungen ausgeworfenen öffentlichen Mittel erhielt.

»Ich halte es als Treuhänder für meine Pflicht, die Angelegenheit so lange weiterzuverfolgen, bis eine befriedigende Lösung gefunden ist«, schrieb er dem Schatzkanzler nach einer längeren Korrespondenz, in der ihn der Schatzkanzler schließlich gebeten hatte, nicht weiter zu drängen.

»Wenn Sie oder das Finanzministerium hierdurch in eine peinliche Situation versetzt werden sollten«, schrieb der Prinz, »bin ich durchaus bereit, mit dem Premierminister meinen Rücktritt als Treuhänder zu erörtern.« Das Museum bekam seine Geldmittel.

Zuweilen grenzt seine Art an räuberische Erpressung. In der Öffentlichkeit gibt er sich leutselig und verbindlich, bei ernsten Auseinandersetzungen jedoch kann die Atmosphäre geladen sein. Als kluger Mann verwendet er viel Zeit darauf, alle Probleme bis ans Ende durchzudenken und zu Schlußfolgerungen zu kommen, die mit seiner eigenen Vorstellung von der Welt übereinstimmen. Er verliert sehr schnell die Geduld im Gespräch mit Menschen, die diese Auffassungen nicht teilen. Er hat sich zum Beispiel viele moderne Bilder gekauft, aber er macht kein Hehl daraus, wo nach seinem Geschmack die Grenze der modernen Kunst liege. »Über dieses Bild müßte man meines Erachtens ein Handtuch hängen«, sagte er vor Victor Passmores *Relief Construction* in der Gemäldegalerie von San Francisco.

Seine religiösen Glaubensgrundsätze haben sich als einigermaßen sprunghaft erwiesen. Die stark auf das Ritual ausgerichtete griechische Orthodoxie seiner Kindheit, der strenge deutsche Protestantismus von Salem und die Riten der anglikanischen Kirche, wie sie in der Marine und der Königsfamilie beobachtet wurden, machten ihn eine Zeitlang zum Zyniker – er wurde fast zum Atheisten. Gelegentlich rief er zu ungewohnten Tageszeiten seine Freunde an, um philosophische Themen zu erörtern. Und gern ergeht er sich in theologischen Auseinandersetzungen mit den Geistlichen, die bei der Königin zu Gast sind, so daß er in der Mitte seines Lebens zu einem echten, persönlichen Glauben gefunden hat. Aber aus seiner eigenen Suche nach der religiösen Wahrheit entstanden Zweifel, ob Prinz Charles schon mit sechzehn Jahren, noch als Schüler, konfirmiert werden solle – doch dies war nicht der Grund dafür, daß Prinz Philip aufmerksam in der Bibel las, während der Erzbischof von Canterbury bei Charles' Konfirmation 1965 in Windsor seine Predigt hielt, dies war sein Urteil über die Predigt.

»Kommen Sie, lassen Sie uns ein Glas trinken«, sagte der Dekan von Windsor anschließend zum Erzbischof von Canterbury, Michael Ramsey, der den Gottesdienst abgehalten hatte.

»Ich danke Ihnen«, sagte der Erzbischof. »Ich kann jetzt wirklich einen Drink brauchen. Verdammt rücksichtsloses Benehmen, finde ich.«

Prinz Philip tyrannisiert andere Leute, wenn er glaubt, er kommt damit durch. Aber seine Gemahlin gehört nicht dazu. Sie kann, wenn sie will, noch viel härter sein als er. Zu Hause spielt er die Rolle des altmodischen Familienoberhauptes. Elisabeth hatte es sich eine Zeitlang gefallen lassen, daß er sich zum Frühstück Wurst in einer elektrischen Pfanne briet, bis er zugeben mußte, daß der Bratgeruch noch zur Mittagszeit in den Räumen hing. Er hat das letzte Wort auf den Gütern, die er leitet, im Auto, wo sie nur noch ganz leise den Atem einzieht, und außerdem in der Öffentlichkeit. Sein langer Krieg mit der Presse beruht nicht auf einem persönlichen Vorurteil. Er zeigt eine Abneigung, die man in der ganzen königlichen Familie gegen die Art und Weise empfindet, wie die Massenmedien versuchen, in das Privatleben der königlichen Familie einzudringen. Philip sieht es als eine seiner Hauptaufgaben an, seine Frau davor zu schützen. Er war die treibende Kraft hinter der Herstellung des Films *Royal Family,* aber dies hinderte ihn nicht, auf den Regisseur und Produzenten, Richard Cawston, wütend zu sein. »Bringen Sie Ihre verdammten Kameras nicht so dicht an die Königin«, herrschte er ihn an.

Er entschuldigt sich nicht für die Art, wie er nun einmal ist, und seine Gemahlin wäre die letzte, die so etwas von ihm erwarten würde. »Es ist etwas dran, wenn die Leute sich so geben, wie sie sind«, sagt er. »Ich glaube, die meisten haben nichts gegen gelegentliche Grobheit oder Vorurteile. Darüber sehen sie hinweg, wenn der Betreffende das auch seinerseits tut.«

Aber es liegt im Wesen des repräsentativen Königtums begründet, daß man von ihm gegensätzliche Dinge erwartet. Die Menschen erwarten von ihrer Königin, daß sie etwas moderner wirkt und ab und zu aus sich herausgeht, aber gleichzeitig soll sie mütterlich sein und Trost spenden. Sie finden es schade, daß Prinz Charles so altmodisch erzogen wird, aber sie wären auch nicht glücklich darüber, wenn er wie ein langhaariger Hippie oder wie ein geschniegelter Werbemanager aussähe. Dem Herzog von Edinburgh, der wegen seiner dynamischen Art, seiner Männlichkeit und bestimmter Ansichten verehrt wird, wirft man manchmal gerade diese Eigenschaften vor. In einer Gallup-Umfrage des Jahres 1969 rangierte er an erster Stelle bei der Frage, wer das Zeug zum Diktator habe (seine Frau folgte erst ganz unten)[1], und als er gegenüber Alfredo Stroessner von Paraguay die Be-

[1] In einer am 26. September 1969 im *Daily Telegraph Magazine* veröffentlichten Umfrage war die Frage gestellt worden, wer ein guter und wer der beste Diktator sein würde. Zu den namhaft gemachten Kandidaten gehörten:

	Guter Diktator	Der beste Diktator
Der Herzog von Edinburgh	32%	21%
Enoch Powell	29%	16%
Harold Wilson	14%	7%
David Frost	12%	5%
Barbara Castle (damals Minister für Arbeit und Produktivität)	11%	4%
Frank Coussins (Generalsekretär der Transportarbeitergewerkschaft von 1956–69)	10%	3%
Edward Heath	9%	4%
Die Königin	8%	4%

Besser schnitt die Königin in einer Umfrage ab, die im Jahr zuvor vom *Observer* veranstaltet worden war. Hier ging es um die Frage, wer der beste Kandidat für den Präsidentenposten in Großbritannien sein würde – aber auch hier erhielt ihr Gemahl die meisten Stimmen.

merkung fallen ließ, er freue sich, »zur Abwechslung in einem Lande zu sein, das nicht vom Volk regiert wird«, kam es in England zu einem Aufschrei der Empörung.

Eine endgültige Beurteilung von Prinz Philip, Herzog von Edinburgh, ist heute noch nicht möglich. Er kann schwierig sein, aber Elisabeth II. empfindet kein Selbstmitleid darüber, mit einem »groben Klotz« verheiratet zu sein. Sie liebt ihren Mann, und er liebt sie. Und wenn es auch nicht mehr die große Leidenschaft der Jugend ist, so hat sich doch ein starkes Gefühl gegenseitiger Achtung entwickelt. Sie sprechen miteinander und hören aufeinander, und zwar häufiger, als es die meisten anderen Menschen tun, die dreißig Jahre zusammengelebt haben. Sie sind ausgesprochen herzlich zueinander, und wenn sie getrennt sind, redet jeder ständig vom andern. Sie sind Mann und Frau, aber davon unabhängig sind sie auch Freunde, und diese Freundschaft ist um so stärker, als sie Interessen haben, die nicht übereinstimmen. Er findet Pferderennen langweilig und sieht keinen Grund, warum er sie zu jedem Rennen begleiten sollte. Sie teilt nicht seine Vorliebe für das Segeln, für technische Probleme oder für Tischreden.

Prinz Philip fühlt sich nirgends wohler, als bei Brandy im Zigarrendunst eines Klubs oder Offizierskasinos zu sitzen (obwohl sie beide nicht rauchen), und am glücklichsten ist er, wenn er dann als Ehrengast aufstehen und eine Ansprache halten kann. Die Zahl dieser Reden, die er alle selbst verfaßt, beläuft sich jedes Jahr auf etwa einhundertfünfzig. Sie sind mit persönlichen Witzen gewürzt und behandeln vor allem diejenigen Themen, die ihm besonders am Herzen liegen. Das Reden ist eines seiner bevorzugten Hobbys. Und wenn man ihm allzugroße Selbständigkeit vorwirft, wie sie gemeinhin einem gutaussehenden und offenbar unabhängigen Mann zuerkannt wird, so ist es nur das, was viele Ehefrauen zu ertragen haben, deren Männer den ungezwungenen Umgang mit ihresgleichen bei den Freimaurern, in den Kricket-, Rugby-, Golf- oder Rotaryklubs suchen. Elisabeth II. hatte zu Beginn ihrer Regierungszeit ganz bewußt den Entschluß gefaßt, keine Einladungen zu offiziellen Abendessen anzunehmen, mit Ausnahme ganz besonderer Gelegenheiten. Und beide haben sich darauf geeinigt, daß er diese Funktion übernimmt und ihr dadurch Zeit läßt, sich das Fernsehen anzusehen, Freunde zu empfangen oder mit den Akten weiterzukommen.

Dies soll nicht heißen, daß sie nicht die meiste Zeit beieinander wären. Sie arbeiten eng zusammen. Ihre Büros liegen im oberen Stockwerk des Buckingham Palace nebeneinander, und ihr Geschäftszimmerpersonal ist einen Stockwerk tiefer untergebracht – und nicht zwischen ihnen. Sie essen fast immer gemeinsam zu Mittag, viele von ihren öffentlichen Verpflichtungen werden von ihnen gemeinsam wahrgenommen, und sie nutzen bewußt die eigenständigen Rollen aus, die ihnen das Leben zugewiesen hat. Als Frau kann sich Elisabeth II. auf Gebieten betätigen, die einem Mann verschlossen sind. Als Mann kann Philip sich mit einer Offenheit äußern, wie es Königinnen nicht möglich ist.

Die Tatsache, daß die Monarchie in einem aggressiv-gleichmacherischen Zeitalter von einer Frau, und dazu noch von einer sehr zurückhaltenden, repräsentiert wird, hat dem Thron paradoxerweise eine größere Elastizität gegeben. Prinz Philip hätte als Souverän durch seine oft brüske, maskuline Art leicht Konflikte heraufbeschworen, von denen die Regierungszeit seiner Gemahlin weitgehend verschont geblieben ist. So wie die Dinge liegen, hat er gewissermaßen einem Cocktail, der sonst nicht recht geschmeckt hätte, einen Schuß Würze verliehen. Als er 1965 mit Elisabeth II. den Sudan besuchte, wurde ihm der fünfköpfige Ministerrat vorgestellt, dem drei Ärzte angehörten, und unmittelbar danach wurde er mit einem weiteren Arzt bekannt gemacht. »Oh«, sagte er, »Sie müssen der einzige Arzt sein, der nicht in der Regierung sitzt.«

Auch hätte ein Souverän nie auf den Vorschlag eingehen können, der Philip von einem Geschäftsmann in Miami Beach gemacht wurde, als der Herzog von Edinburgh 1966 eine Rundreise durch Amerika unternahm, um Geldmittel für wohltätige Zwecke in Großbritannien zu sammeln. Der Geschäftsmann stellte eine Spende von 100 000 Dollar in Aussicht, falls der Prinz in seinen Swimming-Pool springen würde. Also zog sich Philip aus, sprang hinein und erhielt den Scheck[1].

Sein Beitrag zum Leben und zur Arbeit der Königin hat für immer seinen Ausdruck in der Änderung des Familiennamens gefunden, die von der Königin am 8. Februar 1960 für alle ihre Nachfahren in der männlichen Linie angeordnet wurde: »Während ich und meine Kinder weiterhin als das Haus und die Familie von Windsor gelten sollen, werden meine Nachfahren . . . den Namen Mountbatten-Windsor tragen.« Man hatte ursprünglich angenommen, daß diese Änderung nur für diejenigen bestimmt sei, die einen Familiennamen brauchten. Aber die Heiratsurkunde der Prinzessin Anne vom 14. November 1973 ließ keinen Zweifel daran, daß die

[1] Eine weitere Überraschung war es, als er die Schirmherrschaft über die englisch-schottischen Studentenmeisterschaften im Flohhüpfen übernahm. Er beteiligte sich am Entwurf eines silbernen Plättchens, das er den Siegern als Trophäe überreichte. Das jährliche Finale, das durch Ausgelassenheit und starken Bierkonsum gekennzeichnet ist, gehört sonst nicht zu den Veranstaltungen, die von Angehörigen des Königshauses besucht werden. Aber bei dieser Gelegenheit werden jedesmal mindestens tausend Pfund für einen wohltätigen Zweck gesammelt, der dem Herzog am Herzen liegt.

Kinder der Königin, obwohl sie normalerweise nur als Prinz oder Prinzessin und nie mit ihrem Familiennamen angesprochen werden, einen solchen trotz alledem führen. Die Prinzessin unterschrieb lediglich mit Anne, war aber auf der Urkunde als »Anne Elizabeth Alice Louise Mountbatten-Windsor, 23, Jungfer« aufgeführt. Auf diese Weise hat sich Prinz Philip ein Denkmal gesetzt. Er hat einen Namen, mit dem weder er noch seine Eltern geboren wurden, unter dem Druck der öffentlichen Meinung mit einem ebenso erdachten Namen gekoppelt – eine sinnvolle Kombination für eine der erfolgreichsten repräsentativen Dynastien in der Geschichte.
Gelegentlich haben sie auch Streit miteinander. Dann werden sie auf einmal laut. »Paß auf, der Haussegen hängt schief«, flüstern dann die Diener, wenn das Paar in eisigem Schweigen zum wartenden Wagen geht. Aber ein befreiendes Lachen ist dagegen stets die beste Medizin. Davon wissen die ihnen Nahestehenden viel zu berichten.
Im November 1972 begingen Königin Elisabeth II. und Prinz Philip ihre silberne Hochzeit. Sogar der republikanisch eingestellte Unterhausabgeordnete Willie Hamilton fühlte sich veranlaßt, den beiden rein persönlich zu gratulieren und die Hoffnung auszudrücken, er könne auch an ihrer diamantenen Hochzeit teilnehmen. (»Wir nicht«, riefen konservative Abgeordnete, als er diese Erklärung abgab.)
»Ich glaube«, sagte Elisabeth II. an jenem Abend und machte sich damit eine Phrase zu eigen, die die Satiriker für sich beansprucht haben, »daß mir heute alle recht geben werden, wenn ich meine Rede mit den Worten ›Mein Mann und ich‹ beginne.«
Es habe, sagte sie, einmal einen Bischof gegeben, der gefragt wurde, was er von der Sünde halte. Er habe einfach geantwortet, er sei dagegen. Und ihre Antwort auf dieselbe Frage bezüglich Ehe und Familienleben sei ebenso einfach.
»Ich«, sagte Elisabeth II., »bin dafür.«

Die Königin und Mr. Wilson

Harold Wilsons erster Zusammenstoß mit der Hofetikette ereignete sich wenige Minuten, nachdem er die Mehrheit errungen hatte, die ihn zum ersten sozialistischen Premierminister der Königin Elisabeth II. machen sollte.

Um 2.47 Uhr am Freitagnachmittag, dem 16. Oktober 1964, erhielt die Labour Party den 316. der 630 Sitze im Unterhaus. Das Büro des Premierministers bat ihn, sich gestreifte Hosen und einen langen Gehrock anzuziehen, um für seine Audienz bei der Königin gerüstet zu sein. Mr. Wilson lehnte ab. Gestreifte Hosen – vielleicht, aber Gehrock – nein. Er ließ sich durch seinen Freund Tony Field einen kurzen, schwarzen Rock aus seinem Kleiderschrank in Hampstead Garden Suburb herüberbringen, und diesen trug er, als er ins Schloß fuhr, um der Königin die Hand zu küssen – obwohl der Königin Elisabeth II. Protokollfragen zu seiner Enttäuschung offenbar ebenso gleichgültig waren wie ihm. Sie ernannte ihn auf der Stelle zum Premierminister, ohne daß es zu einem Handkuß gekommen wäre.

Vielleicht war die Königin überrascht, als Mr. Wilson die Bitte äußerte, ob er zu diesem Anlaß nicht auch seine Frau mitbringen dürfe – vielleicht noch mehr, als dann in einem zweiten Wagen auch noch sein Vater und seine Schwester mitkamen.

Aber sie hatte auch eine Überraschung bereit.

Er hatte versäumt, sich danach zu erkundigen, wie die Audienzen des Premierministers bei der Königin jeden Dienstag ablaufen, und erschien zur ersten Audienz in der Erwartung, es würde nur zu einem gemütlichen Gespräch über allgemeine politische Fragen kommen.

Elisabeth II. hatte sich jedoch die Unterlagen im Aktenkoffer besonders sorgfältig angesehen. Die Amtsübernahme durch eine sozialistische Regierung hatte erhebliche internationale Spekulationen um das Pfund ausgelöst.

Harold Wilson hatte düstere Prophezeiungen gemacht über das Defizit von über 800 Millionen Pfund in der Zahlungsbilanz, die ein Erbteil aus »dreizehn Jahren konservativer Mißwirtschaft« seien. Die Königin wollte wissen, was ihr Erster Lord des Schatzamtes (Ehrenamt des britischen Premiers) dagegen zu tun gedenke. Sie sei Königin und nicht ein Fernsehreporter, der sich mit Gemeinplätzen abspeisen lasse. Sie erwarte, von ihrem Premierminister ins Vertrauen gezogen und über alle Fakten aufgeklärt zu werden, wie Wilson bei einer Audienz im Jahr 1964 feststellen konnte. »Sehr interessant, diese Idee von einer neuen Stadt im Gebiet von Bletchley«, sagte die Königin. Der Premier machte ein verständnisloses Gesicht. Es war das erste Mal, daß er von dem Plan hörte, in Buckinghamshire die neue, jetzt unter dem Namen Milton Keynes bekannte Stadt zu gründen. Der Plan war von einem Kabinettsausschuß entwickelt worden, und die Königin hatte alle Einzelheiten studiert, während sich Wilson die Lektüre für das Wochenende aufgehoben hatte.

»Ich werde meinem Nachfolger mit Sicherheit den guten Rat geben, seine Schulaufgaben zu erledigen, bevor er zur Audienz geht«, sagte er zwölf Jahre später in seiner Rücktrittsrede. »Und daß er sich alle Telegramme und Protokolle der Ausschußsitzungen rechtzeitig ansieht, und sie nicht bis zum Wochenende liegen läßt, denn sonst kommt er sich wie ein unvorbereiteter Schuljunge vor.«

Es war der dornige Beginn eines Verhältnisses, das nach den gegebenen Umständen unter keinem guten Vorzeichen stand. Harold Wilson war der erste Premierminister der Königin Elisabeth II., der von außerhalb jener Gesellschaftsschicht kam, in der sie aufgewachsen war und die bis jetzt das Rückgrat jeder Regierung gestellt hatte. Sie war von ihren Eltern dazu angehalten worden, persönliche Erfahrungen außerhalb dieser Kreise zu suchen, und die Führungskrisen von 1957 und 1963 hatten ihr unwillkürlich das Gefühl vermittelt, daß sie es jetzt mit einem Premier und einer Regierung schwer haben würde, die nicht nur außerhalb dieses Kreises standen, sondern diesem gegenüber sogar feindlich eingestellt waren.

Aber Elisabeth II. wurde der Herausforderung gerecht. Sie folgte dabei ihrem Großvater, der auf pragmatische Weise das Prinzip einer unparteiischen, konstitutionellen Monarchie durch die Repräsentation verwirklicht sah. Aber noch wichtiger war ihre persönliche Einstellung zum neuen Premierminister. Lord Home verglich die Art, wie sie die Audienzen handhabte, mit der eines freundlichen Schuldirektors, der den Sprecher der Schülerschaft in seinem Arbeitszimmer empfängt. Die Königin, meinte er, höre aufmerksam zu, stelle wohlüberlegte, direkte Fragen und zeige ein besonderes Verständnis für alle Schwierigkeiten, die einem Premierminister begegnen können. Jetzt hatte Harold Wilson denselben Eindruck. Nach Äußerungen ihres Privatsekretärs hielt sie offenbar ein wachsames Auge auf seine Gesundheit, und sie machte sich Sorgen, wenn Krisen und Arbeitsüberlastung nicht spurlos an ihm vorübergingen. Diese ihre Sorge war ein Aspekt, den er nicht erwartet hatte. Die Königin, fand er, unterstütze ihn – ja sie spendete ihm sogar Trost. Sie war in der Arbeit wie ein Kollege. Wilson vertraute sich einmal dem Premierminister von Eire an, mit dem er über seine Probleme sprechen konnte, ohne sich eine Blöße zu geben. Die vertrauenswürdigsten Ministerkollegen hätten alle ihre eigenen Sorgen, persönliche oder politische, aber die Königin stehe über den Parteien. Und sie war außerdem, wie Michael Stewart, Wilsons Erziehungsminister und späterer Außenminister, feststellte, die einzige politisch ungebundene Persönlichkeit, mit der man reden konnte und die, ganz anders als viele Journalisten, genau wußte, welche Arbeitslast und Verantwortung ein Ministeramt tatsächlich mit sich brachte.

Der stark ausgeprägte gesunde Menschenverstand der Königin bildete für Harold Wilson während der stürmischen Auseinandersetzungen Mitte der sechziger Jahre einen ruhenden Pol, und es gab Gelegenheiten, da sie fast wie ein Team agierten. Nach dem Tod Winston Churchills Anfang 1965 gab Elisabeth II. einen Empfang für die führenden Persönlichkeiten, die aus aller Welt zu den Begräbnisfeierlichkeiten nach London gekommen waren. Südrhodesien gehörte noch zum Commonwealth – gerade noch –, und Wilson hoffte, die Situation durch inoffizielle Gespräche mit Ian Smith zu bereinigen. Der rhodesische Führer kam für eine Einladung zu diesem Empfang eigentlich nicht in Frage, da er keine selbständige Regierung vertrat, aber Wilson bat die Königin, ihn trotzdem einzuladen.

Sie war einverstanden. Aber nachdem man sich eine Stunde bei Drinks unterhalten hatte, war durch den Tabakrauch hindurch noch immer nichts von Smith zu sehen. Sie besprach sich kurz mit dem Premier, und beide überblickten forschend den Raum. Dann rief die Königin einen Stallmeister heran. Ob er Mr. Smith unverzüglich hierherbringen könne?

Der rhodesische Führer wurde bald darauf im Restaurant des Hyde-Park-Hotels entdeckt, wo er ein Steak konsumierte. Man brachte ihn sofort zum Buckingham Palace. Er schwor, er habe nie eine Einladung erhalten – obwohl sein Hochkommissar dabei beobachtet worden war, wie er sie ihm in die Rocktasche steckte. Elisabeth II. blieb gnädig, als er seine Entschuldigung vorbrachte, und Harold Wilson bekam die Gelegenheit zu einem Privatgespräch, das er gesucht hatte.

Als sich die Ereignisse in Rhodesien im Verlauf des Jahres weiter zuspitzten, setzten Königin und Premierminister ihre Teamarbeit fort. Als Wilson im Oktober 1965 nach Salisbury flog, um den letzten Versuch zu unternehmen, Rhodesiens einseitige Unabhängigkeitserklärung zu verhindern, überbrachte er ein Handschreiben der Königin, in der diese Ian Smiths Behauptung zurückwies, er sei ein treuer Diener der Krone und ein Zwist bestehe nur mit der Regierung Wilson. Sie stellte sich auch eindeutig hinter die Weigerung ihres Premierministers, wie in der Suezkrise einfach in das Territorium einzumarschieren.

Elisabeth II. hat den britischen Einfluß in Übersee stets nach pragmatischen Gesichtspunkten beurteilt. Dieses Thema spielte für sie immer eine wichtige Rolle. Aus privaten Unterhaltungen mit Politikern und Freunden geht hervor, daß sie persönlich die Auflösung des Empire bedauerte, wenn auch längst nicht so sehr wie das Sinken des internationalen britischen Prestiges, was mehr als eine rein koloniale Frage war. Sie bringt beide Tatsachen miteinander in Verbindung. Mit ihrem Sinn für geschichtliche Zusammenhänge sieht sie in den nach außen gerichteten Energien der Briten einen wesentlichen Bestandteil des Nationalcharakters, den sie zu verkörpern hat. Der Verlust des Empire und die Verlegung eines großen Teils der britischen Streitkräfte nach Westdeutschland und Nordirland haben die beiden traditionellen Ventile für diese Energien beseitigt. Der Handel ist immer der Flagge gefolgt. Und ohne die Flagge haben die Handelsleute ihren Richtungssinn verloren. Elisabeth II. hat den Verlust der Kolonien als unvermeidlich hingenommen und es als ihre Aufgabe angesehen, diesen Prozeß mit Würde ablaufen zu lassen. Ihre Mutter – einstmals Kaiserin – denkt darüber ganz anders. Sie hat nie ein Hehl aus ihrer Sympathie für die Ideale der Weißen im südlichen Teil Afrikas gemacht, nicht einmal nach der rhodesischen Unabhängigkeitserklärung. Prinz Philips Meinung über viele führende Politiker der Dritten Welt – wie auch sein Urteil über die militanten Gewerkschaftler – hingegen ist etwas, was er nur in kleinem Kreise erörtert. Elisabeth II. ist Realistin und im Verhältnis zu diesen beiden progressiv. Wenn Politik die Kunst des Möglichen ist, dann ist sie eine hervorragende Politikerin.

Dies zeigt sich durch ihr besonderes und unerwartetes Einfühlungsvermögen Harold Wilson gegenüber. Die Labour-Regierungen ihres Vaters hatten sich kaum Illusionen darüber gemacht, ob Georg VI. aus Neigung oder reinem Pflichtgefühl mit ihnen zusammenarbeitete. Aber während der Regierungszeit Elisabeths II. wird man den Verdacht nicht los, die Monarchin neige mehr der sozialistischen als der konservativen Regierung zu – wenn auch nicht ohne gelegentliche Reibungen wegen des traditionell sozialistischen Vokabulars. Richard Crossman, Harold Wilsons Wohnungsbauminister und damals außerdem Präsident des Geheimen Staatsrats, äußerte sich eines Abends im Sommer 1966 in zynischem Ton über den Snobismus der Monarchie und setzte sich bei diesem Dinner ganz unbekümmert über die Freundschaft hinweg, die seinen Gastgeber mit dem Hof verband.

»Ah«, sagte Elisabeth II., als er vierzehn Tage später zur Übernahme seines Amtes im Schloß erschien, »Lord Porchester hat mir von Ihnen erzählt.«
Ihre menschlichen Qualitäten zeigten sich besonders deutlich im Oktober 1966 beim großen Unglück von Aberfan, wo eine riesige Kohlenhalde ins Rutschen kam und eine Volksschule mit großen Verlusten an Menschenleben unter sich begrub. Lord Snowdon fuhr unaufgefordert an die Unglücksstelle. »Er war spontan losgefahren«, schrieb Harold Wilson in sein Tagebuch, »und statt die Unglücksstelle zu inspizieren, hielt er es für seine vordringliche Aufgabe, die Angehörigen der Verunglückten aufzusuchen. George Thomas (Staatsminister für Wales) erzählte mir von ihm – wie er dasaß und die Hände eines verzweifelten Vaters hielt oder schweigend eine halbe Stunde eine Mutter tröstete, die ihm den Kopf an die Schulter gelegt hatte ... Er half einem alten Mann, seinen Sohn dazu zu überreden, die Faust zu öffnen, in der er etwas umklammert hielt. Es war das Abzeichen des Schulsprechers, das einzige, womit er sein Kind hatte identifizieren können.«
Da unerwarteterweise ein anderes Mitglied der Familie am Ort war und Philip sich auch auf dem Weg dorthin befand, beschloß Elisabeth II., sich zunächst zurückzuhalten. Wenn sie sofort nach South Wales flog, wußte sie, daß durch das unvermeidliche Protokoll nur die Rettungsarbeiten gestört werden würden, wo doch noch Hoffnung bestand, Überlebende zu finden. So wartete sie ein paar Tage. Als sie dann in Aberfan eintraf und mit tiefernstem Gesicht den Trümmerhaufen betrachtete, hinterließ ihr Mitgefühl erst recht einen tiefen Eindruck.
Das Bild der Königin Elisabeth II. vor den Trümmerhaufen von Aberfan ist eines der Bilder, die sich dem Volk besonders eingeprägt haben. Die Emotionen des Augenblicks fügten sich ganz natürlich in ihre mit reiferem Alter immer ernsteren Züge ein, und der Schock, den ihr der Anblick von so viel Unglück versetzte, saß tief. Der reibungslose Ablauf des Zeremoniells bei Hof kann einen gewissen Zynismus erzeugen. Zu den lustigeren – privaten – Bildern im königlichen Photoalbum gehören die Schnappschüsse, die Lord Snowdon machte, als er die offizielle »Eröffnung« seines Landhauses organisierte. Die Königinmutter durchschnitt mit übertriebenen Gesten, wie bei einem Wohltätigkeitsbasar, das Band, während die übrigen Familienmitglieder, einschließlich der Königin, dabeistanden und die Rolle der aus allen Wolken gefallenen Zuschauer spielten. Die Szene war gut gemeint, aber sie ließ keinen Zweifel daran, wie wenig Wert die Familie auf eine Welt legte, die nur bestrebt war, der harten Wirklichkeit ein Mäntelchen umzuhängen – der rote Teppich auf dem Kanalgitter sozusagen.

Wer einige Zeit bei der königlichen Familie in der abgeschirmten Hofatmosphäre gelebt hat – kein Schlangestehen, kein Abwaschen, keine stehengelassenen Regenschirme, kein Bargeld, keine Verkehrsstaus und alle Verkehrsampeln stehen auf Grün –, ist ernüchtert, wenn er wieder in das normale Tagesgeschehen zurückkehrt und die tagtäglichen Enttäuschungen erleben muß. Es ist das Bestreben der Königin, einen Blick hinter die Fassade zu werfen, die man vor ihr aufbaut. Sie freut sich über jede Gelegenheit, das Protokoll durchbrechen zu können, und bekundet tiefes Mitgefühl mit den Armen. Zum Beispiel übermannt sie der Zorn, wenn man Greise aus den Betten holt, damit diese sie sehen können, wenn sie selbst viel leichter zu ihnen ans Bett kommen könnte. Und sie stellt dem Premierminister bei der Audienz konkrete Fragen zu sozialen Problemen, denen sie begegnet ist. Als sie das Wohnungselend in Leeds mit eigenen Augen gesehen hatte, fragte sie Harold Wilson, welche Planungen ihm über einen vernünftigen sozialen Wohnungsbau in diesem Gebiet bekannt seien.

So rief der Arbeitskampf, der das konservative Zwischenspiel zwischen den Regierungen Wilson Ende der sechziger Jahre kennzeichnete, in Elisabeth II. gemischte Gefühle hervor. Sie teilte nicht die Auffassung der Regierung von Edward Heath, daß die Schwierigkeiten mit den Gewerkschaften den unersättlichen Forderungen der Arbeiterklasse zuzuschreiben seien, und sie ließ sich durch nichts zu Heaths Dreitagewoche bekehren, denn sie sah in ihr nur eine Selbstverstümmelung, die wegen ihrer sozialen Fragen sich noch tragischer auswirken mußte als wegen der wirtschaftlichen Rückschläge, die eine Kurzarbeit großen Stils nach sich ziehen mußte.

Sie befand sich gerade in Neuseeland, als sich im Februar 1974 die Lage zuspitzte. Der 28. Februar war als Wahltag vorgesehen, derselbe Tag, an dem die Königin das Parlament in Australien eröffnete. Anschließend bestieg sie sofort das Flugzeug und kam am 1. März frühmorgens in London an. Sie fand England unter dem Eindruck eines harten Winters und der Dreitagewoche vor. Die Kohlenvorräte, und damit die Elektrizität, reichten noch für zwei Wochen. In den Läden arbeitete man bei Kerzenlicht, die Büroangestellten trugen Mäntel bei der Arbeit, und die Fernsehstationen stellten abends vor 22.30 Uhr ihre Sendungen ein[1], Es war die schlimmste innenpolitische Krise ihrer Regierungszeit, ein englisches Suez,

[1] Edward Heath hatte ursprünglich die Verordnung erlassen, daß auf allen drei Kanälen die Fernsehsendungen um 22.30 Uhr eingestellt werden sollten. Diese gleichzeitige Abschaltung führte zu einem so plötzlichen Ansteigen des Wasserbedarfs, weil alle gleichzeitig ins Bad, auf die Toilette oder in die Küche gingen, um sich Tee zu kochen, daß die Abschaltzeiten gestaffelt werden mußten.

Politiker und politischen Kommentatoren sahen das Ergebnis in Schwarz und Weiß voraus. Entweder Heath oder Wilson würde die absolute Mehrheit gewinnen, oder, wie die Liberalen hofften, die dritte Partei würde das Zünglein an der Waage spielen. Deshalb sah man in der vorzeitigen Rückkehr der Königin von der anderen Seite der Welt im allgemeinen eine konstitutionelle Formalität.
Aber es stellte sich bald heraus, daß die Königin eine Schlüsselfigur in der Situation werden würde, denn nach Bekanntwerden der Wahlergebnisse hatte keine Partei die absolute Mehrheit errungen. Das Endergebnis lautete:

Labour	301
Konservative	296
Liberale	14
Andere (Nationalisten etc.)	24

Keine Partei besaß die absolute Mehrheit, aber auch die Liberalen bildeten nicht das Zünglein an der Waage. Auch im Bündnis mit der Labour Party konnten sie nicht sicher sein, alle übrigen Abgeordneten zu überstimmen, und ein Zusammengehen der Liberalen mit den Konservativen würde auf noch schwächeren Füßen stehen.
Die königliche Prärogative kam wieder zum Tragen. Im Unterhaus bestand keine absolute Mehrheit, statt dessen aber mehrere Koalitionsmöglichkeiten. Edward Heath war noch der amtierende Premierminister. Die Königin mußte sich überlegen, wie lange sein Kabinett noch arbeitsfähig bleiben könnte. Er hatte sich mit den Gewerkschaften, besonders mit den Bergarbeitern, angelegt und verloren. Die Labour Party hatte den größten Zuwachs an Parlamentssitzen erzielt und besaß deshalb das moralische Recht auf die Bildung der neuen Regierung. Elisabeth II. kannte außerdem sehr gut die Argumentation, daß Harold Wilson der einzige sei, der Frieden mit den Gewerkschaften schließen und das Land wieder zur Arbeit zurückbringen könne. Mr. Heath wurde von einigen Beratern gedrängt, die Macht nicht aus der Hand zu geben. Die Königin war jedoch nicht verpflichtet, seine Manöver zu billigen. Es war im Gegenteil ihre Pflicht, das breitere Nationalinteresse vor irgendeine einzelne politische Partei zu setzen.
Aber die Initiative lag im Augenblick nicht bei der Königin, denn nach der britischen Tradition ist ein Premierminister, ohne Rücksicht auf das Wahlergebnis, befugt, so lange im Amt zu bleiben, bis er sich dem Parlament gestellt hat. Bis 1868 wurde immer so verfahren. Disraeli trat als erster nach den Wahlen von 1868 zurück, sobald feststand, daß Gladstone mit

großer Mehrheit gesiegt hatte. Aber das Prinzip blieb unbestritten. Und als im Jahr 1923 das Wahlergebnis mehrdeutig war, wurde Baldwin von Georg V. angewiesen, noch zu warten, ob er nach der Thronrede eine Abstimmungsniederlage erleiden würde oder nicht. Heath hatte also das Recht, im Amt zu bleiben, wenn er darauf bestand.

Am 1. März 1974 stand allerdings bereits fest, daß die Konservativen allein eine Abstimmung nach der Thronrede nicht überleben würden. Die Labour Party würde mit Sicherheit beinahe jedes Programm ablehnen, das Edward Heath dem neuen Parlament vorlegte. Seine einzige Hoffnung bestand darin, die vierzehn Liberalen und vielleicht auch noch einige Nationalisten oder irische Stimmen hinter sich zu vereinen. Am Tag ihrer Rückkehr fuhr also Heath um 19.45 Uhr zur Königin in den Buckingham Palace, um ihr mitzuteilen, daß er es darauf ankommen lassen wolle.

Die Königin reagierte unverbindlich. Nach der Verfassung konnte sie sich nicht anders verhalten. Edward Heath war durchaus berechtigt, die Möglichkeiten einer Koalitionsbildung zu erkunden. Sein Plan hatte auch einiges für sich. Nach dem britischen Wahlsystem waren auf die Konservativen sogar mehr Stimmen als auf die Labour Party entfallen – 38,2 Prozent gegenüber 37,2 Prozent für Labour, während es die Liberalen, die durch das Wahlsystem noch stärker benachteiligt waren, immerhin auf 19,3 Prozent gebracht hatten. Obwohl also die Konservativen und Liberalen zusammen über keine absolute Mehrheit im Unterhaus verfügten, hatten sie im Lande 57,5 Prozent der Wählerstimmen auf sich vereinigt.

Aber es war ein Trugschluß, wenn man annahm – wie Heath es offenbar tat –, daß alle diese Wähler eine Art von homogenem, antisozialistischem Block darstellten, denn die Liberalen hatten vom größten antikonservativen Umschwung in neuerer Zeit profitiert. Ihr Führer, Jeremy Thorpe, kam auf Heaths Ersuchen von Devon herauf, um über eine eventuelle Koalition zu verhandeln. Als er aber seinen dreizehn Parteigängern im Parlament diese Möglichkeit erläuterte, wurde die Unmöglichkeit klar. Die Liberalen wußten, daß sie nur deshalb in größerer Stärke als seit einer ganzen Generation im Unterhaus vertreten waren, weil zahlreiche Konservative, die Heaths Politik der Konfrontation mit den Gewerkschaften und seine Dreitagewoche ablehnten, liberal gewählt hatten. Sie würden ihre Wähler hintergehen und sich selbst ihr Todesurteil schreiben, wenn sie diese Stimmen jetzt Heath zugute kommen lassen und ihm damit ein Mandat geben würden, das man unweigerlich als konservativen Triumph über die Gewerkschaften auslegen würde.

Elisabeth II. durchdachte inzwischen noch einmal ihre eigenen Möglichkeiten. Sie konnte Heath nicht entlassen. Das wäre einer Vorwegnahme des Abstimmungsergebnisses im Unterhaus gleichgekommen. Wenn Heath nach dem Wochenende mit einer neuen Kabinettsliste, in der auch einige Liberale vertreten waren, zu ihr zurückkäme – eventuell Thorpe als Innen- oder Außenminister und Jo Grimond als Staatsminister für Schottland –, könnte sie versuchen, ihn umzustimmen. Aber verfassungsrechtlich betrachtet wäre die Situation genau die gleiche, als wenn ein Premierminister eine Kabinettsumbildung vornahm. Die Arbeitsfähigkeit der Regierung hing nicht von ihrer Meinung, nicht einmal von der öffentlichen Meinung, wie sie in der Gesamtzahl der abgegebenen Wählerstimmen zum Ausdruck gekommen war, sondern nur von der Unterstützung ab, die die Regierung im Unterhaus finden würde. Die einzige Methode, einen amtierenden Premierminister zum Rücktritt zu zwingen, war eine Abstimmungsniederlage bei der Vertrauensfrage im Unterhaus.

Andererseits konnte Heath seinen Rücktritt anbieten und anschließend zum Führer einer nationalen Koalitionsregierung ernannt werden, wie es Ramsay MacDonald 1931 getan hatte. Winston Churchill hatte dasselbe, wenn auch mit anderen Vorzeichen, im Jahr 1945 getan, als er sein Übergangskabinett in der Zeit zwischen dem Auseinanderbrechen seiner Kriegskoalition und den Unterhauswahlen bildete. Er trat zurück und wurde von Georg VI. erneut mit der Regierungsbildung beauftragt.

Wenn Heath diesen Vorschlag machte, mußte die Königin eine Entscheidung treffen, denn in den beiden früheren Fällen hatte der Premierminister die Krone bewußt aufgefordert, seine Kabinettsumbildung zu bestätigen: Ramsay MacDonald, um seine Regierung in der Wirtschaftskrise von 1931 auf eine breitere Basis zu stellen, Churchill in der Absicht, in der unvermeidlichen Zwischenzeit vor den nächsten Wahlen die Regierungsautorität aufrechtzuerhalten – und im März 1974 wollten mehrere Berater des Premierministers die Krone in derselben Art und Weise einschalten. Sie meinten, daß der Rücktritt mit anschließender Bildung einer neuen Koalitionsregierung die einzige Möglichkeit sei, wie er den Bergarbeitern nach der Wahl mit einiger Glaubwürdigkeit entgegentreten könne, denn nur die Hereinnahme einiger Liberaler in das Kabinett käme dem Zugeständnis gleich, daß er in Wirklichkeit gar keinen Wahlsieg errungen habe. Er mußte, für alle sichtbar, das erneuerte Mandat des Volkes unterstreichen, und dies ließ sich unter anderem durch ein gewichtiges Kommen und Gehen im Buckingham Palace als Ausdruck einer nationalen Notlage erreichen.

Aber Elisabeth II. war nicht bereit, sich auf diese Weise ausnutzen zu lassen. Wenn Edward Heath seinen Rücktritt anbot, würde sie ihm zu verstehen geben, daß sie sich nicht verpflichtet fühle, ihn wieder mit der Regierungsbildung zu beauftragen, solange ihm keine absolute Mehrheit im

Unterhaus sicher sei. Er konnte sein Kabinett umbilden und so viele politische Schachzüge einleiten, wie er wollte. Sie wollte das Prestige der Krone keinem politischen Manöver zugute kommen lassen, das sich das Mäntelchen einer nationalen Koalition umhängte.

Heath ließ es nicht darauf ankommen, denn die Widersprüchlichkeit, die die Königin in einer liberal-konservativen Allianz im Zusammenhang mit der Dreitagewoche bereits gespürt hatte, trat offen zutage, sobald Heath und Thorpe ernsthafte Koalitionsgespräche begannen – besonders weil das konservative Kabinett die einzige Bedingung, unter der die Liberalen zur Zusammenarbeit bereit gewesen wären, nämlich eine Reform des Wahlrechts, nicht ernsthaft in Erwägung ziehen wollte. Die Liberalen hatten über sechs Millionen Wählerstimmen auf sich vereinigt, aber nur in vierzehn Wahlkreisen hatten sie die Mehrheit errungen. Alle Stimmen, die auf liberale Kandidaten abgegeben worden waren, die im jeweiligen Wahlkreis nicht die Mehrheit erzielt hatten, waren unter den Tisch gefallen. Sie strebten schon seit langem ein Verhältniswahlrecht an[1], um den Anschluß an die beiden großen Parteien zu finden.

Thorpe und Heath führten zwei Besprechungen miteinander. Bei der ersten sagte Heath, er müsse die Frage der Wahlrechtsreform seinen Kabinettskollegen vorlegen. Bei der zweiten bot er zur Erörterung dieses Problems eine *Speaker's Conference* an, bei der die Konservative Partei keinerlei Verpflichtungen einzugehen hatte. In Thorpes Augen besagte dies gar nichts. Da Heath diesen Vorschlag bereits in den ersten zehn Minuten machte, hatten die verbleibenden fünfundvierzig Minuten der Besprechung nur noch akademischen Charakter. Draußen freilich mußten die zahlreich versammelten Reporter den Eindruck gewinnen, es sei durchaus berechtigt gewesen, den Rücktritt um drei Tage zu verschieben – der jetzt allerdings unvermeidlich geworden war. Montag, den 4. März 1974, fuhr Edward Heath um 18.28 Uhr in den Buckingham Palace, um seinen Rücktritt zu erklären. Zwölf Minuten nach sieben kam er wieder heraus, und sieben Minuten später fuhr Harold Wilson in den Innenhof des Schlosses, um seine zweite Amtszeit als Elisabeths Premierminister zu beginnen.

Wenn man alles rückschauend betrachtet, haben Ted Heaths dreitägige Verhandlungen im März 1974 die Niederlage besiegelt, die seine Partei bei den Wahlen erlitten hatte. Besiegelt war auch seine Karriere. Wenn er mit Anstand zurückgetreten wäre, sobald sich herausgestellt hatte, daß Labour

[1] Nach dem Verhältniswahlrecht hätte die Sitzverteilung im Unterhaus aufgrund der Wahlen vom Februar 1974 wie folgt ausgesehen: Konservative 242, Labour 236, Liberale 123, andere 34.

die stärkste Fraktion im Unterhaus stellen würde, hätte er in einer Position der Stärke in die Opposition gehen können. Er hätte sich ein eventuelles Zusammengehen mit den Liberalen offenhalten und diese Trumpfkarte später zum geeigneten Zeitpunkt ausspielen können, um Wilson zu stürzen. Aber Heath hatte sich, um an der Macht zu bleiben, bei den Gesprächen am 2. und 3. März diese Möglichkeit selbst versperrt. Und obwohl es noch immer denkbar war, daß Wilson in der kurzen Legislaturperiode von 1974 eine Abstimmungsniederlage erlitt, konnten die Konservativen praktisch keine Allianz gegen ihn auf die Beine bringen, ohne sich dem Vorwurf unlauterer Machenschaften auszusetzen. Nach dem mißglückten Versuch, eine Koalitionsregierung zu bilden, konnte Heath jetzt nur noch Labour überstimmen, um die Abhaltung neuer Wahlen zu erzwingen, doch wären die Kosten einer Wahl, die außerdem so dicht auf die vorige folgen würde, nur schwer zu rechtfertigen.

Aus dem gleichen Grunde befand sich auch Wilson in einer heiklen Position. Er suchte nach einer soliden Mehrheit. Die Art, wie er das Chaos der Dreitagewoche bereinigte und daranging, den Arbeitsfrieden wiederherzustellen, wie es Elisabeth II. von ihm erwartet hatte, gewann ihm in den ersten Monaten seiner Regierungszeit weite Sympathien. Aber wenn er versuchen sollte, hieraus politisches Kapital zu schlagen, und überraschend Neuwahlen ausschrieb, würde auch er sich dem Vorwurf aussetzen, um politischer Vorteile willen dem Land neue Kosten aufzubürden.

Die Königin war die Schiedsrichterin. Fünfzehn Jahre zuvor, im September 1959, hatte ihr Harold Macmillan den Unterschied klargemacht, der darin liegt, ob ein Premierminister ihr die Abhaltung von Wahlen »empfiehlt« oder sie darum »bittet«. »Eine ›Empfehlung‹«, erklärte er ihr, »muß die Krone schließlich akzeptieren. ›Bittet‹ der Premier um die Auflösung des Parlaments, kann die Krone ja oder nein sagen. Dieses Recht, die letzte große Prärogative der Krone, muß bewahrt bleiben. Es kann bei einer nationalen Krise entscheidende Bedeutung erlangen.« Jetzt war die Krise gekommen. Im Sommer 1974 fiel es Elisabeth II. zu, das allgemeine Interesse des Landes gegen die politischen Interessen einzelner zu verteidigen. Heath hatte sich einstweilen selbst kaltgestellt. Aber Denis Healey und andere einflußreiche Labour-Politiker drängten auf die Abhaltung von Neuwahlen im Juni. Sie waren überzeugt, ihre Mehrheit weiter ausbauen zu können. Doch die Königin konnte sich damit nicht automatisch einverstanden erklären. Sie war befugt, der Labour Party den Wunsch nach Auflösung des Parlaments abzuschlagen. Wenn sie dies tat, würde die Regierung zurücktreten oder sich im Parlament einen Rückhalt gegen die Krone verschaffen. Aber Labour wußte, daß die Partei im Unterhaus kaum eine überzeugende

Mehrheit für die baldige Abhaltung von Neuwahlen zusammenbringen würde. Das Bestehen auf einer Parlamentsauflösung könnte den Gedanken einer liberal-konservativen Koalition mit dem Ziel, eine arbeitsfähige Regierung zu garantieren, mit neuem Leben erfüllen. Die Regierung Wilson konnte bei dem Versuch, die Bevölkerung zu rasch wieder an die Wahlurnen zu schicken, im Unterhaus eine Abstimmungsniederlage erleiden, und die Königin würde wiederum Heath berufen.

So wurde im zweiundzwanzigsten Jahr nach der Thronbesteigung der Königin die Prärogative der Krone, die noch aus der Zeit ihrer absolutistischen Vorgänger stammte, wieder zu einer lebendigen Kraft im politischen Geschehen. Labour ließ es schließlich nicht zu einer Kampfabstimmung kommen. Die Partei wartete bis zum Herbst, wo ihr die zweiten Unterhauswahlen des Jahres eine knappe absolute Mehrheit einbrachten. Die Krone als Institution und Elisabeth II. persönlich hatten dazu beigetragen, in einer politisch gefährlichen Situation die Stabilität zu bewahren – in einer bestimmten Phase hatte man sogar ernsthaft in der Presse mit der Möglichkeit spekuliert, daß ehemalige Offiziere zur Aufrechterhaltung von Ruhe und Ordnung eingreifen könnten. Als Premierminister hatten sowohl Edward Heath als auch Harold Wilson aus erster Hand erfahren, mit welcher Willenskraft und Beharrlichkeit Königin Elisabeth II. auf der Priorität bestand, die dem nationalen Interesse gebühre. Beide wußten, was es hieß, politische Themen mit ihr zu erörtern. Beide waren oft in eine peinliche Lage geraten, wenn sie auf die bohrenden Fragen der Königin keine befriedigende Antwort geben konnten. Als politische Realisten wußten sie, daß sich die Krone gegenüber einer ernsten Konfrontation mit dem Parlament letzten Endes nicht würde behaupten können. Aber als Realisten hatten sie außerdem ein Gespür für diejenigen Fälle, wo es ihnen nicht gelingen würde, die Zustimmung des Parlaments zu erlangen. Die königliche Prärogative war schon lange nicht mehr der Ausdruck absoluter Macht. Aber sie blieb die von der Verfassung vorgesehene entscheidende Stimme für eine Pattsituation. Und die Tatsache, daß diese Stimme in der heiklen Lage von 1974 von einer Frau verkörpert wurde, die mit den Gegebenheiten vertraut war und auch hart genug sein konnte, gehörte zu den Gründen, warum man nie in eine wirkliche Sackgasse geriet. Was für eine Anziehungskraft der Extremismus auch bieten mochte, Elisabeth II. verkörperte den entscheidenden Abschreckungsfaktor.

Dies war die Stellung, die sich Elisabeth II. seit langem zur Ausübung ihrer noch teilweise vorhandenen Einflußmöglichkeiten gewünscht hatte. Nationale Angelegenheiten lassen sich wie alles andere am besten unter dem Vorsitz einer Persönlichkeit regeln, die allgemeine Achtung genießt. Dazu

muß sich diese Persönlichkeit aber als völlig unparteiisch erweisen und auch wirklich bereit sein, ihre Macht als letztes Mittel einzusetzen. Das Ringen um die Führung innerhalb der Konservativen Partei in den Jahren 1957 und 1963 hatte diese Unparteilichkeit in Gefahr gebracht. Aber das Jahr 1974 schob die Bedeutung dieser Prärogative erneut in den Vordergrund – während sich 1975 in einem anderen ihrer Länder die Gelegenheit bot, zu zeigen, wie dieses Recht in der Praxis ausgeübt werden kann. Der Labour-Premierminister von Australien, Gough Whitlam, besaß zwar eine Mehrheit im Unterhaus von Canberra, nicht aber im Senat. Die Opposition benutzte ihre Mehrheit im Oberhaus[1] dazu, Haushaltsdebatten so lange hinauszuzögern, daß man im November 1975 nicht mehr wußte, wie lange der Staatsapparat überhaupt noch finanziert werden konnte. Whitlam lehnte Neuwahlen ab. Um aus der Sackgasse herauszukommen, berief sich der Generalgouverneur, Sir John Kerr, auf die königliche Prärogative und intervenierte. Er entließ Gough Whitlam und beendete seine Proklamation mit dem Ausruf: »God Save the Queen.«
»Er hat gut reden – ›God Save the Queen‹«, stichelte Whitlam in einer denkwürdigen Szene auf den Stufen des Parlamentsgebäudes, »denn den Generalgouverneur wird sowieso nichts retten.«
Die Königin hatte in der Tat nichts damit zu tun. Obwohl sie nominell das Staatsoberhaupt von Australien ist – ebenso wie bei Neuseeland, den Fidschi-Inseln, Kanada und sieben anderen Ländern –, delegiert sie die Ausübung ihrer Prärogative an den jeweiligen Generalgouverneur: dieser wird, wie in ihren anderen Ländern, auf Empfehlung des jeweiligen Premierministers nominiert. So war Kerr, Sohn eines Kesselmachers und selbst Angehöriger der Labour Party, Gough Whitlams eigene Wahl gewesen. Und Kerr traf seine Entscheidung, Whitlam zu entlassen, aus seinen eigenen Gründen – wie es beispielsweise der Präsident Italiens oder der Republik Irland oder Frankreichs getan haben könnte. Kerr hatte die Königin über den Fortgang der Krise laufend unterrichtet. Aber als er sich zum Handeln entschloß, bedurfte es nicht ihrer Genehmigung, sondern er orientierte sie anschließend über seine Maßnahmen.
Man könnte argumentieren, daß Sir John die Wirksamkeit der königlichen Prärogative als Mittel zur Lösung eines politischen Dilemmas eingesetzt

[1] Der australische Senat wird nicht von den Wahlkreisen direkt gewählt, sondern repräsentiert nach dem Willen der Verfassung von 1901 die Bundesstaaten der Australischen Föderation. Jeder der sechs Staaten entsendet – ohne Rücksicht auf seine Größe – zehn Vertreter auf die Dauer von sechs Jahren. Dadurch kann sich die politische Zusammensetzung des Senats durchaus von der des Abgeordnetenhauses unterscheiden, denn dieses wird in den Wahlkreisen direkt auf drei Jahre gewählt.

habe, denn in den folgenden Wahlen ging die Macht an Malcolm Fraser über, der als Führer der Liberalen Partei ein Wahlbündnis mit der Bauernpartei eingegangen war. Australien hatte jetzt wieder eine arbeitsfähige Regierung. Aber auf lange Sicht gesehen führte Kerrs Aktion in allen Ländern, die nach dem Modell von Westminster regiert werden, zu kritischen Fragen, denn obwohl der Generalgouverneur die Befugnisse der Königin in deren Namen ausübt, ist er dennoch von ihr abhängig. Wenn es also Whitlam gelungen wäre, sich rechtzeitig (während er noch Premierminister war) mit Elisabeth II. in Verbindung zu setzen, und ihr formell empfohlen hätte, Kerr zu entlassen, dann hätte sie nach der Verfassung seiner Empfehlung folgen müssen. Es kam darauf an, wer von beiden schneller zum Telephonhörer griff.

Sir John Kerr erzählte bei einem späteren Besuch in London der Königin, es sei seine Absicht gewesen, sie aus der Kontroverse herauszuhalten.

»Generalgouverneure sind zu ersetzen«, meinte er. »Die Königin nicht.«

Was wäre geschehen, wenn Whitlam von der Absicht Kerrs erfahren und rechtzeitig mit der Königin telephoniert hätte? Zunächst hätte Sir Martin Charteris vor der Frage gestanden, ob er die Königin hätte aufwecken sollen. Der Anruf wäre im Buckingham Palace etwa um zwei Uhr morgens angekommen. Was hätte die Königin überhaupt sagen können? Elisabeth II. wäre mit Sicherheit nicht bereit gewesen, ihren Generalgouverneur nur aufgrund eines Telephongesprächs zu entlassen. Aber wen hätte sie als Königin von Australien um Rat fragen können? Gewiß nicht die britische Regierung. Hätte sie irgendeinen ehemaligen Premierminister oder Generalgouverneur konsultieren sollen? Das hätte aber bedeutet, daß sie auf der normalen Telephonleitung einschließlich aller Risiken mit Australien hätte telephonieren müssen – und die Ereignisse in Canberra entwickelten sich am 11. November rasch. Whitlam wurde um 13.10 Uhr entlassen, Fraser um 13.30 Uhr mit der Bildung einer Übergangsregierung beauftragt. Der Senat genehmigte den Haushalt um 14.12 Uhr, das Abgeordnetenhaus schlug zurück und entzog Mr. Fraser das Vertrauen um 15.15 Uhr, und Kerr erklärte beide Häuser des Parlaments um 16.45 Uhr für aufgelöst. Elisabeth II. erfuhr von dem, was in ihrem Namen geschehen war, erst mehrere Stunden später, am Frühstückstisch.

Der Zeitplan diktierte ihre Rolle im Rahmen der Ereignisse und betonte – wenn es darüber je einen Zweifel gegeben hätte –, wie symbolisch im Grunde ihre Stellung als Königin von Australien sein muß. In England hätte es zu einer so verfahrenen Situation nicht kommen können, denn der Senat kämpfte um die Entscheidung in Haushaltsfragen, ein Kampf, den das Oberhaus in London im Jahr 1911 auch zu gewinnen versuchte, aber verlor[1]. Aber dieser Vergleich ist irreführend. Denn das Verhältnis zwischen den beiden australischen Kammern sollte eher mit dem amerikanischen Modell verglichen werden; der Unterschied geht aber noch tiefer. Das Drama hätte sich auch vor dem Hintergrund von Westminster abspielen können. In Canberra wurde es auf australische Art – hemdsärmelig – ausgefochten. Man überschlug sich förmlich. Whitlam verfolgte halsstarrig seine Politik, vor allem in seinen geheimen Versuchen, ausländische Anleihen hereinzubringen, und bei seiner Weigerung, Neuwahlen auszuschreiben. Fraser hielt sich genau an den Buchstaben der Verfassung von 1901, um seine politischen Ziele zu erreichen. Sir John Kerr stieg in seine viktorianische Waffenkammer und holte den dicksten Knüppel hervor, den er finden konnte.

Der entscheidende Unterschied lag in Sir John persönlich. Er tat seine Pflicht korrekt. Und die Empörung der Labour Party über seinen Verrat an der Regierung tut der Gesetzmäßigkeit seines Handelns keinen Abbruch. Aber sein persönlicher Stil hat seiner Sache geschadet. Man konnte seine Unparteilichkeit zu leicht in Zweifel ziehen. Und obwohl seine Intervention durch die Wahlen von 1975 nachträglich bestätigt wurde, bleiben Neuwahlen immer ein zweischneidiges Schwert. Es hätte dem Buckingham Palace spätere Unannehmlichkeiten erspart, wenn sich Sir John seine weisen Worte über die Ersetzbarkeit von Generalgouverneuren mehr zu Herzen genommen hätte und am Tag nach den Wahlen im Dezember 1975, die eine handlungsfähige Regierung ermöglichten, zurückgetreten wäre; denn dadurch, daß er im Amt blieb, machte er die königliche Prärogative zu einem Spielball des politischen Tagesgeschehens.

In britischen Augen war dieser Fall ein lehrreiches Beispiel für die Schwierigkeiten, in die ein konstitutionelles Staatsoberhaupt geraten kann, wenn es sich von dem reservierten, ganz auf den gesunden Menschenverstand beruhenden Stil der Königin Elisabeth II. und ihrer Familie entfernt. Ihr Großvater Georg V. mußte eine zentrale Rolle im bitteren Zwist über die Machtbefugnisse des Oberhauses in den Jahren 1910/11 übernehmen, aber sein Gefühl für Pflichterfüllung, seine Bescheidenheit und Mäßigung – seine Majestät – bewirkten, daß ihm nie Parteilichkeit vorgeworfen wurde. Gough Whitlam kam nach der Krise von 1975 nach London und wurde von der Königin in Audienz empfangen. Es herrschte eine angenehme Atmosphäre. Mit Sir John Kerr steht er nicht auf so vertrautem Fuß.

[1] Nach den Parliaments Acts von 1911 und 1949 hat das Oberhaus kein Recht, ein Finanzgesetz, auch nicht vorübergehend, abzulehnen. Es kann lediglich andere Gesetzesvorlagen, mit denen es nicht einverstanden ist, für kurze Zeit zurückweisen.

So stellte sich Australien im Jahr 1975 die Frage, vor der alle elf Königreiche Elisabeths II. in Übersee eines Tages stehen werden – wie weit sie einen nominell monarchischen Regierungsrahmen ohne die persönliche Anwesenheit des Monarchen aufrechterhalten können. Die symbolische Stellung der Königin mag ein sentimentales Gewicht haben – oder auch nicht –, aber in ihren überseeischen Ländern übt sie nicht selbst die Befugnisse aus, die sie in Großbritannien zu einem Bestandteil des Regierungsapparats machen. Können diese auf königlichen Ursprung zurückgehenden Befugnisse von einer Persönlichkeit ausgeübt werden, die nicht der königlichen Familie angehört? Und wenn die Generalgouverneure Präsidentenbefugnisse ausüben, welche Rolle bleibt dann noch für die Monarchie übrig? Die Logik spricht gegen die Beibehaltung der Bande zwischen Elisabeth II. und ihren überseeischen Königreichen – aber ihr eigenes Leben liefert den besten Beweis, daß die Logik nicht immer der richtige Ratgeber in Fragen der Monarchie ist.

Die Logik kam nach britischer Auffassung besonders deutlich bei der Wahl eines neuen Premierministers zum Ausdruck, nachdem Harold Wilson am 16. März 1976 seine Absicht kundgetan hatte, sein Amt niederzulegen – eine Überraschung für praktisch jedermann, mit Ausnahme seiner Frau und der Königin. Von diesem Augenblick bis zur Wahl von James Callaghan durch die Labour Party am 5. April kämpften zahlreiche rivalisierende Kandidaten um die Macht, aber die Autorität und damit eine handlungsfähige Regierung waren durch königliches Mandat in den Händen von Harold Wilson gewährleistet. Nachdem die Partei abgestimmt hatte, gab Wilson sein Amt nicht direkt an seinen Nachfolger weiter. Er gab seinen Auftrag der Königin zurück und unterrichtete sie über das Abstimmungsergebnis.

»Ich bin überzeugt«, sagte er, »daß Mr. Callaghan über eine Mehrheit im Parlament verfügen kann.«

Auf dieser Grundlage konnte der Souverän entscheiden, wem er die Autorität übertragen wollte. Auf diese Weise blieb die königliche Prärogative intakt – obwohl in einer Entfernung von 10 000 Kilometern der Sohn eines Kesselmachers auf höchst spektakuläre Weise demonstriert hatte, wie entscheidend diese Prärogative bei innenpolitischen Auseinandersetzungen in der zweiten Hälfte des zwanzigsten Jahrhunderts noch sein konnte.

In den roten Zahlen

Im Herbst 1969 wurde Prinz Philip am Ende einer Rundreise durch Nordamerika von einem Reporter gefragt, wie die königliche Familie mit der Inflation fertig werde.

Der Prinz machte ein etwas erstauntes Gesicht und sagte dann die ungeschminkte Wahrheit. Der Hof, meinte er, werde 1970 in den roten Zahlen stecken.

Seine Bemerkung führte in der Öffentlichkeit zu hitzigen Debatten über ein Thema, das in der Regierungszeit Königin Elisabeths II. eine wichtige Rolle spielen sollte.

In den dreißiger Jahren waren die moralischen Grundsätze des Souveräns der Stein des Anstoßes gewesen.

Vierzig Jahre später war es das Geld und das angeblich so riesige Vermögen der Königin, das zu sehr heftigen, ja leidenschaftlichen Auseinandersetzungen führte.

In den fünfziger Jahren hatte man sich an dem rauhen Jargon des Prinzen Philip und an der Tatsache gerieben, daß sich die Königin nur mit Beratern umgebe, die aus dem Landadel stammten; aber all dies verblaßte vor dem Aufflammen antimonarchischer Gesinnungen und Ideen, die in den siebziger Jahren sogar gelegentlich von den Massenmedien verbreitet wurden.

Das Problem war durch die Inflation hervorgerufen worden. Zwischen 1953 und 1970 stiegen in Großbritannien die Löhne um durchschnittlich 126 Prozent und die Konsumgüterpreise um 74 Prozent, während Löhne und Gehälter der Hofbediensteten, vor 1952 besonders niedrig angesetzt, noch stärker, nämlich um 167 Prozent, gestiegen waren. Die Finanzierung des Hofes, die 1952 erörtert wurde, erwies sich in der bisherigen Form als völlig unzureichend.

Die Zivilliste, die zu Beginn der Regierungszeit Elisabeths II. Gegenstand von Verhandlungen gewesen war, war wegen der Inflation um 95 000 Pfund pro Jahr erhöht worden. Ein großer Teil dieser Gelder wurde bis 1961 vorsorglich beiseite gelegt, so daß sich bis zu diesem Jahr ein ansehnlicher Überschuß angesammelt hatte. Aber im Jahr 1962 überstiegen die Ausgaben aus der Zivilliste zum ersten Mal die jährliche Zuweisung von

475 000 Pfund[1]. Von diesem Zeitpunkt an wurde der Überschuß langsam aufgezehrt, damit das mit jedem Jahr wachsende Defizit gedeckt werden konnte, so daß 1970 nur noch eine Reserve von 30 000 Pfund gegenüber einem für dieses Jahr erwarteten Defizit von 260 000 Pfund vorhanden war. Diese Zahlen bestätigten Prinz Philips Behauptung, daß sich der Hof ab 1970 in den roten Zahlen befinden würde.
Aber wie die Kritiker des Hofs eiligst betonten, stellte die Zivilliste nicht die einzigen Einkünfte der Krone dar. Ihre Höhe war sogar unbedeutend neben den »versteckten Zuwendungen« von fast drei Millionen Pfund aus öffentlichen Mitteln, die dem Hof aus den Etatmitteln der Ministerien zuflossen – die »Ressortmittel«. So wurden die königliche Jacht vom Verteidigungsministerium mit jährlich 839 000 Pfund und der Queen's Flight (der Flugzeugpark der Königin) mit jährlich 700 000 Pfund unterhalten[2], während offizielle Reisen mit der Bahn einschließlich der Unterhaltung des königlichen Sonderzugs die britischen Eisenbahnen 36 000 Pfund im Jahr kosteten. Die Unterhaltung der königlichen Schlösser und der von Familienangehörigen bewohnten Residenzen kostete das Umweltministerium 974 000 Pfund, während die Kosten für Post und Telegramme, die von der Postverwaltung getragen wurden, auf jährlich 52 000 Pfund geschätzt wurden (Sel. Com. VII. & XXVII: Schätzungen für 1971/72). All dies, zusammen mit den Kosten für Büromaterial, Geräte, Stallmeister und der Erstattung von Steuern, die für Einkünfte im Staats- oder Protokollinteresse bezahlt worden waren, machte die Gesamtsumme von 2932000 Pfund aus. Als Politiker wie Jeremy Thorpe, der damalige Führer der Liberalen, erklärten, die Monarchie koste England nicht mehr als die Britische Bot-

[1] Die durch den Civil List Act von 1952 festgesetzte jährliche Gesamtsumme von 475 000 Pfund teilt sich, wie folgt, auf:

		Pfund pro Jahr
Klasse I.	Privatschatulle Ihrer Majestät	60 000
Klasse II.	Gehälter im Haushalt Ihrer Majestät	185 000
Klasse III.	Ausgaben des Haushalts Ihrer Majestät	121 800
Klasse IV.	Wohltätigkeit, Spenden und Sonderdienstleistungen	13 200
Klasse V.	Inflationszulage	95 000
		475 000

[2] Diese kleine private Fluglinie ist die einzige Neuerung Eduards VIII., die seine Regierungszeit überlebt hat. Aber heute wird sie nur noch zu 60 Prozent zur Beförderung von Mitgliedern der königlichen Familie und des Hofpersonals eingesetzt. Sie wird in steigendem Maße von Ministern und hohen Militärs benutzt.

schaft in Paris und es sei völlig unangebracht, sich »über solche kleine Kleckersummen« zu streiten, sprach man nur von den 475 000 Pfund der Zivilliste. Als man auch die Ressortmittel mitrechnete, kam man der Wahrheit mit 3,5 Millionen Pfund schon näher.

Aber das war noch nicht alles. Dem Souverän und dem Thronerben flossen – und fließen – die steuerfreien Einkünfte aus zwei Gebieten zu, die nach häufig vertretener Meinung eigentlich dem Staat gehören – aus dem Herzogtum Lancaster und dem Herzogtum Cornwall. Das Herzogtum Lancaster, dessen Einkünfte (über eine viertel Million Pfund Ende der sechziger und Anfang der siebziger Jahre) direkt an die Königin gehen, war eine Zusammenfassung von Ländereien, die von der Krone im Mittelalter errichtet, aber von den eigentlichen Krongütern getrennt unterhalten worden waren; letztere wurden 1760 an das Parlament abgetreten. Heinrich IV. behielt nach seiner Thronbesteigung im Jahr 1399 den Titel eines Herzogs von Lancaster bei, und alle nachfolgenden Monarchen, gleich welchen Geschlechts, sind ebenfalls Herzöge von Lancaster gewesen – obwohl der größere Teil der Ländereien dieses Herzogtums jetzt in Yorkshire liegt.

Im Mittelalter vertrauten die Monarchen diese Ländereien einer Persönlichkeit an, die ihnen besonders nahestand – dem Kanzler des Herzogtums Lancaster, und aus praktischen Erwägungen hat dieser Posten bis auf den heutigen Tag seine besondere Bedeutung erhalten[1].

Der Kanzler des Herzogtums Cornwall hat keine politische Stellung inne, aber das Herzogtum ist im wesentlichen dasselbe wie das von Lancaster – eine Gruppe von Ländereien, die seit dem Mittelalter zum Nutzen der Königsfamilie von den Krongütern abgesondert waren. Herzog von Cornwall ist einer der Titel, die traditionsgemäß dem Thronerben verliehen werden (Prince of Wales ist nur ein Titel, der keinen Grundbesitz einschließt). Er erhält, wenn er großjährig geworden ist, steuerfrei die Einkünfte aus dem Herzogtum – über 100 000 Pfund im Jahr. Diese stammen aus Mietzinsen, die beispielsweise von Blumenzüchtereien auf den Scilly-Inseln, von Geschäftsräumen und gewerblich genutzten Grundstük-

[1] Wie der Präsident des Geheimen Staatsrats – das andere traditionelle Hofamt – ist auch der Kanzler des Herzogtums Lancaster Kabinettsmitglied, und zwar meistens eine Persönlichkeit, die sich der Premierminister für Sonderaufgaben freihalten will, denn der Kanzler des Herzogtums Lancaster verbringt kaum mehr als einen Nachmittag in der Woche damit, sich um die Angelegenheiten des Herzogtums zu kümmern. In den fünfziger Jahren haben die Premierminister ihre Kanzler des Herzogtums Lancaster häufig mit der Lösung von Kolonialproblemen beauftragt. In den sechziger Jahren mußten sie sich mehr mit Wirtschaftsproblemen befassen – Harold Wilsons Kanzler des Herzogtums Lancaster, Harold Lever, zum Beispiel spielte eine besondere Rolle bei den Verhandlungen zur Stützung der Chrysler Corporation in Großbritannien.

ken in Kennington im Süden Londons und auch von den dort liegenden Kricketanlagen stammen. Der Kennington-Grund liegt gegenüber dem Parlament auf dem anderen Ufer der Themse. Hier haben, neben ehemaligen Angehörigen des Hofes, mehrere Minister der Labour-Regierungen in den sechziger Jahren billige Wohnungen mieten können, so zum Beispiel Richard Marsh, John Stonehouse, James Callaghan[1].

Dem Beispiel Eduards VIII. folgend, als dieser Prince of Wales war, erklärte Prinz Charles im Jahr 1969, daß er die Hälfte der Einkünfte aus dem Herzogtum Cornwall an die Regierung abführen wolle und daß er mit den verbleibenden 100 000 Pfund im Jahr keine Zuschüsse aus der Zivilliste benötige. (Sein Gehalt als Marineoffizier geht nach Abzug der Steuern an den Seemannsfonds, der von König Georg V. eingerichtet wurde.)

Aber dieser Verzicht, der das Prinzip anzuerkennen schien, daß ein einzelner junger Mann, wie pflichtbewußt und arbeitsam er auch sein mochte, nicht darauf bestehen konnte, von finanziellen Zuwendungen an den Staat ausgenommen zu sein, unterstrich nur noch den Groll derer, die Anfang der siebziger Jahre die Finanzierung des Hofs kritisierten. Prinz Charles hat bestimmt, daß er fünfzig Prozent an Steuern abführen werde. Andere Familienmitglieder zahlten eine gewisse Steuer, deren Höhe im Einzelfall mit dem Finanzministerium ausgehandelt wurde. Aber die Königin zahlte überhaupt keine Steuern. Von 1972 bis 1974 erhielt sie allein aus dem Herzogtum Lancaster steuerfrei 3 000 000 Pfund, und die Tatsache, daß der Hof Anfang der siebziger Jahre die Aufmerksamkeit auf die Zuschüsse lenkte, die die Königin jetzt aus ihren privaten Mitteln an die Zivilliste leiten solle, läßt erkennen, daß ihre Einkünfte bis zu diesem Zeitpunkt in keinem Fall für offizielle Zwecke verwendet worden waren. Aufgrund dieser Einkünfte allein war sie persönlich durch ihr Privileg der Steuerfreiheit zur Multimillionärin geworden. Hierbei sind nicht die Geldquellen berücksichtigt, die von ihrem Vater und Großvater erschlossen und ihr überlassen worden sind. Die Königsfamilie hat Sandringham und Balmoral stets als ihr persönliches Eigentum betrachtet – zum Unterschied von Windsor und Buckingham Palace, die eindeutig dem Staat gehören. Aber wenn man auf den Ursprung dieser Besitzungen zurückgeht, ist die Lage keineswegs so einfach.

Balmoral war gekauft und aufwendig renoviert worden, und zwar weitgehend mit Geldmitteln, die Prinz Albert aus der Zivilliste der Königin Viktoria von 385 000 Pfund im Jahr hatte ersparen können, während Sandringham mit mehreren hunderttausend Pfund aus den steuerfreien

[1] Siehe Anhang A.

Einkünften der beiden Herzogtümer erworben und ausgebaut wurde. Wenn der Souverän Erbschaftsteuer wie jeder andere hätte zahlen müssen, wäre es nicht möglich gewesen, diese Besitzungen über mehrere Generationen intakt zu vererben, auch würden sie sich heute ohne die Befreiung von der Einkommensteuer nicht unterhalten lassen[1].

Inwieweit konnten solch gewaltige Besitzungen, deren Grundbesitz allein mehrere Millionen Pfund wert war, wirklich als »Privat«-Eigentum betrachtet werden? War der Allgemeinheit dadurch gedient, daß in diesen Fällen Steuerfreiheit gewährt wurde, die sonst kein anderer Staatsdiener erhielt? Gewiß, die Königin arbeitete an ihren Aktenkoffern, empfing Minister in Audienz und bewirtete andere Staatsgäste in Sandringham und Balmoral. Aber warum galten dann diese Besitzungen nicht als Staatseigentum wie die anderen Residenzen? Und wie stand es mit den Geldern, die nicht für diesen Grundbesitz, sondern für private Investitionen verwendet wurden, für die sich die Berater der Königin tatsächlich die ursprünglich gezahlten Steuern zurückerstatten ließen?

Vor diesem Hintergrund umfangreicher Ressortmittel und eines unversteuerten Privatvermögens fühlte sich Willie Hamilton im November 1969 veranlaßt, das Ersuchen der Königin um Aufstockung der Zivilliste als »die unverständlichste und rücksichtsloseste Geldforderung der letzten zweihundert Jahre« zu bezeichnen. Harold Wilson fand, daß eine solche Erhöhung zu Zeiten wirtschaftlicher Schwierigkeiten nur durch einen Parlamentsausschuß überprüft werden könne – durch einen Sonderausschuß, der die Zivilliste unter die Lupe nehmen sollte.

Jetzt mußte Elisabeth II. den Preis für ihre beharrliche Weigerung bezahlen, niemandem Einblick in ihre privaten Lebensgewohnheiten zu gestatten. Denn der Sturm der Entrüstung, der durch ihr Ersuchen um Aufstokkung der Zivilliste im Jahr 1969 aufgekommen war, ließ sich zum größten Teil auf allgemeine Unwissenheit oder reine Phantasievorstellungen, wie sie der Öffentlichkeit bezüglich des Lebensstils der Königsfamilie umgingen, zurückführen. Es ist durchaus möglich – ja sogar wahrscheinlich –, daß Königin Elisabeth II. über ein Privatvermögen von vielen Millionen Dollar verfügt. Aber um was es sich dabei handelt und wie groß dieses Vermögen tatsächlich ist, weiß nur ein ganz kleiner Personenkreis, dessen Identität in einer Verschachtelung von Firmen und Holdinggesellschaften verschwindet und ohne Mitwirkung der Königin selbst von keinem legalen oder illegalen Untersuchungsgremium festgestellt werden kann. Aber reich oder nicht reich – weder Elisabeth II. noch eines ihrer Familienmitglieder frönt extra-

[1] Obwohl gewisse Abgaben an die örtlichen Gemeinden abgeführt werden.

vaganten Lebensgewohnheiten. Man mag dagegen einwenden, daß angesichts so vieler Residenzen und Bediensteter sowieso schon mehr oder weniger alle Wünsche erfüllt sind, aber innerhalb dieses vorgegebenen Rahmens werden die Lebenshaltungskosten so niedrig wie irgend möglich gehalten.

Die Leute stellen sich zum Beispiel vor, daß es im Buckingham Palace nur das Beste vom Besten gibt. Es stimmt natürlich, daß die Staatsgemächer, in denen Investituren und Empfänge stattfinden, mit ihrem Prunk durchaus den Maßstäben entsprechen, die in jedem Land an den Sitz des Staatsoberhaupts angelegt werden. Aber dahinter liegen die Privatgemächer, in denen die Königin und ihre Familie wohnen. Hier sieht man moderne Möbel unter alten Erbstücken, zerschlissene Polster, angeschlagene Bücherregale und das unverkennbare Anzeichen, daß man sich in einer königlichen Residenz befindet: einen alten, elektrischen Kamin. Dies alles ist weit von dem Ideal entfernt, das der Öffentlichkeit in prächtig aufgemachten Zeitschriften als erstrebenswert angepriesen wird. Dasselbe gilt auch für die Büroräume der höchsten Hofbeamten – alte Aktenschränke, abgenutzte Schreibtische, wackelige Stühle und reparierte Teppiche. Betritt man das Büro des Ersten Privatsekretärs der Königin und erwartet man die Räume eines erfolgreichen Geschäftsmanns oder vielleicht auch nur des Filialleiters der eigenen Bank, so glaubt man sich statt dessen in das fast schäbige Arbeitszimmer eines Volksschuldirektors oder in die verblichene Atmosphäre eines Klubs versetzt, der einmal bessere Zeiten gesehen hat.

Aber dies war eindeutig nicht das Bild, das dem Sonderausschuß, der sich mit der Zivilliste zu befassen hatte, im Laufe seiner sechs Sitzungen zwischen dem 21. Juni und 27. Juli 1971 vor Augen stand. Dieses Gremium führte die sorgfältigste Untersuchung des Finanzgebarens des Hofs durch, und nach den von der Gewerkschaft ausgehandelten Sätzen bezahlt wurdie es je gegeben hat. Man stellte fest, daß Champignonzüchtereien auf den Ländereien von Windsor Castle für den öffentlichen Markt produzierten; daß andere Privatgüter bereits im Begriffe waren, die Konkurrenz zu unterbieten (die Ernte von fünfundzwanzig Hektar schwarzer Johannisbeeren in Sandringham wurde an die Ribena Fruit Juice Company geliefert), daß es Vertreter der Gewerkschaften im Buckingham Palace gab und daß die meisten Bediensteten bei Hof zur Beamtengewerkschaft gehörten den. Man entdeckte, daß der Pfleger der königlichen Schwäne ein »fast erbliches« Amt innehabe; daß sich die Wäscherechnungen der königlichen Familie von 4542 im Jahr 1952 auf 7267 Pfund erhöht hätten und daß die Weinrechnungen des Hofes im selben Zeitraum von 3254 Pfund auf 12 000 Pfund gestiegen seien.

Aber trotz des umfangreichen Materials, das der Ausschuß ans Tageslicht förderte, ergab sich kein genaues Bild von der Finanzsituation des Hofes. Man stellte fest, daß die Königin die Bildersammlung und die Kronjuwelen sowie die von Georg V. und Georg VI. aufgebaute Briefmarkensammlung als unveräußerliche Erbstücke der Nation betrachtete. »In keiner Weise«, sagte Lord Cobbold, der Haushofmeister, »ist die Königin der Auffassung, daß ihr diese Dinge zur freien Verfügung überlassen seien.«

Andererseits hatten die Königin und Prinz Philip »durch Erbfall, Schenkung oder Kauf« eine erhebliche Menge an Möbeln, Bildern und Schmuck erworben, die sie für ihr persönliches Eigentum hielten. Es wurde dabei nicht klar, worin der Unterschied zwischen einem Gemälde oder Schmuckstück, das »unveräußerlich«, und einem anderen, das »privat« war, lag. Obwohl die Garderobe der Königin mit Recht auf Kosten der öffentlichen Hand angeschafft worden war, wurden die Rechnungen nicht unter diesem Titel bezahlt. Und es war ebenso schwer zu begreifen, wieso öffentliche Mittel zur »Unterhaltung und Verbesserung der königlichen Besitzungen von Sandringham und Balmoral« verwendet worden waren, wenn es sich hier um einen reinen Privatbesitz handelte. Die Verwirrung entstand zum Teil auch dadurch, daß in der königlichen Buchhaltung ein Unterschied zwischen der Privatschatulle (Klasse I der Zivilliste), den »privaten« Aufwendungen der Königin für bestimmte halböffentliche Zwecke und anderen Klassen wie Gehältern für Hofbedienstete (Klasse II) oder Haushaltsausgaben (Klasse III) gemacht wurde, aber diese Unterscheidung war für Außenstehende weitgehend akademischer Natur, da das ganze Geld sowieso aus öffentlichen Mitteln stammte.

Der Ausschuß erhielt Antwort auf fast alle Fragen. Aber die Mehrheit der Ausschußmitglieder war bereits der Überzeugung, daß die Inflation die Erhöhung der Mittelzuweisungen rechtfertige – die Abgeordneten des Unterhauses hatten sich selbst im selben Zeitraum eine Erhöhung der Diäten um 600 Prozent genehmigt. Die Konservativen stellten offenbar viele Fragen nur aus persönlichem Interesse. Mr. Norman St. John Stevas wollte zum Beispiel wissen, wieviel die königlichen Chorknaben kosteten.

Obwohl die Labour-Abgeordneten mehr darauf bedacht waren, exakte Zahlen über die privaten und öffentlichen Vermögenswerte zu erhalten, handelten auch sie als Einzelpersonen ohne einheitlichen Plan. Joel Barnett, ein ausgebildeter Buchprüfer, stellte besonders bohrende Fragen. Aber sein Interesse schien zuweilen eher berufsmäßig als politisch motiviert zu sein. Willie Hamilton, das andere Extrem, ließ selten eine Gelegenheit vorübergehen, sich effektheischend über die britische Klassenstruktur zu äußern. Und sooft die Frage nach dem Umfang des königlichen Privatvermögens auftauchte, stießen die Abgeordneten auf die sicherste Verteidigung – die Ignoranz. »Die Hofbeamten, mich selbst eingeschlossen«, erklärte Lord Cobbold, »befassen sich nicht mit dem Privatvermögen Ihrer Majestät und sind auch über Einzelheiten dieser Vermögenswerte nicht unterrichtet. Ihre Majestät regelt diese Angelegenheiten persönlich, wie es auch der letzte König und die früheren Souveräne getan haben.« Die Abgeordneten sprachen also nicht mit den zuständigen Beratern. Deren Identität blieb – und bleibt – ein Geheimnis.

Einige Ausschußmitglieder waren darüber nicht besonders glücklich, aber ihr Auftrag erstreckte sich nicht auf die privaten Einnahmequellen der Königin. (Auch beschäftigten sie sich nicht mit der Frage, warum eigentlich die anderen Länder nicht etwas zu den Kosten der Hofhaltung der Königin beisteuerten, denn allen kam ja schließlich die Repräsentation der Königin in London zugute, die jedoch vorläufig nur vom britischen Steuerzahler finanziert wurde.) Der Ausschuß war nur beauftragt, zu untersuchen, ob die Mittel der Zivilliste in der Vergangenheit zweckentsprechend verbraucht worden waren und – falls sie erhöht werden sollten – ob sie aller Wahrscheinlichkeit nach auch in Zukunft vernünftig verausgabt werden würden. Lord Cobbold äußerte sich einmal zum Umfang des königlichen Privatvermögens. »Ihre Majestät ist tief betroffen«, sagte er, »von den astronomischen Zahlen, die in gewissen Kreisen verbreitet werden und die den Eindruck erwecken, als gehe der Wert ihres Vermögens in die 50 oder 100 Millionen Pfund. Ihrer Meinung nach können solche Vorstellungen nur aus der Unwissenheit über den Status der Königlichen Sammlungen entstehen, die in keiner Weise ihrem persönlichen Verfügungsrecht unterliegen. Es ist ihr Wunsch, dem Ausschuß zu versichern, daß diese Zahlenangaben weit übertrieben sind.«

»Weit übertrieben« ließ immer noch Raum für ein beachtliches Bankkonto und Aktienpaket. Aber das stand jetzt nicht zur Debatte. Der Ausschuß empfahl für die Königin eine Verdoppelung der Zivilliste auf 980 000 Pfund im Jahr. Dadurch sollten alle Gehälter und Ausgaben des Hofes gedeckt und außerdem ein gewisses Polster gegenüber der Inflation geschaffen werden. Ferner sollten insgesamt 255 000 Pfund für andere Mitglieder der königlichen Familie ausgeworfen werden, die Repräsentationspflichten zu erfüllen hatten – die Königinmutter (95 000 Pfund), der Herzog von Edinburgh (65 000 Pfund), Prinzessin Anne (15 000 Pfund, die nach ihrer Eheschließung auf 35 000 Pfund erhöht werden sollten), Prinzessin Margaret (35 000 Pfund) und der Herzog von Gloucester (45 000 Pfund), während 60 000 Pfund für andere Mitglieder der königlichen Familie bereitgestellt wurden, die, wie etwa Prinzessin Alexandra, gelegentlich an öffentlichen Repräsentationspflichten teilnahmen. Außerdem war Vorkehrung für andere Eventualitäten getroffen worden[1].

Dies wirkte wie eine riesige Summe, aber der Ausschuß sah keine Alternative. In Erwartung der Schlagzeilen, die folgen würden, legte der Ausschuß auf die Klarstellung Wert, daß es sich bei den empfohlenen Zuwendungen um Rückerstattung von laufenden Kosten handle; diese Beträge seien kein Gehalt für Elisabeth II. noch für irgendein Mitglied ihrer Familie. »Es handelt sich infolgedessen in gar keinem Fall um eine ›Gehaltserhöhung‹ für die Königin«, betonte der Ausschuß. Wenn sich zum Beispiel der Herzog von Edinburgh aus den ihm zugewiesenen Mitteln ein regelmäßiges Einkommen spart, so bleibt die Aufwandsentschädigung von 65 000 Pfund davon unberührt, denn diese ist für die Gehaltszahlungen an sein neun- oder zehnköpfiges Personal und dessen laufende Spesen bestimmt, und außerdem ist er steuerpflichtig: Er rechnet diese Gehälter und Spesen gegen sein Einkommen aus der Zivilliste auf und versteuert den Rest[2].

Die Königin hatte ferner klar zum Ausdruck gebracht, daß sie in Zukunft auf Zahlungen aus der Zivilliste in ihre Privatschatulle verzichten wolle. Theoretisch war die Privatschatulle, wie der Name sagt, das Taschengeld der Königin. In der Praxis hatte die Königin ihre Privatschatulle zur Bestreitung von »privaten« und »öffentlichen« Ausgaben verwendet, ohne sich viel um den Unterschied zu kümmern. Sie hatte Geld aus der Privatschatulle dazu verwendet, um einen Pensionsfonds zu gründen, der Hofangestellten zugute kommen sollte, sie hatte daraus ferner Wohltätigkeitsspenden bezahlt und anderen Familienmitgliedern bei der Finanzierung ihres offiziellen Aufwands unter die Arme gegriffen; außerdem waren diese Mittel natürlich auf dem privaten Sektor für Sandringham und Balmoral verwendet worden. So wurde in der finanziellen Neuregelung von 1971 ein Stein des Anstoßes beseitigt. Öffentliche Mittel würden nicht mehr in die Privatschatulle fließen. Diese mußte in Zukunft vom Herzogtum Lancaster und den privaten Einkünften der Königin gespeist werden.

Als der Bericht dieses Sonderausschusses Ende 1971 veröffentlicht wurde, stieß diese Abfindung der Privatschatulle auf allgemeine Zustimmung. Da-

[1] Eingeplant waren künftige Zahlungen, wie z. B.: an jüngere Söhne der Königin ab ihrem Alter von achtzehn Jahren bis zu ihrer Eheschließung jährlich 20 000 Pfund; an jüngere Söhne nach der Eheschließung jährlich 50 000 Pfund; an die Witwe Seiner Königlichen Hoheit des Prince of Wales 60 000 Pfund; an Ihre Königliche Hoheit, die Herzogin von Gloucester, und an jede künftige Gattin eines jüngeren Sohnes für den Fall, daß diese ihren Gatten überleben sollte, 20 000 Pfund.

[2] Siehe Anhang B.: Die königliche Familie und die Steuer.

mit war einer legitimen Kritik am Finanzgebaren des Hofes entsprochen worden – nämlich die Verwendung öffentlicher Mittel für private Zwecke (obwohl es sich bei den jährlichen 60 000 Pfund nie um astronomische Summen gehandelt hatte). Man ging allgemein davon aus, daß die Arbeit der Kommission noch einen Argwohn aus der Welt geschafft hatte, nämlich den Verdacht, das Leben bei Hofe sei zu aufwendig. Solange also in England der Wunsch bestand, daß das Hofzeremoniell bei offiziellen Anlässen in der traditionellen Weise abgewickelt wurde, konnte man mit weiteren Einsparungen nicht rechnen.

Aber es war gerade die Großzügigkeit der Königin bei der Verwendung von Mitteln aus der Privatschatulle zur Finanzierung öffentlicher Vorhaben, die die Öffentlichkeit hellhörig machte, besonders als sich die Wirtschaftslage verschlechterte und Anfang der siebziger Jahre die Preise steil anstiegen. Wenn es sich die Königin leisten konnte, die öffentliche Hand so großzügig zu unterstützen, wurde sie dann nicht vielleicht selbst von eben dieser öffentlichen Hand im Übermaß unterstützt? Dieser Punkt wurde im Februar 1975 zum zentralen Thema, als sich plötzlich herausstellte, daß die vom Sonderausschuß erst 1971 empfohlenen Zuweisungen hoffnungslos überholt waren, obwohl die inflationäre Entwicklung berücksichtigt worden war. Die Zivilliste brauchte dringend eine halbe Million Pfund, um aus den roten Zahlen herauszukommen.

Die Summe setzte sich aus vielen Einzelbeträgen zusammen. Während der Hof bisher ungefähr 4,2 Millionen Pfund aus Ressortmitteln für Ausgaben wie die königliche Jacht und fast eine Million Pfund aus der Zivilliste erhalten hatte, kostete er jetzt rund 6,5 Millionen Pfund – Ressortmittel und andere direkte Zuweisungen der öffentlichen Hand beliefen sich auf 4 935 000 Pfund, während für Gehälter und andere Verbindlichkeiten, die unter die Zivilliste fielen, weitere 1 400 000 Pfund benötigt wurden.

Harold Wilson, der am 12. Februar 1975 eine Aufstockung der Zivilliste forderte, betonte ausdrücklich, dies bedeute keine Steigerung der Realausgaben bei Hof. Diese Kosten seien, erklärte er, »dank der Einsparungsmaßnahmen der königlichen Familie«, erheblich weniger gestiegen als der Preisindex seit 1972. Die Erhöhung sei hauptsächlich deshalb notwendig, damit die Lohnsteigerungen bei den 473 Hofbediensteten aufgefangen werden könnten. Die Einsetzung einer neuerlichen Untersuchungskommission sei nicht erforderlich, aber es könne eine anderthalbstündige Debatte stattfinden, wenn ernste Einwände gegen diese Maßnahme bestünden.

Es gab Einwände. Viele Labour-Abgeordnete hielten den Zeitpunkt für höchst ungeeignet, denn trotz aller Erklärungen über gestiegene Löhne und

Der neunjährige Prinz Charles bei der Ankunft in der Schule von Cheam, 1958.

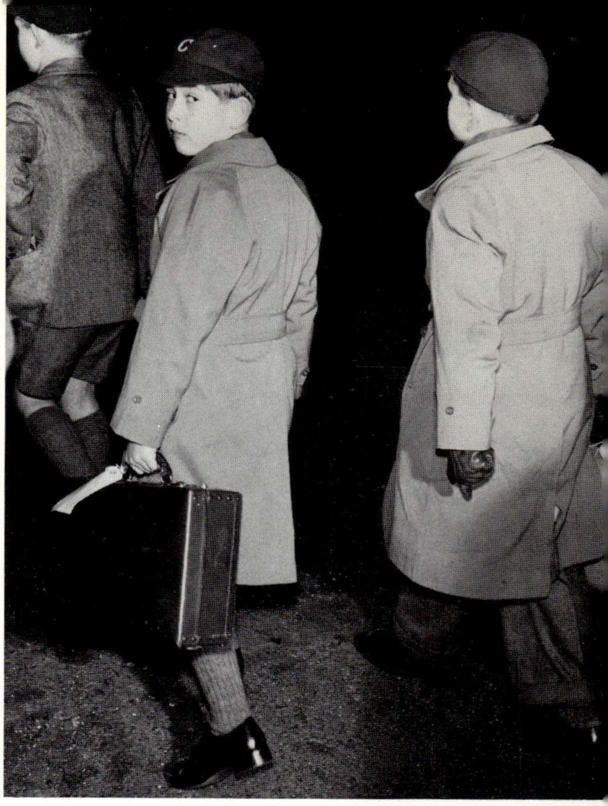

Königin Elisabeth überreicht Prinzessin Anne die Goldmedaille bei dem europäischen Military-Wettbewerb im September 1971.

Auf dem Balkon des Buckingham Palace nach der Trauung von Prinzessin Anne mit Captain Mark Phillips, am 14. November 1973. Neben der Königin stehen ihre Nichte, Lady Sarah Armstrong-Jones, und ihre Söhne Prinz Andrew (ganz rechts) und Prinz Charles.

Gehälter würde der Eindruck entstehen, daß die Königin eine erhebliche »Gehaltserhöhung« erhielte – die BBC und viele Zeitungen griffen diesen Ausdruck sofort auf. Man wies in der Öffentlichkeit darauf hin, Elisabeth II. befinde sich in dringenden Geldnöten, und das Volk reagierte darauf je nach der Einstellung, die der einzelne zum Hof hatte. Jesse Hill, ein vierjähriges Mädchen in einem Kindergarten, den die Königin nach der Verlautbarung besuchte, drückte ihr ein Zehn-Cent-Stück in die Hand. »Hier, liebe Königin«, sagte sie. »Ich will dir mit deinem Hofstaat helfen.« Elisabeth II. machte angeblich ein überraschtes Gesicht, faßte sich aber und steckte die Münze ein.

Daß die Massenmedien die Angelegenheit auf die persönliche Ebene hoben, war allerdings nicht ganz ungerechtfertigt, denn die Zuschüsse, die Elisabeth II. aus privaten Mitteln anbot, um die Defizite auszugleichen, beliefen sich im Jahr 1974 auf 60 000 Pfund und 1975 auf 150 000 Pfund. Je nach Einstellung konnte man dies für großzügig oder skandalös halten. »Die Schwierigkeit bei der Erörterung dieser Frage«, sagte Michael Stewart, der ehemalige Außenminister, »liegt darin, daß wir nicht wissen, wieviel Steuern erlassen sind und wieviel die Öffentlichkeit aufwenden muß, um diese Zuschüsse möglich zu machen. Wir leben heute in einer Gemeinschaft«, fuhr er fort, »wo wir uns ständig gegenseitig zur Achtung der Gesetze ermahnen, und dazu, die nationale Einheit nicht aus dem Auge zu verlieren und die Lasten möglichst gleichmäßig zu verteilen . . . Das Beispiel eines Staatsoberhauptes, das von diesem Teil der Gesetze, nämlich der Steuerpflicht, ausgenommen ist, ist ein unglückliches . . . Ich rede nicht von der Höhe der Rechnung. Ich will hiermit nur sagen, daß die Befreiung der Krone von der Steuer eine unnötige Kritik an der Monarchie heraufbeschwört. Ich möchte ferner sagen, daß es unwürdig ist, den Ausgleich dadurch zu schaffen, daß wir dem Hof eine unzulängliche Zivilliste zubilligen, weil ja die Königin keine Einkommensteuer zu zahlen braucht.«

Stewart lieferte mit seinen Worten den vernünftigsten Beitrag zur Debatte im Unterhaus, die am 26. Februar 1975 stattfand, und die Erhöhung der Zivilliste wurde, wie erwartet, beschlossen. Neunzig Abgeordnete stimmten dagegen, ohne damit Elisabeth II. persönlich angreifen zu wollen. Es zeigte sich, wie stark die Ehrerbietung gegenüber der Krone in den letzten Jahren gelitten hatte. Viele Regierungen hatten sich außerstande gesehen, mit undefinierbaren Schwierigkeiten wie der Währungsspekulation, den Ölpreisen und den gestiegenen Lebenshaltungskosten fertig zu werden. In diesem Zusammenhang wurde auch die Monarchie nicht von der Verbitterung verschont, die von dem Unvermögen der Politiker verursacht worden war.

Aber die Achtung vor der Krone wurde auch von Faktoren unterminiert, die nicht einmal durch politische Erfolge beseitigt werden konnten. Hier bildete die Kontroverse über die Finanzen des Hofes Anfang der siebziger Jahre eines der bedeutsamsten Probleme, denen sich Elisabeth II. in den letzten Jahren ihrer Regierungszeit gegenübersah. Als auch die weniger privilegierten Schichten der Gesellschaft in den Genuß höherer Schulbildung kommen konnten und die Massenmedien – vor allem das Fernsehen – einem aufgeschlossenen Publikum immer neue Fakten und Probleme servierten, wurden ganz neue Ansprüche geweckt. Die Menschen verglichen ihre Lohntüte nicht mehr nur mit ihresgleichen – der Elektriker mit dem Spengler, der Bankangestellte mit dem Beamten –, sondern man verglich sein Einkommen mit dem der oberen Zehntausend, mit dem der Großindustriellen, hohen Beamten und Politiker, die man jeden Tag im Fernsehen sehen konnte. Auch der Hof wurde hierbei nicht ausgenommen. In diesem Zusammenhang widersprach der wachsende private Reichtum des Souveräns der historischen Entwicklung, in deren Verlauf sich jede verfassungsmäßige Einengung der königlichen Befugnisse in einer Verminderung des königlichen Privatvermögens niedergeschlagen hatte.

Im Jahr 1066 war Wilhelm I. praktisch der »Besitzer« des Landes, das er erobert hatte. Aber im Laufe der Jahre wurde, wirtschaftlich gesehen, die Kluft zwischen Souverän und Untertan immer kleiner, die absolute Macht des Königs nahm ab. Im siebzehnten Jahrhundert war der Hof mehr oder weniger bankrott. Jakob I. und Karl I. mußten ihre Prärogativen gegen Bargeld verkaufen. Die logische Folge war dann die Zivilliste, die im Jahr 1760 eingeführt wurde.

Nach der Restauration waren die britischen Monarchen finanziell etwa gleich gut gestellt wie die großen Magnaten, und später wie die Großindustriellen, die in manchen Fällen vielleicht noch wohlhabender als der König waren. Hieraus ergab sich eine gegenseitige Loyalität, denn die Könige wurden von den oberen Gesellschaftsschichten nie wegen ihres Reichtums beneidet. Wer arm war, besaß kein Ansehen. Als dann die politische Agitation gegen althergebrachte Privilegien einsetzte, bildete die königliche Familie nur einen kleinen Teil einer großen und in sich geschlossenen sozialen Schicht.

Diese Situation bestand noch in der Regierungszeit Georgs VI., des Vaters Elisabeths II. Zu Beginn des zwanzigsten Jahrhunderts hatte Eduard VII. seine Freunde mit Sicherheit um ihren Reichtum beneidet, und noch bis zum Ausbruch des Zweiten Weltkrieges war Georg VI. nur einer unter vielen Großgrundbesitzern. Mit ihrer Dienerschaft, den großen Stadthäusern und den weitläufigen Landsitzen wurden sie in zunehmendem Maß Zielscheibe neidischer Mißgunst. Aber bis zum Krieg galten sie dennoch im allgemeinen als ein integrierender Bestandteil der Gesellschaft, der befugt war, das im Laufe vieler Generationen angehäufte Familienvermögen zu nutzen und an die Nachkommen zu vererben.

Aber der Krieg und das Heraufkommen der Labour-Regierung im Jahr 1945 änderte das alles. Die Neuverteilung der Steuerlast richtete sich vor allem gegen die Oberschicht. Eine Vielzahl von Maßnahmen, von der Erbschaftssteuer bis zur progressiv gestaffelten Vermögenssteuer, sollte den ererbten Besitz zerstören. Mit Hilfe der Inflation erwies sich dies als ein Kinderspiel. Wenn man in East Anglia beim Herzog und der Herzogin von Grafton zum Mittagessen eingeladen ist, bedienen bei Tisch zwei polnische Au-pair-Mädchen. Wenn aber die Herzogin, die gleichzeitig Erste Kammerfrau der Königin ist, nach Sandringham fährt, findet sie dort eine Vielzahl von Bediensteten vor, die aus einem anderen Zeitalter zu stammen scheinen. Nach dem Willen des Parlaments ist die Königin nämlich von einer Steuerlast befreit, die die Großgrundbesitzer in die Knie gezwungen hat. Zweifellos gibt diese Sonderbehandlung die Auffassung der meisten Menschen wieder, aber es ist eine zweischneidige Loyalität, denn sie versetzt die königliche Familie, ob sie es will oder nicht, in ihre schon lange freigewordene Stellung als die wohlhabendste Familie im ganzen Land zurück – ein Granitfelsen, der um so einsamer dasteht, als alle seine auf Sandstein gebauten Nachbarhäuser verfallen sind.

Elisabeth II. benimmt sich nicht wie die reichste Frau der Welt, obwohl sie es rechnerisch eigentlich sein müßte. Auch ist es wenig wahrscheinlich, daß Prinz Charles mit den finanziellen Mitteln prahlen wird, die ihm zur Verfügung stehen. Sein ihm persönlich zur Verfügung stehendes Geld wandert diskret in moderne Hi-Fi-Geräte und Apparaturen für Kabelfernsehen und wird nicht für elegante Sportwagen ausgegeben. Aber werden seine jüngeren Brüder oder seine Nachfolger ebenso bescheiden auftreten? Sie sind die einzigen Engländer, die es an Reichtum mit den Ölscheichs aufnehmen können. Und wenn dies vielleicht auch keine Rolle spielen wird, falls sich die Erdölvorräte in der Nordsee bestätigen sollten, so mag dies doch in Zeiten der Not zu negativen Reaktionen führen.

Die Kontroverse der siebziger Jahre über die Finanzen des Hofes war ähnlich wie die Kampagne von Lord Altrincham in den fünfziger Jahren, im Grunde eine rein emotionale Angelegenheit. Sie ging, wie bei Altrincham, am Kern der Sache vorbei. Die Abgeordneten, die sich über die Postgebühren des Buckingham Palace ereiferten und nach den genauen Kosten für die sechstausendfünfhundert Telegramme forschten, die jedes Jahr im Namen der Königin an Hundertjährige und anläßlich von diamantenen

Hochzeiten verschickt wurden, interessierten sich nur für die Kosten, aber nicht für die Bedeutung dessen, was geschah. Wie Andrew Duncan 1976 betonte, waren diese acht Millionen Pfund (seine Schätzung für den Gesamtaufwand des Hofes in jenem Jahr) immer noch weniger als die Jahresrechnungen für Beruhigungstabletten, die nach Rezepten im verstaatlichten Gesundheitswesen ausgegeben wurden (8 144 000 Pfund im Jahr 1974).

Aber obwohl einige im Erfolg der Königin und ihrer Berater bei dieser Kontroverse einen Sieg zu sehen glaubten, der die Stellung des Throns mehr denn je gefestigt hatte, so muß man sich fragen, ob derselbe Triumph auch noch nach fünfzig Jahren gerechtfertigt erscheinen wird. Es mag eine historische Ironie in einer Situation liegen, wo ein politisch machtloser Monarch verfassungsmäßig zum reichsten Individuum im Lande wird und damit ein Abbild des Absolutismus darstellt. Aber es bleibt abzuwarten, ob dieser Widerspruch immer als ein rein verstandesmäßiger beurteilt werden wird.

Das schwarze Schaf

In derselben Märzwoche 1976, da Harold Wilson seine Absicht kundtat, von seinem Amt zurückzutreten, wurde bekanntgegeben, daß sich Prinzessin Margaret und der Earl of Snowdon geeinigt haben, sich zu trennen.

Die Snowdons hatten bereits in den ersten Jahren ihrer Ehe Anlaß zu Kritik gegeben. In den siebziger Jahren hatte sich die britische öffentliche Meinung damit abgefunden, daß Mark Phillips, der Gemahl von Prinzessin Anne, obwohl er noch im aktiven Dienst der Armee stand, den größten Teil seiner Zeit mit der Teilnahme an Reitkonkurrenzen verbrachte. Aber in den sechziger Jahren konnte Tony Armstrong-Jones auf keine Tätigkeit verweisen, die auf ein ähnlich positives Echo gestoßen wäre. Er nahm an den Repräsentationspflichten seiner Gemahlin teil, bekleidete einen unbezahlten Beraterposten beim Design Centre und entwarf ein neues, riesiges Vogelhaus für den Londoner Zoo; aber dies genügte seinen Kritikern nicht.

»Mr. Armstrong-Jones muß heute als einer der führenden Vogelkäfigbauer des Landes gelten«, entrüstete sich der *Daily Express*. »Bestimmt kein besonders bevorzugter Beruf.«

Aber als Lord Snowdon eine echte, gut bezahlte Stellung annahm, war der *Daily Express* noch weniger entzückt. Snowdon hatte lange für den Kunstredakteur der Zeitschrift *Queen*, Mark Boxer, gearbeitet, und als Boxer die neue Farbbeilage für Roy Thomsons *Sunday Times* herausgab, schlug er Snowdon wieder eine Mitarbeit vor. Er würde sich künstlerischer Berater nennen und 5000 Pfund pro Jahr plus Spesen erhalten. Fleet Street war wütend. Beaverbrook ging mit vollen Segeln zum Angriff über, während der Hauptrivale der *Sunday Times*, der *Observer*, aus seiner Empörung kein Hehl machte. »Es muß auf alle Zeitungen und Zeitschriften einen unfairen Eindruck machen«, erklärte sein Herausgeber und Besitzer, der Honourable David Astor, »daß sich ein enger Verwandter der Königin zum Ausbau des Thomson-Empire hergibt.«

Die *Times*, die kurz darauf selbst in diesem Empire aufgehen sollte, enthielt sich jedes Kommentars, brachte aber die Kritik des *Observer* im Wortlaut.

Aber ganz abgesehen davon, der *Observer* hatte mit seiner Einstellung nicht ganz unrecht, denn Lord Snowdon mußte, ein wie guter Photograph er auch sein mochte, durch seine Verbindung mit der königlichen Familie als Werbemagnet wirken. Er hatte darauf bestanden, daß sein Name stets kleiner als der des Autors gedruckt wird. Aber ein Konflikt war nicht zu vermeiden, und dies war eine Folge der Bereitschaft der Königin Elisabeth, auch Menschen in den Kreis der königlichen Familie aufzunehmen, die sich ihren Lebensunterhalt selbst verdienten. Was hätte Snowdon sonst tun können?

Wenn man seine besondere Begabung, die Herkunft seiner Gattin und die Notwendigkeit berücksichtigt, einen auch von der Außenwelt allgemein anerkannten Beruf auszuüben, gab es kaum eine Alternative. Snowdon erörterte seine Stellung bei der *Sunday Times* mit seiner Schwägerin, und sie war einverstanden. Sie begrüßte auch seine preisgekrönten Dokumentarfilme für das Fernsehen, seine Bücher und sein Eintreten für die Behinderten – seine Reden im Oberhaus und seine Arbeiten zur Herstellung eines grundsätzlich neuartigen Typs von Rollstuhl. Sie fühlte sich irgendwie angeregt, weil ihr Schwager in der Presse so viel Aufsehen erregte. Man hatte ihre Familie stets kritisiert, weil sie zu wenig künstlerische Talente hervorgebracht habe. Jetzt hatte sie einen angeheirateten Verwandten, der das Gegenteil bewies und den sie dazu noch persönlich gut leiden konnte.

Weniger glücklich war Elisabeth II. über die Art, wie sich Snowdons Ehe entwickelte. Prinzessin Margaret spielte als Ehefrau eine beherrschende Rolle. Aus lauter Liebe zu ihrem Gatten unterdrückte sie ihn. Ihr Gefühlsleben nahm neurotische Züge an. Ein Psychiater mußte zu Rate gezogen werden. Die Ehe hatte Margarets Probleme, selbst etwas darzustellen, nicht gelöst, sondern eher noch verstärkt. Sie wünschte, daß ihr Mann stets dicht hinter ihr stand, wie Philip bei ihrer Schwester. Und sie wollte die Leute stets daran erinnern, daß sie eine Prinzessin war. Einerseits gefiel ihr der unkonventionelle Umgang, den Snowdon vor seiner Heirat gehabt hatte – der Bühnenbildner Carl Toms, der von Snowdon bei der Vorbereitung von Prinz Charles' Investitur 1969 zugezogen wurde, und der Choreograph John Cranko. Andererseits legte sie großen Wert darauf, als Angehörige der Königsfamilie entsprechend behandelt zu werden und selbst entscheiden zu können, wann sie müde war und die Party ein Ende finden mußte. Snowdon, der selbst sehr nervös war, machte aus seiner Verärgerung über die Ansprüche seiner Frau kein Hehl. Dies führte zu Meinungsverschiedenheiten, sogar zu offenem Streit – und in steigendem Maß zu einem getrennten Auftreten im gesellschaftlichen Leben. Snowdon hatte seinen Job, der ihn mit Photoaufträgen ins Ausland führte. Außerdem hatte er sein Landhaus in Sussex. Margaret besaß in Westindien – ihr Hochzeitsgeschenk von Colin Tennant – den Bauplatz auf der Insel Mustique. Snowdons Onkel Oliver Messel half ihr dort beim Bau einer Villa. Aber das Paar ging in seinen Freundschaften getrennte Wege.

Ende der sechziger Jahre waren bereits die Weichen für eine Trennung gestellt, und in den europäischen Zeitungen erschienen Gerüchte über eine Scheidung.

Als sich die königliche Familie dieser Tatsache immer klarer bewußt wurde, schieden sich die Geister. Snowdon, meinten die einen, habe es sich nicht gut genug überlegt, bevor er in das Leben bei Hof eingetreten sei. Margaret sei andererseits immer zu sehr verwöhnt worden. Im Laufe der Zeit wuchs die Erkenntnis, daß beide einfach nicht zueinander paßten. Es spielte also kaum noch eine Rolle, wer die eigentliche Schuld trug. Beide waren schwierige Charaktere. Das Unkonventionelle und die Meinung, man sei irgendwie anders, die die beiden bei ihrer Verlobung zusammengeführt hatten, erwiesen sich jetzt als destruktiv. Keiner wollte nachgeben, und jeder war jederzeit fähig, den anderen unglücklich zu machen.

Elisabeth II. meinte zunächst, daß sich die Dinge schon irgendwie einrenken würden. Als ihre Schwester von Scheidung sprach, riet sie, nichts zu überstürzen. Sie hoffte auf eine Versöhnung. Aber die Kluft wurde größer. Snowdons Freundschaft mit Lady Jacqueline Rufus Isaacs, der Tochter des Marquess of Reading, erregte 1970 das Interesse der Presse, als sie ihn im Krankenhaus besuchte. Als die Prinzessin gemeinsam mit ihrem Mann bei öffentlichen Veranstaltungen auftrat, war die Antipathie zwischen beiden deutlich zu sehen. Die anwesenden Würdenträger waren jedesmal peinlich berührt. Man lud künftig entferntere Verwandte ein – zum Beispiel Prinzessin Alexandra, die Herzogin von Kent. Es wurde offenkundig, daß auf eine Versöhnung kaum noch zu hoffen war; deshalb mußten Elisabeth II. und das Paar selbst irgendwie zu einem *modus vivendi* finden. Sollte man nach außen hin so tun, als bestehe völlige Harmonie, oder sollte man aus der persönlichen Entfremdung auch nach außen hin die Konsequenzen ziehen?

Eine Scheidung war nicht mehr so undenkbar, wie sie es unter früheren Monarchen oder auch in den Anfangsjahren Königin Elisabeths II. gewesen war. Es gab bereits einen ähnlichen Vorgang. 1967 wurde der Vetter der Königin, der Earl of Harewood, von seiner Frau wegen Ehebruchs verklagt. Der Earl, der in der Thronfolge an achtzehnter Stelle stand, hatte seit sechzehn Monaten mit seiner früheren Sekretärin, Patricia Tuckwell, einer geschiedenen Australierin, zusammengelebt und hatte mit ihr einen Sohn, Mark, der im Juli 1964 geboren war. Harewoods Mutter, die Prin-

cess Royal[1], war die einzige Tochter Georgs V. und der Königin Mary. Ihre Söhne, die ersten Enkelkinder Georgs V., waren Kindheitsgespielen von Elisabeth gewesen. Formell wurde die Krone durch die Scheidung nicht betroffen, aber nach dem Royal Marriages Act war das Einverständnis der Königin erforderlich, falls Harewood sich wieder zu verheiraten wünschte – was im Juli 1967, unmittelbar nach dem Vorliegen der Rechtskräftigkeit seiner Scheidung, der Fall war.
Hierdurch geriet Elisabeth II. in eine prekäre Lage. Nach den von George V. und Georg VI. gesetzten Maßstäben hatte sich Harewood skandalös benommen. Georg V. hätte eine Wiederverheiratung nicht genehmigt. Georg VI. wäre vielleicht flexibler gewesen, aber seine Zustimmung hätte er mit ziemlicher Sicherheit von einer Trennung von der königlichen Familie abhängig gemacht – ein Privatleben in Anonymität, wenn nicht im Ausland wie die Windsors. Aber die Zeiten hatten sich geändert. Die Andeutungen einer Scheidung hatten in der Öffentlichkeit keine Empörung ausgelöst. Der einzig mögliche Skandal trat nur dann ein, wenn Elisabeth II. jetzt ihre Zustimmung zu einer Wiederverheiratung verweigern sollte. Harewoods Verhalten hatte sich nicht als Gefahr für den Thron erwiesen, aber eine Verurteilung durch die Königin konnte nachträglich dazu führen. Es war der Zwiespalt, die Tugenden des Familienlebens in einer Zeit sexueller Freizügigkeit aufrechterhalten zu wollen.
Elisabeth II. wollte über Harewood nicht den Stab brechen. Aber ihr Amt als Oberhaupt der Kirche verbot ihr, eine Scheidung zu entschuldigen. Es war Harold Wilson, der sie aus diesem Dilemma befreite, indem er das Problem im Kabinett zur Sprache brachte. Er konnte dann der Königin offiziell empfehlen, Harewood die Wiederverheiratung unter dem Royal Marriages Act zu genehmigen, so daß ihre Entscheidung die Kirche praktisch ebensowenig berührte wie der normale Gesetzgebungsprozeß über Scheidungsangelegenheiten, der von der Krone bestätigt worden war. Der Fall Harewood machte also deutlich, daß im Königshaus eine Scheidung möglich war. Die Lockerung der Scheidungsgesetze nach 1967 führte sogar dazu, daß eine Scheidung in Zukunft auch ohne den Beweis des Ehebruchs ausgesprochen werden konnte – vorausgesetzt, daß sich beide Seiten auf die Trennung geeinigt hatten.

[1] Vergleiche die genealogische Übersicht auf dem Vorsatzblatt. Prinzessin Mary, geb. 1897, war das dritte Kind Georgs V. und der Königin Mary – zwischen Bertie (Georg V.) und Harry (Herzog von Gloucester). Sie hatte den Viscount Lascelles, den sechsten Earl of Harewood, geheiratet, der 1947 starb. Prinzessin Mary starb im März 1965. Ihr Enkel Mark war im Jahr zuvor gestorben, und sie war sich bewußt gewesen, daß die Ehe ihres Sohnes gescheitert war. Aber Mark lebte erst nach dem Tod seiner Mutter bei Patricia Tuckwell.

Prinzessin Margaret und ihr Mann hatten sich darauf geeinigt. Die Formalitäten waren einfach: Förmliche Trennung und eine Wartezeit von zwei Jahren, nach der die Ehe jederzeit aufgelöst werden konnte. Aber die Wahl des Zeitpunktes war schwierig. Auf die Kinder mußte man Rücksicht nehmen. Die Trennung sollte besser so lange hinausgeschoben werden, bis sie alt genug waren, daß man sie ins Internat schicken konnte. Dann war da noch die Frage, wie Snowdon finanziell gestellt sein sollte. Und es gab die öffentliche Meinung.

In dieser Hinsicht erwiesen sich die Artikel, die in den Klatschspalten der Zeitungen Anfang der siebziger Jahre erschienen, als höchst willkommen. Sie brachten Nachrichten über die Trennung der Snowdons in einer Weise, daß sogar die Frauenzeitschriften Artikelfolgen über das »moderne« Arrangement veröffentlichten, welches dem Paar die Möglichkeit gebe, getrennte Wege zu gehen. Aber diese Artikel spielten auch eine Rolle im Kampf um höhere Auflagenzahlen. Je härter der Konkurrenzkampf um die Gunst des Leserpublikums wurde, um so deutlicher äußerten sich die Journalisten. Die *Daily Mail* verbesserte ihre Auflagenhöhe dadurch, daß sie auch vor dem Privatleben der Schwester der Königin bei ihrer Berichterstattung nicht haltmachte. Anfang 1976 beschloß der *Daily Express*, nach einem Auflagenrückgang von 300 000 Exemplaren, auch in dieses Geschäft einzusteigen. Er brachte, ebenso wie die *Daily Mail,* Reportagen über die Freundschaft der Prinzessin Margaret mit einem siebenundzwanzig Jahre alten Tunichtgut, Roddy Llewellyn. Die größte Sonntagszeitung, *News of the World,* sah sich diesen Konkurrenzkampf eine Weile an und kam zu dem Schluß, daß die Presse ruhig auch noch mehr bringen konnte. Prinzessin Margaret verlebte gerade ihre Ferien auf Mustique mit Llewellyn. Colin Tennant war immer am Flugplatz, wenn die achtsitzige Maschine Gäste auf die Insel brachte, und schickte alle Journalisten sofort wieder zurück. Aber der Vertreter von *News of the World* gab sich als normaler Tourist aus. Seine Story mit den Photos machte Mitte Februar 1976 Schlagzeilen, und der Berichterstattung war Tür und Tor geöffnet. Die Ehe der Snowdons erschien weiter auf den Titelseiten, bis die Trennung am 19. März bekanntgegeben wurde.

Die Anwälte der beiden Ehepartner hatten schon seit einiger Zeit miteinander in Verbindung gestanden, doch wurden die Verhandlungen mit Rücksicht auf die Spekulationen in der Öffentlichkeit schnell zum Abschluß gebracht. Snowdon stimmte einer finanziellen Regelung zu, die es ihm ermöglichte, im Zentrum Londons ein Haus als Basis für seine Arbeit zu kaufen. Prinzessin Margaret erhielt das Sorgerecht für die Kinder. Und als sich innerhalb von Tagen der Sturm wieder gelegt hatte, stellte sich plötzlich heraus, daß das Ansehen der königlichen Familie durch die Krise nicht geschwächt, sondern eher gestärkt worden war. Elisabeth II. fand sich mit der Tatsache einer gescheiterten Ehe ab. Sie lud Snowdon jedoch auch nach der Trennung noch zu Familienfeiern wie der Konfirmation der Kinder oder ihrem eigenen 50. Geburtstag ein. Es war keine Angelegenheit, die vertuscht werden sollte. Es handelte sich um ein Unglück, aber auch um ein alltägliches Ereignis, mit dem auch viele andere Menschen fertig werden mußten. Sie war persönlich mit Snowdon befreundet und wollte ihm ebenso helfen wie ihrer Schwester. Beide völlig zu verstoßen hätte niemandem geholfen, am allerwenigsten den Kindern. Es wäre eine schlechte Alternative gewesen, wo die Krone doch gerade jetzt in beispielhafter Weise zeigen mußte, wie man anderen in einer solchen Situation helfen kann.

So wurde eine Gefahr für die Ideale der repräsentativen Monarchie in ihr Gegenteil verkehrt. In derselben Absicht versuchte Elisabeth II. Anfang der siebziger Jahre die Wunden der Abdankung zu heilen. Daß Narben zurückblieben, war unvermeidlich, aber es bestand kein Grund, warum die Bitterkeit von 1936 auch ihre eigene Regierungszeit vergiften sollte – oder die letzten Lebensjahre ihres Onkels und seiner Frau. Niemand konnte das Unrecht wiedergutmachen, das nach Meinung ihres Onkels geschehen war. König Georg VI. hatte nach ihrer Eheschließung im Jahr 1937 verfügt, daß der Herzog von Windsor zwar mit Seine Königliche Hoheit anzureden sei, daß dieselbe Würde aber seiner Frau und allen eventuellen Kindern nicht zustehe. Eduard sah darin eine unverzeihliche Doppelzüngigkeit, denn er hatte alles aufgegeben, um Wallis zu seinem gleichberechtigten Weibe zu machen. »Ich habe fair gespielt«, sagte er zu James Pope Hennessy, dem Biographen von Königin Mary, »aber ich wurde verdammt schäbig behandelt.« Er schwor, er würde nie offiziell nach England zurückkehren, solange Wallis nicht denselben Titel erhalten habe, den er selbst trug.

Die ewige Feindschaft der Königin Mary und der Königinmutter – die den frühzeitigen Tod ihres Gemahls auf die schwere Bürde zurückführte, die Eduard an ihn weitergegeben hatte – machte eine Änderung in der Haltung unmöglich. Eduard kam zum Begräbnis Georgs VI. im Jahr 1952 allein. Er stand im Jahr danach auch allein am Totenbett seiner Mutter. Aber die neue Königin ging daran, die alte Fehde zu begraben. Elisabeth II. besuchte den Herzog und die Herzogin, als beide nach London kamen, weil er sich einer Augenoperation unterziehen mußte. Sie wünschte ihm telegraphisch zum 70. Geburtstag im Jahr 1964 Glück und veranlaßte, daß jüngere Familienmitglieder, Prinz Wilhelm von Gloucester, der Herzog und die Herzogin von Kent sowie Prinzessin Alexandra, die beiden aufsuchten, wenn sie in Paris waren. Es waren kleine, persönliche Gesten. Im Jahr 1966 reichte sie ihnen dann öffentlich die Hand. Sie lud nicht nur den Herzog, sondern auch dessen Frau zur Einweihung einer Erinnerungstafel zu Ehren der Königin Mary ein. Das Paar fuhr mit in der offiziellen Wagenkolonne und wurde hinterher im Gespräch mit der Königin und mit der Königinmutter beobachtet. Es war die erste offizielle Anerkennung der Herzogin durch die Königin von England.

Im Mai 1972 stattete Elisabeth II. Frankreich einen Staatsbesuch ab. Sie wußte, daß ihr Onkel lebensgefährlich an Kehlkopfkrebs erkrankt war. Sie besuchte ihn in seinem Haus am Bois de Boulogne. Dort hingen überall Fahnen und das königliche Wappen, und die Diener trugen die königliche Livree. Ihr Gemahl und ihr Sohn, der Prince of Wales, begleiteten sie und wurden photographiert, als sie alle die Herzogin begrüßten, bevor sie ins Krankenzimmer hinaufgingen.

Acht Tage später war der Herzog tot. Sein Leichnam wurde nach London geflogen, und die Herzogin wohnte als persönlicher Gast der Königin im Buckingham Palace. An ihrem Ankunftstag versammelte sich ein kleiner Kreis zum Mittagessen, aber sie war krank und niedergeschlagen. Sie war mit den Gedanken woanders. Sie fühlte sich nicht in der Lage, am nächsten Tag an der Flaggenparade teilzunehmen, die auf Wunsch der Königin zu einer Ehrung für den Herzog werden sollte. Aber sie zog den Vorhang zurück und schaute auf die Mall hinunter, als Elisabeth II. an der Spitze ihrer Household Cavalry zur Parade hinausritt. Am selben Abend fuhr sie mit dem Prince of Wales und Lord Mountbatten nach Windsor, wo ihr Gatte aufgebahrt worden war. Der Herzog wurde privat auf dem königlichen Friedhof in Frogmore beigesetzt, in der Nähe des Gartens, in dem er und sein Bruder Bertie als Kinder gespielt hatten. Neben ihm war ein Platz freigelassen, wo die Herzogin eines Tages liegen sollte – mit Genehmigung der Königin, auf königlichem Grund.

So hatte sich der Ring geschlossen. Er bedeutete für Königin Elisabeth II. auch einen Neubeginn in ihrer Regierungszeit. Mitte der sechziger Jahre, als die Ehe der Snowdons auseinanderging, die Scheidung der Harewoods bevorstand und die Windsors noch immer tabu waren, schien sie nicht allzu fest im Sattel zu sitzen. Aber die Zeit, etwas Glück und viel Geduld hatten alle diese Probleme zu ihren Gunsten gewendet. Die prächtige Entwicklung ihres Sohnes Prinz Charles, der als hoffnungsloser Spätentwickler schon fast abgeschrieben worden war, die sprühende Art ihrer Tochter – und sogar traurige Ereignisse wie der Tod ihres Neffen, des Prinzen Wilhelm von Gloucester, der 1972 bei einem Flugzeugunglück ums Leben kam –, alles trug dazu bei, die repräsentative Rolle ihrer Familie zu festigen. Es ist stets die Absicht der Königin gewesen, in den Brennpunkt des britischen Nationalgefühls nicht die eine oder andere Persönlichkeit, sondern die gesamte Familie als geschlossene Einheit zu stellen; sie selbst hält als ruhender Pol alles Geschehen um sich herum zusammen. Dies ist der besondere Beitrag, den sie für die Weiterentwicklung der konstitutionellen Monarchie in Großbritannien geleistet hat. Sie hat dies durch eine persönliche Charaktereigenschaft erreicht, die sonst immer als Schwäche bei regierenden Monarchen angesehen wurde – durch das Fehlen einer vorwärtsdrängenden, extrovertierten Persönlichkeit.

Jubiläum

Elisabeth II. dürfte einmal eine imponierende, alte Königin werden. Nach einer ernsten Kindheit und den nachfolgenden Jahren mannigfacher Entbehrungen scheint sie für ein weises Alter vorprogrammiert zu sein – gewissermaßen eine zweite Viktoria –, und ihre ersten fünfundzwanzig Jahre auf dem Thron sind in vieler Hinsicht erst das Vorspiel für ihr zweites Vierteljahrhundert. Sie hat die mittlere Phase hinter sich gelassen, mit der die Öffentlichkeit oft nichts Rechtes anzufangen wußte – weder schüchternes junges Mädchen noch die kluge alte Frau –, und hat in zunehmendem Maße gerade von jenen Jahren profitiert, die von vielen Frauen als verloren abgeschrieben werden.

Sie ist, wie ein Hofbeamter einmal sagte, wie ein guter Bordeaux, der mit dem Alter immer besser wird.

Will sie abdanken?

Diese Frage wird dem Buckingham Palace immer wieder gestellt, und sie wird unweigerlich verneint.

Aber das heißt nicht viel.

Sie zieht Pressesekretäre nicht immer ins Vertrauen. Diese können Dementis – die Verlobung ihrer Tochter, die Trennung ihrer Schwester – viel glaubwürdiger verbreiten, wenn sie nicht die ganze Wahrheit wissen. Und sie werden auch jede Abdankungsabsicht so lange dementieren, bis diese öffentlich bekanntgegeben wird. Aber dieses Thema ist nicht etwa tabu.

Am 22. Dezember 1965 berief die Königin zum Beispiel eine Konferenz ein, um die Zukunft des Prinzen Charles zu erörtern. Sie versammelte zum Abendessen mehrere Persönlichkeiten um sich; den Premierminister (damals Harold Wilson), den Erzbischof von Canterbury (Michael Ramsey), den Vorsitzenden des Komitees der Universitätsrektoren (Sir Charles Wilson), den Earl Mountbatten und andere, mit denen sie die Angelegenheit besprechen wollte. Nach dem Essen wurden Fruchtsäfte oder Bier getrunken, nur für den Premierminister wurde ein spezieller Brandy geholt. Es war dann Harold Wilson, der den Vorschlag machte, Mountbatten solle jetzt einmal reden. »Madam, Dickie hat noch nichts gesagt«, meinte er. »Können wir seine Meinung hören?« Und so schlug Lord Mountbatten die

Formel vor, die dann einstimmig angenommen wurde – »Trinity College wie sein Großvater, Dartmouth wie sein Vater und Großvater, und dann eine Laufbahn in der Royal Navy mit dem Abschluß als Kommandant seines eigenen Schiffes«.

Im Laufe dieses Gespräches wurde auch das heikle Thema der Abdankung angeschnitten, und zwar von der Königin selbst. Sie wolle, wie sie sagte, »eine Eduard-VII.-Situation vermeiden«[1].

»Es kann ratsam sein abzudanken«, sagte die Königin, »zu einem Zeitpunkt, wenn Charles bessere Arbeit leisten könnte.«

»Damit magst du recht haben«, meinte ihr Gemahl lächelnd, »denn die Ärzte werden dich sicher lange am Leben erhalten.«

Eine Abdankung könnte Elisabeths größte Geste sein, um die Monarchie dem Leben an der Spitze einer sozialen Demokratie anzupassen – eine »Pensionierung«, die das Gespenst von 1936 auf elegante Weise bannen würde. Aber im Jahre 1976 scheint noch nichts darauf hinzudeuten. Als sich Königin Mary ziemlich verächtlich über Wilhelmina der Niederlande äußerte, die mit achtundsechzig Jahren abtrat – »das ist kein Alter, in dem man seinen Job aufgibt« –, übte sie nicht so sehr Kritik an der Abdankung als solcher, sondern vielmehr daran, daß sich ein gesalbter Monarch wie ein Arbeiter behandeln lasse, der in den Ruhestand geschickt wird. Elisabeth II. hat verstanden, was sie meinte – sie hat immer abgelehnt, Fahrrad zu fahren. Wenn sie ihre Geburtstagsparade anführt, reitet sie im Sattel. Wenn sie so alt wird, daß sie kein Pferd mehr besteigen kann, wird sie, wie Königin Viktoria, im Wagen fahren. Dann kann ihr Sohn hinter ihr herreiten, denn Alter ist allein noch kein Grund, einen Mantel abzulegen, der um so geheiligter ist, als er ein Vermächtnis der Zeit und nicht eine Laune des Augenblicks ist. Sie kann um so leichter der Souverän bleiben, wenn ihr Sohn in ihrem Namen einige der Funktionen übernimmt, die Prinzen so gut erfüllen können – denn eine Abdankung würde ihre Völker nicht nur eines lebenserfahrenen, klugen Staatsoberhaupts, sondern auch eines sympathischen Prince of Wales berauben. Sie würde Prinz Charles gerade jene Tätigkeiten nehmen, die ihn so beliebt gemacht haben – am Steuerknüppel eines Flugzeugs zu sitzen oder als Kommandant zur See zu fahren –, und er könnte auch besondere Aufgaben nicht weiterführen, die ihm am Herzen liegen, wie zum Beispiel seine Sozialarbeit bei der Rehabilitierung gefährdeter Jugendlicher. Königin Viktoria machte ihren Sohn zu einer bedauernswerten Figur, weil sie ihm den Weg zu echter Ver-

[1] Königin Viktoria wurde so alt, daß Eduard VII. erst im Alter von neunundfünfzig Jahren, als er schon Großvater war, den Thron besteigen konnte.

antwortung versperrte. Elisabeth II. will eine »Eduard-VII.-Situation« vermeiden, indem sie gewisse Pflichten auf ihren Sohn verlagern will – vielleicht das Studium der Akten. Sie könnte damit auch das Schuldgefühl bei ihrer Umgebung mildern, die sich Vorwürfe macht, wenn sie mitansehen muß, wie sich die Königin noch im hohen Alter abrackern muß – und gleichzeitig könnte sie jene Aura behalten, die den Heiligen, den Heilenden und den Soldaten bis zum Tode umgibt.

Manchmal übertreibt sie auch bei der Einhaltung ihres Arbeitspensums. Wenn sie in London ist, ist ihr Terminkalender voll. Aber sie gönnt sich lange Unterbrechungen in der Wahrnehmung öffentlicher Verpflichtungen – sechs Wochen zu Weihnachten, vier zu Ostern und zehn im Spätsommer und Herbst. Und obwohl die Aktenkoffer ihr überallhin nachgebracht werden, kann sie sich jene Form der Entspannung gönnen, die sie am meisten liebt. Gäste in Sandringham haben sie gefragt, warum sie nicht mit auf die Jagd gehe. Sie meinte, das habe sie gar nicht nötig, denn ihr sei es am liebsten, einfach nur an der frischen Luft zu sein und ihre Hunde um sich zu haben. In festen Stiefeln mit großen, nassen Labradors über Sturzäcker zu stapfen macht in ihrer Vorstellung einen gelungenen Nachmittag aus. Und sie gewinnt diese verdiente Entspannung durch eine Lieblingsbeschäftigung, die keine besonderen Privilegien voraussetzt oder als extravagant gilt, obwohl, wenn man näher hinsieht, sich nur eine kleine Minderheit der Bevölkerung derartige Vergnügen leisten kann.

Wenn man als Gast nach Sandringham eingeladen wird, ist man überrascht, wenn sich ein Stallmeister einige Tage zuvor nach der Schuhgröße erkundigt. Bei der Ankunft erwartet einen am Bahnhof ein Chauffeur (mit einem diskreten E II R am Hut), und man findet ein Paar hohe Stiefel vor. Von jetzt an folgen kaleidoskopartig Begegnungen mit einer warmherzigen, menschlichen und ganz und gar normalen Frau in einer bunten Folge außerordentlicher Situationen.

»Kommen Sie bitte herein, und begrüßen Sie die Königin«, sagt ein Stallmeister. Und in einem kleinen Salon trifft man sie bei einem Glas Gin and Tonic vor dem Mittagessen in einem orangefarbenen Pullover im Kreis anderer Menschen in Sportkleidung.

»Ich fürchte, wir haben ziemlich viele Hunde hier« sagt sie. Im Lauf der nächsten Tage stößt man auf den Gängen immer wieder auf eine Gestalt im Kopftuch, die gerade Fleisch zerteilt, und man weiß nicht recht, wie man die Königin von Großbritannien und Nordirland unter solchen Umständen anreden soll.

Auf ihren Landsitzen in England wickelt sich das Leben noch im alten Stil ab. In Sandringham und Balmoral wimmelt es noch von Lakaien in Livree

Das Familienfoto, aufgenommen anläßlich der silbernen Hochzeit der Königin und Prinz Philips, November 1972.

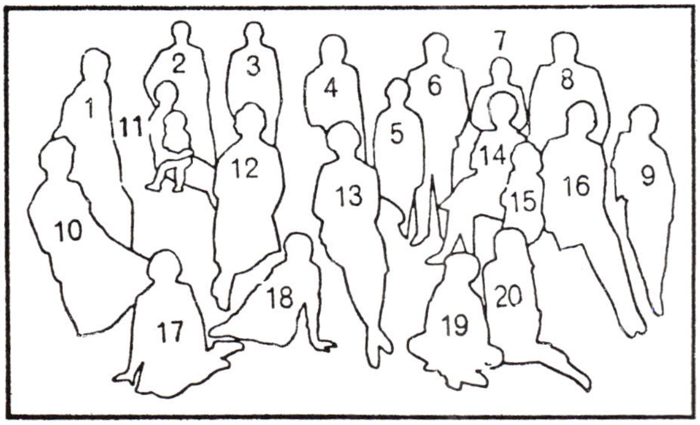

1. Earl of Snowdon. 2. Herzog von Kent. 3. Prinz Michael von Kent. 4. Herzog von Edinburgh. 5. Earl of St. Andrews, ältester Sohn des Herzogs von Kent. 6. Prinz Charles. 7. Prinz Andrew. 8. Hon. Angus Ogilvy. 9. James Ogilvy. 10. Prinzessin Margaret. 11. Die Herzogin von Kent mit ihrem Sohn Lord Nicholas Windsor. 12. Die Königinmutter. 13. Die Königin. 14. Prinzessin Anne. 15. Marina Ogilvy, Tochter der Prinzessin Alexandra. 16. Prinzessin Alexandra. 17. Lady Sarah Armstrong-Jones. 18. Viscount Linley, Prinzessin Margarets Sohn. 19. Prinz Edward. 20. Lady Helen Windsor, Tochter des Herzogs von Kent.

hölzer, um den Siegellack zu schmelzen, ein befeuchtetes Schwämmchen in einer Schüssel, eine Schere und ein Brieföffner in rotem Lederfutteral, eine goldgeprägte Schreibunterlage, ein Papiermesser aus Elfenbein mit Monogramm, ein Tischkalender, Aschenbecher, Leimtopf und ein Aktenkorb, um die Früchte der Arbeit aufzunehmen.

Manche Gäste dürfen unten die Photos des Prinzen Philip besichtigen. Es sind Vergrößerungen aus seinem Buch »Die Vögel Großbritanniens«, mit einem persönlichen Kommentar des Photographen; amüsant seine Lieblingsaufnahme, die an der Innenseite der Toilettentür so aufgehängt ist, daß der Benutzer sie nicht übersehen kann – ein Vogel, der sich mit allen Anzeichen größter Anstrengung auf die Erde hockt.

Unter den Gästen ist fast immer auch ein Geistlicher, denn obwohl Elisabeth II. theologisch nicht besonders versiert ist, liebt sie gute Predigten. Der Kirchgang ist Tradition in der englischen Oberschicht. Sie erfüllt damit eine persönliche Pflicht und gibt ein gutes Beispiel, das durch den Geldschein zum Ausdruck kommt, den sie am Sonntagmorgen auf einen Teller legt, der ihr vor dem Gottesdienst von einem Stallmeister gereicht wird. Auch sie hat etwas von einem Prediger. Sie sieht ihre eigene, jährlich fällige Predigt, ihre Rundfunkansprache nach dem Mittagessen am Weihnachtstag, als eine ihrer wichtigsten Pflichten an. Denn obwohl die Monarchie dazu beitragen kann, daß die weniger attraktiven Eigenschaften der Menschen zum Durchbruch kommen – Heuchelei, Snobismus, Kriechertum, Klassendenken –, so bildet sie doch auch ein gewisses harmloses Ventil, und Elisabeth II. hofft, mit ihrer Ansprache die edleren Seiten im Menschen anzusprechen. Das Großbritannien der siebziger Jahre nimmt von der Geistlichkeit wenig Notiz und hört auch kaum auf seine Politiker. Aber die englische Königin ist überzeugt, daß ihr Volk in einer Welt, in der technischer Fortschritt und Wirtschaftsentwicklung das soziale Gefüge in Unordnung gebracht haben, noch immer nach einem Vorbild sucht. Sie sieht ihre Aufgabe darin, die Menschen daran zu erinnern, daß jeder einzelne einen klaren Kopf behalten, sich seiner Pflichten bewußt sein und darum bemüht sein sollte, sowohl persönliches Selbstbewußtsein als auch Gemeinsinn aufrechtzuerhalten. Ihre Weihnachtsbotschaft ist in jedem Jahr ein Text, den sie und ihr Gemahl persönlich entwerfen und im Laufe mehrerer Monate immer wieder überarbeiten. Und wenn auch ihre Mahnungen oft auf taube Ohren stoßen, so sieht sie darin keinen Grund, die Ansprache nicht jedes Jahr zu wiederholen.

Ein Gegengewicht zu ihrem feierlichen Ernst ist ihr Humor. Ihre Umgebung ist immer wieder überrascht, daß dieser Wesenszug weitgehend unbekannt ist. Aber sie weist selbst darauf hin, daß sie sich so gibt, wie die

Leute sie sehen wollen, und nicht so, wie sie wirklich ist. Nach einer oft wiedergegebenen Anekdote sprach sie einmal während eines Staatsbesuchs auf einem Empfang, den sie für die Presse gab, mit einem britischen Photographen. Der ließ – wohl aus Verwirrung – sein Glas vor ihr zu Boden fallen, und später am Abend trat er vor, um eine besonders gute Aufnahme von ihr zu machen, aber das Blitzlicht funktionierte nicht. Nach der einen Version dieser Geschichte übersah sie in beiden Fällen gelassen die Peinlichkeit der Situation; nach der anderen lächelte sie nach dem zweiten Fiasko den Photographen an und sagte: »Heute ist wohl nicht Ihr bester Tag?« – während sie laut *Punch* nach der dritten Version meinte: »Ihnen werde ich schon noch abgewöhnen, meinen Whisky zu verschütten.«

Das Problem sitzt tiefer, als es die Hofkorrespondenten wahrhaben wollen. Public Relations sind immer ihr wunder Punkt gewesen. Das Beispiel ihrer Mutter, ihres Gemahls und Sohns sowie die stets strahlenden Verwandten, wie die Prinzessin Alexandra und die Herzogin von Kent, weisen darauf hin, daß gute Public Relations nicht automatisch mit der Stellung gekoppelt sind. Die Veranlagung der Königin Elisabeth II. zeigt in die entgegengesetzte Richtung. Es dauerte lange, bis sie dazu überredet werden konnte, ihr Einverständnis zum erfolgreichen Durchbruch auf dem Gebiet der Public Relations zu geben – gemeint ist der Fernsehfilm *Royal Family*. Und obwohl sie von ihrem Gatten und anderen von der Wichtigkeit eines solchen Films überzeugt wurde, fühlte sie sich unter den Kameraleuten nicht wohl. Es war nicht so sehr die Kamera als das Mikrophon, das sie nicht leiden konnte. »Ich klinge bestimmt ganz albern«, klagte sie. Und erst nach Monaten konnte sie sich so weit entspannen, daß der Film, der ein so großer Erfolg werden sollte, gedreht werden konnte.

Als alles vorbei war, war sie mit sich selbst recht zufrieden. Sie glaubte in den Monaten nach der Premiere einen gewissen Wandel in der Einstellung der Öffentlichkeit ihr gegenüber zu spüren. Er rührte, fühlte sie, von dem Film her, und dies gab ihr das Selbstvertrauen, sich häufiger unter das Volk zu mischen – wie sie es bei ihren Reisen in den Ländern des Commonwealth zu tun pflegt, wo sie durch die Menschenmenge schreitet und wie rein zufällig mit diesem oder jenem spricht.

Aber sie hat immer noch Angst, zu bereitwillig die Gewohnheiten der Politiker zu übernehmen – sie hat Angst vor ihren eigenen Emotionen, wie einige ihr Nahestehende behaupten. Sie kann durch ein Krankenhaus gehen und sich plötzlich gehemmt fühlen, weil sie aus Erfahrung weiß, daß ihr Führer ihr irgend etwas Besonderes zeigen möchte. Sie dreht sich um, und da steht tatsächlich ein niedliches, kleines Kind ganz in Bandagen gehüllt und sieht sie mit leuchtenden Augen an. Das Lächeln weicht plötzlich aus ihrem Gesicht, und sie wird todernst. Sie sieht das Kind völlig gedankenverloren an, wendet sich abrupt ab und geht weiter. Am Fußende des Kinderbettchens bleibt ein Waisenkind stehen, dessen Gesichtszüge eine auffallende Ähnlichkeit mit denen der Königin Mary oder der Königin Viktoria haben.

Spürt sie in sich den Impuls, in Tränen auszubrechen oder das Kind zu umarmen, und ist dies die einzige Möglichkeit, diese Gefühlsaufwallung zu unterdrücken? Oder ist sie plötzlich zornig darüber, daß man sie wieder einmal in eine Lage manövriert hat, wo sie eigentlich aus sich herausgehen müßte?

Ihre Freunde wissen auf dieses Rätsel keine Antwort. Unter dem Eindruck ihres warmen Lächelns oder des spontanen, breiten Grinsens, das so aussieht, als wolle sie jemandem einen Streich spielen, wird ihre Umgebung aber ebenso rasch vor den Kopf gestoßen, wenn das Lächeln urplötzlich verschwindet. Es ist so, als ob ihr die Freude des Augenblicks plötzlich zum Bewußtsein bringt, sie dürfe nur so viel ihres persönlichen Wesens in Erscheinung treten lassen, wie mit der unpersönlichen Rolle, die sie verkörpern muß, vereinbar ist.

Elisabeth II. ruft Respekt und Loyalität hervor, aber sie ermuntert nicht zu herzlicher Zuneigung. Sie ist nicht so leutselig wie ihre Mutter. Die Welt bewundert sie aus der Ferne, was ihr durchaus gefällt, denn sie will die Welt nicht an sich herankommen lassen. Als ein Jamaikaner eifrig vor sie hinsprang, um seinen Regenmantel in eine Pfütze zu legen, betrachtete sie das Kleidungsstück aufmerksam und machte dann bewußt einen Bogen darum herum. Als sie zusah, wie eine Reihe von Säuglingen nacheinander auf eine Waage gelegt wurden, hörte sie einen Photographen, der das Bild des Jahres machen wollte, laut rufen: »Um Himmels willen, nehmen Sie doch eins auf den Arm!« Ihr ältester Sohn hätte es getan. Vielleicht auch ihr Gemahl – wenn er sich in der richtigen Stimmung befunden hätte. Aber Königin Elisabeth II. fand die Szene nicht lustig.

Um der Würde willen zügelte sie ihre Empfindungen. Den königlichen Nimbus aufrechtzuerhalten ist eine komplexe Aufgabe, und die Tatsache, daß andere Mitglieder der Familie sich natürlicher geben, während sie sich ständig in der Gewalt hat, erzeugt in ihren Augen das richtige Gleichgewicht. Nicht etwa, daß die Jovialität des Prinzen Philip, der Königinmutter oder des Prinzen Charles zu einer Verbrüderung einlädt. Wenn die Königin vor dem Regenmantel eines Jamaikaners steht, fragt sie sich nicht, was sie persönlich davon hält, sondern wie sich der konstitutionelle Monarch von Großbritannien und elf weiteren Königreichen in einer solchen Situation verhalten sollte. Sie muß ihre persönlichen Gefühle ihrer Stellung unterordnen – und ihr Hofstaat muß ihre Reserviertheit verteidigen. »Unser Kapital ist Muffigkeit«, sagte einmal ein Hofbeamter. »Wir sind nicht geboren, um Menschen zu unterhalten oder zu bekehren. Wir sind einfach da.« Dies ist ein Ausspruch, auf den Georg V. stolz gewesen wäre.

Mehr als ein halbes Jahrhundert, nachdem ihr Großvater den Stil der repräsentativen Monarchie geprägt hatte, herrscht auch heute noch derselbe Stil unter Elisabeth II. und ihrer Familie. Elisabeth II. hat ihren Unterricht in Verfassungsgeschichte ebenso beherzigt wie Georg V., und sie schämt sich nicht, daß sie für ihre Länder ein so bequemer Souverän ist. Sie ist so außerordentlich *nützlich*. Wenn England eine Schlacht gewinnt, meinte Winston Churchill einmal, rufen alle »God Save the Queen«, und wenn die Schlacht verloren wird, wird der Premierminister davongejagt.

Sie ist stolz darauf, an der Spitze eines Wohlfahrtsstaates und einer Demokratie zu stehen, deren Ethik den monarchischen Traditionen ihrer Vorfahren diametral entgegengesetzt ist. »Vive la République!« rief ihr ein scharfsinniges französisches Magazin im Jahr 1953 zu, »Vive la Reine!« Wenn Königin Elisabeth II. Whitehall entlangreitet und ihre Gardekavallerie dicht hinter ihr folgt, ist kein Politiker in Sicht. Sie ist ein magischer Anziehungspunkt für Zuneigung, Stolz und Loyalität, die der großen Mehrheit ihres Volkes aus dem Herzen gesprochen sind. Und wenn das Volk jemals mit ihr oder mit dem von ihr repräsentierten System unzufrieden sein sollte, dann wüßte sie genau, was sie zu tun hätte. »Komm, wir gehen ganz leise«, ist einer ihrer Lieblingsscherze; sein Humor beruht weitgehend auf ihrer wohlbegründeten Zuversicht, daß man ihre Aufrichtigkeit nicht auf die Probe stellen wird. Falls aber Großbritannien eines Tages zu der Überzeugung gelangen sollte, daß es die Monarchie nicht mehr braucht, dann würde ihre Reaktion nichts als die logische Fortsetzung ihres gesamten Lebens sein. Dem Willen des Volkes zu entsprechen wäre dann in der Tat ihr letzter und höchster Dienst.

Dank des Autors

Als Harold Nicolson im Jahr 1948 den Auftrag erhielt, die offizielle Biographie König Georgs V., des Großvaters der Königin Elisabeth II., zu schreiben, wurde ihm bedeutet, man erwarte von ihm, daß er »Dinge und Ereignisse, die die Königsfamilie in Mißkredit bringen könnten«, ausklammern werde.
Ich bin sehr dankbar, daß mir keine derartigen Einschränkungen auferlegt worden sind. Mir ist von Menschen, die dem Leben und der Arbeit der Königin nahestehen, großzügige und an keine Bedingungen geknüpfte Untersützung zuteil geworden, und ihnen möchte ich zunächst meinen Dank aussprechen.
Dieses Buch ist also keineswegs eine »offizielle« Biographie. Erst nach dem Tod eines Souveräns kann ein solches Werk geschrieben werden. Erst dann stehen alle offiziellen und persönlichen Unterlagen zur Verfügung, und der Biograph hat sich an die Richtlinien zu halten, wie sie Harold Nicolson angedeutet hat – obwohl sein biographisches Meisterwerk unter den ihm auferlegten Beschränkungen weder an der Eleganz des Ausdrucks noch an Aufrichtigkeit gelitten hat.
Infolgedessen wird kein Autor zu Lebzeiten der Königin Elisabeth II. ihre Tagebücher sehen, die sie seit ihrer Jugendzeit geführt hat, auch nicht ihre persönlichen Briefe. Zu diesen hat nicht einmal ihr Privatsekretär Zugang. Auch gewährt die Königin – aus Gründen, die im Verlauf dieses Buches erläutert wurden – keinem Journalisten, Autor oder Historiker ein Interview, auch mir nicht. So kann dieses Buch bestenfalls einen Interimsbericht über Königin Elisabeth II. und die fünfundzwanzig Jahre seit ihrer Thronbesteigung darstellen. Meine Beurteilung der Entwicklung der Monarchie kann sich zu Lebzeiten der Königin nur auf einen Bruchteil des Materials stützen, das später einmal zugänglich sein wird.
Ich hoffe dennoch, daß ich das bisherige Wissen über die Arbeitsweise des Hofs habe ergänzen können. Dieses Buch beruht im wesentlichen auf Gesprächen, die ich mit Persönlichkeiten, die der Königin nahestehen und die die Ereignisse von 1920 bis heute miterlebt haben, geführt habe. Viele dieser Gespräche sind auf Band aufgenommen worden; darunter auch Unterhaltungen, bei denen die Identität des Gesprächspartners nicht mit dem jeweiligen Gesprächsthema in Verbindung gebracht werden kann. Einige der ergiebigsten Quellen haben darum gebeten, im Dank des Autors überhaupt nicht erwähnt zu werden. Dies ist zwar bedauerlich, aber es war für mich der einzige Weg, Zugang zu Informationen zu erhalten, die sonst rein vertraulich geblieben wären. Das Manuskript ist allen diesen Persönlichkeiten oder deren Vertretern vor Drucklegung vorgelegt worden. Alle sachlichen Korrekturen sind in den Text eingearbeitet worden. Die Interpretationen stammen von mir.
Es müßte noch einmal ein Buch darüber geschrieben werden, wie man ein Buch über Elisabeth II. schreiben kann. Aus mancherlei Gründen – nicht nur verständlichen – wird die Königin von einem Mantel des Schweigens umgeben. Auch die

scheinbar bedeutungslosen Einzelheiten über ihr Leben werden mit einer so andächtigen Ehrfurcht zur Veröffentlichung freigegeben, daß jede Berichterstattung über sie zu einem Hindernislauf voller Fallstricke wird. Jeder, der sich auf dieses Gebiet vorwagt, sollte meines Erachtens die alte journalistische Faustregel beherzigen: Wenn man eine Nachricht erhält, die nur von einer einzigen Quelle bestätigt werden kann, ist sie möglicherweise richtig; wenn zwei Quellen sie bestätigen, ist Vorsicht am Platze; und je mehr Menschen diese Nachricht anschließend wiederholen, desto höher ist man in den nebelhaften Bereich dessen hinaufgestiegen, was die Welt gern wahrhaben möchte – was aber wahrscheinlich nicht wahr ist. Nur wenige Geschichten, die ich aus der letzten Kategorie zusammengetragen habe, haben einer Nachprüfung standgehalten.

Deshalb möchte ich allen, die mir bei der Abfassung dieses Buches geholfen haben und deren Beiträge einer letzten Prüfung wirklich standgehalten haben, meinen Dank aussprechen. Und wenn aus der alphabetischen Reihenfolge dieser Persönlichkeiten nicht hervorgeht, welchen Beitrag der einzelne geleistet hat, so liegt das daran, daß manche ausdrücklich den Wunsch geäußert haben, nicht im Zusammenhang mit der einen oder anderen Geschichte genannt zu werden: der Earl of Arran; der Sehr Ehrenwerte Earl of Avon KG, MC; Sir Basil Bartlett BT; Sir Cecil Beaton; Sir Frederick Bishop CB, CVO; Baron Blake of Braysdon FBA, JP; Baron Boothy of Buchan and Rattray Head; Sir Arthur Bryant CH, CBE; Dr. David Butler; der Sehr Ehrenwerte Lord Butler of Saffron Walden KG; Sir John Colville CB, CVO; Lady Diana Cooper; Frances, Lady Donaldson; der Marquess of Dufferin and Ava; Dick Francis; Capt. Lord Claud Hamilton GCVO, CMG, DSO; Helen, Lady Hardinge of Penshurst; der Sehr Ehrenwerte Lord Home of the Hirsel KT; H. Montgomery Hyde; Elizabeth, Gräfin von Longford CBE, Roderick MacFarquhar MP; John Piper CH; Sir Gordon Richards; Brough Scott; der Sehr Ehrenwerte Norman St. John Stevas MP; der Sehr Ehrenwerte Michael Stewart MP; der Earl of Strathmore and Kinghorne; Godfrey Talbot MVO, OBE; Baron Taylor of Harlow MD, LLD, FRCP; der Sehr Ehrenwerte Jeremy Thorpe, MP; Sir John Wheeler-Bennett KCVO, CMG, OBE, FBA, FRSL; und der Sehr Ehrenwerte Sir Harold Wilson KG, OBE, FRS, MP.

Für ihre Hilfe möchte ich ferner danken: Fred Astaire; Joseph und Beryl Avrach; Norman Ball; John Bellak; Gayle Benderoff; Desmond Bluett MRCOG; Gudrun Bostrom-Murphy; P. E. Brown und den Lesern seiner *Shooting Times and Country Magzine*; Peter Calvocoressi; Anne Chaplin; Baron Clark of Saltwood CH; H. C. Clover von der Clover Press; Caroline Conran; John und Jane Cushman; Hunter Davies; Andre Deutsch; Maureen Duffy; Andrew Duncan; Professor Harold Ellis MA, MCh, DM, FRCS; Janet Flook von Marks and Spencer Ltd.; dem Sehr Ehrenwerten Michael Foot MP; Charles Franklin; John Gore; dem Sehr Ehrenwerten Lord Hailsham of Saint Marylebone; W. W. Hamilton MP; Philippa Harrison; Jeremy Harwood; Janet Hewlett Davies im Büro des Premierministers; Fred Hift; Barbare Hulanicki und Stephen Fitz Simon; Brian Inglis; Anthea Joseph; Kasmin; Bernard Levin; Charles Lippett; E. R. Mackay; Frank Magro für das Gut von Sir Osbert Sitwell; Norris McWhirter; James Margach; dem Sehr Ehrenwerten Reginald Maudling MP; Jan Morris; Malcolm Muggeridge; Graham Norton; Daniel Okrent; Brian Perman; Sir Charles Petrie; Jane Pomfret und Miss Nicky Pomfret MBE; dem Sehr Ehrenwerten J. Enock Powell MBE, MP; Jacqueline Reynolds; Kathy Robbins; John Host Schmidt von der Königl. Dänischen Botschaft; dem

Sehr Ehrenwerten Lord Selwyn Lloyd CH, CBE, TD, QC; Michael Shaw; Julian Shuckburgh; Rosalie Swedlin; Hans Tasiemka; Professor Hugh Thomas; D. J. Van Wijnen; Graham Watson; Barbara Wheeler; John Whitley; den Herausgebern von *Who's Who*; Hugo Young; den Bibliothekaren der London Library, des Britischen Museums und der *Sunday Times*. Und, wie stets, meinen Eltern.

Besonderen Dank bin ich schuldig: Frances Ullman für die Ausarbeitung des Manuskripts, Philippa Lewis für die Bilder und Gregorio Kohon für vielerlei, nicht zuletzt für seine Unterstützung, daß ich bis zum Ende durchgehalten habe. Meine Frau Sandi hat mir in einem solchen Maße geholfen, daß ich ihren Namen in diesem Zusammenhang eigentlich gar nicht erwähnen sollte. Meine Kinder haben die vielen Stunden, die ich mich mit der Arbeit an diesem Buch eingeschlossen habe, mit bemerkenswert guter Laune ertragen. Ihnen beiden sei Dank.

Die Widmung gilt Tony Godwin, der dieses Buch in Auftrag gegeben, aber nur noch die Fertigstellung der ersten Teile erlebt hat. Ich hoffe, daß sich seine persönlichen Ideen als so stark erweisen, seinen Tod zu überleben, so wie auch seine Energie und Inspiration so viel dazu beitragen, die Lücke auszufüllen, die sein Tod bei seinen vielen Freunden hinterlassen hat. Daß er so früh starb, war nicht fair – weder für ihn noch für uns alle.

Februar 1977

Robert Lacey

Anhang A

Die königlichen Herzogtümer

Zusätzlich zu seinen Landgütern, die auch heute noch in Parzellen von 100 bis 4000 Morgen aufgeteilt sind, besitzt das Herzogtum Cornwall auch noch Schürfrechte für Zinn (in der Vergangenheit sind Kupfer, Wolfram und Arsen gefördert worden). Cornwall hat eine eigene Forstverwaltung, der etwa 2000 Morgen Wald unterstehen; außerdem befinden sich auf dem Grund und Boden des Herzogtums drei Golfplätze. Die zum Herzogtum gehörenden 128 930 Morgen, die im Jahr 1970 Bruttoeinkünfte in Höhe von 929 627 Pfund abgeworfen haben, verteilen sich wie folgt:

Cornwall	26 600 Morgen
Somerset	16 460 Morgen
Devon (ohne Dartmoor)	3 215 Morgen
Dorset	3 840 Morgen
Gloucester	1 240 Morgen
Wiltshire	3 960 Morgen
Dartmoor	69 470 Morgen
Scilly-Inseln	4 100 Morgen
Kennington (einschließlich des Oval-Kricket-Platzes)	45 Morgen

Das Herzogtum Lancaster besteht auch hauptsächlich aus Landbesitz. Es gehören aber auch gewisse Grundstücke im städtischen Bereich dazu, so zum Beispiel im Gebiet von London, wo das Savoy Hotel und der benachbarte Woolworth zum Herzogtum Lancaster gehören. Der städtische Grundbesitz des Herzogtums – gewöhnlich Einzelhandelsgeschäfte, Lagerhäuser oder kleinere Bürogebäude – liegt in Aldershot, Bedford, Bristol, Kettering, Leeds, Leicester, Lewes, London und Northampton.

Im Besitz des Herzogtums befinden sich auch gewisse Wohnanlagen, die vermietet worden sind. Sie liegen in Cookfosters, Middlesex; Hadley Wood, Hertfordshire und Harrogate, Yorkshire. Der landwirtschaftliche Besitz des Herzogtums[1], etwas mehr als 52 000 Morgen, darunter 16 000 Morgen Ödland, verteilt sich wie folgt:

Buckingham	206 Morgen
Cheshire	4 980 Morgen
Derby	273 Morgen
Glamorgan	4 214 Morgen
Lancaster	7 008 Morgen
Leicester	9 Morgen
Lincoln	334 Morgen
Middlesex	28 Morgen
Northampton	2 116 Morgen
Shropshire	1 239 Morgen
Stafford	7 341 Morgen
York	24 575 Morgen

[1] Bericht des Sonderausschusses für die Zivilliste, 1971, S. 115–24.

Anhang B

Die königliche Familie und die Steuer

Seit der Regierungszeit von Königin Viktoria ist der Souverän von der Entrichtung von Steuern befreit. Aber dies ist ein Privileg, das nur für die Königin persönlich und ihren Privatbesitz gilt. Alle anderen Mitglieder der königlichen Familie, die Königinmutter, Prinz Philip und Prinzessin Margaret, müssen Einkommensteuer für diejenigen Einkünfte zahlen, die ihnen bleiben, nachdem die Kosten für ihre offiziellen Verpflichtungen bestritten sind. Prinz Charles hat insofern Glück, als er die steuerfreien Einkünfte des Herzogtums Cornwall erhält; aber die Befreiung von der Steuer liegt nur im Herzogtum begründet, er persönlich ist nicht von der Steuer befreit, so daß »jedes andere Einkommen des Prinzen der Besteuerung unterliegt, als ob es sein gesamtes Einkommen oder sein gesamter Besitz wäre« (Sonderausschuß für die Zivilliste, 1971). Die einzelnen Mitglieder der königlichen Familie verhandeln persönlich über die Höhe ihrer Steuerverpflichtungen mit dem Finanzministerium. Sie können also nicht, wie der gewöhnliche Staatsbürger, am Ende des Steuerjahres gewisse Ausgaben und Aufwendungen von der Steuer absetzen, sondern sie vereinbaren im voraus eine bestimmte Steuersumme. Diese ist in einem Bescheid des Finanzamts enthalten. Die Steuer wird dann zu den normalen Sätzen entrichtet, abzüglich gewisser Freibeträge für Kinder und so weiter, wie sie jedem Staatsbürger zustehen. Es ist dabei durchaus möglich, daß der Steuerbescheid dieselbe Höhe wie die nach der Zivilliste ausgeworfene Summe erreicht, so daß sich kein zu besteuernder Unterschiedsbetrag ergibt. Obwohl es sich hier um rein persönliche Einkünfte handelt, ist es wahrscheinlich, daß bestimmte Mitglieder der königlichen Familie praktisch von der Entrichtung von Steuern befreit worden sind. Im Juni 1971 unterrichtete das Finanzministerium den Sonderausschuß für die Zivilliste dahin, daß »zur Zeit Weisungen des Finanzministeriums in Kraft sind, denen zufolge die laufenden Zuwendungen nach der Zivilliste ganz oder teilweise gegen zulässige Ausgaben aufgerechnet werden können«.

Die Bestimmungen über Familieneinkommen und Sonderzuweisungen werden auf die Einkünfte der königlichen Familie in der üblichen Weise angewandt, nur mit der Ausnahme, daß der Herzog von Edinburgh nicht wegen der Einkünfte seiner Frau zur Steuer veranlagt wird.

Anhang C

Thronfolgeordnung

Prinz Charles; Prinz Andrew; Prinz Edward; Prinzessin Anne; Prinzessin Margaret; ihr Sohn, Viscount Linley; ihre Tochter, Lady Sarah Armstrong-Jones; der Vetter der Königin, der Herzog von Gloucester; dessen Sohn, der Earl of Ulster; der Vetter der Königin, der Herzog von Kent; dessen ältester Sohn, der Earl of St. Andrews; dessen jüngerer Sohn, Lord Nicholas Windsor; dessen Tochter, Lady Helen Windsor; sein Bruder, Prinz Michael von Kent; seine Schwester, Prinzessin Alexandra; deren Sohn, James Ogilvy.

Anhang D

Die Könige und Königinnen von England

Die angegebenen Jahreszahlen sind die Regierungszeiten.

Die Normannen
Wilhelm I. (1066–87), Wilhelm II. (1087–1100), Heinrich I. (1100–35), Stephan (1135–54).

Das Haus Plantagenet
Heinrich II. (1154–89), Richard I. (1189–99), Johann (1199–1216), Heinrich III. (1216–72), Eduard I. (1272–1307), Eduard II. (1307–27), Eduard III. (1327–77), Richard II. (1377–99, abgesetzt).

Das Haus Lancaster
Heinrich IV. (1399–1413), Heinrich V. (1413–22), Heinrich VI. (1422–61, abgesetzt).

Das Haus York
Eduard IV. (1461–83), Eduard V. (1483, ermordet), Richard III. (1483–85, gefallen).

Das Haus Tudor
Heinrich VII. (1485–1509), Heinrich VIII. (1509–47), Eduard VI. (1547–53), Lady Jane Grey (de facto Königin von England 10.–19. Juli 1553), Maria I. (1553–58), Elisabeth I. (1558–1603).

Das Haus Stuart
Jakob I. (1603–25), Karl I. (1625–49, enthauptet).

Interregnum
Herrschaft durch den Staatsrat und das Parlament (1649–53), Oliver Cromwell, der Lordprotektor (1653–58), Richard Cromwell, der Lordprotektor (1658 bis 59).

Das Haus Stuart
Karl II. (1660–85), Jakob II. (1685–88, abgesetzt), Maria II. (gest. 1694) zusammen mit Wilhelm III. (1689–1702), Anna (1702–14).

Das Haus Hannover
Georg I. (1714–27), Georg II. (1727–60), Georg III. (1760–1820), Georg IV. (1820–30), Wilhelm IV. (1830–37), Viktoria (1837–1901).

Das Haus Sachsen-Coburg-Gotha
Eduard VII. (1901–10), Georg V. (1910 bis zur Aufgabe aller deutschen Titel am 17. Juli 1917).

Das Haus Windsor
Georg V. (als Windsor 1917–36), Eduard VIII. (1936, dankte ab), Georg VI. (1936–52), Elisabeth II. (seit 1952).

Quellen

Folgende Werke sind als Quellen herangezogen worden. Kapitelhinweise sind dann gegeben, wenn bestimmte Quellen in besonders hohem Maße zu Rate gezogen worden sind. Ich danke den Verlegern und Autoren, die mir gestattet haben, aus ihren Werken kurz zu zitieren. Wo nicht anders vermerkt, ist Erscheinungsort immer London.

Acland, Eric. *The Princess Elizabeth*. John C. Winston (Toronto), 1937.

Airlie, Mabell, Countess of. *Thatched with Gold*. Hutchinson, 1962.

Alexandra of Yugoslavia, H. M. Queen. *Prince Philip; A Family Portrait*. Hodder & Stoughton, 1969.

Asquith, Lady Cynthia. *The Duchess of York*. Hutchinson, 1928.

Haply I May Remember. James Barrie, 1950.

*The King's Daughters**. Hutchinson, 1937.

Avon, Earl of. *The Memoirs of the Rt. Hon. Sir Anthony Eden, KG, PC, MC.* Cassell. Vol. 1, *Full Circle*, 1960; Vol. 2, *Facing the Dictators*, 1962; Vol. 3, *The Reckoning**, 1965.

Baily, Leslie (with Charles Brewer). *Scrapbook for the Twenties*. Muller, 1959.

Barker, Brian, *When the Queen was Crowned*. Routledge & Kegan Paul, 1976.

Barrymaine, Norman, *Peter Townsend*. Peter Davies, 1958.

Beaton, Cecil. *Photobiography*. Odhams, 1951.

Beaverbrook, Lord. *The Abdication of King Edward VIII*. Hamish Hamilton, 1966.

Bigland, Eileen (with Cynthia, Lady Asquith). *The Princess Elizabeth Gift Books*. Hodder & Stoughton, 1935, 1936.

Birkenhead, Second Earl of. *F. E.; The Life of F. E. Smith, First Earl of Birkenhead*. Eyre & Spottiswoode, 1960.

Blackie, Margerie G. *The Patient Not the Cure: The Challenge of Homeopathy*. Macdonald and Janes, 1975.

Boothroyd, J. Basil. *Philip; An Informal Biography*. Longmans, 1971.

Brust, Harold, Detective Inspector. *I Guarded Kings*. Stanley Paul, 1935.

Bryant, Sir Arthur. *King George V*. Peter Davies, 1936.

A Thousand Years of British Monarchy. Collins, 1975.

Butler, David. *The British General Election of 1955*. Macmillan, 1955.

(with Dennis Kavanagh). *The British General Election of February, 1974*. Macmillan, 1974.

* Wenn nicht anders vermerkt, sind Zitate dieses Autors immer diesem seiner Werke entnommen.

Butler, R. A. B. *The Art of the Possible: The Memoirs of Lord Butler, KG, CH.* Hamish Hamilton, 1971.
Buxton, Aubrey. *The King in His Country.* Longmans, 1955.

Cartland, Barbara. *The Isthmus Years, 1919–1939.* Hutchinson, 1943.
We Danced All Night. Hutchinson, 1971.
Cathcart, Helen. *Her Majesty.* W. H. Allen, 1962.
Chance, Michael. *Our Princess and Their Dogs.* John Murray, 1936.
Channon, Sir Henry. *Chips: The Diaries of Sir Henry Channon.* Edited by Robert Rhodes James. Weidenfeld & Nicolson, 1967.
Charpentier, Jean. *Le Roi George VI et la Princesse Elisabeth.* Librairie Plon (Paris), 1937.
Churchill, Randolph S. *They Serve the Queen.* Hutchinson, 1953.
Clark, Stanley. *Palace Diary.* Harrap, 1958.
Colville, Lady Cynthia. *Crowded Life.* Evans Bros. 1963.
Connell, Brian. *Manifest Destiny.* Cassell, 1953.
Connolly, Cyril. *The Evening Colonnade.* David Bruce & Watson, 1973.
Cooper, Diana. *The Light of Common Day.* Rupert Hart-Davis, 1959.
Cooper, Duff. *Old Men Forget.* Rupert Hart-Davis, 1953.
Cordet, Hélène. *Born Bewildered.* Peter Davies, 1961.
Crawford, Marion. *The Little Princesses.* Cassell, 1950.
Crossman, R. H. *The Diaries of a Cabinet Minister.* Vol. 1. Jonathan Cape and Hamish Hamilton, 1975.
»The Royal Tax Avoiders.« *New Statesman*, 28. May 1971.

Dean, John, *H.R.H. Prince Philip, Duke of Edinburgh.* Robert Hale, 1954.
Dennis, Geoffrey. *Coronation Commentary.* Heinemann, 1937.
Dimbley, Richard. *Elizabeth Our Queen.* Hodder & Stoughton, 1953.
Donaldson, Frances. *Edward VIII.* Weidenfeld & Nicolson, 1974.
Duncan, Andrew. *The Reality of Monarchy.* Heinemann, 1970.

Flanner, Janet. *London Was Yesterday.* Edited by Irving Drutman. Michael Joseph, 1975.
Foot, Michael. *Aneurin Bevan.* Davis-Poynter, Vol. 1, 1962; Hart-Davis MacGibbon, Vol. 2, 1973.
Fyfe, David P. Maxwell. *Political Adventure; The Memoirs of the Earl of Kilmuir.* Weidenfeld & Nicolson, 1964.

Gore, John. *King George V; A Personal Memoir.* Murray, 1941.
Graves, Charles. *Champagne and Chandeliers.* Odhams, 1958.

Hamilton, W. W. *My Queen and I.* Quartet, 1975.
Hansard, vol. 886, no. 66, cols. 373–84; vol. 887, no. 76, cols. 575–636; vol. 887, no. 77, cols. 171–74.

Hardinge, Lady Helen. *Loyal to Three Kings*. William Kimber, 1967.
Hartnell, Norman. *Royal Courts of Fashion*. Cassell, 1971.
Silver and Gold. Odhams, 1958.
Hibbert, Christopher. *The Court at Windsor; A Domestic History*. Longmans, 1964.
Houts, Marshall. *Kings X*. William Morrow (New York), 1972.
Howard, Philip. *The Royal Palaces*. Hamish Hamilton, 1970.
Hyde, H. Montgomery. *Baldwin; The Unexpected Prime Minister*. Hart-Davis MacGibbon, 1973.
The Cleveland Street Scandal. W. H. Allen, 1976.

Iwi, Edward. »Mountbatten-Windsor«, *Law Journal*, 18 March 1960.
Inglis, Brian St. John. *Abdication*. Hodder & Stoughton, 1966.

Jenkins, Alan. *The Twenties*. Heinemann, 1974.
Jones, Thomas. *A Diary with Letters*, 1931–1950. Oxford, 1954.

Laird, Dorothy. *How the Queen Reigns*. Hodder & Stoughton, 1959.
Queen Elizabeth the Queen Mother. Hodder & Stoughton, 1966.
Laski, Harold. »The King's Secretary«. *Fortnightly Review*, July-December 1942.
Levin, Bernard. *The Pendulum Years: Britain and the Sixties*. Jonathan Cape, 1970.
Lockhart, Sir Robert H. Bruce. *Your England*. Putnam, 1955.
Longford, Elizabeth, Countess of. *The Royal House of Windsor*. Weidenfeld & Nicolson, 1974.
Loos, Anita. *Gentleman Prefer Blondes; The Illuminating Diary of a Professional Lady*. Harpers Bazaar, 1925.
Lowndes, Marie Belloc. *Diaries and Letters*. Chatto & Windus, 1971.

Macmillan, Harold. *Tides of Fortune, 1945–1955*. Macmillan, 1969.
Riding the Storm, 1956–1959. Macmillan, 1971.
Pointing the Way, 1959–1961. Macmillan, 1972.
At the End of the Day, 1961–1963. Macmillan, 1973.
Marie-Louise, Princess. *My Memories of Six Reigns*. Evans Bros., 1956.
Martin, Kingsley. *The Crown and the Establishment*. Hutchinson, 1962.
Martin, Ralph G. *The Woman He Loved*. W. H. Allen, 1974.
Masters, Brian. *Dreams about H. M. the Queen and Other Members of the Royal Family*. Blond & Briggs, 1972.
May, Ida. *The Elizabeth Gift Book*. Marriott, 1931.
Middlemas, Keith, and Barnes, John. *Stanley Baldwin*. Weidenfeld & Nicolson, 1969.
Moffat, James, Leading Seaman. *King George Was My Shipmate*. Stanley Paul, 1940.
Montgomery-Massingberd, Hugh, ed. *Burke's Guide to the Royal Family*. Burke's Peerage, 1973.

Moran, Lord. *Winston Churchill. The Struggle for Survival.* Constable, 1966.
Morrah, Dermot. *Princess Elizabeth, Duchess of Edinburgh.* Odhams, 1950.
T Be a King. Hutchinson, 1968.
The Work of the Queen. William Kimber, 1958.
Mosley, Leonard. *Castlerosse.* Arthur Barker, 1959.

Nichols, J. Beverley. *The Sweet and Twenties.* Weidenfeld & Nicolson, 1958.
Nicolson, Harold. *Diaries and Letters, 1930–1939.* Edited by Nigel Nicolson Collins, 1966.
Diaries and Letters, 1945–1962. Edited by Nigel Nicolson. Collins, 1968.
*King George the Fifth; His Life and Reign**. Constable, 1952.
Nicolson, Nigel. *Portrait of a Marriage.* Weidenfeld & Nicolson, 1973.

Peacock, Lady Irene. *HRH Princess Elizabeth, Duchess of Edinburgh.* Hutchinson, 1949.
Petrie, Sir Charles. *The Modern British Monarchy.* Eyre & Spottiswoode, 1961.
Philip, HRH Prince. *Prince Philip Speaks.* Collins, 1960.
Selected Speeches. Oxford, 1957.
Ponsonby, Sir Frederick. *Recollection of Three Reigns.* Eyre & Spottiswoode, 1951.
Pope-Hennessy, James. *Queen Mary, 1867–1953.* George Allen & Unwin, 1959.
Purcell, William. *Fisher of Lambeth.* Hodder & Stoughton, 1969.

Ribbentrop, Joachim von. *Memoirs.* Translated by Oliver Watson. Weidenfeld & Nicolson, 1954.
Ring, Anne. *The Story of Princess Elizabeth.* John Murray, 1930.

St. James' Palace. *Catalogue of Wedding Gifts to HRH Princess Elizabeth.* 1947.
Select Committee on the Civil List. *Report with Minutes of Evidence, Session 1971–1972.* Her Majesty's Stationery Office, 22 November 1971.
Sitwell, Osbert. *Queen Mary and Others.* Michael Joseph, 1974.
Spencer Shew, Betty. *Royal Wedding.* Macdonald, 1947.
Stevas, Norman St. John. *Walter Bagehot.* Eyre & Spottiswoode, 1959.
Stevenson, Frances. *Lloyd George; A Diary.* Edited by A. J. P. Taylor. Hutchinson, 1971.
Sykes, Christopher. »The Uncrownable King«. *Books & Bookmen* 21, nos. 3 and 4, December 1974, January 1975.

Talbot, Godfrey. *Ten Seconds from Now.* Hutchinson, 1973.
Taylor, Henry A. *Jix, Viscount Brentford.* Stanley Paul, 1933.

* Wenn nicht anders vermerkt, sind Zitate dieses Autors immer diesem seiner Werke entnommen.

Templewood, Lord. *Nine Troubled Years*. Collins, 1954.
Terraine, John. *The Life and Times of Lord Mountbatten*. Hutchinson, 1968.
Thomas, Hugh. *The Suez Affair*. Penguin revised edition, 1970.
Townsend, Peter. *The Last Emperor; Decline and Fall of the British Empire*, Weidenfeld & Nicolson, 1975.

Vanderbilt, Gloria, and Lady Furness, Thelma. *Double Exposure*. Frederick Muller, 1959.

Wheeler-Bennett, Sir John W. *Action This Day: Working with Churchill*. Macmillan, 1969.
*King George VI: His Life and Reign**. Macmillan, 1958.
A Wreath to Clio: Studies in British, American, and German Affairs. Macmillan, 1967.
Wilson, Harold. *The Labour Government, 1964–1970: A Personal Record*. Weidenfeld & Nicolson and Michael Joseph, 1971.
Windsor, Duchess of. *The Heart Has Its Reasons*. Michael Joseph, 1956.
Windsor, HRH the Duke of. *A Family Album*. Cassell, 1960.
*A King's Story**. Cassell, 1951.

* Wenn nicht anders vermerkt, sind Zitate dieses Autors immer diesem seiner Werke entnommen.

Register

BILDNACHWEIS

Beaton, Cecil: S. 194 oben
Camera Press: S. 193, 247 unten, 282 links oben, 351
Djukanovic, Srdja: S. 247 oben, 248, 299 unten
Fox Photos: S. 106 oben, 123, 160, 282 unten
Keystone: S. 106 rechts unten, 229 beide, 281 unten, 282 rechts oben, 300 oben
Mander, Raymond und Mitchenson, Joe, Theatre Collection: S. 88 oben
Miworpic: S. 230 unten, 299 oben
National Portrait Gallery, London: S. 212
Popperfoto: S. 33, 34 oben, 51 beide, 69 sämtliche, 87 oben, 88 unten, 105, 106 links unten, 141 beide, 159 beide, 194 unten, 211 beide, 230 oben, 300 unten, 333 oben
Radio Times Hulton Picture Library: S. 34 unten, 87 unten, 124, 142
Syndication International: S. 334
The Press Association: S. 333 unten
United Press Photo: S. 281 oben

Mit freundlicher Genehmigung Ihrer Majestät, der Königin: S. 52, 70

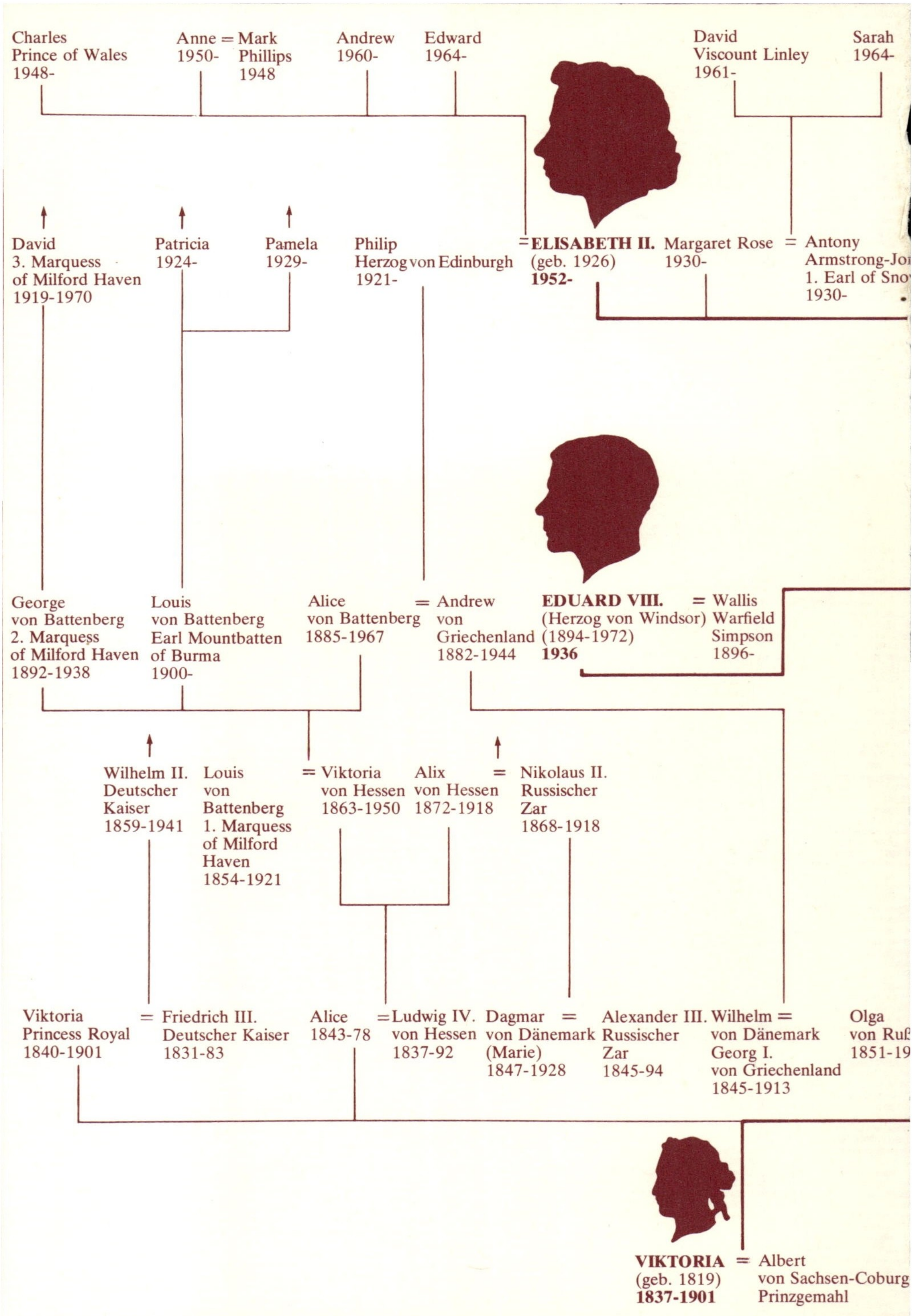
Charles Prince of Wales 1948-
Anne 1950- = Mark Phillips 1948
Andrew 1960-
Edward 1964-
David Viscount Linley 1961-
Sarah 1964-
David 3. Marquess of Milford Haven 1919-1970
Patricia 1924-
Pamela 1929-
Philip Herzog von Edinburgh 1921-
= ELISABETH II. (geb. 1926) 1952-
Margaret Rose 1930-
= Antony Armstrong-Jo
1. Earl of Sno
1930-
George von Battenberg 2. Marquess of Milford Haven 1892-1938
Louis von Battenberg Earl Mountbatten of Burma 1900-
Alice von Battenberg 1885-1967
= Andrew von Griechenland 1882-1944
EDUARD VIII. (Herzog von Windsor) (1894-1972) 1936
= Wallis Warfield Simpson 1896-
Wilhelm II. Deutscher Kaiser 1859-1941
Louis von Battenberg 1. Marquess of Milford Haven 1854-1921
= Viktoria von Hessen 1863-1950
Alix von Hessen 1872-1918
= Nikolaus II. Russischer Zar 1868-1918
Viktoria Princess Royal 1840-1901
= Friedrich III. Deutscher Kaiser 1831-83
Alice 1843-78
= Ludwig IV. von Hessen 1837-92
Dagmar von Dänemark (Marie) 1847-1928
= Alexander III. Russischer Zar 1845-94
Wilhelm = von Dänemark Georg I. von Griechenland 1845-1913
Olga von Ruß
1851-19
VIKTORIA (geb. 1819) 1837-1901
= Albert von Sachsen-Coburg Prinzgemahl

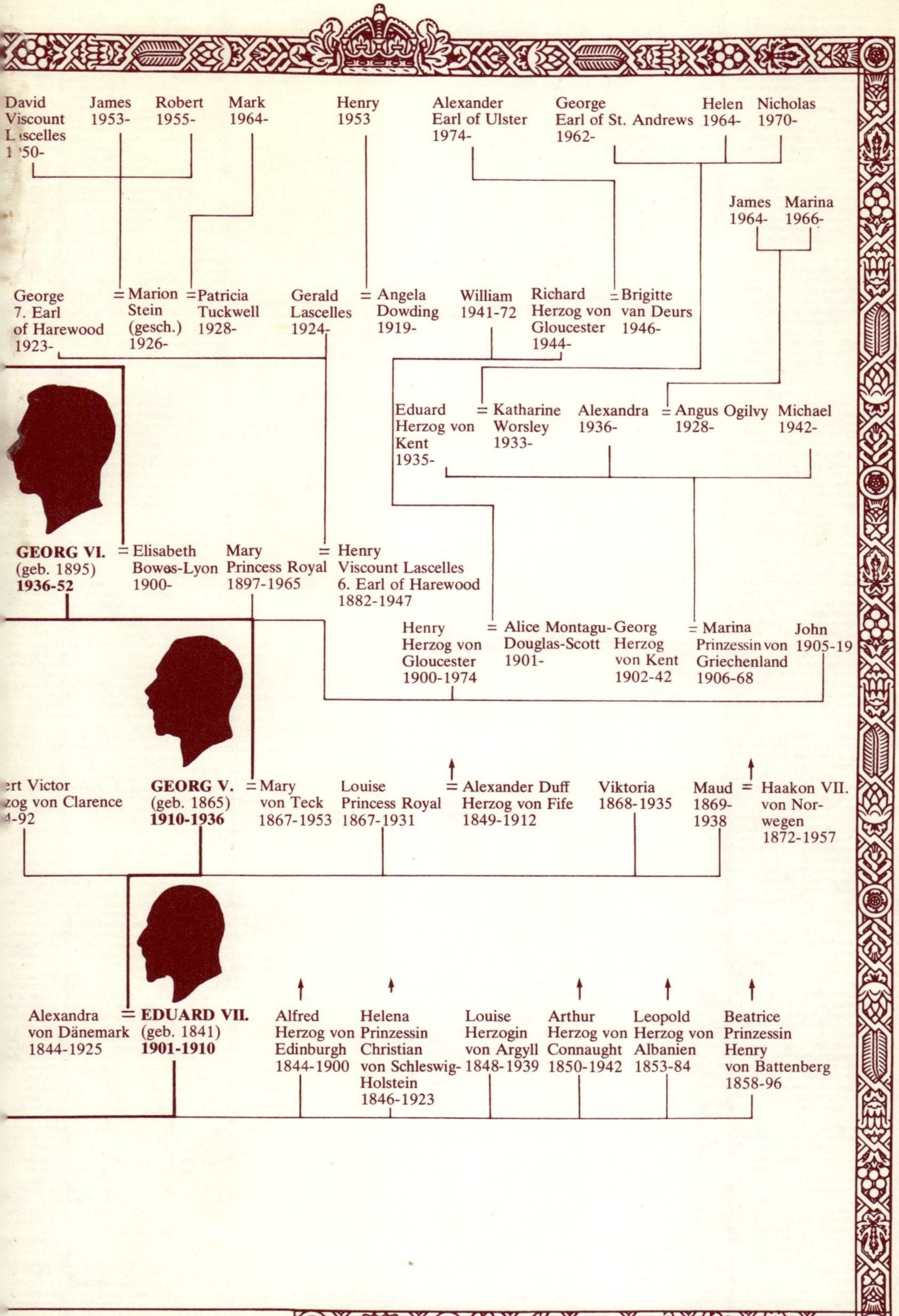
David Viscount L scelles 1 50-
James 1953-
Robert 1955-
Mark 1964-
Henry 1953
Alexander Earl of Ulster 1974-
George Earl of St. Andrews 1962-
Helen 1964-
Nicholas 1970-
James 1964-
Marina 1966-
George 7. Earl of Harewood 1923-
= Marion Stein (gesch.) 1926-
= Patricia Tuckwell 1928-
Gerald Lascelles 1924-
= Angela Dowding 1919-
William 1941-72
Richard Herzog von Gloucester 1944-
= Brigitte van Deurs 1946-
Eduard Herzog von Kent 1935-
= Katharine Worsley 1933-
Alexandra 1936-
= Angus Ogilvy 1928-
Michael 1942-
GEORG VI. (geb. 1895) 1936-52
= Elisabeth Bowes-Lyon 1900-
Mary Princess Royal 1897-1965
= Henry Viscount Lascelles 6. Earl of Harewood 1882-1947
Henry Herzog von Gloucester 1900-1974
= Alice Montagu-Douglas-Scott 1901-
Georg Herzog von Kent 1902-42
= Marina Prinzessin von Griechenland 1906-68
John 1905-19
ert Victor zog von Clarence -92
GEORG V. (geb. 1865) 1910-1936
= Mary von Teck 1867-1953
Louise Princess Royal 1867-1931
= Alexander Duff Herzog von Fife 1849-1912
Viktoria 1868-1935
Maud 1869-1938
= Haakon VII. von Norwegen 1872-1957
Alexandra von Dänemark 1844-1925
= EDUARD VII. (geb. 1841) 1901-1910
Alfred Herzog von Edinburgh 1844-1900
Helena Prinzessin Christian von Schleswig-Holstein 1846-1923
Louise Herzogin von Argyll 1848-1939
Arthur Herzog von Connaught 1850-1942
Leopold Herzog von Albanien 1853-84
Beatrice Prinzessin Henry von Battenberg 1858-96